Helmut Uhlig, geboren 1922, studierte in Wien Philosophie, Kunstgeschichte und Literaturwissenschaft. Er gehört zu den meist gelesenen Asien-Autoren der Gegenwart. Sein Hauptinteresse gilt der Kulturgeschichte, der Völkerkunde und den Religionen Asiens.

Bei BASTEI-LÜBBE sind von Helmut Uhlig außerdem lieferbar:

60 208 Bali
60 262 Tibet
60 267 Die Seidenstraße
60 312 Geheimnisvolle Südsee

Helmut Uhlig
HIMALAYA

Menschen und Kulturen in der Heimat des Schnees

BASTEI-LÜBBE-TASCHENBUCH
Band 60 331

© 1987 by Gustav Lübbe Verlag GmbH,
Bergisch Gladbach
Printed in Germany, Juli 1992
Umschlaggestaltung: Dieter Kreuchauff
Titelbild: Hans Dreyseitel
Satz: hanseatenSatz-bremen, Bremen
Druck und Bindung: Ebner Ulm
ISBN 3-404-60331-1

Der Preis dieses Bandes versteht sich einschließlich
der gesetzlichen Mehrwertsteuer

Inhalt

Heimat des Schnees 7
Im Banne des Nanga Parbat 13
Unter Göttern, Geistern und Dämonen 25
Padmasambhava – Der Sieger 32
In den Oasen Buddhas 57
Yi dam – Begegnung mit dem eigenen Gott 74
Aufbruch in den Himalaya 87
Volksleben in Ladakh 106
Hochzeit in Khalatse 117
Hemisfest 137
Der Tod im Kreislauf der Wiedergeburten 148
Zentren der Macht und ihre Geschichte 156
Guge – Ein vergessenes Königreich
  wird entdeckt 166
Der Kailas – Am heiligsten Berg der Erde 182
Milarepa – Der Dichter des Himalaya 209
Nach Nepal, ins Land der lebenden Götter 230
Die Geschichte der Sherpas 241
Ghora Jatra –
  Das Fest der Großmuttergottheiten 250
Der Weg zum Mount Everest 269
Mustang – Das letzte verschlossene Land 279
Sikkim – Exil des Karmapa 299
Bhutan – Die Lüge vom ärmsten Land der Erde . 307
Das Paro-Fest 320
Begegnung mit den Göttern Bhutans 328

Tscham — Das getanzte Sterben 336
Thimphu und der Weg nach Osten 344
In den heiligen Tälern Bhutans 353
Edmund Hillary und der Sturm
   auf die Achttausender 359
Veränderungen am Dach der Welt 366
Himalaya-Tourismus 369

Nachwort und Dank des Autors 374

Literaturverzeichnis 378

Register 385

Heimat des Schnees

Der Himalaya — die »Heimat des Schnees« — ist das Rückgrat des asiatischen Kontinents. Als jüngstes, zugleich aber höchstes Gebirge dieser Erde scheidet er die gewaltigen Landmassen zwischen Indischem Ozean und nördlichem Eismeer. Wie ein riesiges knochiges Fossil erstreckt er sich über 2400 Kilometer von West nach Ost — eine Gebirgsbarriere von bis zu 300 Kilometer Tiefe, die Asiens tropischen Süden vom Steppen- und Wüstengürtel Zentralasiens und den weiten Regionen Ostasiens trennt. Der Himalaya ist jedoch kein isoliertes Gebirge, sondern das südliche Zentrum eines Gebirgssystems, das weit nach Norden und Westen ausgreift und über das Karakorum, den Pamir, den Hindukusch und das Kunlun-Gebirge bis zum Tien-shan — dem Himmelsgebirge — reicht. Sie alle hängen miteinander zusammen und bilden die großartigsten Höhenketten dieser Erde, mit zahllosen Eisriesen, die das höchste Hochplateau — Tibet, das Dach der Welt — und die tiefste Niederung — das Tarim-Becken — umschließen.

Das Kartenbild dieser Gebirgsformationen kann man interpretieren als ein nach Westen dahinjagendes Wild, dessen weit zurückgeworfener Kopf das Himmelsgebirge mit dem Issuk-See als Auge und dessen Schwanz das tief nach Zentralchina hineinragende Tsinlingshan sind. Die Vorderläufe bilden Hindukusch und Suleiman-Gebirge.

Diese aus dem Atlas abzulesenden Konturen führen uns mitten hinein in die religiöse oder — sagen wir besser — dämonische Vorstellungswelt der hier lebenden Menschen. Fabeltiere vielfältiger Art zeichnen sich für sie, wie auch für den phantasievollen Besucher, oft an den steilen Bergwänden ab oder werden von bizarren Felsformationen suggeriert.

Wo immer man sich aus südlichen Tiefländern, aus Tälern und Vorgebirgen der Eisbarriere des Himalaya nähert, gewinnt man den Eindruck einer eher dem Himmel als dieser Erde zugehörigen Welt. Denn die Sieben- und Achttausender erheben sich meist über Wolkenformationen, die sie zuweilen selbst wie goldglänzende Wolkenbänder erscheinen lassen. Im Sonnenlicht gleichen sie von innen erleuchteten Eispalästen, die als Wohnungen der Götter zu begreifen dem in der Einsamkeit dieser Bergwelt zu Füßen der Felsmassive Wandernden nicht schwerfällt.

Das Gebiet von Himalaya und ihm im Norden vorgelagerten Transhimalaya mit seinen Bergriesen und seinen unendlichen Hochebenen wird in weitem Bogen umschlossen von zwei Flüssen, die beide aus West-Tibet kommen: Indus und Brahmaputra. Sie entspringen in 6000 Metern Höhe dem Kubi-Gangri-Gebirge an der Nordflanke des westlichen Himalaya, dessen heiliges Zentrum der 6714 Meter hohe Eiskegel des Kangrinpotsche — des Kailas — bildet.

Der 3200 Kilometer lange Indus durchfließt Ladakh, Kaschmir und Pakistan. Südöstlich von Karachi mündet er mit einem weitverzweigten Delta ins Arabische Meer. Der 2900 Kilometer lange Brahmaputra umfließt als Tsangpo den östlichen Himalaya — Bhutan und Assam —, durchbricht als Dihang die Gebirgsbarriere und mündet im Deltagebiet des Ganges, auf dem Boden von Bangladesh, in den Golf von Bengalen.

Beide Flüsse gelten in den Ländern, die sie durchfließen, als heilig — beider Namen erinnern an brahmanische Götter, an Indra, den alten Götterkönig der Aryas, und an Brahma, den hinduistischen Schöpfergott, als dessen Sohn der Fluß Brahmaputra verehrt wird.

Die zwei Flußläufe markieren in ihrem nördlichen Verlauf ziemlich genau die West- und Ostgrenze des Himalaya, der sich in leichter Neigung von Nordwesten nach Südosten erstreckt und so die Nordgrenze des indischen Subkontinents bildet. Als einziges Gebirgssystem dieser Erde erreicht er mit mehreren Gipfeln im äußersten Westen wie auch im Osten Höhen von über 8500 Metern. Zu seinem Einzugsgebiet gehören Landschaften verschiedenartiger Struktur und Länder mit sehr unterschiedlichen politischen und religiösen Lebensformen.

Politisch hat China heute mit Tibet den weitaus größten räumlichen Anteil an diesem Gebiet. Im Westen und Osten reichen die zwischen Pakistan und Indien umstrittenen Teile Kaschmirs sowie Indien mit Ladakh und der Provinz Himachal Pradesh, der Region um Darjeeling und dem 1975 annektierten Sikkim in den Raum hinein. Das größte selbständige Land, das sich über weite Teile der Südfront des Himalaya erstreckt, ist Nepal. Im Osten konnte sich bis heute das am längsten für Fremde verschlossene Königreich Bhutan als Pufferstaat zwischen China und Indien unabhängig erhalten.

Alle diese Länder sind dünn besiedelt. Weite Regionen blieben menschenleer. Nur so konnte China 1962 den Nordosten von Ladakh — das Aksai Chin — besetzen, ohne daß Indien davon Kenntnis erhielt. Nomaden brachten erst nach Wochen die Nachricht zu indischen Verwaltungsstellen in Leh. Doch da war es für ein erfolgversprechendes Eingreifen Indiens längst zu spät. Selbst die Städte des gesamten Gebietes sind nicht mehr als Marktflecken. Es gibt keine einzige Großstadt im Himalaya. Alles hält sich im ländlichen Rahmen. Und viele Plätze — wie das ladakhische Leh oder Gangtok in Sikkim — haben ihre ursprüngliche wirtschaftliche Bedeutung verloren, als die Verbindungen nach Tibet 1959 abgeschnitten wurden und die Handelsbeziehungen aufhörten.

Obwohl China mit Tibet das Kernland der Region unter kommunistische Herrschaft gebracht hat, sind kommunistische Ideen auch heute noch im Himalaya so gut wie unbekannt. Materielle Wünsche treten hier hinter religiösen Vorstellungen und Bindungen zurück. Die Macht der alten Naturreligionen mit ihren Heeren von Göttern, Geistern, Kobolden, Nixen und Feen ist ungebrochen. Man begegnet ihren primitiven Heiligtümern — Steinhaufen, Schädelbergen, Gehörnaltären — auf Schritt und Tritt. Die Hochreligionen haben wenig dagegen ausrichten können. Wenn ihre Priester klug waren, haben sie das überkommene Geisterreich in ihr Pantheon aufgenommen. Selbst die Moslems zeigten hier Toleranz. Nur die christlichen Missionare taten sich schwer mit den Naturgottheiten und Dämonen. Deshalb hat das Christentum keine Chancen im Himalaya. Und das, obwohl oder gerade weil Religion viel stärker als Politik oder Wirtschaft lebensbeherrschendes Element in dieser Bergwelt ist.

Wir wissen nicht, ob die noch immer im Himalaya heimischen Naturreligionen hier entstanden oder von wo sie in das Gebiet eingesickert sind. Eine Ausnahme bildet der vom Norden gekommene Schamanismus, der bis heute eine wesentliche Rolle in den nördlichen

Regionen — wahrscheinlich selbst noch in entlegenen Teilen Tibets — spielt.

Das Eindringen der Hochreligionen ist in historischer Zeit erfolgt. Zuerst kam der Buddhismus von Westen und Südosten. Er erreichte von Kaschmir aus Ladakh und West-Tibet, vom nordostindischen Bihar aus Nepal, den östlichen Himalaya und das zentrale Tibet. Nach Sikkim und Bhutan gelangte er am spätesten.

Von Indien her drang der Hinduismus in das Himalaya-Gebiet ein, wurde aber nur in Nepal heimisch, das sich noch heute als einziges hinduistisches Königreich der Erde versteht. Der Islam kam als letzte Hochreligion in den Himalaya. Er erreichte nur die Westränder. Obwohl es seit dem vorigen Jahrhundert in der ladakhischen Verwaltungshauptstadt Leh wie auch im tibetischen Lhasa eine Kleine Moschee gibt, gilt noch heute der Marktflecken Mulbekh im westlichen Ladakh als Religionsgrenze zwischen Islam und Lamaismus. Doch der Moslemeinfluß ist von Kaschmir her in den letzten Jahrzehnten immer stärker geworden. Mit dem Argument, Buddhismus sei Heidentum, versuchen die anmaßenden Mullahs aus Kaschmir und Baltistan, den Lamaismus zu diffamieren und die Lamas als eine Art von Teufelsanbetern anzuprangern.

Trotzdem ist zwischen Mulbekh im westlichen Ladakh und Ost-Bhutan, einem Gebiet von mehr als 2500 Kilometer Länge, das sich im Südbogen um das einstige lamaistische Kernland Tibet legt und eine bis über 300 Kilometer tiefe Zone umfaßt, die lamaistische Form des Buddhismus noch immer vorherrschend. Nur in Nepal blieb sie Randerscheinung. Obwohl sich im Kathmandu-Tal zwei der wichtigsten lamaistischen Heiligtümer — die berühmten Stupas von Bodnath und

Swayambunath — befinden, dominiert hier der Hinduismus, der sich allerdings in der Bilderwelt wie im Ritus vieler Tempel des Kathmandu-Tals mit buddhistischen Elementen mischt. In der Region des Mount Everest, bei den Sherpas und in West-Nepal, besonders in dem kleinen Fürstentum Mustang, hat der Lamaismus seine nepalischen Schwerpunkte, die in den letzten Jahren im Norden des Landes durch tibetische Flüchtlingssiedlungen verstärkt worden sind.

Weite Teile der Himalaya-Region, dieses gewaltigen, von Gebirgsketten, Bergmassiven, tief eingeschnittenen Tälern und oft schwer zugänglichen Hochflächen beherrschten Gebiets, blieben bis in unsere Tage für den Verkehr fast völlig unerschlossen. Neben einigen in den letzten Jahrzehnten entstandenen Hauptverkehrsstraßen bestehen die Verbindungswege zwischen den einzelnen Zentren nach wie vor in Karawanenwegen und oft recht gefährlichen Saumpfaden. So mancher Ort, wo man mit einem kleinen Flugzeug landen kann, ist sonst nur äußerst beschwerlich zu Fuß zu erreichen. Ja, es gibt selbst alte Königsstädte zwischen oberem Indus und oberem Brahmaputra, in deren Straßen man noch nie ein Auto gesehen hat.

Das Gebirgssystem des Himalaya und seiner Nachbarregionen umschließt mit vielen, bis zu Höhen zwischen 7000 und fast 9000 Metern ansteigenden Bergriesen ein Hochplateau, das zehnmal so groß ist wie die Bundesrepublik Deutschland. Dazu gehören das indische Ladakh und das der Volksrepublik China eingegliederte Siedlungsgebiet der Tibeter, das in seinem Süden von einem zweiten gewaltigen, bis auf 7600 Meter ansteigenden, 200 Kilometer tiefen Gebirge gegliedert wird: jenem Transhimalaya, der nach seinem später aus politischen Gründen verfemten Erforscher früher auch Hedin-Gebirge genannt wurde.

Wir wissen heute, daß Tibet, dieses höchste, von Süden nach Norden zwischen 3200 und 5200 Metern ansteigende Hochplateau, vor 70 Millionen Jahren ein Meer gewesen ist. Funde aus dem frühen Tertiär beweisen diese märchenhaft erscheinende Tatsache, die begreiflich macht, daß der Himalaya als höchstes Gebirge unserer Erde zugleich ihr jüngstes ist. Noch im Eozän, also vor etwa 50 Millionen Jahren, erreichte es mit 3000 Metern nicht einmal die Höhe der Alpen. Andererseits wächst es nach neuesten Messungen noch heute um jährlich zehn Zentimeter, von denen allerdings bis zu sieben Zentimeter durch Stürme und Niederschläge wieder abgetragen werden.

Der Druck, der diese gewaltigste Auftürmung von Gebirgsmassen geschaffen hat, kommt aus dem Süden. Der indische Subkontinent — erdgeschichtlich als Gondwanascholle bezeichnet — hat sich in der Zeit der Kontinentalverschiebungen, in der sich die jetzige Gestalt der Erdoberfläche gebildet hat, nach Nordwesten bewegt, dabei das Himalaya-Meer verdrängt und zur Aufschichtung des riesigen Gebirgsmassivs geführt, das wir heute Himalaya nennen.

Im Banne des Nanga Parbat

Über die frühe Geschichte der Himalaya-Region wissen wir wenig. Und das wenige besteht aus einer unentwirrbaren Mischung von Wirklichkeit und Legende. Immer wieder geht in den ältesten Schriften, die vor etwa 1000 Jahren entstanden sind, der historische

Sachverhalt in wunderbare, märchenhafte Erzählungen über, die jedoch meist einen realen Kern erkennen lassen. So bleibt Himalaya-Geschichte Legendengeschichte selbst dort, wo Jahreszahlen bekannt und biographische Daten gesichert sind. Grund dafür ist die in jenen Gebieten bis in die Gegenwart fortbestehende Neigung, äußere Wirklichkeit, Trance und Traumerlebnis miteinander zu verbinden und als eine neue, umfassendere Art von Wirklichkeit für wahr zu halten, ja, sie als die eigentliche Realität anzusehen. Hier zeigt sich der grundsätzliche Unterschied zwischen westlichem und östlichem Denken. Dem materiellen Bewußtsein des Abendländers steht das imaginäre Bewußtsein des noch in der Tradition lebenden Asiaten gegenüber, wie es bei den Himalaya-Völkern besonders stark ausgeprägt ist.

Wollen wir uns die Anfänge solchen Glaubens und Denkens vor Augen führen, so geschieht das am eindrucksvollsten, wenn wir mit wachem Blick durch die Himalaya-Länder reisen und versuchen, das wenige, was wir von der ursprünglichen Religion der dort lebenden Menschen wissen, im uns entgegentretenden Bild ihrer täglichen Umwelt wiederzufinden und, wenn möglich, aus der Erfahrung zu ergänzen.

Unsere Aufmerksamkeit gilt dabei all dem, was anders ist als bei uns, vor allem auch dem, was trotz aller Fremdeinflüsse natürlicherweise anders geblieben ist bis in unsere Tage. Das sind nicht nur Eisriesen, Gletscher, Geröllfelder, einsame Grashalden und dichter Dschungel in den Tiefen, nicht nur Steppen, Wüsten und steilansteigende Bergrücken in vielen Farben — es sind auch der andere Himmel, das gespenstische Wolkenspiel, das Brodeln der Nebel und das plötzlich durchbrechende überhelle Licht, die glühenden Orange-, Rot- und Violettöne kurzer Dämmerungen, die zum Greifen nahen, wie mit Geisterlinien verbundenen Sternbilder, ein Mond, der die Landschaft in gleißendes Silber taucht, und eine aufgehende Sonne, die aus grauen, schroffen Bergwänden und bleiern wirkenden Eisgipfeln in Minuten rot- und schließlich goldglühende Götterthrone und Feenschlösser werden läßt, denen der Bergbauer ebenso wie der stille, andächtige Mönch Morgen für Morgen seinen vor solcher Herrlichkeit nie ermüdenden Blick zuwendet.

Den Naturerscheinungen und Naturgewalten galt deshalb im Himalaya seit frühesten Zeiten die Aufmerksamkeit der Menschen. Sie prägten ihre ersten religiösen Vorstellungen und ihr zum Teil noch heute lebendiges Brauchtum. Sie haben sich in den später vom Buddhismus beherrschten Gebieten mit der neuen Lehre zu einem eigenen Glauben — dem sogenannten Lamaismus — verbunden. Doch ist auch in den islamischen Regionen des Westens, zwischen Hindukusch und Himalaya, noch manches überkommene Glaubensgut lebendig.

In abgelegenen Hochtälern kann man bis in die Gegenwart Bräuchen aus vorbuddhistischer Zeit begegnen, die weder vom Buddhismus noch vom Islam ausgerottet werden konnten, was für ihre ungebrochene Lebenskraft spricht. Vielleicht ist dies überhaupt eines der Hauptkennzeichen des Lebens im Himalaya, daß hier früheste Geschichte Gegenwart blieb, während vieles, was folgte, im Laufe der Zeit allmählich wieder verschwand. Festgehalten haben die Menschen bis heute, vor allem in den entlegenen Gebieten abseits der Durchgangsstraßen, an den Ursprüngen.

Ein Beispiel dafür habe ich 1972 in den Hochtälern des nordöstlichen Pakistan erlebt, die seit Hunderten von Jahren islamisiert sind. Der Unterschied zur übrigen islamischen Welt beginnt schon damit, daß die Frauen unverschleiert gehen und sehr selbstbewußt auftreten. Wahrscheinlich haben die schweren Lebensbedingungen in den Bergen, die von Mann und Frau, vor allem in den langen Wintermonaten, das Äußerste an Kraft und Beherrschungsvermögen fordern, zu dieser hier ganz selbstverständlich erscheinenden Gleichberechtigung beigetragen. Die aus der Härte des Daseins entstandene, im Himalaya verbreitete Eheform der Polyandrie – der Verbindung einer Frau mit mehreren Männern, meist mit mehreren Brüdern – läßt den männlichen Besitzanspruch auf die Frau gar nicht erst aufkommen.

Die winzigen Anbauflächen der meisten Familien in diesen Bergregionen erlauben keine Erbteilung, so daß die Söhne im Haus der Eltern oft nur mit einer Frau zusammenleben. Auch die häufige Abwesenheit der Männer als Hirten, Bergführer oder Boten ist ein Grund für die vom westlichen Himalaya bis nach Nepal und Tibet verbreitete Polyandrie, die zwar verboten, aber noch nicht ausgestorben ist.

Bedeutung und Stellung der Frau leiten sich besonders in den nordwestlichen und westlichen Regionen des Himalaya von ältesten Glaubensformen her, deren Reste wir heute noch im Hindukusch und in den Hochtälern zwischen Rakaposhi, Haramosh und Nanga Parbat finden können. In diesem Gebiet habe ich Formen eines vorislamischen Glaubens und Brauchtums entdeckt, die mit Göttinnen verbunden sind, denen noch heute – ähnlich wie im hinduistischen Bereich der Göttin Kali — Ziegenopfer dargebracht werden. Auch das damit zusammenhängende Rindertabu, das die völlige Meidung von Rindfleisch, Milch und Rindsleder fordert, erinnert an die hinduistische Heiligung und Tabuisierung der Kuh.

Niemand weiß zu sagen, wo die gemeinsamen Wurzeln dieser Glaubenswelt liegen. Auf alle Fälle aber sind im westlichen Himalaya stark weiblich betonte Kräfte in den vorislamischen Religionsformen lebendig, die sich im pakistanischen Alltagsleben erhalten haben und noch immer auswirken. Die damit zusammenhängenden kultischen Handlungen, von denen die Alten in bilderreicher Sprache zu berichten wissen, scheinen weithin ausgestorben zu sein oder doch ihre ursprüngliche Bedeutung verloren zu haben.

Östlich von Gilgit erstrecken sich im äußersten Nordosten von Pakistan außer dem langen Tal von Hunza noch weitere bewohnte Täler nach Norden: das Bagrot-Tal und die Haramosh-Täler. Im Osten der Flüsse Kaltaro und Daso, die vor Sassi in den Indus münden, steigt das Gebirge steil an zum 7400 Meter hohen Haramosh.

Bis Sassi bringt uns der Jeep, den unser Freund, Prinz Nannihal Shah, ein ausgezeichneter Kenner des Landes, steuert. Doch dann beginnt ein beschwerlicher Anstieg über die Stein- und Geröllmassen, die die Ufer des Indus säumen. Die Täler sind eng und unwirtlich. Nur wenige kleine Dörfer liegen in den tiefen Flußschluchten. In den Sommermonaten ist es da unten so unerträglich heiß, daß die Dörfer verlassen werden. Die Menschen wohnen dann in offenen Sommersiedlungen zwischen den 3000 Meter hoch gelegenen Weiden.

Am weitesten nördlich, das heißt auch am weitesten entfernt von allen Fremdeinflüssen, liegt Guré, das Sommerdorf von Barche. Es ist nur über steile, gefährliche Bergpfade zu erreichen. Jenseits des Daso-Flusses erstreckt sich der von Lawinen des Haramosh gespeiste gewaltige Mani-Gletscher. Zwischen dunkelgrünen Nadelwäldern liegt in erhabener Einsamkeit der tiefblaue Kutuwal-See, in dessen klarem Wasser sich der Eisgipfel des Haramosh spiegelt. In der Nähe von Guré steht unter einem überhängenden Felsdach ein aus rohen Feldsteinen zusammengefügter Altar, neben dem ein Wacholderbusch wächst. Einige Zweige davon stecken zwischen den Steinen. Unter Nußbäumen stehen steinerne Sitzbänke. Aus dem Felsvorsprung sprudelt frisches Wasser. Es ist eine fast griechisch anmutende Idylle.

Ich frage Prinz Nannihal Shah nach der Bedeutung des Steinaltars mit den Wacholderzweigen. Er kennt sie nicht. Am Hang hockt ein alter bärtiger Hirte, der die Ziegenherde von Guré hütet. Ihn fragt der Prinz. Der Alte wird lebhaft. Offenbar weiß er Bescheid. Gestikulierend redet er auf den Prinzen ein, der noch mehrmals zurückfragt, bevor er mir die Antwort des Alten übersetzt. Der Steinaltar, so berichtet dieser, sei der Göttin Murkhum geweiht, die vor vielen Jahrhunderten in der Gestalt eines Steinbockweibchens an dieser Stelle erschienen sei. Sie habe die Errichtung eines Altars gefordert und die Frauen veranlaßt, jährlich einmal an diesem Platz zusammenzukommen.

In seiner Jugend, so weiß der Alte zu erzählen, hätten diese Zusammenkünfte der Frauen noch stattgefunden. Dabei habe ein Mann, der sogenannte Zhabán, die Priesterrolle übernommen. Über das Zeremoniell gingen die Berichte im Dorf weit auseinander. Übereinstimmend wissen alle von einem Ziegenopfer, denn die Frauen brachten einen Anteil des Fleisches mit nach Hause. Was nach der Verteilung der Fleischrationen geschah, hat keine der Frauen je erzählt. Und auch der Zhabán gab keine Auskunft. Im Dorf wurde gemunkelt, der Priester habe sich nach dem Opfer entblößt und nackt mit obszönen Bewegungen vor den Frauen getanzt. Die Frauen durften ihn angreifen und mit Ruten schlagen. Danach aber habe sich der Zhabán so vieler Frauen bemächtigen dürfen, wie er wollte und konnte.

Hier fällt die Parallele zum griechischen Gott Dionysos und seinem wilden Gefolge auf, zumal der Zahbán im Dorf als Bock der Frauenschar bezeichnet wurde. Prinz Nannihal Shah gibt zu bedenken, daß die Ausschweifungen auch eine Erfindung der strengen Moslems sein könnten, die das angeblich unzüchtige Verhalten des Zhabáns zum Anlaß der Beendigung dieses Brauches genommen hätten. Noch immer aber suchen, wie uns der Alte erzählt, kinderlose Frauen den Altar der Göttin Murkhum auf, um ihn mit frischen Wacholderzweigen zu schmücken.

Am Abend kommt der Prinz noch einmal auf das Thema zurück. Er erzählt uns von der Fülle weiblicher Gottheiten und gottähnlicher Geschöpfe, die in den Mythen dieser Berge teilweise bis heute — zumindest in der Vorstellungswelt der Alten — lebendig sind. Als Peri — eine Art von Fee — beherrschen überirdische weibliche Wesen im Glauben der Bergbevölkerung die Gipfel der Eisriesen, wo sie ihre kristallenen Paläste haben. Auf den Höhen des Rakaposhi, des Haramosh und des Nanga Parbat stellt man sich Milchquellen vor, die sich in Seen ergießen, in denen die Feen baden, um sich ewige Jugend und Schönheit zu bewahren. Den Männern erscheinen die Peris in der Gestalt von Steinböcken, wie jene Göttin Murkhum, die selbst wahrscheinlich als eine Feenkönigin angesehen wurde.

Es gibt viele Geschichten über die Begegnung von Feen mit Männern. Und jede hat einen anderen Ausgang. Zuweilen töten die Feen allzu aufdringliche, das Geheimnis der Feenwelt bedrohende Männer. Anderen Männern wieder gelingt es, eine Fee in ihre Gewalt zu bekommen und sie zu ihrer Geliebten zu machen. Ist es solchen Feen möglich, sich vom Liebesbann zu befreien, nehmen sie oft schreckliche Rache an ihren Verführern. In uralte Glaubensvorstellungen reichen wahrscheinlich die Legenden zurück, in denen Feen eine Mutterrolle annehmen und dadurch zur Schutzgöttin eines Mannes, meist eines großen Jägers werden, dem sie Jagdglück bringen und den sie zugleich vor drohenden Gefahren beschützen.

Bis spät in die Nacht erzählt uns Prinz Nannihal Shah von der Macht und dem Zauber der Feen. Dabei umspielt ein spöttisches Lächeln seine Lippen. Und doch fabuliert er so farbig und echt, daß man sich gut vorstellen kann, wie gläubig eine einfältige Dorfbevölkerung in diesen entlegenen, ganz den Naturereignissen preisgegebenen Siedlungen solchen Legenden zu lauschen gewohnt ist. Am Fuße von Götterbergen und Feenpalästen zu leben, von der Gunst der Götter und Feen abhängig zu sein, ist diesen Menschen selbstverständliche Gewißheit, die nichts mit ihrer heutigen Religion zu tun hat, sondern eine natürliche Folge ihrer Daseinsbedingungen ist.

Als Throne der Götter wurden die Berge des Hindukusch und des Himalaya schon lange vor dem Eindringen von Hinduismus und Buddhismus verehrt. Überleben doch gerade in den Hochtälern von Hindukusch und Himalaya sowie auf den riesigen Hochflächen, die sich nördlich und östlich anschließen, uralte vorgeschichtliche Göttervorstellungen, die von den Bergen, in denen sie entstanden sind, nicht getrennt werden können.

Und als seit dem Ende des vorigen Jahrhunderts Europäer und Amerikaner als Bergsteiger zum friedlichen Sturm auf die Sieben- und Achttausender angetreten sind, war selbst bei vielen dieser, einer rationalistischen Zeit entstammenden Männer die Vorstellung lebendig, ins Reich der Götter vorzudringen. So nannte Rudolf Skuhra sein 1938 erschienenes Buch über die Versuche, Mount Everest, Kangchendzönga und Nanga Parbat zu besteigen, *Sturm auf die Throne der Götter.*

Wahrscheinlich ist es kein Zufall, daß die ersten Bemühungen, die Eisberge des Himalaya zu bezwingen, mit dem weltweiten Rückgang der Ehrfurcht oder auch der Angst vor den Göttern zusammentrafen. Der Unerschrockenheit der Weißen stand oft die noch heute zu beobachtende Scheu der eingeborenen Träger gegenüber, denen die Götter wohl schon immer näher waren als uns. Liest man in den Berichten über die Nanga-Parbat-Expeditionen der dreißiger Jahre, hat man das Gefühl, als habe sich der gewaltige, vom Indus-Tal über 7000 Meter aufsteigende Eisriese lange erfolgreich gegen seine Bezwingung gewehrt. Und in Astor, einem kleinen Ort zu Füßen des Nanga Parbat, erzählen die Alten noch immer schreckerfüllt von den Todesnachrichten, die Jahr für Jahr von oben gekommen sind. Wie Gezeichnete hätten sie ausgesehen, die

Bergsteiger und ihre Träger, wenn sie aus den Eiswüsten zurückkehrten, in denen unerwartete Großlawinen ihre Freunde begraben hatten.

Der »deutsche Berg« heißt der Nanga Parbat bei den Anwohnern, die immer wieder die hoffnungsvolle Ankunft und die meist traurig, wenn auch unentmutigt angetretene Heimreise der Alpinisten erlebt hatten, bis es endlich auf der Expedition Herligkoffer 1953 — im Jahr der Erstbesteigung des Mount Everest — Hermann Buhl gelang, den Gipfel des Nanga Parbat im Alleingang zu bewältigen. Zwischen der Sachlichkeit, mit der die Besteigung der großen Berge des Himalaya vorbereitet und durchgeführt wurde, und der Legendenfülle, von der die jahrtausendelang unbezwungenen Gipfel umgeben sind, besteht die gleiche Diskrepanz wie zwischen abendländischem und asiatischem Denken.

In Astor sagte mir ein alter Mann, mit dem ich über die zahlreichen Anstrengungen zur Ersteigung des talbeherrschenden Berges sprach: »Die Menschen hier wären nie auf den Gedanken gekommen, da hinaufzusteigen. Und wenn wir an die Gräber denken und an die Unbegrabenen, die im Eis liegen, dann fragen wir uns noch heute, ob es den Menschen ansteht, die Götter zu stören.«

Ich wollte wissen, ob er denn wirklich daran glaube, daß auf dem Nanga Parbat und den anderen hohen Bergen Götter wohnten. Er sah mich lange nachdenklich an, dann stellte er eine Gegenfrage: »Wer sollte sich denn so heftig gegen die Eindringlinge gewehrt haben, mit Schnee- und Eislawinen, wenn nicht die Bewohner der Gipfel, die Angst hatten, daß ihr Europäer auch sie noch unterjochen wolltet?«

Das war weder polemisch noch ironisch gefragt. Der Alte meinte es so, wie er es vorbrachte. Und als wir am Abend beim Holzfeuer in einer Hütte zusammensaßen, nachdem das letzte Abendrot über den Eisgletschern verglommen war, erzählte ein Mann von seinem Vater, der 1934, als Willy Merkl seinen zweiten Angriff auf den Berg startete, als Träger dabei war. Nachdem der Vater bei der 1937 unter Karl Wien durchgeführten Expedition am Berg geblieben war, hatte die Mutter den Kindern immer wieder erzählt, die Götter des Nanga Parbat hätten mit Eisstücken nach den Eindringlingen geworfen und viele von ihnen getroffen.

Mit diesen Worten waren die Schleusen der Fabulierlust geöffnet, die hier in den Bergen so groß ist. Ein uralter Mann, dessen Kinn beim Gehen fast die Erde berührte und der nur noch röchelnd sprechen konnte, berichtete von den Erlebnissen Einheimischer am »schrecklichen« oder »männermordenden« Berg, wie der Nanga Parbat in den umliegenden Dörfern genannt wird.

»Schon immer hat der Berg Menschen in seinen Bann gezogen und sie dann vernichtet«, sagt er mit zitternder Stimme. Als die ersten Europäer kamen, sah man das als eine Bestätigung der göttlich-dämonischen Kräfte des Berges an. Und als der berühmte englische Bergsteiger A. F. Mummery 1895 als erster aufstieg und mit seinen beiden Trägern nicht zurückkehrte, war man von der Richtigkeit der alten Legenden erst recht überzeugt. So nicken auch alle im Kreise, als der Alte schließlich die bekannte Sage vom Feenpalast am Nanga Parbat wie eine Geschichte aus seinem Leben erzählt:

»Ein junger, unternehmungslustiger Mann wanderte

trotz der Warnungen aller Erfahrenen im Dorfe durch die Berge und fand sich plötzlich vor dem Palast der Feen am Nanga Parbat. Der Bau war aus reinem Kristall. Er umschloß einen herrlichen Garten, tausendmal schöner als die Märchenwiese am Fuße des Berges. Mitten im Garten stand ein gläserner, in der Sonne glitzernder Baum, von dem Perlen als Früchte herabhingen. Der Mann konnte sich nicht zurückhalten und pflückte von den Perlen, soviel er nur erreichen konnte. Doch als er sich auf den Heimweg machte, kamen aus den Felsspalten zahllose Schlangen und bedrohten ihn. In seiner Angst warf er alle Perlen fort, und die Schlangen fraßen sie auf. Atemlos und angstverzerrt kam der Mann in sein Dorf. Er legte sich nieder und konnte nicht wieder aufstehen. Mit letzter Kraft erzählte er das Erlebnis seinen Freunden. Dann starb er. Die Feen vom Nanga Parbat verzeihen es keinem, wenn er ihre Geheimnisse entdeckt hat.«

Da erinnert sich der inzwischen selbst alt gewordene Trägersohn an ein merkwürdiges Ereignis, das Willy Merkl, der 1934 in einer Eishöhle des Nanga Parbat an Entkräftung gestorben war, kurz vorher erzählt hatte.

Auf seiner ersten Nanga-Parbat-Expedition, die Merkl 1932 zusammen mit Amerikanern unternommen hatte, mußten sie zwar der ständigen Schneestürme wegen aufgeben. Aber die Expedition hatte keine Todesopfer zu beklagen. Wie der Bericht von einem Wunder ging es damals durch die Täler. Doch dann — drei Monate später — war Rand Herron, einer der Amerikaner, die an dem Besteigungsversuch teilgenommen hatten, in Ägypten beim Erklettern der Chefren-Pyramide abgestürzt und umgekommen. Da waren sich alle Einheimischen einig: Der Berg holt seine Opfer, auch wenn sie noch so weit entfernt sind.

Der Trägersohn berichtet, wie seine Mutter ihren Mann angesichts dieser Nachricht 1934 vor der zweiten Merkl-Expedition weinend anflehte, sich nicht gegen den Berg zu versündigen. Er kam wieder. Merkl blieb. Als der Vater 1937 noch einmal mitmachte, sagte die Mutter, nun schon ohne Tränen: »Diesmal bleibst du.« Und so war es.

Kein Wunder, daß sich die Menschen hier ihren Glauben an die Rache der Götter für das Eindringen in ihr Reich nicht nehmen lassen. Sie betrachten ihr Leben als einen Teil der Natur, deren alles beherrschende Übermacht sich in den Eisriesen und Gletschern ausdrückt. Davor Ehrfurcht und auch Angst zu haben, ist den Menschen hier ganz natürlich. Das sportliche Überlegenheitsgefühl der Bergsteiger war ihnen immer fremd.

Unter Göttern, Geistern und Dämonen

Was da geheimnisvoll mit letzten Zeugen und Zeugnissen in unsere Gegenwart herüberreicht, wurzelt in den ältesten Glaubensschichten der Himalaya-Völker. Wir vermögen heute nicht mehr zu klären, welche Elemente jener uralten Religionsvorstellungen ihren Ursprung auf dem Dach der Welt haben. Sicher ist, daß sowohl vom Westen als auch vom Süden und Nordosten her schon sehr früh Einflüsse in den Himalaya vordrangen, die den Glauben der Menschen entscheidend und nachhaltig geprägt haben. Nach unserer Kenntnis müssen wir in dieser schwer zugänglichen, auch in sich vielfältig abgeschlossenen Gebirgswelt von einer Mischreligion aus bodenständigen Elementen und fremden Quellen ausgehen, was sich an der Fülle überlieferter Sagen und Legenden deutlich ablesen läßt.

Älteste sichtbare Zeugnisse, die wir von Ladakh über Nepal und Tibet bis Bhutan und Assam finden, gehören der in ihren Ursprüngen und in ihren Abläufen noch immer rätselhaften, über ganz Europa und Asien bis in die Südsee verbreiteten Megalithkultur an. Ihren Steinsetzungen begegnen wir auf dem Weg nach Leh, der alten Hauptstadt des west-tibetischen Ladakh, ebenso wie im östlich angrenzenden Tibet und auf dem Wege von Thimphu, der Königsstadt Bhutans, nach Osten, wo ich in einem schmalen, felsigen Flußtal 1982 durch Zufall auf einen megalithischen Steinaltar stieß. Von Bhutan aus erstrecken sich solche Megalithdenkmäler bis weit nach Süden ins tropische Assam.

Über die im Himalaya-Gebiet mit diesen Heiligtümern verbundenen alten Kulte wissen wir kaum etwas. Auch ist der zeitliche Umfang der Megalithkultur in dieser Region nicht zu klären. Allerdings können wir davon ausgehen, daß viele bis heute lebendig gebliebene Formen des Volksglaubens und überkommene Bräuche in jener Zeit ihren Ursprung haben. Denn nirgendwo ist man, wie wir schon feststellen konnten, konservativer als im Himalaya.

Zweifellos gingen mit den Steinsetzungen der Megalithzeit Dämonenbeschwörung und Zauberpriestertum einher. Die frühen Bewohner des Himalaya stellten sich — nicht anders als ihre Nachfahren — die ganze bedrohliche Welt der Berge, Gletscher, Steppen und Wüsten als von Göttern, Geistern und Dämonen beherrscht vor. Dabei konnten von allen drei Gruppen dieser überirdischen Wesen Gefahren für den Menschen ausgehen. Auch die Götter waren nicht einfach gut und schon gar nicht die natürlichen Freunde der Menschen. Hier gab es offenbar schon sehr früh eine äußerst differenzierte Vorstellungswelt, von der wir uns nur ein Bild machen können, wenn wir uns die große Einsamkeit dieser Menschen und ihr Ausgesetztsein in einer Welt versteckter, ständig drohender Gefahren vorstellen. Denn die Religion der Himalaya-Bewohner ist nur aus deren natur- und umweltgeprägten, traumverlorenen Psyche zu verstehen. Deshalb scheint es mir verfehlt, sie von der vorgestellten Götter- und Geisterwelt her erklären und systematisieren zu wollen, wie es in der späteren tibetischen Bon-Religion, offenbar als Reaktion auf den vordringenden Buddhismus, geschehen ist.

Für die Frühzeit, das heißt für die Jahrhunderte vor dem Eindringen des Buddhismus, können wir das religiöse Leben der Menschen nur aus ihren schweren Lebensbedingungen erschließen und erklären. Dafür geben uns oft unscheinbare Zeugnisse am Wege so manchen Hinweis. Und in Gesprächen wird vieles aus den Bilder der Vergangenheit beschwörenden Legenden klar, die den rationalistischen Europäer oft wie ein zusammenhangloses Spintisieren anmuten.

So müssen wir uns zunächst die Umwelt vergegenwärtigen, in der die Himalaya-Bewohner vor 2000 und mehr Jahren gelebt haben. Sie waren Nomaden, die mit ihren Yakherden durch die von Eisriesen überragten Einöden zogen. Ihr Blick war gefangen von den oft in Nebel, Dunst und Wolken verschwindenden, sich optisch vielfältig wandelnden Bergen und vom Himmel mit seinen Gestirnen. Daher ist es nicht verwunderlich, daß für diese Menschen, denen die Erde nicht viel Abwechslung und kaum genug zum Essen bot, der Himmel eine ganz besondere Bedeutung hatte. Er war die Wohnstätte der Götter, und die Stammesführer verstanden es offenbar schon früh, ihre Macht über den Stamm dadurch zu stärken, daß sie sich enger, geheimer Bindungen zur Götterwelt rühmten. Dabei waren die Zauberpriester, die in Trance zwischen Diesseits und Jenseits vermittelten, brauchbare Helfer, deren sich Häuptlinge und später Könige gern und mit Erfolg bedienten. Der Himmelskontakt wurde schon früh, wie wir von den ersten Königen Ladakhs und Tibets wissen, dadurch besonders überzeugend gestaltet, daß es die Oberen verstanden, sich das Flair der Unsterblichkeit zu geben. Sie suggerierten ihrer Umwelt, daß sie über ein Seil oder eine Leiter vom Himmel herabgekommen seien und am Ende ihres Lebens wieder in den Himmel aufsteigen würden. Damit war eine geheimnisvolle Brücke zwischen Erde und Götterwelt geschlagen, über die sich dann wohl auch alle anderen Kontakte zum Götter- und Geisterreich entfalteten.

Schon in vorgeschichtlicher Zeit also haben Menschen ihre Macht, ja ihr ganzes Leben von göttlichen Kräften abgeleitet und sich wahrscheinlich selbst als Götter oder doch gottähnlich gefühlt. So konnten sie nicht nur besser über andere Menschen herrschen, sondern ihre Untertanen auch in Angst und Furcht versetzen, was den Einfluß auf ihre Umwelt wesentlich stärkte. Über das Maß der dabei wirkenden Autosuggestion — des Glaubens an sich selbst und seine eigene Göttlichkeit — werden wir nie etwas erfahren können. Sicher ist nur, daß ein Bewußtsein von alles beherrschenden und überall wirkenden außerirdischen Kräften — mag man sie nun als göttlich oder dämonisch empfunden haben — schon früh vorhanden war.

Die Vermittler zwischen jener Welt der Götter, Geister und Dämonen und dem Volk waren die Zauberpriester, deren Rolle wahrscheinlich später von den aus nördlichen Regionen kommenden, Weissagung und Magie beherrschenden Schamanen übernommen wurde. Ihr Verhältnis zu den Stammesführern und lokalen Königen war wohl im allgemeinen, so wie das der vorausgehenden Zauberpriester, von einer dienenden, auf Herrscherwünsche eingehenden Haltung bestimmt. Doch durfte solche Abhängigkeit ihrer Wirkung wegen nicht an die Öffentlichkeit dringen. Das hatte zur Folge, daß es wohl auch immer wieder zu Aufsässigkeit kam, zumal es vor allem unter den Schamanen und späteren Orakelpriestern einige gab, die eine große spirituelle Ausstrahlung besaßen und schwache Häuptlinge zuweilen in ihre Abhängigkeit bringen konnten. Danach strebten vor allem jene Orakelpriester, denen richtige Prophezeiungen gelangen, mit denen sie nicht nur das Volk, sondern auch die Herrschenden einzuschüchtern verstanden.

Besonders wichtig war das Mitwirken von Priestern bei allen entscheidenden Lebensereignissen — wie Geburt, Heirat und Tod. Aber auch ihr Einfluß auf Gesundheit und Krankheit, auf das Gedeihen der Herden, auf Wanderschaft, Ortswahl und Wetter war von entscheidender Bedeutung. Durch das Murmeln geheimnisvoller, für Umstehende unverständlicher Zaubersprüche sowie durch Beschwörungsgesten, die zur Anrufung, Besänftigung oder auch Entfesselung überirdischer Gewalten verwendet wurden, entstand im Volk der Eindruck einer Machtkonzentration bei den Priestern, die deren Einfluß und Ansehen ständig steigerten. Allerdings mußten die Träger dieses magischen Vertrauens sehr darauf achten, keine Zweifel an ihrer Unfehlbarkeit aufkommen zu lassen. Deshalb griffen sie gern zu vieldeutigen Aussagen, die sie davor schützten, bei Fehlurteilen oder falschen Vorhersagen durchschaut zu werden; außerdem vergrößerte das Geheimnisvolle ihres Tuns die Distanz zum Volk.

Die Zauberpriester wirkten jedoch nicht nur durch ihre magischen Handlungen und das Zelebrieren von Kulten, die, einmal ausgebildet, einem bestimmten, sich streng wiederholenden Ritus folgten. Sie schufen durch die schon erwähnten Steinsetzungen, aus denen später heilige Bauwerke — sogenannte Lhatos — wurden, Konzentrationspunkte göttlicher oder auch dämonischer Kräfte, die zugleich Symbole priesterlicher Macht waren. Schon damals errichtete man wohl jene Steinwälle, die im Buddhismus als Manimauern weiterhin religiöse Bedeutung behielten und bis heute verehrt werden.

Die Lhatos — aus zwei bis drei Stufen bestehende niedrige Türme — entstanden überall dort, wo das konzentrierte Auftreten übernatürlicher Kräfte zu erwarten war: an Steilhängen, Paßhöhen, Gletschern, Kreuzwegen, Zusammenflüssen reißender Bäche und wichtiger Ströme.

Neben den Lhatos sieht man auch einfache Steinhaufen, die, mit Yak- oder Steinbockhörnern bedeckt und von Wacholderbündeln gekrönt, als Zentren magischer Kräfte gegen Gefahren betrachtet werden. An solchen Plätzen fanden zu bestimmten Zeiten — so etwa in Vollmondnächten — heilige Handlungen unter Leitung der Zauberpriester statt, die zu einem geordneten Ablauf des Lebens beitragen und vor Bedrohungen durch Naturgewalten und dämonische Kräfte schützen sollten.

Von großer Bedeutung war im Zusammenhang solcher Schutzriten die Ausgabe und Weihe von Amuletten, deren Gebrauch sich ebenfalls bis in die Gegenwart erhalten hat. Amulette, die aus Reliquien großer Priester, aber auch aus seltsam geformten Steinen sowie aus Hölzern, Samenkörnern oder Früchten bestehen können, sollen Krankheit und bösen Zauber abhalten, zur Schwangerschaft verhelfen oder eine Geburt fördern, die Toten vor dem Einfluß unheilvoller Geister bewahren und den im Gebirge Wandernden vor Naturkatastrophen schützen.

Eine wichtige Rolle im System dieser Hilfsmaßnahmen gegen den Einfluß von Dämonen bilden die bis heute in weiten Teilen des Himalaya zu findenden Geisterfallen, die in regelmäßigen zeitlichen Abständen erneuert werden und an deren, die bösen Geister bannende Wirkung viele Menschen im Himalaya auch in unserer Zeit noch glauben.

Die Fülle von Vorkehrungen der Menschen für oder gegen das Wirken von Göttern, Geistern und Dämonen verdeutlicht, welch große Rolle diese Welt des Über- und Außerirdischen für den Himalaya-Bewohner gespielt hat und zum Teil noch immer spielt. Auch heute, in buddhistischer Zeit, stellt sich der einfache Mensch dieser Region die Welt von vielfältigen Wesen göttlichen oder dämonischen Ursprungs bewohnt und beherrscht vor, die wir zwar nicht sehen können, deren Wirken wir aber ständig ausgesetzt sind. Sie verteilen sich nach überkommenem Glauben auf Himmel, Luft, Erde und Unterwelt.

Danach leben im Himmel die Götter, denen die hohen Berge als Wohnsitz dienen, womit der Berg in der Himalaya-Region zu einer Art Himmelssymbol wird. Auf der Erde umgeben uns unsichtbar doch um so wirksamer viele Formen von Luft-, Wald-, Berg-, Tier- und Pflanzengeistern — die Gnan. Und in den Gewässern sowie unter der Erde herrschen die Klu, zu denen neben den Nixen und Schlangengeistern — den Nagas — auch die schrecklich aussehenden Dämonen gehören. Diese waren früher der größte Schrecken der Menschheit, bis sie mit dem Auftreten des Buddhismus in den Dienst der neuen Lehre gezwungen wurden, so daß wir ihnen heute in ihrer gespenstischen Erscheinungsform mit Schädelkronen und Schädelketten, oft vielarmig und vielköpfig, in den lamaistischen Tempeln begegnen, wo sie als Schutzgottheiten — als Dharmapalas — präsent sind.

PADMASAMBHAVA – DER SIEGER

Das Lebensgefühl der Menschen im Himalaya kommt aus Urerfahrungen, die mit den Bergen und ihrer Unberechenbarkeit verbunden sind. Alles, was in dieser Welt geschieht, fügt sich im Bewußtsein der Bergbewohner zu einem geheimnisvollen, unentrinnbaren Ganzen, dem sich der Yaktreiber in 5000 Meter Höhe ebenso verbunden fühlt wie der Abt eines Lamaklosters in Ladakh, Tibet, Sikkim oder Bhutan, der als Reinkarnation — als Rinpoche — auf viele Generationen zurückblickt, die er — folgt man seinem Glauben — bewußt erlebt hat. Der Unterschied zwischen beiden besteht in der geistigen Durchdringung dieser geschauten Wirklichkeit, die für den Yaktreiber eine von Göttern und Dämonen beherrschte, auch sein Schicksal bestimmende Welt ist, während der hohe Lama in ihr nur Spiegelungen seines Bewußtseins erkennt, die er auf dem Wege der Meditation zu überwinden versucht, um die Erleuchtung zu finden wie vor ihm Buddha und die vielen, die seiner Lehre folgten und noch immer folgen. Einer, den der Lama dabei besonders im Auge haben dürfte, ist der Guru Rinpoche, den viele Buddhisten im Himalaya als größten Heiligen, als zweiten Buddha verehren. Wir kennen ihn unter dem Namen Padmasambhava als Sieger über die Dämonen des Himalaya und als Begründer des Lamaismus.

In jedem Rotmützenkloster, zuweilen selbst bei den reformierten Gelbmützen des Tsongkhapa in Tibet, finden wir seine Statue oder Thangkas mit seinem Bildnis, dem sich meist seine beiden Lieblingsfrauen sowie eine Fülle von weiblichen Dämonen — Dakinis — und fliegenden göttlichen Wesen zugesellen.

Denn das war der große Sprung des Padmasambhava, daß er der schwierigen Urlehre des Buddha — dem achtfachen Tugendpfad — etwas unerhört Neues entgegensetzte: die Erleuchtung und Befreiung durch Selbstverwirklichung, durch Ausleben der Triebe in all ihren Formen, durch Enthüllung und Befriedigung innerster Wünsche, bis hin zum Drang nach Verbrechen und seiner bewußten Auflösung. Wobei die uns überlieferten Texte das alles als harte, teils schaurige Realität ausdrücken, was in Padmasambhavas Lehre nur Symbolcharakter hat und so die für einen Asiaten selbstverständliche Übereinstimmung zwischen materieller und psychischer Wirklichkeit darstellt.

Das Leben Padmasambhavas und vieler späterer lamaistischer Gurus ist durch sündige Taten auch nach der Erkenntnis des rechten Weges gekennzeichnet, was deutlich machen soll, daß unser von einem ständigen Auf und Ab bestimmtes Erdenleben Böses und Gutes zwangsläufig einschließt, daß es aber letztendlich für die Erleuchtung und Erlösung nicht auf unser Tun, sondern auf seine geistige Sublimierung ankommt. Erleuchtung ist in diesem Zusammenhang Bewußtwerdung des in den Kreislauf der Leiden eingeschlossenen Menschen, der sich daraus befreit. Auf diesem Wege viel Schlimmes zu erleben, die Welt mit ihren Greueln zu erfahren, ist den Lamas etwas Selbstverständliches. Als solches schlägt es sich auch in ihren Lebensgeschichten nieder — wie eben bei Padmasambhava.

Die Legende will wissen, daß der Heilige als etwa einjähriger, herrlich ausgebildeter, von einer Goldaura umgebener Knabe auf einem vollerblühten Lotos im Teich des Königsgartens von Urgyan oder — wie man auch sagt — Udayana im heute pakistanischen Swat-Tal erschien und vom dortigen König Indrabodhi an Kindes Statt angenommen wurde.

Padmasambhavas Biographie stellt eine direkte Verbindung zwischen dem Tod Buddhas — seinem Eintritt ins Nirvana — und dieser wunderbaren Geburt her. Wir lesen da: »Kurz vor dem Hinscheiden des Buddha sprach er zu den weinend um ihn stehenden Jüngern: ›Da diese Welt vergänglich und das Sterben für jedes Lebewesen unumgänglich ist, sehe ich die Zeit meines Hinübergehens gekommen. Trauert nicht. Denn in zwölf Jahren wird aus einer Lotosblüte auf dem Teich von Urgyan einer geboren, der weiser und geistesmächtiger sein wird als ich. Er wird Padmasambhava heißen, und durch ihn werden alle Geheimlehren enthüllt werden.«‹

Wenn auch die angeblich von Buddha prophezeiten zwölf Jahre bis zum Erscheinen des Padmasambhava in Wirklichkeit zwölfhundert Jahre waren, so hat das der Größe und Ausstrahlung dieses »zweiten Buddha« — des Guru Rinpoche — keinen Abbruch getan. Im Gegenteil: Padmasambhava steht noch heute als die große esoterische Führergestalt im Zentrum des Rotmützen-Lamaismus, obgleich man in den ältesten Aufzeichnungen der Reden Buddhas von einer Ankündigung Padmasambhavas keine Spur findet. Dort erfahren wir vielmehr, daß Buddha nichts von Geheimlehren und esoterischem Zauber hielt und auch keinen Nachfolger für sich sah.

»Drei Dinge leuchten offen und nicht im geheimen: die Sonne, der Mond und die Lehre des Buddha«, so soll er auf die Frage von Schülern nach letzten geheimen Offenbarungen reagiert haben, die man ihm auf dem Sterbebett stellte. Trotzdem konnte sich Jahrhunderte nach seinem Nirvana, dem Tod ohne Wiedergeburt, die Lehre durchsetzen, daß geheime Schriften des Buddha, Terma — sogenannte Schätze —, überall in den Ländern des Buddhismus, besonders aber im Himalaya-Gebiet verborgen lägen und der vorbestimmten Schatzfinder — bedeutender Lamas — harrten.

Nach der Lehre der spätesten buddhistischen Version — des Vajrayanabuddhismus oder Diamantfahrzeugs — war Padmasambhava der erste in dieser Entdeckerreihe. Er wird darum auch mit dem Vajra — dem Diamantzepter — dargestellt, als dem Symbol der absoluten Klarheit und Erkenntnis, das durch seine Leuchtkraft die letzten Geheimnisse erschließt.

Von seiner Entdeckung der geheimen Lehren Buddhas heißt es in der Padmasambhava-Biographie: »Eine Dakini erschien vor Padmasambhava, begrüßte ihn als die ›Verkörperung des Geistes von Buddha Amitabha‹ und erklärte, die Zeit zum Hervorholen der verborgenen Texte von Buddhas Lehren sei gekommen. Padmasambhava sammelte die Texte aus den himmlischen Welten, aus der Naga- und aus der Menschenwelt und wurde nach Beherrschung ihres Inhalts ›Die mächtige Fülle der Welt‹ genannt.«

Später hat Padmasambhava im östlichen Himalaya selbst solche Schätze vergraben, die von seinen Nachfolgern entdeckt wurden und wesentlich zur Entfaltung des Lamaismus im Himalaya beigetragen haben.

In der umfangreichen Biographie des im 8. Jahrhundert historisch nachweisbaren Padmasambhava mischen sich Legende und Ansätze nachprüfbarer Wirklichkeit zu einer Lebensgeschichte von tiefer Geistigkeit und obskurer Phantastik. Sie ist ein echtes Beispiel altindischen Fabulierens, wobei Parallelen zur Lebenslegende des Buddha Shakyamuni auffallen. So gleichen die ersten Jahrzehnte Padmasambhavas am Königshof von Udayana denen des Buddha im Palast

Rechts: DIE ACHT MANIFESTATIONEN DES PADMASAMBHAVA

1. Padmasambhava als Guru Rinpoche, der große Lehrer, auf der Lotosblüte. In der rechten Hand hält er den Vajra, in der linken die Schädelschale mit der Vase des Wassers für ewiges Leben. Aus der linken Armbeuge ragt ein mit Totenschädeln bestückter Speer hervor. Zu Seiten Padmasambhavas sitzen zwei seiner mystischen Partnerinnen. Über ihm schweben von links nach rechts Buddha Shakyamuni — der historische Buddha —, der mystische gekrönte Buddha Vajrasattva, der Urbuddha Samantabhadra, der Tathagata Vairocana und die weiße Tara. Zu seinen Füßen tanzen zwei tantrische Gottheiten auf Menschenleibern. Ein indischer Guru und die Inkarnation des tibetischen Königs Klüsong Detsan als Bodhisattva der göttlichen Weisheit schließen das Bild nach unten ab.

seiner Eltern in vielerlei Hinsicht: das gleiche Wohlleben, die verlockenden Mädchen seiner Umgebung, das Glanzvolle der Erscheinung, die Angst des Königs, ihn als Nachfolger zu verlieren.

Doch im Gegensatz zu Buddha, der nach seinen Begegnungen mit verschiedenen Formen menschlichen Leidens konsequent den Weg der Hauslosigkeit beschreitet, der über die Askese zur Meditation und schließlich zur Erleuchtung führt, geht Padmasambhava ganz andere Pfade. Er führt das Leben eines Wundertäters und Zauberers, wird auf Grund seines Karmas mehrfach zum Mörder, erfährt harte Bestrafung, aus der er aber jedesmal rein und strahlend hervorgeht. Selbst mehrere grausame Tötungen übersteht er.

Seine Taten erstrecken sich, folgt man der Biographie, über mehr als ein Jahrtausend. So wird berichtet, daß auf ihn die Bekehrung des indischen Kaisers Ashoka zurückzuführen sei, der im dritten vorchristlichen Jahrhundert — also tausend Jahre vor Padmasambhava — gelebt hat.

Wir lesen darüber in der Biographie: »Um den kriegerischen Kaiser Ashoka zu bekehren, verwandelte sich Padmasambhava in einen Mönch. Er zog zum Kaiserpalast und bettelte dort. Der Kaiser spürte die geheimnisvolle Macht des Mönchs und ließ ihn in ein Faß mit siedendem Öl werfen. Als der Kaiser am nächsten Tag zu dem Faß ging, in dem sie Padmasambhava zerkocht hatten, sah er, daß aus dem Faß eine Lotos-

---

Rechts: Die acht Manifestationen des Padmasambhava

2. Hier ist Padmasambhava in mystischer Umarmung mit seiner Prajna dargestellt. Heilige und Gurus umgeben den großen Lehrer. Unten links erweckt einer seiner Mönchsschüler Tote wieder zum Leben.

blume hervorgewachsen war, in deren Blütenzentrum unversehrt der Mönch saß. Ashoka erschrak und erkannte seine große Schuld. Er fragte den Mönch unter vielen tiefen Verbeugungen, wie er sie sühnen könne. Padmasambhava antwortete: ›Nur wenn du zehn Millionen Stupas in einer Nacht erbaust und allen Armen deines Reiches hilfst, kannst du deine Sünde tilgen.‹

Der König sah im ersten Teil dieser Forderung die Unmöglichkeit ausgedrückt, sich je von seiner Schuld zu befreien. Aber Padmasambhava ermutigte ihn und sagte: ›Du bist in diese Welt gekommen, um Buddhas Lehre zu verbreiten. Wenn du vor dem Baum betest, unter dem Buddha die Erleuchtung fand, wirst du die Stupas zum Gedenken an Buddha errichten können.‹ So geschah es, und über Nacht war das ganze Land voller Stupas. Alle Armen wurden gespeist. Und Ashoka verbreitete in seinem riesigen Reich die Lehre des Erleuchteten.«

Neben dieser Legende, die Padmasambhava bereits im 3. vorchristlichen Jahrhundert auftreten läßt, gibt es noch viele Geschichten aus seinem Leben, die sowohl die Zeit seines Daseins als auch den Raum, in dem er sich tatsächlich bewegt hat, weit überschreiten.

Die Legenden um Buddha nehmen sich, gemessen an den Taten Padmasambhavas, bescheiden aus, wenngleich sich Padmasambhava in all seinen überlieferten

Rechts: Die acht Manifestationen des Padmasambhava

3. Padmasambhava sitzt in königlichen Gewändern auf einem Thron. In seinen Händen hält er als tantrisches Symbol die aus dem Schamanismus kommende Doppeltrommel sowie einen magischen Spiegel, in dem man das Wirken des Karmas erkennen kann. Auch hier umgeben Heilige und Gurus den göttlichen Lehrer.

Reden und Lehren auf Buddha beruft. Doch im Gegensatz zu Buddha, der ein Leben der Entsagung führte, berichten Legende und zeitgenössische Darstellungen von Padmasambhava, daß er ständig von Frauen umgeben war und Geschlechtsverkehr als einen Weg zur Erlangung von Erleuchtung empfahl. An diesem Punkt setzte verständlicherweise im 19. Jahrhundert die europäische Kritik an Padmasambhava und dem von ihm vertretenen tantrischen Buddhismus — wie man das Vajrayana auch nennt — ein. Durch ein Wörtlichnehmen aller Berichte über den Guru Rinpoche und seine zahlreichen Nachfolger, von denen die Mahasiddhas — die sogenannten 84 großen Zauberer — die bekanntesten sind, entstanden zudem Mißverständnisse, die noch in jüngsten Kommentaren zum Tantrismus herumgeistern.

Um Padmasambhavas Wirken in seiner Zeit richtig zu verstehen, muß man sich vergegenwärtigen, daß ihm in Indien der inzwischen mächtig gewordene Hinduismus und in Tibet, wohin ihn der dortige König eingeladen hatte, das Bontum — die angestammte Volksreligion — die Durchsetzung des buddhistischen Glaubens schwer machten. Er schaffte es, indem er die heimischen Religionen in den Buddhismus integrierte und die tantrischen Elemente der ostindischen Naturreligionen in den buddhistischen Symbolismus einbezog.

Dabei entstanden tantrische Praktiken zur rechten

Rechts: DIE ACHT MANIFESTATIONEN DES PADMASAMBHAVA

4. Padmasambhava hält, in ein Tigerfell gekleidet, die Sonne an ihren Strahlen fest. Sein Haar ist mit Totenschädeln bekränzt und von einem Vajra gekrönt. Auf Wolken schwebende Gurus umgeben den großen Lehrer, vor dem eine seiner mystischen Gefährtinnen steht.

und zur linken Hand. Die rechtshändigen Praktiken bedeuteten Überwindung der körperlichen Vereinigung durch die erlösende Kraft der Vorstellung. Wenn im Tantrismus der Volksreligionen und im linkshändigen buddhistischen Tantrismus die sexuelle Vereinigung als heilige Handlung verstanden und vollzogen wurde, so war die Umarmung im rechtshändigen buddhistischen Tantrismus von vornherein nur ein Akt der Vorstellung, in dem sich das männliche Element der Aktivität – upaya – mit dem weiblichen Element der Weisheit – prajna – vereinigt und den Meditierenden auf dem Wege des Bewußtseins von der Einheit der zwei zur Erleuchtung gelangt. Tantrismus ist, so begriffen, Überwindung des Dualismus, ist Vereinigung von Makrokosmos und Mikrokosmos, von Welt und Mensch.

In diesem Sinne der Überwindung des Gegensätzlichen, das sich auch im Wirken von Gut und Böse ausdrückt, ist die Großtat zu sehen, mit der Padmasambhava als Gastlehrer im tibetischen Hochland die Dämonen bezwang und sie zu Hütern der buddhistischen Lehre machte. Denn das war die Geburtsstunde des Lamaismus in Tibet. Ihr freilich sind eine Reihe von Großtaten und Abenteuern des Padmasambhava vorausgegangen, aus denen man sich, nimmt man die Berichte wörtlich, die Einladung an den tibetischen Königshof nicht ohne weiteres erklären kann.

Schon im väterlichen Reich war Padmasambhava als

Rechts: Die acht Manifestationen des Padmasambhava

5. Dieses Bild stellt Padmasambhava in einer dämonischen Version als Guru Dorje Grolod dar. Auf einem Tiger reitet er durch das Gestrüpp des Samsara – des irdischen Daseins. Oben links schwebt einer der Schüler des Guru Rinpoche, wie es die Legenden erzählen, frei über der Erde.

tanzender Yogin zum Mörder mehrerer Untertanen seines Vaters geworden, die er mit dem Vajra — dem Diamantzepter — tötete. Damals hatte ein dem Buddhismus feindlich gegenüberstehender Minister über den mordlustigen Prinzen die Todesstrafe verhängt. Doch der König erreichte trotz der schweren Verbrechen seines Adoptivsohns die Umwandlung der Todesstrafe in Verbannung. Damit war der Weg frei für jene Wanderschaft, die Padmasambhavas Ruhm begründete. Die Legende will wissen, daß er seine Heimatstadt, von Göttinnen und Feen begleitet, auf dem Wunderpferd Valahaka durch die Luft verließ.

Betrachtet man diesen legendären Anfang der Padmasambhava-Biographie genauer, kann man freilich schon hier eine übertragene Bedeutung seiner Untaten hinter der Erzählung vermuten. Möglicherweise weist die Tötung der Beamten durch den Vajra auf ihre Bekehrung zum Buddhismus hin. Und die Strafe der Verbannung wird vom König aus Schwäche verhängt, weil er sich gegen den ungläubigen Minister, der die Todesstrafe forderte, nicht durchsetzen kann. Eine solche Zweideutigkeit lamaistischer Texte müssen wir immer für möglich halten, wenn wir sie auch nicht durchgehend unterstellen können.

Padmasambhava kommt auf seiner Wanderschaft durch viele Länder. Er studiert Medizin, Astrologie und Alchimie, lernt die verschiedensten religiösen Lehren kennen, vertieft sich in die Tantras sowie in Bücher

Rechts: Die acht Manifestationen des Padmasambhava

6. Hier verkörpert Padmasambhava im Mönchsgewand mit Bettelschale den zweiten Buddha. Zu den Schülern, die den als Buddha dargestellten Guru Rinpoche umgeben, gehört auch der tibetische König Muthi Tsanpo, der oben links im Bild zu sehen ist.

über Zauberei und Teufelsbeschwörung. Mit der Zunahme seines Wissens wächst seine Macht. Er wird bewundert, zugleich aber auch gefürchtet.

In der nordwestindischen Stadt Sahor begegnet er der durch eine göttliche Befruchtung zur Welt gekommenen Prinzessin Mandarava. Die Prinzessin wird nicht nur seine glühende Anhängerin, sondern auch seine Geliebte. Als der König von dieser dem mönchischen Gebot widersprechenden Verbindung erfährt, läßt er die Prinzessin in eine Dornengrube werfen und den Heiligen am Spieß verbrennen. Doch die Flammen erreichen ihn nicht. Selbst sein Gewand bleibt unversehrt. Wieder erscheint, wie zur Stunde seiner Geburt, ein Lotos, und unberührt thront Padmasambhava auf der wunderbaren Blume inmitten der Flammen.

Der durch dieses Wunder bekehrte König gibt Padmasambhava die Prinzessin zur Frau und verleiht ihm die Herrschaft über sein Königreich. Nachdem Padmasambhava durch seine außergewöhnlichen Fähigkeiten alle Feinde des Königs von der Sinnlosigkeit eines beabsichtigten Angriffs auf sein Reich überzeugt und damit den Frieden gesichert hat, zieht er in Begleitung Mandaravas weiter.

In seiner Biographie heißt es: »Hierauf predigte Padma den Göttern, Nagas (den heiligen Schlangen), Dakinis und Dämonen in ihren jeweiligen Sprachen und Reichen die Lehre des Erhabenen. Und er predigte den Menschen in vielen Teilen dieser Erde — in China,

Rechts: Die acht Manifestationen des Padmasambhava

7. Eine zweite dämonische Version des Padmasambhava zeigt ihn als roten Guru Dragpo. Einer seiner Schüler geht rechts von ihm durch Felswände, als seien es Wolken.

Assam, Indien und Persien. Er errichtete viele Tempel und Klöster. Um aller dieser Werke willen erhielt er den Namen Padmasambhava.«

Von nun an, so will es die Legende wissen, tritt Padmasambhava in vielerlei Erscheinungen auf – als Guru, Zauberer, aber auch als feuerroter, furchterregender Dämon –, oft in geschlechtlicher Vereinigung mit einer wilden Dakini.

»Er nahm die für den Augenblick geeignetste Gestalt an, um seine Aufgabe an allen lebenden Geschöpfen, den menschlichen, über- und untermenschlichen zu erfüllen.«

Der Lamaismus kennt Padmasambhava auch als großen Schriftsteller, von dem wir lesen: »Die vielen Bücher, die er schrieb, verbarg er in der Menschenwelt, in den Himmelswelten und im Bereich der heiligen Schlangen, unter dem Wasser der Meere und Seen, damit die ursprünglichen, unverfälschten Lehren für künftige Geschlechter bewahrt bleiben.«

Die Vorstellung, daß Padmasambhava der Autor vieler heiliger Texte sei, die im Laufe der Jahrhunderte nach ihm entdeckt wurden, mag nicht unwesentlich zu seiner Beliebtheit und Popularität beigetragen haben.

Doch schon zu seinen Lebzeiten wuchs sein Ansehen um so mehr, je stärker sich seine Gegner zusammenschlossen. Wir dürfen davon ausgehen, daß die

Rechts: DIE ACHT MANIFESTATIONEN DES PADMASAMBHAVA

8. Noch einmal erscheint Padmasambhava hier in königlichen Gewändern. In seinem Gürtel steckt der dämonenbezwingende Zauberdolch – der Phurbu. Eine Verehrerin überreicht dem Guru Rinpoche ein Muschelhorn, das magische Blasinstrument des Tantrismus. Rechts von ihm läßt einer seiner Schüler das Wasser die Berge aufwärts fließen. Unten rechts zähmt ein mongolischer Guru einen Tiger.

Padmasambhava angelasteten Verbrechen zum Teil auf die Übertragung symbolischer Vorgänge in die Realität, zum Teil aber auch auf Verleumdungen aus den Reihen seiner Feinde zurückgehen. Andererseits ist nicht zu übersehen, daß seine Anhänger alles taten, um ihn und seine Lehre zu glorifizieren und so auch das eigene Ansehen zu steigern. Sehr aufschlußreich ist in diesem Zusammenhang die Geschichte von der Verbreitung und Festigung des buddhistischen Glaubens in Tibet, die auf Padmasambhava zurückgeht.

Es scheint, daß nach der Einführung des Buddhismus durch König Srong Tsan Gampo Adel und Bon-Priester alles getan haben, um die neue Lehre herabzuwürdigen und zu bekämpfen. Diese Auseinandersetzung, die unter König Thi Srong-Detsan, dem Nachfolger Srong Tsan Gampos, anhielt, hat in Padmasambhavas Lebensgeschichte den folgenden interessanten Niederschlag gefunden:

»König Thi Srong-Detsan hatte versucht, in Samye ein Kloster zu errichten; da der Ort aber nicht genügend geweiht war, verhinderten böse Geister den Bau. Sobald eine Mauer stand, wurde sie wieder niedergerissen. Einige der königlichen Priester erklärten, zur Bannung der bösen Geister bedürfe es eines Priesters von höheren Kräften. Der König sandte zur Auffindung eines solchen Priesters Boten nach Indien und China. Der große Pandit Bodhisattva, der in Nalanda lehrte, folgte der Einladung des Königs nach Tibet; der König ging ihm bis Sang-phor bei Samye entgegen. Obwohl der Bodhisattva den Ort für das Samye-Kloster weihte und exorzierte, waren die bösen Geister nicht zu überwinden. Da erklärte er dem König, Padmasambhava, der zu dieser Zeit in Bodhgaya weilte, sei der einzige, der die bösen Geister unterwerfen könne, und der König lud Padmasambhava nach Tibet ein. Padma nahm die Einladung an und machte sich am fünfzehnten Tag des elften Monats nach tibetischem Kalender auf den Weg nach Tibet. Am dreißigsten Tag des gleichen Monats erreichte er Nepal. Padma überwand nach und nach die Dämonen an jedem Ort. Als Gast des Königs Vashudhari blieb er drei Monate lang in Nepal und predigte die Lehre. Als er nach Unterwerfung vieler böser Geister Nepal verlassen wollte, baten ihn die Dakinis und andere geistige Wesen, die ihm zur Seite gestanden hatten, dies nicht zu tun. Er sprach: ›Ich muß fort. Die Zeit, die bösen Geister in Tibet zu bezwingen, ist gekommen.‹ So reiste Padma nach Tibet und unterwarf auf seinem ganzen Weg dämonische Wesen. Seine erste Rast war in Tod-lung, etwa zwölf Meilen von Lhasa. Der tibetische König sandte die beiden obersten Staatsminister zu Padmas Begrüßung. Sie hatten Briefe und Geschenke und fünfhundert Mann Gefolge zu Pferd bei sich. Des Königs eigenes, goldgesatteltes Roß holte Padma ein. Als diese vielköpfige Abordnung Padma traf, mangelte es ihr an Wasser; da aber keines zu finden war, nahm Padma einen langen Stock, schlug an einen Fels, und Wasser strömte aus ihm hervor. Menschen und Tiere löschten ihren Durst.«

Hier wird deutlich, daß die Macht der Bon-Priester und des tibetischen Landadels so stark war, daß sich die Opposition im Lande sogar der königlichen Anordnung zur Gründung eines buddhistischen Klosters erfolgreich widersetzen konnte. Padmasambhava dagegen scheint ein Mann von solcher Geisteskraft und Faszination gewesen zu sein, daß er das Volk überall auf seine Seite zu bringen wußte und sein Ansehen durch Zauber und Wundertaten immer mehr zu steigern verstand. Dabei ist es interessant zu sehen, wie viele seiner Wundertaten biblischen Legenden entsprechen, so wie hier das Wasserwunder dem Schlag des Moses gegen den Felsen in der Wüste Sinai.

Die Geschichte der Bekehrung des tibetischen Volkes zum Buddhismus und der Überwindung aller das Land bedrohenden und tyrannisierenden Geister und Dämonen wird in der Legende selbst zur Wunderhandlung aus der geistigen Kraft des Padmasambhava. Der große Guru entfaltet dabei alle jene magischen Kräfte, die bis heute zum Repertoire des Lamaismus gehören. Das sind die Überwindung des Todes, die Erweckung von Leichen, das Durch-die-Luft-Gehen, das Über-der-Erde-Schweben, das Berge-im-Flug-Erreichen, um nur einige der Wundertaten zu nennen, deren sich erleuchtete Lamas fähig fühlen und die durch frühere europäische Tibet-Reisende, wie zum Beispiel Alexandra David-Neel, teilweise bestätigt worden sind.

Im alttibetischen *Bericht von den Königen* lesen wir über Padmasambhavas Wirken in dem geheimnisvollen Land das folgende:

»Als unter der Regierung des Religionskönigs Thi Srong-Detsan
Man den Meister Padmasambhava eingeladen hatte,
Segnete er den ganzen tibetischen Boden.
Als er den schädlichen Dämonen das Herzblut entrissen hatte,
Übertrug er acht geistigen Söhnen und dem Herrscher samt seinen Untertanen
Mystische Weihen und wies ihnen tatsächlich das Antlitz der Götterscharen,

Gewährt' ihnen einzeln Bannsprüche für Göttergeschlecht und geheime Belehrung.
In mChims-phu und anderen vielen Einsiedeleien
Ließ er sie einzeln drei Jahre der Bannung sich weihn.
Als dann bei jedem die Anzeichen der Vollendung deutlich wurden,
Konnte Akashagarbha auf Sonnenstrahlen reiten,
Buddhajnana seinen Zauberdolch in den Felsen stoßen.
Des rGyal-ba-mchog-dbyangs Pferdewiehern durchdrang die zehn Weltgegenden,
Die Königin mKar-chen mtsho-rgyal rief Leichname getöteter Menschen zum Leben,
Shrijnana unterwarf die Ma-mo-Dämoninnen,
Shrisimha machte sich Götter und Geister zu Sklaven,
Vairocana war mit dem Weisheitsauge begabt,
Der Herrscher, König Thi Srong, gewann die unerschütterliche Versenkung,
gYu-sgra snying-po war mit der höchsten Erkenntnis versehen,
Jnanakumara gebot über höchste Zaubermacht,
rDo-rje bdud-joms fand dem Winde gleich kein Hindernis,
Ye-shes-dbyangs begab sich zur Stätte der Dakinis,
Sog-po-lha-dpal faßte die wilden Bestien am Nakken,
Ye-shes von sNa-nam flog einem Vogel gleich am Himmel,
dPal-gyi dbang-phyug tötete mit Sicherheit vermittels des Zauberdolches,
lDan-ma-rtse-mang erlangte Zaubersprüche der

Unvergeßlichkeit,
Shrikuta von sKa-ba wußte alle Gedanken der andern,
dPal-seng von Shud-pu ließ einen Bach aufwärts fließen,
rGyal-ba'i blo-ros verwandelte einen verzauberten Leichnam in Gold,
Khye'u-chung-lo fing die Vögel des Himmels,
Dran-pa-nam-mkha schaffte wilde Yaks aus dem Norden herbei,
O-bran dbang-phyug glitt wie ein Fisch im Wasser dahin,
rMa-thog rin-chen nahm Felsen zur Speise,
dPal-gyi rdo-rje war unbehindert durch die Felsen der Berge,
Langs-'gro dkon-mchog schleuderte einen großen Blitz einem Pfeile gleich,
Und rGyal-ba byang-chub verweilte mit untergeschlagenen Beinen im Luftraum.«

Diese Verse sind nicht nur eine Verherrlichung der Wundertaten des großen Guru Rinpoche, sondern zugleich auch ein Spiegelbild der geistigen Welt jener Tage im Himalaya und in Tibet.

Dämonenglaube und Geisterbeschwörung beherrschten damals allerorten das Denken des Volkes. Die Vorstellung, durch Wunder Glauben zu erwecken, aber auch Macht zu erlangen, gehörte zu den entscheidenden, lebensbeherrschenden Erscheinungen auf dem Dach der Welt. Der Lamaismus hat daraus seine Stärke bezogen und damit schließlich auch seine weltliche Vormachtstellung in dieser Region begründet, die ihm bis in unser Jahrhundert geblieben ist.

Mir scheint es freilich, als ob heute, wo den hohen Lamas keine weltliche Macht mehr eigen ist, die geistige Kraft des Lamaismus um so stärker wirke. Jedenfalls hat der Dalai Lama durch seinen weltlichen Machtverlust nichts an geistiger Ausstrahlung eingebüßt. Er gehört nicht zu jenen Exilherrschern, die außerhalb ihres Landes als entwurzelte Monarchen ein trauriges Schattendasein führen. Aus seinen Büchern spricht die Kraft seines Geistes und seines Glaubens. Als geistige Provinz ist ihm Tibet geblieben. Das danken ihm nicht nur die Tibeter. Menschen wie er und die vielen hohen Lamas, die sich als Rinpoches — als Wiedergeburten früherer Äbte und geistlicher Würdenträger — begreifen, haben der Welt inzwischen ein Bild von den Hintergründen jener legendendurchwobenen Wirklichkeit des Lamaismus vermittelt, das es uns heute möglich macht, in die Geheimnisse jener Sphäre einzudringen und zu begreifen, was sie für unser Leben und seine Sinnfindung bedeuten kann.

Padmasambhava ist in diesem Zusammenhang eine Symbolfigur. Seine Geschichte macht uns deutlich, wie wenig das äußere Leben, unser Alltag, mit dem wirklichen Leben zu tun hat und wie schlecht wir die Wirklichkeit verstehen, wenn wir sie als das nehmen, was sich von ihr unserem Auge darstellt oder sich vor uns abspielt.

In den Oasen Buddhas

Zu den großen Erlebnissen im Himalaya gehört der Besuch in einem Lamakloster. Dafür sollte man sich Zeit lassen — möglichst einige Tage oder noch länger, um den das Klosterleben bestimmenden Rhythmus der heiligen Zeremonien zu erfahren.

In den letzten Jahren bin ich oft gefragt worden, wo man den Lamaismus heute noch am ursprünglichsten und unverfälschtesten kennenlernen könne. Ich glaube, auf diese Frage gibt es keine verbindliche Antwort. Denn Lamaismus ist, so wie ich ihn sehe und verstehe, kein Religionssystem, das man mit dem heutigen Christentum oder mit dem Islam vergleichen kann. Er ist nicht, wie diese, der möglichen Gefahr der Veroberflächlichung oder der Verweltlichung ausgesetzt. Denn er besteht nicht in einer aus Glaubenssätzen und Lebensregeln gefügten, für alle Gläubigen verbindlichen Dogmatik, der man sich unterwirft oder die man durchbricht. Lamaismus bleibt auch in der Gemeinschaft — selbst im Kloster — ein Weg des einzelnen. Deshalb gibt es keine Region, kein Kloster, von denen man sagen könnte, dort würde Lamaismus besonders streng oder besonders urtümlich betrieben.

In fast jedem Lamakloster ist die Begegnung mit Mönchen möglich, die dem Lamaismus wirklich tief und innig verbunden sind. Doch es wäre eine falsche Hoffnung, wollte man erwarten, daß sich solche Mönche bereitwillig als Informanten zur Verfügung stellen. Viel öfter habe ich beim Betreten besonders heiliger Räume lamaistischer Klöster eine abwehrende Geste der sich dort aufhaltenden Lamas erlebt. Und mit vielen, die ich auf Grund von Berichten und Empfehlungen gern kennengelernt hätte, bin ich nie ins Gespräch gekommen. Andererseits hatte ich Begegnungen mit Lamas, mit bedeutenden Gurus und Rinpoches, die ich nie erhofft oder erwartet hätte. Sie ergaben sich fast immer durch Zufall und gewährten einen tieferen Einblick in die Welt des Lamaismus als geplante und verabredete Treffen.

Es ist auch nicht die Größe oder Bedeutung eines Klosters, die über die Möglichkeiten eines Vertrautwerdens mit lamaistischen Denk- und Lebensformen entscheidet. Nur eines gilt allgemein: In keinem Lamakloster kann man einen schnellen Einblick in seine Struktur in das Leben seiner Mönche, in die Funktionen einzelner Lamas oder gar in die Zusammenhänge der religiösen Riten und ihrer Bedeutung gewinnen.

»Lamaismus heißt, auf die Stunde warten«, sagte mir ein Lama im ladakhischen Lamayuru, einem Rotmützenkloster, dessen nachweisbare Tradition bis ins 11. Jahrhundert zurückreicht. Damals hatte der legendenumwobene Mahasiddha Naropa — einer der 84 großen Lehrer des Lamaismus nach Padmasambhava — die buddhistische Lehre in Ladakh endgültig durchgesetzt. In dieser Zeit wurden in West-Tibet zig Klöster errichtet.

Inzwischen sind es im Laufe der Jahrhunderte viel mehr geworden. Es gibt Gompas — das tibetische Wort für Lamakloster —, in denen nur ein Mönch lebt. Manche sind einfach Übernachtungsstätten für wandernde Mönche. Überall, in jedem Dorf und am Wege, gibt es solche Heimstätten für Mönche, in denen auch jeder Laie übernachten kann, der mit friedlichen Absichten kommt. Oft bin ich Gast in diesen Klöstern gewesen, und immer überkam mich ein Gefühl der Ruhe und des Friedens, wenn ich bei den Rotmützen oder Gelbmützen — das ist die Hauptunterscheidung zwischen den vielen lamaistischen Richtungen, die man auch als Sekten bezeichnet — eingekehrt bin.

Der Eintritt in die Welt des Lamaismus, und sei es

auch nur für Tage, hat für uns freilich nur einen Sinn, wenn wir willens sind, unsere gewohnte Lebensweise und ihre Ausdrucksformen angesichts dieser anderen Welt in Frage zu stellen.

Technische Perfektion, verbreiteter Wohlstand, hemmungsloser Konsum sind Erscheinungsformen menschlichen Daseins, die noch nicht sehr lange existieren. Der Lamaismus ist das ganze Gegenteil solcher Lebenspraxis. Er kennt weder die Überbetonung materieller Werte noch die Anbetung eines fragwürdigen Fortschritts. Seine Bestrebungen sind auf den inneren Menschen gerichtet, auf die Erkenntnis der Ganzheit des Lebens: auf das Bewußtsein der Einheit von Makrokosmos und Mikrokosmos — von Welt und Mensch.

Streben nach Erfolg, Macht, Besitz gilt in dieser Sphäre nicht als natürliche menschliche Aktivität, sondern als Sackgasse des Denkens. Denn alles, was einer im Leben an äußeren Ehren, an Macht, Einfluß und materiellem Besitz erlangen kann, ist nach buddhistischer Auffassung im Augenblick des Todes nur eine Belastung.

Es scheint mir wichtig, daß man sich dieses fundamentalen Unterschieds der Lebenseinschätzung bewußt ist, wenn man in die lamaistische Welt eintritt. Nur dann kann eine solche Begegnung von Nutzen sein. Sie sollte unser Verhältnis zu dem, was wir Leistung, Fortschritt, Pflicht, Reichtum nennen, relativieren und in unserem Innern Raum für die Frage schaffen, ob wir Menschen der technischen Zivilisation, die uns zweifellos viel Gutes gebracht hat, noch auf dem rechten Wege sind.

Srinagar, die Hauptstadt Kaschmirs, der westlichste Punkt für einen Aufbruch in die Welt des Himalaya und damit des Lamaismus — nach Ladakh —, ist ein guter Platz, sich diese Frage zu stellen. Es bietet beides: auf seinen Hausbooten im Dal-See die Ruhe, die man braucht, um sich auf Ladakh vorzubereiten; andererseits die immer spürbarer werdenden Einflüsse modernen Lebens mit seinem Geschäftsgeist und seiner Vermarktung aller Dinge ohne Rücksicht auf ihre geistige Bedeutung.

Längst sind Maler- und Bildhauerschulen in der Stadt und ihrer Umgebung entstanden, in denen, ohne buddhistischen Glauben und ohne ikonographische Kenntnis, von geschäftstüchtigen Moslems nachgeahmt wird, was Touristen als Souvenirs aus den Lamaklöstern begehren: Statuen und Rollbilder — Thangkas —, die vor staunenden Westlern als echte Klostermalereien zu Hunderten ausgebreitet werden als Vor- oder Nachgeschmack dessen, was das lange verschlossen gewesene Ladakh an Altem und Echtem angeblich immer noch zu bieten hat — hier auf dem Markt von Srinagar.

In Nepals Hauptstadt Kathmandu ist es nicht anders. Auch dort überwiegt für das westliche Auge der fragwürdige Erwerbsfleiß von Fälschern und Händlern, die auf das oberflächliche exotische Interesse der Touristen an Stücken aus der Götterwelt des Himalaya spekulieren und dabei gern für alt und »aus dem Kult kommend« anbieten und verkaufen, was soeben hergestellt, im vollen Eifer des Betrugs kurzfristig vergraben oder durch Tauchbäder zu seiner oberflächlichen Patina gekommen ist.

Doch auch in Kathmandu finden wir — wie in Srinagar — noch immer stille Plätze, wenngleich Hippies in falscher Einschätzung ihrer Bedeutung so manches Heiligtum zum Ort ihres die östlichen Religionen mißverstehenden Ich-Kults gemacht haben. Deshalb sind die Städte heute nicht mehr die Plätze, wo man den Menschen begegnen kann, die dem Geheimnis nahe sind, von dem die großen Gurus wußten und das auch jetzt noch so mancher Lama bewahrt in seinem Kloster in der Bergwelt des Himalaya, wo nicht die Technik, sondern die Natur das Gesetz des Lebens schreibt und bestimmt.

Darum müssen wir die Luxushotels und die Autostraßen hinter uns lassen, wenn wir Zutritt in die »Oasen Buddhas« suchen. Der hier gebrauchte übertragene Begriff für die meisten der großen alten Lamaklöster hat einen doppelten Sinn. Zunächst ist er geographisch zu verstehen. In einer Umwelt, die weithin aus Eisriesen, Gletschern, Steilhängen, steppenartigen Hochflächen, Sand- und Steinwüsten besteht, gibt es nur wenige bevorzugte Plätze, die ein Überleben des Menschen überhaupt ermöglichen. Meist sind sie so klein, daß sie nur wenigen Bewohnern den nötigsten Lebensunterhalt bieten. Landwirtschaftliche Nutzflächen sind genauso kostbar wie Weideland für die Tiere. Deshalb finden wir fast überall im Himalaya nur kleine Siedlungen. Sie liegen an Flüssen oder auf Bergen, die an ihren Hängen oder im Tal Landwirtschaft ermöglichen. Neben den winzigen Klöstern, die oft in solchen Dörfern zu finden sind, gibt es Großgompas außerhalb der Siedlungsgebiete — wie etwa Lamayuru, Tikse oder Hemis in Ladakh —, die in Oasen, oft auch in Flußnähe angelegt sind und das fruchtbare Land für den Klosterbedarf nutzen. Auch da zieht die Natur die Grenze möglicher Ausdehnung. Und im Klosterbereich siedeln nur die Bauern, denen die Versorgung des Klosters mit den lebenswichtigen Gütern obliegt.

Hier bestimmt noch die Natur, wie viele Menschen in einer Oase leben können. Geburtenbegrenzung ist in diesem Raum etwas absolut Notwendiges und deshalb auch Selbstverständliches. In dieser Notwendigkeit hat auch die von christlichen Missionaren und westlichen Beobachtern so scharf kritisierte und inzwischen offiziell verbotene Polyandrie ihre Wurzeln. Sie beruht auf der ganz natürlichen Erkenntnis, daß der schmale Grundbesitz durch ständige Erbteilung in Gefahr käme, völlig zerstückelt zu werden und als Ernährungsgrundlage einer Familie auszufallen. Deshalb konnte sich das seit 1941 bestehende Polyandrieverbot in den entlegenen Gebieten Ladakhs auch nicht verwirklichen lassen.

Das Problem, um das es hier geht — ein eindeutig soziales Problem —, ist in jüngster Zeit eher noch schwieriger geworden. Während früher der jüngste Bruder, oft auch zwei Brüder einer Familie Mönche wurden, ist der Andrang zu den Klöstern heute längst nicht mehr so groß. Für die heranwachsenden Knaben ist es, seit sie Staatsschulen besuchen können, nicht mehr selbstverständlich, ins Kloster zu gehen. Die meisten Mönche bleiben, wie ich immer wieder sehen konnte, auf einer sehr niedrigen geistigen Entwicklungsstufe stehen. Nur wenige erlangen die Weihen, die ihnen das Verbleiben im Kloster und das Praktizieren der Riten zu einer sinnvollen Aufgabe machen.

Diese Lamas aber bilden noch heute die lebendige Verbindung zur geistigen und religiösen Tradition, die auf Padmasambhava und die 84 Mahasiddhas zurückgeht. Ihr Wirken macht die Klöster zu »Oasen Buddhas« — und dies nun im zweiten Sinne des Wortes: als Plätze der Einkehr und Sammlung, als Ruhepunkte in einer unruhigen, gefährlichen Natur, die mit den Oasen, in denen die Klöster liegen, grüne Lichtpunkte gesetzt hat in einer Umwelt aus Grau, Braun, Schwarz und eisigem Weiß in der Höhe.

Wer einmal Tage in diesem Gebiet gelaufen ist, nur begleitet vom Rauschen eines Baches oder Flusses, dann aber auch wieder stundenlang in völliger Ruhe, fern vom fließenden Wasser, die Stille nur dann und wann durch einen zu Tal polternden Stein unterbrochen, das strahlende Blau des Himmels über sich, die in vielen Nuancen von Grau oder Braun oder Violett bis Schwarz changierenden Steilhänge und Abbrüche um sich, der versteht, weshalb sich in den Lamaklöstern ein Farben- und Formenreichtum auftut, als eine andere, von draußen völlig unbeeinflußte Welt.

Ich erfuhr das, als ich im Juni 1975 zum erstenmal das Labyrinth des Lamayuruklosters betrat und die Außenwelt der Berge mit der Innenwelt der Gompa vertauschte. Und ich begriff, daß der Lamaismus mit seinen Klöstern eine Gegenwelt geschaffen hat in dieser gefahrvollen Einsamkeit des Himalaya.

Der Weg zu den Klöstern ist durch Symbole gekennzeichnet. Sie sind der Natur entnommen, in der sie stehen, und weisen doch auf etwas ganz anderes hin: auf die Lehre des Buddha Shakyamuni, der alles das, was unser Auge hier erfreut oder schreckt, in den Bereich des Nichtseienden, des nur in unseren Sinnen als Vorstellung Existierenden verweist.

Chorten sind es — die tibetischen Nachbildungen des indischen Stupa —, Symbole vom Nirvana des histo-

Rechts: Grundriß des Versammlungsraums der Mönche in einem Lamakloster.

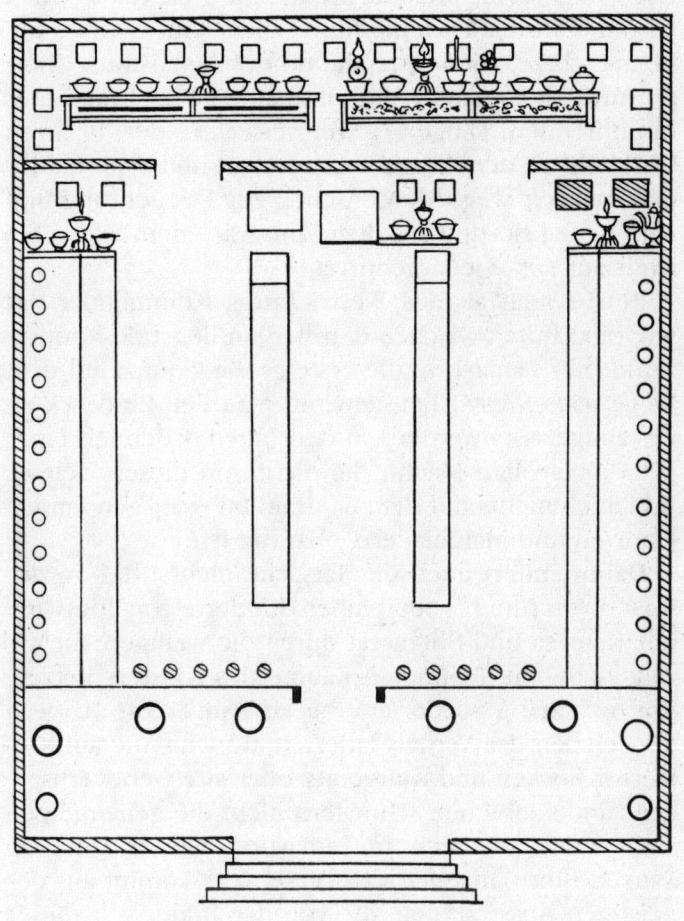

rischen Buddha Shakyamuni, und Manimauern, aus Tausenden von Steinen mit eingemeißelten Schriftzeichen aufgetürmt, Steinen, die alle die gleichen Zeichen tragen: Om mani padme hum — jenes im Grunde unübersetzbare, wichtigste Mantra des Lamaismus. Chorten und Manimauern sind die beiden zum Lamaismus hinführenden Dinge — Wegweiser in der bizarren Wirklichkeit der Himalaya-Landschaft und Symbole für den inneren Weg des Menschen zur Erleuchtung und damit zur Erlösung aus dem Samsara — dem leidvollen Kreislauf der Wiedergeburten.

Betritt man als aus Westrichtung Kommender das wie eine Burg zwischen den Bergen liegende Rotmützenkloster Lamayuru, die erste große Gompa auf dem Wege nach West-Tibet, gewinnt man den Eindruck eines Eingelassenwerdens in den inneren Bereich einer geheimnisvollen Macht, die nicht von dieser Welt ist und auch nichts mit dem da draußen — ausgenommen Chorten und Manimauern — zu tun hat.

Daran ändert auch die Tatsache nichts, daß in der Saison von Juni bis September Hunderte von Touristen mit Kamera und Blitzgerät durch die wenigen, für die Allgemeinheit geöffneten Räume des Klosters hetzen, um rechtzeitig wieder am Bus zu sein. Selbst die gern als Zeichen des Verfalls zitierten Mönche, die am Klostertor hocken und Kultgeräte oder alte Gebrauchsgegenstände anbieten, schmälern nicht die geheime geistige Kraft, die sich in Lamayuru, wie in anderen Lamaklöstern, manifestiert. Diese Kraft kommt aus der geistigen Ausstrahlung, die von der Bilderwelt dieser Klöster und ihrer schwer zugänglichen Bedeutung ausgeht. Sie hat Lebensbezug für jeden, der sie versteht, der in sie eingedrungen ist, daß heißt aber längst nicht für jeden der Rotkittel, die scheu über die Gänge und durch die Höfe des Klosters schlurfen.

In den Tempeln begegnen wir im Schein von zahllosen Butterlampen zunächst von draußen bekannten Formen in anderer Gestalt. Die aus Steinen errichteten Chorten am Weg nach Lamayuru und im oberen Vorhof des Klosters kehren drinnen wieder in Silber mit Goldornamenten und eingelegten Türkisen. In kleinen Nischen stehen alte Buddha-Figuren im Kaschmirstil des 12. Jahrhunderts, einfache Predigergestalten des historischen Buddha, wie sie damals von wandernden Mönchen für den klösterlichen und häuslichen Bedarf des ganzen Himalaya-Gebiets gegossen wurden. Neben den Silberchorten sehen wir sitzende Skulpturen des ganzen lamaistischen Pantheons. So fühlen wir uns vor eine figürliche Widerspiegelung des Reiches der tausend Buddhas versetzt, das hier im Himalaya die Bedeutung eines Schutzwalls gegen vielfältig drohende Gefahren hat. Da ist Vajradhara, der Urbuddha — das Symbol der Buddha-Idee. Wir erkennen ihn an den vor der Brust gekreuzten Händen, in denen er Vajra und Glocke, die Zeichen des männlichen und weiblichen Prinzips, des Gegensatzes allen weltlichen Daseins hält. Anders als der historische Buddha mit dem Flickengewand des Bettelmönchs, das er auch auf Bronzedarstellungen trägt, ist Vajradhara mit königlichem Schmuck angetan und prächtig gekrönt.

Neben den Buddhas und Bodhisattvas, die in allen Größen die Tempel von Lamayuru bevölkern und auch in der farbigen Vielfalt der Wandmalereien von den Wänden herab grüßen, erleben wir die Ahnengalerie der Äbte, jener hohen Rinpoches, die durch die

Jahrhunderte die geistlichen, aber auch die weltlichen Geschicke des mächtigen Klosters gelenkt haben.

Vom 16. Jahrhundert bis zur 1840 abgeschlossenen Eroberung Ladakhs durch die islamischen Dogras aus Kaschmir waren die Äbte von Lamayuru Lehrer der Kronprinzen von Ladakh, das in dieser Zeit ein unabhängiges Königreich war. Noch heute zeugt der leider verfallende Palast in Leh von der Bedeutung dieses west-tibetischen Reiches. Man hat jenen machtvoll über der Stadt thronenden Bau oft den »kleinen Potala« genannt und damit zum Ausdruck gebracht, daß es bis ins 19. Jahrhundert auf dem Dach der Welt zwei Machtzentren gegeben hat: das geistlich-weltliche von Lhasa mit seinen Gottkönigen, den Dalai Lamas, und das weltliche von Leh, das sich in geistlicher Abhängigkeit von den zwei wichtigsten Rotmützenklöstern des Landes — Hemis und Lamayuru — befand.

Während die Dalai Lamas zur reformierten Sekte der Gelbmützen gehören, deren Begründer Tsongkhapa Anfang des 15. Jahrhunderts den moralischen Verfall des Lamaismus durch Zölibat und strenge Klosterordnung aufzuhalten versuchte, sind die Rotmützen bis heute den ursprünglichen lamaistischen Formen treu geblieben. Dazu gehörte eine gewisse Freizügigkeit der Mönche, die starke Betonung tantrischer Kultformen, von denen wir noch hören werden, und die Möglichkeit für Lamas zu heiraten.

Lamayuru ist sicher das älteste Rotmützenkloster in Ladakh. Seine Ursprünge kennen wir nur aus der Legende. Sie berichtet, daß einst ein spiegelklarer See das Tal gefüllt habe, in dem heute, 500 Meter unterhalb der Straße, die Srinagar mit Leh verbindet, das Kloster Lamayuru liegt. Die Trockenlegung dieses Sees wird verschiedenen Heiligen zugeschrieben. Dabei spielt ein an die alten Fruchtbarkeitskulte erinnerndes Wunder eine Rolle. Nach der einen Version soll sich ein Heiliger namens Madhyantaka, der wie viele große Gurus der alten Zeit angeblich des Fliegens mächtig war, auf den See niedergelassen und die dort lebenden heiligen Schlangen mit Getreidekörnern gefüttert haben. Dabei hätten sich, so will es die Sage wissen, diese Getreidekörner auf geheimnisvolle Weise zum heiligen Zeichen der Swastika — dem indischen Hakenkreuz geformt. Daraufhin habe der Heilige den See trockengelegt und das Kloster mit dem Namen Yungdrung — das ist das tibetische Wort für den Sanskritbegriff Swastika — gegründet.

Eine andere Legende, die man mir im Kloster selbst erzählt hat, will von einem Getreidefeld in Form einer Swastika wissen, das nach der Trockenlegung des Sees, die hier dem heiligen Naropa zugeschrieben wurde, wunderbarerweise aufkeimte, so daß der Heilige darin die himmlische Aufforderung zur Klostergründung sah.

Daran, daß sich in uralten Zeiten im Tal von Lamayuru ein See befunden hat, besteht heute kein Zweifel mehr. Doch das war lange vor der Zeit der Entstehung des Lamaismus. Immerhin ist es interessant zu sehen, wie hier im menschenarmen, lange geschichtslosen Himalaya Legenden früheste Ereignisse im Gedächtnis bewahren. Wahrscheinlich führte die Austrocknung des Sees und das offensichtliche Wunder des dadurch in einer Mondlandschaft entstehenden fruchtbaren Tals zur Gründung des ersten Heiligtums an der Stelle des heutigen Klosters. Sicher war es den Fruchtbarkeitsgottheiten geweiht, auf deren

Kult noch heute eine Tempelruine unterhalb des Klosters hinweist.

Nordöstlich von Lamayuru windet sich der alte Karawanenweg, den einst Sven Hedin mit seiner Expedition zog und der erst in jüngster Zeit für das indische Militär als Nachschubstraße für Autos ausgebaut worden ist, in vielen Kehren hinab zum Indus, an dessen Ufer man dann entlangfährt. Über eine Brücke bei Uletokpo erreicht man auf von Chorten und Manimauern gesäumtem Weg das berühmte alte Kloster von Alchi, die künstlerisch bedeutendste Gompa Ladakhs.

Anders als das einer Festung gleichende Lamayuru liegt Alchi offen in einer lieblichen Oasenlandschaft zwischen alten Bäumen und blühenden Büschen – ein zum großen Teil in geschnitztem Holz ausgeführter Bau, dessen Malereien und Skulpturen zum Wichtigsten gehören, das an alter lamaistischer Kunst in West-Tibet auf uns gekommen ist.

Leider hat auch hier der Zahn der Zeit deutliche Spuren hinterlassen. So bleibt nur zu hoffen, daß ein baldiges umfassendes Restaurierungsprogramm weiterem Verfall entgegenwirkt. Denn was wir da sehen, ist nicht nur vollendete lamaistische Kunst mit Werken, die bis ins 11. Jahrhundert zurückweisen, sondern zugleich der erste Bilderkosmos des Vajrayana-Buddhismus, der uns auf unseren Wanderungen durch den Himalaya vom Westen her begegnet. Hier ist jenes Bilderbuch aufgeschlagen, das die großen Gurus des Lamaismus seit Padmasambhava geschaffen haben, um den Menschen ihre innere Welt mit ihren Zwängen und Problemen sichtbar und damit auch deutbar zu machen.

Jeder Psychologe muß die Anschauungs- und Ausdruckskraft bewundern, mit der hier fromme Meister seit dem 11. Jahrhundert die menschliche Seele durchschaut, aufgeblättert und in symbolträchtige Darstellungen von großer Eindringlichkeit umgesetzt haben. Ein solches Umsetzen psychischer Zustände in eine differenzierte Figuren- und Symbolwelt, wie sie der Lamaismus aus indischen Ursprüngen entwickelt hat, ist einmalig auf unserer Erde. Wir begegnen ihren Ausformungen in unterschiedlicher Intensität und künstlerischer Qualität zwischen Ladakh und Bhutan in zahllosen Klöstern — gemalt, geschnitzt, gegossen und in Stein gehauen zwischen dem 11. und dem 20. Jahrhundert. Selbst heute noch gibt es Maler- und Bildhauerschulen, die nicht für den Tourismus, sondern ausschließlich für den klösterlichen Bedarf arbeiten.

An einem der Orte ihres Ursprungs befinden wir uns in Alchi. Vier Gestalten des mystischen Pantheons der Lamas treten uns neben vielen anderen Gottheiten hier besonders eindrucksvoll entgegen. Es sind der Buddha Vairocana, der höchste der fünf Tathagatas, die als Meditationsbuddhas das Denken der Lamas stärker beherrschen als der historische Buddha Shakyamuni, der ja nur ein Lehrer war; ferner Maitreya, der von den Gläubigen in 2500 Jahren erwartete Buddha der Zukunft, und die beiden meistverehrten Bodhisattvas Avalokiteshvara und Manjushri.

Das Hauptheiligtum des Vairocana in Alchi ähnelt einer oberbayrischen Rokokokapelle, so reich ist der Skulpturen- und Ornamentschmuck, der die zentrale Figur des in der Mitte allen kosmischen Geschehens in voller Ruhe und Unbeweglichkeit thronenden, gelassen blickenden Vairocana umgibt. Sein Schoß ist von weißen Schleiern, den Begrüßungsgaben der Gläubigen, bedeckt. Avalokiteshvara, dem segnenden und helfenden Bodhisattva unseres Zeitalters, begegnen wir in einem kleinen Meditationsraum nahe dem Eingang in seiner elfköpfigen, tausendarmigen Form, die sich aus dem naheliegenden Gedanken entwickelt hat, daß elf Augenpaare mehr sehen und daß tausend Hände, in deren jeder sich ein weiteres Auge befindet, mehr als zwei zur Rettung der in unserem Zeitalter besonders bedrohten Menschheit leisten können.

Die überlebensgroße Hauptfigur des Avalokiteshvara steht im zweistöckigen Sum-tsak-Tempel, wo wir auch eine riesige Maitreya-Statue mit dem goldenen Gesicht einer Gutes verheißenden Zukunft finden. Über steile Holzstiegen, die Hühnerleitern ähneln, kann man zu den Köpfen hinaufsteigen, die von Apsaras — himmlischen Nymphen — umgeben sind. Neben dem Haupttheiligtum befindet sich der Manjushri-Tempel, in dem der immer mit Lotosblüte und Buch dargestellte Bodhisattva der göttlichen Weisheit in vierfacher Gestalt — blau, rot, gelb und dunkelgrün — als Herr und Beschützer der vier Himmelsrichtungen dargestellt ist.

Im Dukhang, dem Haupttheiligtum von Alchi, sehen wir uns dem geheimnisvollsten lamaistischen Symbol gegenüber: dem Mandala. Seine Form, das von Kreisen eingeschlossene Viereck, gehört zu den ältesten kosmischen Symbolen der Menschheit; ja, es ist seit seinen wohl steinzeitlichen Ursprüngen das Symbol des Kosmos überhaupt. In seinen bildhaften Darstellungen umgrenzt es das lamaistische Pantheon in jeweils wechselnden, sich einander thematisch überschneidenden oder durchdringenden Formen. Alchi bietet dafür vielfältige Beispiele in seinen großartigen Wandmalereien. Die sechs großen Mandalas im Dukhang von Alchi kreisen um die vierköpfige Gestalt des mit seinem kosmischen Wissen alles durchdringenden Vairocana, der von den einander zugeordneten Symbolfiguren des Vajra, als des Diamantzepters der unendlichen Klarheit, des Ratna, als des glanzvollen göttlichen Juwels, der Lotosblume, als des Symbols der Reinheit und des Karma, als dem Begriff der das Leben bestimmenden Handlungen, in Kreisen und Quadraten umgeben ist.

Hier begegnet uns in einer fast unüberschaubaren Gestaltenfülle ganz deutlich jene Bedeutungsübertragung menschlicher Handlungen und seelischer Vorgänge auf göttliche Symbolfiguren eines Pantheons, das seine genaue Entsprechung in unseren Taten, aber auch in unseren Wünschen, Sehnsüchten und Träumen hat. Da sind Opfergottheiten, bestimmt, unser Verhältnis zu den Göttern wie zu unserer Umwelt durch Opfer zu verbessern. Da sind Gottheiten der Himmelsrichtungen sowie der Tiefe und der Höhe, Gottheiten, die der Natur, und solche, die dem inneren Menschen zugeordnet sind. Sie alle wirken auf den betrachtenden, den meditierenden Beschauer ein, der in ihnen Teilaspekte des persönlichen Seins, aber auch Bezüge zur kosmischen Ganzheit erkennt, von der er ein Teil ist.

Auch darin erweisen sich die lamaistischen Klöster als Oasen Buddhas. Man begegnet vertrauten Bildern, findet Zuflucht und Schutz vor dem drohenden Draußen, von dem man sich vielseitig bedrängt weiß. Es ist, als setze das Rund des Mandala mit seinen Mauern, Toren und Gängen die Außenwelt in anderer Weise fort. An die Stelle der Ungewißheit einer launischen Natur ist die Gewißheit der beruhigenden Selbstbegegnung in zahllosen Figuren getreten, die einem mit jeder neuen Begegnung verständlicher und damit auch hilfreicher werden.

Yi dam – Begegnung mit dem eigenen Gott

Der Eintritt in die Welt der Mandalas, jener kosmischen Symbole des tantrischen Buddhismus, gehört zu den wichtigsten Erfahrungen, die der Lamaismus im Himalaya für den suchenden Menschen bereithält. In der Wandmalerei wie als Thangka, aber auch in plastischer Gestaltung ist das Mandala in jedem Kloster, in jedem Tempel vielgestaltig gegenwärtig. Es ist der Bezugspunkt tantrischer Kulte und Riten. Für den meditierenden Lama hat es von allen Kultobjekten die größte und zugleich tiefste Bedeutung. In ihm begegnet der Meditierende dem Kosmos und damit sich selbst auf einer höheren Daseins- und Erlebnisstufe. Das Mandala ist das Tor zur Selbsterkenntnis und schließlich zur Erleuchtung. So sieht es der Eingeweihte. Aber auch für den einheimischen Laien wie für uns, die fremden Besucher, enthält es etwas tief Wirkendes, Geheimnisvolles, dessen nachhaltigem Eindruck sich wohl kein aufmerksamer Betrachter entziehen kann.

Worin liegt nun das Bewegende eines Mandala? Ich habe oft beobachtet, welch starke optische Anziehung auch bei uns jedes aus Kreisen oder Kugeln aufgebaute Kunstwerk, ja selbst jede Werbegrafik, jedes Plakat mit Kreisformen oder Kugeleffekten auf den Beschauer ausübt. Kreisförmige Darstellungen haben etwas Ansaugendes, das von ihrer Mitte ausgeht, gleichgültig, ob diese deutlich markiert oder nur durch farbliche Differenzierung suggeriert wird.

Geht man von diesem Alltagserlebnis aus, wird einem klar, daß die Schöpfer der Mandala-Idee bereits viel von der menschlichen Psyche und ihrem Reaktionsradius verstanden haben. Das buddhistische Mandala, wie wir ihm in den vor etwa 1000 Jahren entstandenen Malereien an den Wänden von Alchi in höchster künstlerischer Vollendung begegnen, hat seinen unmittelbaren Ursprung im Grabhügel des Buddha, dem Stupa, in dem ein Kästchen mit Aschenresten des Vollendeten aufbewahrt worden ist. Was kritischen Wissenschaftlern des 19. Jahrhunderts als fromme Legende erschien – die historische Existenz des Gautamo Buddha vor 2500 Jahren –, hat archäologische Forschung 1898 durch die Öffnung des Stupa von Piprava als Tatsache erwiesen. Eine in dem Stupa gefundene Urne mit Inschrift hat das frühe Bauwerk eindeutig als Buddhas Grabmonument erkennen lassen.

Schon im Grundriß dieses Stupas und in seinen zahllosen Nachfolgebauten aus dem ersten Jahrhundert nach Buddhas Tod, die in ihrer Form auf die steinzeitlichen Rundgräber, die Tumuli, zurückgehen, ist der Symbolcharakter des späteren Mandala voll ausgebildet. Das imaginäre Zentrum, dort durch die Aschenurne des Erleuchteten besetzt, wird den zahllosen Mandala-Malereien zum Ort der höchsten Konzentration. Ob Buddha selbst, was sehr selten geschieht, oder eine seiner mystischen Geistinkarnationen – wie etwa der Urbuddha Vajradhara oder der Meditationsbuddha Vairocana – dieses Zentrum einnehmen, immer ist es die zur Vertiefung, zur Konzentration anleitende Symbolfigur, der wir dort begegnen. Sie steht, erinnern wir uns an Buddhas Begräbnisstätte, stellvertretend für das höchste Ziel des Menschen: das Nirvana. Meditation ist in diesem Sinne bereits zeitweises Erreichen dieses Zustandes mit Hilfe des Mandala und der Bilder, die darin als eine Art von Wegweisern enthalten sind.

Hier wird nun, vergleichen wir die zahlreichen Mandalas, denen wir in Lamaklöstern, inzwischen aber auch in westlichen Museen und Sammlungen begegnen, mit frühen christlichen Darstellungen Gottvaters oder Christi im Kreis oder in der Mandorla, der ganze Unterschied zwischen Buddhismus und Christentum deutlich, obwohl von Religionswissenschaftlern immer wieder darauf hingewiesen worden ist, die lamaistische Liturgie sei von der christlichkatholischen beeinflußt worden.

Der Unterschied, den uns die Bilder deutlich machen, besteht darin, daß die christliche Bilderwelt in ihren Zentren, den Kreis- und Mandorladarstellungen, immer auf den einen Gott, wenn auch oft in seiner Dreifaltigkeit, bezogen ist. Dagegen taucht Buddha gerade im Meditationsbild des Lamaismus, dem Mandala, nur selten oder gar nicht auf.

Damit kommen wir nicht nur der ganz anderen Bedeutung Buddhas, verglichen mit Christus, auf die Spur, sondern auch dem fast entgegengesetzten Sinn der beiden Bilderwelten, die ihre Existenz, man könnte fast sagen, dem Zufall verdanken. Buddha hatte offenbar nie an seine bildliche Darstellung oder gar an bildhafte Lehrvorlagen gedacht, während der Bilderstreit im frühen Christentum die Berechtigung der bildlichen Darstellung Gottes, Christi und der biblischen Themen nachträglich ernsthaft in Frage gestellt hat. In beiden Fällen siegte schließlich der Bildgedanke. Doch mit welch unterschiedlichen Intentionen.

Während die Wandmalereien in den frühchristlichen und romanischen Kirchen Bilderfibeln für die analphabetische Masse von Kirchenbesuchern sein sollten und dem Klerus durchaus entbehrlich gewesen wären, sind die lamaistischen Malereien bis heute vor allem und in erster Linie Hilfsmittel der initiierten Lamas auf ihrem Wege zur Erleuchtung.

Für viele Räume mit besonders heiligen Wandmalereien in den Klöstern wie auch für zahlreiche, gerollt aufbewahrte Thangkas, vor allem aber für die geheimen Mandalas der Schutz- und Initiationsgottheiten, gilt ein strenges Verbot, sie Uneingeweihten zu zeigen. Auf manchen Mandalas finden wir beschwörende Texte, sie niemandem zugänglich zu machen, der nicht in ihre Bedeutung eingeweiht ist, da sie für jene — so wörtlich — eine »tödliche Wirkung« haben könnten.

Das heißt, ein großer Teil der lamaistischen Bilder, wenn auch längst nicht alle, dürfen nur Eingeweihten und auch diesen nur in bestimmten Stunden gezeigt werden. Hier wird die besondere Bedeutung lamaistischer Kunstwerke, die wir eigentlich als Kultwerke bezeichnen sollten, deutlich. Sie ist von der Bedeutung christlicher Kunstwerke völlig verschieden.

In der christlichen Kunst geht es um Erinnerung und Besinnung. Die anbetende Geste vor dem gekreuzigten Christus ist zugleich Dank für sein Opfer und die dadurch nach christlichem Glauben möglich gewordene Erlösung des Menschen. Die Distanz zwischen Gott und Mensch bleibt, selbst vor dem Bild.

Das lamaistische Bild dagegen ist weder Gottesdarstellung noch Anbetungs- oder Verehrungsobjekt. Es ist ein heiliges Hilfsmittel zur Selbsterkenntnis und zur Selbstverwirklichung. Seine Geheimhaltung vor Uneingeweihten soll Schutz bieten. Wie weit sich daraus im Laufe der Jahrhunderte ein Machtmißbrauch hoher Lamas ergeben hat, ist eine andere Frage, die zu untersuchen äußerst schwierig sein dürfte. Sicher ist, daß viele Lamas den Befreiungsweg über die Bilder — ihren persönlichen Meditationsweg — unbeirrt und in tiefem Ernst gegangen sind und auch heute noch gehen.

Die Voraussetzung für diesen Weg ist die Initiation. Sie wird dem langjährigen Klosterschüler, der sich geistig und moralisch geeignet erweist, von seinem Lehrer — seinem Guru — erteilt. Dabei geschieht etwas sehr Eigenartiges. Obwohl er nun eigentlich erst in die Gemeinschaft der Mönche voll integriert wird, erhält er zugleich eine Weihe, die ihn im tiefsten und letzten Sinne von allen anderen Lamas isoliert — außer von seinem Guru. Dieser nämlich flüstert ihm bei der Initiationsfeier heilige, nur für ihn und seinen persönlichen meditativen Gebrauch bestimmte Silben — Mantras — zu und nennt ihm den Namen seiner Initiationsgottheit — seines Yi dam —, den er vor den anderen Lamas wie auch vor seiner Familie streng geheimhalten muß.

Der Yi dam — es gibt davon viele im lamaistischen Pantheon — ist der persönliche Gott eines jeden initiierten Lama. Er ist allerdings nicht im Sinne einer anzubetenden fernen Gottheit zu verstehen, sondern vielmehr als ein geistiger Führer durch die Welt der Gefahren und Anfechtungen, in der sich der Initiierte immer wieder auf ihn besinnen soll, um daraus die erforderliche Widerstandskraft gegen alles Böse, gegen aufsteigende Versuchungen zu gewinnen. Dabei kommt es im Lamaismus, besonders in den Rotmützensekten, nicht so sehr auf die Befolgung eines strengen moralischen Kodex an, als vielmehr auf das Festhalten am gewählten Weg zur Erleuchtung und endlich zum Nirvana.

Die Begegnung mit dem Yi dam kann auf sehr verschiedene Weise und auch in unterschiedlicher Gestalt stattfinden. Im Mittelpunkt steht dabei immer die Einzelmeditation. Man ist mit dem Bild des Yi dam in einem heiligen, meist mit Wandmalereien ausgeschmückten Raum allein. Der Yi dam kann in der Gestalt einer geweihten Skulptur, aber auch als zentrales Bild eines Thangka oder als Mittelpunktfigur eines Mandala gegenwärtig sein.

Sowohl auf dem Thangka wie auch im Mandala ist der Yi dam von anderen Yi dams, oft auch von Meditationsbuddhas, Bodhisattvas, weiblichen Gottheiten und Dämonen — den Taras und Dakinis — sowie von lokalen Gottheiten umgeben, die ihm nach der lamaistischen Lehre in ikonographisch festgelegter, aber häufig variierender Weise zugeordnet sind. Dabei haben der Yi dam und die ihm beigegebenen Gottheiten für den Meditationsweg des Lama jeweils eine besondere Bedeutung in bezug auf seine Übungen. Jede Figur bringt ihm ein Stück seines suchenden Selbst zum Bewußtsein. Die Außenwelt mit ihren fluktuierenden Erscheinungen und Einflüssen verliert dabei mehr und mehr an Kontur. Ihre sinnlich erfahrene Wirklichkeit wird so vom Meditierenden als Schein erkannt. Die Begegnung mit dem Yi dam ist eine Art Selbstbegegnung mit einem sich läuternden Ich, das seine irdischen Bindungen allmählich abstreift.

Sobald der Lama initiiert ist und seine geheimen

Mantras sowie den Namen seines Yi dam empfangen hat, vollzieht sich für ihn eine totale Veränderung seines Verhältnisses zur Umwelt. Sie tritt als Scheinwelt — als Samsara — zurück hinter einer neuen Wirklichkeit, die sich als ein mystisches Eingehen in die letzten Geheimnisse erweist. Auf diesem Weg wird die Initiationsgottheit des Lama zur Schutzgottheit, die ihn zeitlebens nicht mehr verläßt, wenn er sie nicht selbst aus den Augen verliert. Höchstes Ziel der Beziehung des Lama zu seinem Yi dam ist, aus der Begegnung eine Verwandlung werden zu lassen. Erst wenn der Lama den Yi dam nicht mehr als seine Schutzgottheit empfindet und ihn in der Meditation nicht mehr als Bild gegenüber hat, ist das Ziel seiner Bemühungen erreicht. Er ist mit seinem Yi dam eins geworden. Er hat den Kreis des Vielfältigen verlassen und ist in die kosmische Ganzheit eingegangen.

»Wer sich nicht in die Gottheit verwandelt, kann sie auch nicht verehren«, heißt es in einem alten indischen Text. Er ist Bestandteil lamaistischen Denkens geworden und damit Zielvorstellung eines jeden initiierten Lama. Der Gedanke, das irdische Leben hinter sich gelassen zu haben und selbst zum Gott geworden zu sein, mag uns überheblich, ja im christlichen Sinne vielleicht sogar gotteslästerlich erscheinen. Aber sie ist vom Denken und Empfinden christlicher Mystiker gar nicht so weit entfernt. Wir müssen nur begreifen, daß die Gottheit im Lamaismus etwas ganz anderes bedeutet als im Juden- oder Christentum. Sie ist nicht der ferne Gott, der eines Sohnes bedarf, um die sündige Menschheit zu erlösen.

Die lamaistische Gottheit ist das verschüttete Inbild des Menschen, das es zu entdecken gilt, um mit seiner

Hilfe dem leidvollen Kreislauf menschlicher Wiedergeburten zu entrinnen. Der »Gott in uns« ist vielleicht das größte, uns Außenseitern am schwersten zugängliche und begreifbare Geheimnis des Lamaismus. Entspringen doch aus ihm alle jene uns übermenschlich erscheinenden Fähigkeiten und Leistungen, die den Lamaismus immer wieder den Zweifeln und der Kritik abendländischer Wissenschaftler ausgesetzt haben. Ob es sich um die zahllosen Zustände psychischer oder physischer Ekstase mit ihren unseren Realitätssinn weit übersteigenden Phänomenen handelt — um das Aushalten harter Kälte in tagelanger bewegungsloser Meditation auf den Höhen des Himalaya oder um das oft beschriebene schwebende Laufen, bei dem ein Lama am Tag mehrere hundert Kilometer zurücklegen soll —, all das wird bei uns von den meisten mit einem mitleidigen Lächeln als unsinnige Behauptung, die keiner beweisen kann, abgetan. In der Tat vermag wohl niemand zu sagen, wo hier die ohnehin fließende Grenze zwischen Wirklichkeit und Legende verläuft. Aber wenn man in diesem Zusammenhang das Wort Wirklichkeit verwendet, ist man ja schon auf dem falschen Weg. Denn die Lamas, von denen hier die Rede ist, haben den Bereich der von uns wahrnehmbaren Wirklichkeit längst verlassen und sind in eine Sphäre eingetreten, in die wir Uneingeweihten ihnen niemals folgen können.

Der Eintritt in die mystische Welt der Yi dams und die Wahl des eigenen Schutzgottes können auf verschiedene Art vollzogen werden. Wird die Wahl des Yi dam vom Guru vorgenommen, erfährt sie der Lama bei der feierlichen Initiation. Es gibt aber auch den Weg des persönlichen Findens, sei es in Gestalt einer

Traumerscheinung oder durch Blütenwerfen auf ein Mandala, wobei der getroffene Bildabschnitt des jeweiligen Tathagata — das sind die fünf Meditationsbuddhas des Mahayana- und Vajrayana-Buddhismus — über den künftigen Yi dam entscheidet. Denn die Zuordnung aller Yi dams erfolgt auf Grund der fünf oder auch sechs Familien des lamaistischen Pantheons, die den fünf die Himmelsrichtungen und das Zentrum beherrschenden Tathagatas zugehörig sind, wobei der Urbuddha Vajradhara als sechstes Familienoberhaupt hinzutreten kann.

Den Familien entsprechen sogenannte Tantra-Gruppen, die sich auf geheime Texte der Zeit des Padmasambhava sowie auf Mantras und heilige Praktiken stützen, die von Tantra-Gruppe zu Tantra-Gruppe verschieden sind. Mit dem Begriff Tantra kommt ein weiteres, vielen Fehldeutungen ausgesetztes Wort in unsere Betrachtung, das für den Lama große Bedeutung hat. Das Wort Tantra stammt aus dem Sanskrit und bedeutet soviel wie Gewebe. Tatsächlich sieht sich der Lama durch die Fülle tantrischer Kultformen — ihre Texte, Zeichen und Symbole — in ein Gewebe eingesponnen, dem er nicht mehr entrinnen kann, ohne an Geist und Seele Schaden zu nehmen.

Mit Hilfe der Tantras — geheimer Texte, die tausend und mehr Jahre alt sind — vertieft sich der Lama mehr und mehr in eine meditative Lebensform, die ihn für den weltlichen Beobachter kontaktarm, weltfremd, skurril, vielleicht sogar in einigen Fällen geistesgestört erscheinen läßt. In Wirklichkeit hat er nur den entscheidenden Schritt zu seiner tantrischen Familie getan und ist nun zu einem ihrer göttlichen Bestandteile geworden. Dabei hat sich sein gesamtes Weltbild im

Sinne des Tantrismus verändert, indem unsere Verhaltensweisen, selbst wo sie denen tantrischer Praktiken äußerlich gleichen, eine ganz andere Bedeutung erlangen. Hier liegt zugleich die Wurzel der vielen Mißverständnisse, denen der Tantrismus bei uns ausgesetzt war und noch heute ist.

Der lamaistische Yi dam ist immer männlich — ein Ausdruck jener Kraft, die man braucht, um die Scheinwelt unseres Daseins zu durchschauen und zu überwinden. Doch auf diesem schwierigen Weg bedarf man noch einer anderen Hilfe: der Weisheit. Sie tritt als Prajna — als weibliche Ergänzung des Yi dam — hinzu und verkörpert in der Vereinigung mit ihm das Prinzip höchster Erkenntnis und daraus folgender Befreiung. Das Ergebnis ist Erleuchtung und schließlich Überwindung des Samsara.

Im Bild, dem wir in den Lamaklöstern vielfältig begegnen, ist die Verbindung von Kraft und Weisheit als Geschlechtsakt zwischen Gott und Prajna dargestellt. Wir nennen diese Verbindung Yab-yum — Vater-Mutter — und finden in solcher Umarmung nicht nur Yi dams, sondern auch Buddhas und Bodhisattvas, den einen — Shakyamuni ausgenommen, da er die Überwindung aller Gegensätze, so auch des mann-weiblichen, in sich verkörpert.

Doch im Gegensatz zu den Buddhas sind die Bodhisattvas in ihren tantrischen Erscheinungsformen, so wie auch die meisten Yi dams, fast immer mit mehreren Gesichtern und Armen dargestellt, wobei Avalokiteshvara in seiner elfköpfigen und tausendarmigen Form das Äußerste an Vervielfältigung bietet, was im lamaistischen Pantheon an multiplizierter göttlicher Kraft zu finden ist.

In den Yab-yum-Darstellungen erscheint auch die Prajna oft mit mehreren Gesichtern und vielen Armen. Jeder Hand der Gottheiten ist dabei ein besonderes Symbol zugeordnet, das die ikonographische Bestimmung erleichtert. Denn steht man als Uneingeweihter zum erstenmal vor einer bemalten Klosterwand, einem Mandala oder einem mit vielen Figuren besetzten Thangka, so gibt es keinen Ansatz zur Deutung als das Eindringen in die Formen, Farben und Handzeichen der Gottheiten, um sie schließlich unter großen Mühen zu entschlüsseln. Hat man aber diesen Schlüssel erst einmal gefunden, erschließen sich nicht nur die Namen der unterschiedlichen Gestalten, sondern auch ihre Bedeutung im Pantheon und für den vor dem Bild meditierenden Lama.

Die Bilder sexueller Vereinigung, denen wir an den Reliefwänden indischer Tempel sowie in nepalischen Schnitzwerken, tibetischen Bronzen und lamaistischen Malereien begegnen, haben viel zur Fehldeutung und Verketzerung des Tantrismus beigetragen. Für Kritiker in aller Welt war er besonders im 19. Jahrhundert eine entartete Religionsform, die keinen Anspruch auf ernsthafte Betrachtung erheben konnte. Zu dieser Einstellung trug christlichpuritanischer Moralismus ebenso bei wie die empörte Abwendung vieler Inder von ihrer eigenen uralten Kultur unter dem Einfluß des britischen Kolonialherrn und seiner von viktorianischem Denken geprägten Moralvorstellungen. Nur dort, wo kluges Sich-Abschließen vor den anstürmenden Wellen der mit der Kolonialisierung einhergehenden westlichen Zivilisation solcher Entwicklung entgegenwirkte — in Tibet, Nepal und Bhutan —, erhielten sich die tantrischen Strukturen, so daß wir heute in der Lage sind, ihre wirkliche Bedeutung und ihren tiefen Sinn auch für uns allmählich zu erhellen und durchsichtig zu machen. Daß wir mit solchem Bemühen noch am Anfang stehen — nur ein Tantra ist bisher in eine abendländische Sprache übersetzt —, sei hier mit allem Nachdruck festgestellt. Die zahlreichen Publikationen zu dem schwierigen Thema, die in den letzten Jahren erschienen sind, haben an diesem Tatbestand nur wenig geändert. Es fehlt nach wie vor an vollständigen Übersetzungen der wichtigsten Tantras und an Interpretationen, die nicht aus aktuellem Anlaß geschrieben sind, sondern den Tantrismus als geistiges, vor allem aber auch als historisches Phänomen angehen. Dabei hilft es für sein Verständnis wenig, wenn man auf seine zweifellos nicht zu bestreitende Herkunft aus den alten Fruchtbarkeitsreligionen und Mütterkulten hinweist. Wichtig wäre vielmehr die Untersuchung und Beantwortung der Frage, wie es zur Vergeistigung und kosmischen Durchdringung des so ganz im Vitalen wurzelnden uralten Kults der geschlechtlichen Vereinigung gekommen ist. Denn wir haben es hier eindeutig mit einer Gegenbewegung zur abendländischen Entwicklung vom metaphysischen Denken zum Materialismus zu tun.

Eine Antwort vermögen nur die großen buddhistischen Tantras zu geben, deren tiefgründige Esoterik, die, wörtlich genommen, zu grotesken Mißverständnissen führen kann, ihre symbolhafte Darstellung in Malereien und Skulpturen gefunden hat. Es sind die Tantras Guhyasamaja, Cakrasamvara, Hevajra und Kalacakra, deren Niederschrift zwischen dem 6. und dem 11. Jahrhundert in Indien erfolgte. Gerade diese Schriften aber waren es, die nach dem Niedergang des

Buddhismus in seinem Ursprungsland Indien den stärksten Einfluß auf die buddhistische Entwicklung im Himalaya ausgeübt haben. Sie wurden zu Leittexten des Lamaismus und ihre bildhaften Symbole zu den wichtigsten Initiationsgottheiten der Lamas. So hat ihre Darstellung als Bild und Skulptur in der Kunst Nepals und Tibets eine jahrhundertealte Tradition. Dabei sind es diese Bilder, die uns die Vielfalt und Kompliziertheit tantrischer Zusammenhänge vor Augen führen. Die kosmische Bedeutung dieser Bilderwelt und ihrer esoterischen Hintergründe werden hier erkennbar. Das gilt nicht nur für die wachsende Menge von Köpfen, Armen und Beinen, mit denen man die Yi dams der Vielzahl ihrer Aufgaben im lamaistischen Bezugssystem anzupassen bemüht war. Es gibt auch Erscheinungsunterschiede ganz grundsätzlicher Art, deren Bedeutung nur aus den Texten und ihrem Wandel zu verstehen ist.

Ich möchte das am Beispiel des Yi dam Hevajra zeigen, dessen Tantra im 9. Jahrhundert entstanden ist als ein Geleittext zur Überwindung der Welt des Scheins, die uns umgibt und verwirrt, solange wir nicht den Weg gefunden haben, der zur Erkenntnis und schließlich zur Erleuchtung führt.

In fast allen Büchern zur buddhistischen Ikonographie lesen wir, die höchste Form dieses Hevajra — mit acht Gesichtern, sechzehn Armen und vier Beinen — halte in ihren sechzehn Händen Schädelschalen mit Tieren und Menschen. Und tatsächlich findet man Hevajra auch fast immer so dargestellt. Es ist die zürnende Form dieser Gottheit, was man an ihrer rotbemalten Haartracht erkennt. Auf Malereien ist Hevajra in dieser Gestalt von acht Dakinis umgeben. Sehr viel seltener ist die wohl im Himalaya ausgebildete, gleichfalls sechzehnarmige Form mit blauer Haartracht, die Hevajra als Sieger und Überwinder ausweist. Er hat das zornvolle Aufbegehren gegen die Vergänglichkeit der Existenzen hinter sich gelassen und triumphiert als sonnenhaftes Wesen im westlichen Paradies Sukhavati. In dem vor der Brust gekreuzten inneren Handpaar hält er Vajra und Ghanta, in den anderen Händen die Symbole tantrischer Macht. Die beiden so unterschiedlichen Hevajra-Formen sind Ausdruck verschiedener Bereiche der meditativen und der visionären Annäherung an die letzten Geheimnisse des kosmischen Allzusammenhangs und seiner geistigen Durchdringung mit Hilfe hinführender Bilder, wie sie in der Welt des Himalaya ungebrochen ihre Wirkung tun.

Am lebendigsten ist der Tantrismus heute noch in Nepal, wo er sowohl von Hindus als auch von Buddhisten praktiziert wird, wobei sich gerade in Nepal zeigt, wie eng die beiden Religionen miteinander verwoben sind. So hat jedes hinduistische Heiligtum seine buddhistische Entsprechung und umgekehrt. Buddhisten besuchen Hindutempel, und Hindus wallfahrten — im Gegensatz zu ihren indischen Glaubensgenossen — auch zu buddhistischen Heiligtümern. Dabei ist es das kosmische Element des Tantrismus, das sie verbindet.

Aufbruch in den Himalaya

Von vielen Seiten her habe ich mich dem Himalaya immer wieder genähert, um in seinen Regionen den Geheimnissen nachzuspüren, die sich hinter seiner

Geschichte, seinen Glaubensformen und seinen Legenden verbergen. Sie spiegeln sich im Leben der Himalaya-Völker bis auf den heutigen Tag, wenn es auch ohne Kenntnis der hier herrschenden Glaubensvorstellungen schwerfällt, die Lebensform dieser Menschen, vor allem aber ihre Feste und ihre Riten zu verstehen. Deshalb sollte man um die religiösen Hintergründe und Zusammenhänge wissen, die ich in den vorangegangenen Kapiteln zu erhellen versucht habe, wenn man als westlicher Besucher in den Himalaya aufbricht. Sonst wird man zwar eine faszinierende Landschaft und liebenswerte Menschen erleben, aber weder den von magischen Riten beherrschten Alltag in den Dörfern noch den zeremoniellen Rhythmus der Klöster begreifen.

Es war im Oktober 1962, als sich mein Kindheitstraum von einer Reise in den Himalaya zum erstenmal verwirklichen ließ. Damals war Nepal das einzige Land, von dem aus man in die Region der höchsten Berge dieser Erde — der mythen- und sagenumwobenen Achttausender — vorstoßen konnte. Die Begegnung war überwältigend für mich, obwohl ich nicht als Gipfelstürmer gekommen war. Trotzdem ahnte ich bei dieser ersten Begegnung mit der Welt des Himalaya noch nicht, daß sie mein Leben in den folgenden Jahren sehr stark beeinflussen und verändern würde. Doch das war ein allmählicher Vorgang. Zunächst geschah die Überwältigung aus der Fremdheit der Natur wie ihrer Menschen, und ich brauchte viele Wochen, um zu einem ersten Verständnis zu gelangen. Das fand ich durch die Vermittlung eines jungen Nepalesen, der mich auf meiner ersten Reise in den Himalaya mit viel Einfühlungsvermögen begleitet hat, in einer Bergbauernhütte des Vorhimalaya — in der Region der sogenannten Foothills, die von ihrer Höhe her allerdings bei uns schon zu den Giganten der Bergwelt zählen würden. In dieser Hütte, in der ein Toter lag, um den außer der Familie — der Frau und zwei Söhnen — vier Mönche versammelt waren, begriff ich plötzlich, daß ich in eine Welt eingetreten war, die ganz anders als die unsere das menschliche Leben und Sterben in einem natürlichen Zusammenhang sieht, den man im Gegensatz zur Tabuisierung des Sterbens und des Todes bei uns auch als solchen anerkennt. Das war meine erste Lektion zum Verständnis des Daseins im Himalaya. Viele sollten noch folgen.

Ich kehrte immer wieder zurück in die Berge. Die abendländische Welt der großen Städte mit der Geschäftigkeit ihrer Menschen wurde für mich in zunehmendem Maße unwichtiger. Und allmählich bewegte mich bei jeder neuen Rückkehr in den Himalaya und seine Randregionen das Gefühl, nach Hause zu kommen.

Ganz besonders stark erfaßte mich dieses Gefühl, als ich Anfang Juni 1975 — aus den großen Städten Chinas kommend — als einer der ersten Europäer in die lang verschlossene Region des indisch verwalteten westlichen Tibet — nach Ladakh — einreisen konnte. Viele Jahre hatte ich mich um den Zutritt in dieses Land, das wie alle tibetischen Siedlungsgebiete für Ausländer lange Zeit geschlossen war, bemüht. Dann kam, wie so oft bei meinen Himalaya-Expeditionen, die Möglichkeit zur Reise über Nacht.

Im Jahre 1975 war der Weg von Srinagar, der Verwaltungshauptstadt der indischen Provinz Kaschmir, nach Leh, der alten ladakhischen Königsstadt, noch ein Weg aus der Gegenwart ins Mittelalter.

Ladakh, diese westlichste Provinz des alten Tibet — das sogenannte Klein-Tibet —, ist ein schwer zugängliches Hochland, das von den gewaltigen Bergmassiven des Karakorum und den westlichen Regionen des Himalaya und des Transhimalaya umrahmt ist. Die über 4000 Meter hohen Pässe, die von Kaschmir nach Ladakh führen, sind von Oktober bis Juni durch Schneemassen gesperrt und die Straßen ständig von Lawinen und Steinschlag bedroht.

Als ich am 4. Juni 1975 mit dem ersten Militärkonvoi nach der langen Zeit winterlicher Abgeschlossenheit nach Ladakh fuhr, hatten Schneefräsen schmale Straßenfurten in die teilweise 20 Meter hohen Schneewände gegraben, um den militärischen Versorgungsfahrzeugen der indischen Armee den Weg nach Leh freizulegen. Zweimal mußten wir stundenlang warten, weil Steinlawinen die Straße unpassierbar gemacht hatten. So brauchten wir von Srinagar bis nach Leh — das ist eine Strecke von 434 Kilometern — zwei volle Tage.

Am ersten Tag kommt man durch rein islamisches Gebiet. Obwohl sich nicht nur in West-Tibet, sondern auch in den südlich anschließenden Himalaya-Tälern der Mahayana-Buddhismus teilweise bis heute in einer sehr ursprünglichen Form erhalten hat, ist Kaschmir schon seit Jahrhunderten ein Land der Moslems. Wir finden noch hinduistische Reste. Der Buddhismus aber ist aus dem Tal von Srinagar wie auch aus den westlich und nördlich angrenzenden pakistanisch verwalteten Regionen, so aus dem wilden Baltistan, völlig verdrängt worden. Man überschreitet auf der Fahrt von Srinagar nach Ladakh nicht nur eine Landschafts- und Volksgrenze, sondern auch eine der gravierendsten Religionsgrenzen. In Srinagar und den Bergdörfern seiner Umgebung erinnert nichts an jene Welt, in die man am zweiten Tag der Reise nach Leh ganz unvermittelt eintritt.

Hat man in dem 2740 Meter hoch gelegenen Kurort Sonamarg noch ganz den Eindruck eines indischen Himalaya-Dorfes — bis 1974 war es der letzte Ort, den man als Fremder an der Straße nach Ladakh besuchen durfte —, so beginnt dahinter, mit dem Aufstieg zum 3527 Meter hohen Zoji-La — dem Paß der Götter —, der Eintritt in eine andere Welt. Wir begegnen Nomaden mit ihren Maultieren, die im Herbst von den Hochebenen herabgekommen sind und nun wieder hinaufziehen ins obere Indus-Gebiet oder in die Bergwelt des Karakorum. Ihr Leben vollzieht sich im Rhythmus der stark ausgeprägten Jahreszeiten Winter und Sommer. Im vergangenen Jahr sind sie, wie unser Begleiter aus Srinagar berichtet, bereits Anfang September aufgebrochen, um ins Tal von Kaschmir zurückzukehren. Tatsächlich setzte dann der Winter mit starken Schneefällen unerwartet früh ein und dauerte in diesem Jahr besonders lang. So erweisen sich die Nomaden als eine Art von Wetterpropheten, auf die man sich fest verlassen kann.

Die landschaftlichen Gegensätze zwischen Srinagar und Leh sind gewaltig. Im Tal von Kaschmir fahren wir an Reisfeldern entlang, deren frisches Grün unter blühenden Aprikosenbäumen, überragt von den Eisriesen der umgebenden Bergwelt, ein herrliches Frühlingsbild bietet. Dann folgen wir eine Zeitlang dem Sind-Fluß, der ebenfalls von Reisfeldern gesäumt ist, die schließlich terrassenförmig ansteigen, während der wilde Sind unter uns dahinrauscht. Das Tal wird immer enger. Die Straße ist hier zum Teil schon in den Felsen gesprengt. Der Vegetation bleiben nur noch spärliche Plätze inmitten riesiger Gesteinshalden. Selten säumen Ansiedlungen den Weg. Dicht treten die steil ansteigenden Berge an die Straße heran. Das Flußtal ist tief in das Gebirgsmassiv eingeschnitten, das hier eine erste, vom Sind durchtoste Barriere gegen das Tal von Kaschmir bildet. Wir müssen einen Gegenkonvoi abwarten, bevor wir in der Mittagsstunde in das bisher verbotene Gebiet östlich von Sonamarg weiterfahren können. Erst 1960 ist die Fahrstraße bis Leh ausgebaut worden. Früher gab es nur einen Saumpfad für Karawanen. Und ich erinnere mich, daß Sven Hedin Anfang unseres Jahrhunderts diesen Weg entlanggezogen ist nach Ladakh. Für die Strecke Srinagar-Leh brauchte er damals einen Monat.

Hinter Sonamarg steigt die Straße in zahlreichen Kehren steil an. Plötzlich sehen wir die Höhe vor uns in Staub gehüllt. Eine gewaltige Steinlawine ist niedergegangen und hat die Straße vor uns unpassierbar gemacht. Fast zwei Stunden dauert es, bis die Straßenwacht, die hier überall postiert ist, den Weg notdürftig geräumt hat. Als wir unsere Fahrt endlich fortsetzen können, steht die Sonne schon tief im Westen. Die schmale Straßenschlucht, die sich durch die Felswände windet, erreicht sie längst nicht mehr. Etwa 15 Meter hoch türmt sich der Schnee zu beiden Seiten. Die Räder quälen sich durch den von Schmelzwasser aufgeweichten Grund. Auf der Höhe des Zoji-La-Passes erreichen uns noch einmal die Sonnenstrahlen. Doch die umgebenden Berge sind schon in Dunst gehüllt, aus dem die weißen Schneefelder wie Gletscherzungen zu uns herunterreichen.

Der Zoji-La, dieser 3500 Meter hohe Paß der Götter, ist nicht nur die Wasserscheide zwischen dem Sind- und dem Dras-Fluß. Er ist zugleich Landschafts- und Kulturscheide: das Tor in eine andere Welt. Darüber können auch die vielfältigen Verbindungen zwischen den Altkulturen Nordpakistans und Tibets nicht hinwegtäuschen. Und tatsächlich ist die jüngere Entwicklung in beiden Gebieten verschiedene Wege gegangen.

Jenseits des Zoji-La umgibt uns eine urweltähnliche, fast vegetationslose Felslandschaft, die vom Dras-Fluß beherrscht wird. Schwankende Hängebrücken überspannen tiefe Schluchten, die der Fluß gegraben hat. Sie verbinden einsame Bergsiedlungen mit der Straße, die über Meenamarg und Matayan weiterführt nach Dras, einem der kältesten Orte dieser Erde. Hier sinkt das Thermometer im Winter oft unter 50 Grad. Als wir ankommen, weht ein eisiger Wind, der das Atmen schwermacht. Ein Militärposten kontrolliert mit viel Umständlichkeit unsere Pässe. Dras ist eines der größten Truppenlager Indiens im Gebiet der Feuereinstellungslinie zu Pakistan, die nur zehn Kilometer weiter nördlich verläuft.

Hinter Dras öffnet sich das Tal des Dras-Flusses weit nach Osten. Wir bekommen einen ersten Eindruck von den steinübersäten Hochflächen Ladakhs, das verwaltungsmäßig hier beginnt. Dicht hinter dem Ort stehen links am Straßenrand ein paar Zeugen seiner ältesten Vergangenheit: Steinreliefs aus der Frühzeit des ladakhischen Buddhismus. Da sind Avalokiteshvara, der Bodhisattva unseres Zeitalters, und Maitreya, der Buddha der Zukunft. Wir finden die stilisierte Lotosblume, die zu den acht glücksbringenden Symbolen des Buddhismus zählt. Eine kleine Reiterstatue läßt an den tibetischen Nationalhelden Gesar denken, dessen Epos seinen Ursprung wahrscheinlich in Persien hat. Doch sind das nicht nur die ersten, sondern für lange Zeit auch die einzigen buddhistischen Zeugnisse im hier noch ganz islamischen Land.

Bald verengt sich das Tal. Wir fahren durch eine Schlucht auf schmaler Straße, die sich etwa fünfzig Meter über dem Dras-Fluß am Fels hinwindet. Nur selten noch unterbrechen schmale Oasen die eintönige Felslandschaft. Das Tal erweitert sich wieder, aber das Grün ist spärlich. Riesige Gesteinshalden säumen die Straße. Wir sind seit mehr als zwölf Stunden unterwegs. Es ist dunkel geworden. Vereinzelte Sterne stehen am klaren Berghimmel. Endlich erreichen wir Kargil, das Ziel des ersten Tages. Es ist 205 Kilometer von Srinagar entfernt. Die Bewohner von Kargil gehören der orthodoxen islamischen Bewegung der Schiiten an. Als wir durch den nächtlichen Ort gehen, tönen aus den Häusern muselmanische Gesänge und Gebete. Wir sehen Familien unter der Öllampe andächtig versammelt, wie sie einer Sure des Korans lauschen, die vom Vater vorgetragen wird.

Am nächsten Morgen fahren wir bei Sonnenaufgang weiter. Wir haben bis Leh noch zwei Pässe und 226 Kilometer Fahrt vor uns. Herrlich glänzen die Schneeberge in der frühen Morgensonne. Den Fluß entlang ziehen sich kärgliche Gerstenfelder. Dann steigt die Straße, und die Vegetation wird immer geringer. Die Himalaya-Rose unterbricht als einziger Farbfleck das eintönige Rostbraun der steil ansteigenden Geröllhalden. Zunächst säumen noch ein paar ärmliche Siedlungen in Lehmbauweise den Weg. Hier verläuft die islamisch-buddhistische Religionsgrenze, wenngleich auch weiter östlich zahlreiche Muslime leben.

Vor Shargol, dem ersten größeren Ort hinter Kargil, durchfahren wir noch einmal eine enge Schlucht, die wie ein Nadelöhr wirkt. Dahinter breiten sich stahlblau glänzende Geröllfelder, über denen die Berge dolomitenähnlich ansteigen. Ein Stupa, der im tibetischen Gebiet Chorten heißt, steht auf einsamer Bergkuppe — erstes Zeichen unseres Eintritts in die lamaistische Welt. Doch was hier sparsame Ankündigung ist, wird im sich bald danach öffnenden grünen Tal von Mulbekh zur Offenbarung.

Mulbekh ist die grandiose Ouvertüre zu West-Tibet — zum buddhistischen Himalaya. Hier steht rechts von der Straße die etwa acht Meter hohe, aus einem Solitärfelsen gehauene vierarmige Statue des Bodhisattva Maitreya, die auf den Buddha der Zukunft hinweist. Sie ist wahrscheinlich im 7. oder 8. Jahrhundert entstanden. Erhabener als mit diesem Bild, das einen der Wächter und Beschützer des Landes darstellt, kann sich eine Religion kaum ankündigen. Auf steilen Felsen wie auch im Grün der Gerstenfelder erheben sich weißgetüncht die ersten Lamaklöster, unter deren Flachdächern sich Holzfütterungen wie rostrote Bänder ausnehmen. Pilgerwege sind von Chorten gesäumt. Manimauern mit zahllosen Steinen, in die das Hauptmantra des Lamaismus — Om mani padme hum — eingemeißelt ist, ziehen sich durch den Ort.

Om mani padme hum, diese wichtigste Beschwörungsformel des Lamaismus, ist im Grunde unübersetzbar wie all die zahlreichen Mantras, die als Meditationssprüche den Tageslauf der Mönche bestimmen und als Papierstreifen in den Gebetsmühlen der Bevölkerung jene wundertätige Verwandlung erfahren, die das Mantra, heilige Kräfte beschwörend, zum Himmel aufsteigen lassen. Die magische Kraft solcher Sprüche liegt in ihrem vieldeutigen Geheimnis, über das man meditieren, in das man aber nicht mit menschlicher Vernunft eindringen kann.

Om und hum sind magisch-mystische Silben. Mani heißt Edelstein oder Juwel in der Anrede: »O du Edelstein« — »O du Juwel«, und padme bedeutet »im Lotos«. Das Ganze besagt also: »Om, o du Juwel im Lotos, hum.« Doch selbst diese Teilübersetzung enthüllt nicht den wahren Inhalt des Spruches. Man muß nämlich wissen, daß mit dem Juwel der Buddha und mit dem Lotos die Welt gemeint sind. Allein auch das ist noch nicht die ganze geheime Aussage des Mantra, dessen magische Silben om und hum den Buddha als im Zustand des Nirvana befindlich kennzeichnen. Womit das Mantra für den Gläubigen als ständiger Hinweis auf die zu erstrebende Überwindung des Kreislaufes der Wiedergeburten und des Eintritts ins Nirvana — jenen geheimnisvollen Zustand ohne irdische Wiederkehr — zu verstehen ist.

Dieser Weg zur Erleuchtung und ins Nirvana, das weiß man in Ladakh, ist für den Mönch leichter zu beschreiten als für den Laien. Schon in Mulbekh fällt der starke Gegensatz zwischen klösterlicher Behaustheit und der Härte des täglichen Lebens der einfachen Leute auf. Ladakh ist ein armes Land. In Höhen über 3000 Meter wächst nur noch Sechzig-Tage-Gerste, die in den kurzen Sommerwochen reift. Die spärlichen harten Grasbüschel auf den riesigen Gesteinsfeldern ernähren keine großen Viehherden. Ziegen und Yaks — die Karawanen- und Herdentiere dieser Höhe — finden zwischen Sand und Steinen eine kärgliche Kost.

Die wenigen fruchtbaren Plätze in der Nähe der Dörfer und Klöster gehören entweder den Klöstern oder reichen Grundbesitzern. Die Mehrzahl der Ladakhi steht im Dienst der Lamas oder der Grundherren. Es herrschen Besitz- und Lebensverhältnisse, wie wir sie aus dem europäischen Mittelalter kennen. Und wenn auch der alles bestimmende Einfluß des Lamaismus in den letzten Jahrzehnten offensichtlich nachgelassen hat, so haben sich die sozialen Verhältnisse im Lande doch nur wenig geändert. Daß der Ladakhi trotzdem mit seinem Leben zufrieden ist, hängt mit der angestammten Bedürfnislosigkeit des Volkes, aber auch mit seiner tiefen Verwurzelung im religiösen Brauchtum zusammen. Es gibt kaum ein Ereignis im Leben des Ladakhi, das er nicht im Zusammenhang mit dem Wirken von Geistern sieht. Sein ganzes Denken und Handeln richtet er nach dem Einfluß unsichtbarer Mächte, von denen er sich bedroht, aber auch beschützt fühlt. Deshalb haben Wahrsager und Zauberpriester in Ladakh wie auch sonst im Himalaya immer noch eine starke Position. Und da die meisten von ihnen Lamas sind, bleibt auch die Hochachtung vor dem Kloster bestehen und vor der Religion, die es vertritt.

Um die äußeren Lebensbedingungen der Ladakhi zu verstehen, muß man wissen, daß auf einem Gebiet von 97 872 Quadratkilometern — einer mehr als zweimal so großen Fläche wie die Schweiz — nur 100 000 Menschen leben, und zwar in Höhen zwischen 2500 und 5000 Metern. Die Winter sind lang — sie dauern oft von Oktober bis Juni — und extrem kalt. Dem stehen hohe Sommertemperaturen gegenüber. In Leh fällt das

Thermometer im Januar oft auf minus 30 Grad. Im Juli zeigt es zuweilen plus 35 Grad. Doch auch im Sommer können die Nächte kalt sein. Niederschläge sind selten. Es regnet kaum, und auch Schnee fällt nur spärlich. So ist man für die Bewässerung auf den Indus und seine Nebenflüsse und auf das Schmelzwasser aus den Bergen angewiesen. Im August 1976 gab es allerdings einen fünftägigen Dauerregen, der weite Teile Ladakhs unter Wasser setzte. Der Bakula, der höchste Lama des Landes, bemühte sich damals mit seinen Mönchen, in anhaltenden Beschwörungen der ungewohnten Überflutung Einhalt zu gebieten. Der voraussehbare Erfolg dieser heiligen Handlungen hat seine Position im Lande sehr gestärkt.

Hinter Mulbekh, das als große Oase in einer schwarzschillernden, in den Höhen schneebedeckten Bergwelt liegt, umfängt uns wieder vegetationsloses Gebiet — eine wahre Mondlandschaft. Unter einem Felsüberhang liegt ein einsames Kloster. Dann steigt die Straße steil an zum höchsten Paß, den wir zu überqueren haben: dem Fatu-La mit einer Höhe von über 4100 Metern. Neben der indischen Höhenmarke, die 13 479 Fuß vermerkt, steht ein halbverfallener Chorten als Hinweis auf Buddhas Nirvana und als Schutz vor bösen Geistern.

Jenseits des Passes erglänzen die Berge in einem vielfältigen Farbenspiel von Violett, Smaragd und Okker. Die Paßstraße ist von weiteren Chorten gesäumt, die auf die Nähe eines heiligen Platzes, des berühmten Klosters von Lamayuru, hinweisen, welches unterhalb der Straße auf einem niedrigen Felsplateau das fruchtbare Tal beherrscht, in dem gleichfalls ein Chortenweg durch saftige grüne Gerstenfelder führt.

Wir befinden uns jetzt auf 3350 Meter Höhe. Von hier aus fällt die Straße in kühnen Kehren 500 Meter ab — bis in das fast 3000 Meter hoch gelegene Indus-Tal. Die Fahrt öffnet den Blick auf bizarre Gebirgsformationen und in tiefe Schluchten. Wieder fehlt im Farbspiel der Felsen das natürliche Grün der Pflanzen. Yaks, die, von Nomaden geleitet, des Weges ziehen, suchen am Boden vergeblich nach einem Grashalm. Wir durchfahren eine Steinwüste. Die Straße führt jetzt hoch über dem unter uns dahinschäumenden Khalsi-Fluß entlang, fällt schließlich steil ab zu einer winzigen Oase, die immer wieder wie ein leuchtender Punkt zwischen den endlosen Felsformationen auftaucht, bis wir sie am Ufer des Khalsi-Flusses erreichen, um sie gleich wieder hinter uns zu lassen. Entlang des Flusses stehen Pappeln, der einzige Baum, der in Höhen über 3000 Meter gedeiht.

Danach umgibt uns eine wilde Erosionslandschaft. Selbst die Pappel, die eben noch den Fluß grün überragte, findet hier kein Erdreich mehr, um Wurzeln zu schlagen. Riesige Steinbrocken liegen als erratische Blöcke am linken Ufer des Khalsi — einige davon ragen in gespenstischen Formen, an Tiere oder Dämonen erinnernd, aus dem von weißen Wellenkämmen gekrönten, wild dahinschäumenden Wasser. Die Farben der Geröllfelder variieren in der Nachmittagssonne in unterschiedlichen Tönen von Grün, Grau, Violett und Rot. Auf der anderen Seite des Flusses erheben sich Felsformationen, die an die bizarren Sandsteingebilde der Sächsischen Schweiz erinnern. Kurz vor Khalsi, das früher Residenz eines Raja war, fließt der Khalsi-Fluß in den Indus, den wir in Khalsi zum erstenmal überqueren.

Schon die alten Chroniken erwähnen die Indus-Brücke von Khalsi. Früher führte die Brücke direkt in die Flußbefestigung des herrschenden Raja, der von den Karawanen Wegezoll erhob. Die Wichtigkeit des Platzes seit ältester Zeit lassen zahlreiche Felsinschriften erkennen, deren älteste in die Ashokazeit zurückweist. Uralte Chorten in der Nähe von Khalsi tragen Weihinschriften aus der indischen Guptaperiode.

In einer gefährlichen Kurve hinter Khalsi hat man einen Steinhaufen errichtet und mit Wimpeln beflaggt. Er soll die Fahrer beschützen und die bösen Geister abhalten. Auch hier mischen sich buddhistische Vorstellungen mit den Elementen des Geisterglaubens, der in Ladakh so mächtig ist. Überall begegnen wir seinen Spuren.

Weiter fahren wir durch die vegetationslose Urweltlandschaft. Wenn man sich vorstellt, was Menschen bewegt, die tage- und wochenlang durch diese Steinwüsten ziehen, aber auch in ihrem Dorf und seiner Umgebung nur spärliche Ansätze von Pflanzenwuchs kennen, die zudem auf drei kurze Sommermonate beschränkt sind, dann wird einem klar, daß diese Menschen ein anderes Verhältnis zu ihrer Umwelt und damit auch zum Leben haben müssen als wir. Selbst die Pappeln, die den Indus säumen, sind Anpflanzungen jüngster Zeit. A. Hermann Francke, ein deutscher Missionar, der Anfang unseres Jahrhunderts in Ladakh gewirkt hat, beschreibt die Landschaft als völlig baumleer: »Das Trostloseste, was ich je gesehen habe.«

In der Nähe des berühmten Klosters Alchi, zu dem eine Brücke über den Indus führt, machen wir noch einmal halt in einem der größeren Dörfer, das sich entlang der Straße dahinzieht. Es ist Saspola. Die Häuser kleben am Hang. Sie bestehen aus Stall und Wohnung. Abseits der Straße, talbeherrschend, liegen einige Wohnburgen mit großen Terrassen. Es sind die typischen Anwesen reicher Grundbesitzer, die sich schon durch die Lage der Häuser — über dem Dorf — von denen der Tagelöhner unterscheiden.

Hinter dem Dorf liegt ein alter Höhlentempel, in dem sich dank des trockenen Klimas Wandmalereien erhalten haben, die von der Auffindung und dem Leben früherer Äbte des nahe in den Bergen gelegenen Rizong-Klosters erzählen. Hier begegne ich zum erstenmal Zeugnissen von den Inkarnationen hoher Lamas, den Rinpoches. Sie werden als kleine Kinder mit Hilfe von Orakeln und Prüfungen aufgefunden, sorgfältig erzogen und steigen dann schnell in die höchsten Ränge der lamaistischen Ordnung auf, werden Äbte großer Klöster oder Vorsteher ganzer Klosterverbände. Die höchste Inkarnation des Lamaismus, der Dalai Lama, war in Tibet bis zur Besetzung des Landes durch die Chinesen weltliches und geistliches Oberhaupt zugleich. So sind die uralten Fresken von Saspola nicht nur Dokumente der frühen Geschichte Ladakhs, sondern zugleich auch Hinweis auf die noch immer lebendige Tradition. Denn Inkarnationen werden heute mit dem gleichen Eifer gesucht und gefunden wie vor 1000 Jahren.

Hinter Saspola entfernt sich die Straße vom Indus und führt über eine weite Hochfläche, die sich goldbraun in der Nachmittagssonne erstreckt. Schneeberge säumen das Hochplateau, das einen ersten Eindruck von den riesigen Hochebenen Tibets vermittelt. Hinter den näheren Bergen erscheint jetzt in der Ferne ein silberglänzendes Band am Horizont. Es sind jene Sieben-

und Achttausender des Karakorum und des westlichen Himalaya, die Baltistan und Ladakh von China und Tibet trennen.

Am Ende der Hochfläche liegen auf steiler Bergkuppe der Palast und das Kloster Basgo. Die gleichnamige winzige Stadt zu ihren Füßen war im 16. und 17. Jahrhundert Hauptstadt von Ladakh. Damals entstand auch der Seljang-Palast, von dem nur Ruinen übriggeblieben sind. Um 1680 wurde Basgo drei Jahre lang von einer tibetischmongolischen Armee bedroht. Der damals herrschende König bDelegs-rnam-rgyal wandte sich an den in Kaschmir residierenden Mogulfürsten um Hilfe. In der Schlacht von Basgo im Jahre 1683 wurden die tibetisch-mongolischen Invasoren besiegt. Doch von nun an interessierten sich die Herren von Kaschmir für das entlegene Hochland. So wurde West-Tibet, das zu jener Zeit noch bis zum Kailas reichte, zum Zankapfel zwischen Lhasa und Kaschmir. In zahlreichen unglücklichen Kriegen und Scharmützeln des 17. und 18. Jahrhunderts verlor es nicht nur große Landflächen, sondern auch viel von seiner einstigen politischen Macht. 1834 überfielen die indischen Dogras das politisch geschwächte Ladakh und eroberten es in einem siebenjährigen blutigen Krieg. Als der Dograherrscher bald darauf Maharaja von Kaschmir wurde, fiel das von ihm eroberte Gebiet ebenfalls an Kaschmir. Dabei ist es bis heute geblieben. Auch die Briten sahen keinen Grund, etwas an dem Zustand zu ändern, obwohl ihnen klar sein mußte, daß sich die Ladakhi unter der Herrschaft kaschmirischer Moslems nicht glücklich fühlen konnten.

Nachdem wir die Berge von Basgo hinter uns gelassen haben, dehnt sich vor uns glatt wie ein Brett eine gewaltige Hochfläche, die unsere Straße als schmales Asphaltband durchzieht. Fast 20 Kilometer führt der Weg nun genau nach Osten. Bei dem kleinen Dorf Nimu mündet der Zanskar, der aus dem Süden kommt, in den Indus. Kurz vor Leh steigt die Straße auf 3540 Meter. Immer wieder säumen Chorten den Weg. Denn links und rechts der Straße führen schmale Bergpfade aus dem nun wieder enger gewordenen Indus-Tal zu bedeutenden Klöstern, die sich vor Jahrhunderten in der Nähe der Hauptstadt angesiedelt haben. Unmittelbar vor Leh liegt auf steilem Felsen Spithug, das Hauptkloster der Gelbmützen — der Gelugpasekte des Lamaismus, die im 14. Jahrhundert von dem Reformator Tsongkhapa gegründet worden ist. In dem festungsartigen alten Gemäuer residiert die Inkarnation des Bakula, des Hauptabtes aller Gelbmützenklöster Ladakhs. Neben den Gelbmützen, denen der Bakula vorsteht, finden wir in Ladakh auch die dem ursprünglichen Lamaismus anhängenden Rotmützen, deren Hauptkloster Lamayuru ist.

Der Bakula hält sich meist nicht in seiner Residenz Spithug auf. Man trifft ihn häufiger im von Gärten umgebenen Sangkhar-Kloster vor den Toren von Leh.

Sangkhar Gompa wurde, wie mir mein Begleiter erklärt, bereits in der ersten Hälfte des 15. Jahrhunderts gegründet. Doch die jetzigen Gebäude sind späteren Datums. Trotzdem spürt man überall in der Umgebung des Klosters den Geist der Vergangenheit.

Nicht weit entfernt von diesem zweiten Sitz des Bakula liegt die kleine Siedlung Changspa. Hier wohnte einst einer der wichtigsten Minister der Könige von Ladakh. Über Generationen versahen Söhne der Familie das hohe Amt. In einem Gartenhaus des Anwesens waren noch zu Beginn unseres Jahrhunderts Fresken zu sehen, die Kriegsszenen aus dem berühmten Nationalepos der Tibeter, der Gesar-Sage, darstellten. Diese Sage, deren Herkunft umstritten ist, weist mit ihren Anfängen in die vorbuddhistische Zeit Tibets zurück. Einige Versionen lassen die buddhistischen Missionare als Feinde des Volkes und der angestammten Götter erscheinen. Allerdings ist auch Gesar, der Held des Epos, selbst zunächst ein Feind der Tibeter, und es gibt bis heute keine Erklärung dafür, wie er zum Nationalhelden des tibetischen Volkes werden konnte.

Aus der Zeit der Entstehung des Epos im 7. bis 9. Jahrhundert stammt in Changspa ein großer alter Chorten, der einer Stufenpyramide ähnlich aufragt und von vielen kleinen Chorten umgeben ist. In jüngster Zeit hat er einen neuen Schirm erhalten, zu dem Schnüre mit Wimpeln hochgezogen sind, die den Platz vor bösen Geistern schützen sollen. So wie hier sind die gegensätzlichen Elemente ladakhischer Geschichte und Religion überall dicht benachbart, und oft ist es schwer, ihren Ursprüngen auf die Spur zu kommen. Zu eng sind Sage, Legende, Geister- und Götterglaube mit der Wirklichkeit verwoben, als daß es möglich wäre, ladakhische Geschichte einwandfrei darzustellen.

Selbst die berühmten ladakhischen Chroniken, die A. Hermann Francke zu Anfang unseres Jahrhunderts ins Englische übersetzt hat, mischen Sage und Realität auf unentwirrbare Weise. In diesen Chroniken wird das alte Leh als ein Nomadenlager bezeichnet. Darauf deutet auch sein ursprünglicher Name sLes hin. Damals, als hier im Schutze des steil ansteigenden Felsens, auf dem sich jetzt der Königspalast erhebt, Nomadenzelte standen, lag die Hauptstadt von Ladakh weiter im Osten, direkt am Nordufer des Indus. Diese alte Hauptstadt — heute nur noch ein Dorf — heißt Sheh und geht in dardische Zeit zurück. Wir kennen kein Gründungsdatum. Aber vieles weist darauf hin, daß Ladakh damals, ähnlich wie heute, nach Westen — nach Kaschmir und Dardistan — orientiert war. Leh dagegen unterhielt später engere Kontakte zu Lhasa. Es war — vor allem aus religiösen Gründen — mehr an Beziehungen zu Tibet interessiert.

Sheh blieb Hauptstadt bis Anfang des 15. Jahrhunderts. Heute noch erinnern die Ruinen der Festung, des Palastes und des königlichen Tempels an diese Zeit. Aus dem 10. Jahrhundert stammt eine große Felsskulptur des Maitreya, die offenbar als Schutzgottheit von Sheh in den Stein gehauen wurde und die Wechselfälle des politischen Geschehens überdauerte.

Leh, das acht Kilometer nördlich vom Indus liegt, wurde von König Khri-gtsug-Ide zur Hauptstadt des Landes gemacht. Er errichtete das berühmte Rote Kloster über der Stadt. Der neunstöckige Königspalast, zu dem ein steiler Weg hinaufführt, entstand erst 200 Jahre später unter König Seng-ge-rnam-rgyal, der Leh nicht nur zu einer machtvollen Metropole West-Tibets, sondern auch zu einem Zentrum des Lamaismus mit vielen bedeutenden Heiligtümern machte.

Je näher man dem aus der Ferne majestätisch wirkenden alten Gemäuer des Königspalastes kommt, um so deutlicher werden die Ausmaße seines Verfalls. Nur wenige Räume sind noch erhalten und spärlich eingerichtet. Erschüttert stehe ich vor dem berühmten holzgeschnitzten Löwentor, das auf der rechten Seite des Palastes den königlichen Eingang bildet. Von den herrlichen figürlichen Schnitzereien, die dem Tor den Namen geben, sind nur noch die verwitterten Fragmente zweier Löwenköpfe erhalten. Der mittlere Kopf ist wahrscheinlich bei einem Antiquitätenhändler gelandet. Säulen und Balken sind morsch, so daß nur schnellste Hilfe den völligen Verfall aufhalten könnte.

Doch mein Eindruck von Leh und von den Ladakhi läßt nicht erwarten, daß diese Hilfe von ihnen selbst kommt. Sie können dem Verfall mit großer Gelassenheit zusehen, ohne daß ihnen der Gedanke an Restaurierung käme. Man gewinnt den Eindruck, daß auch in Ladakh das Mittelalter zu Ende geht. Und keine Hand rührt sich, dies aufzuhalten. Man läßt die Altertümer verfallen, weil die Idee der musealen Erhaltung diesen Menschen fremd ist.

Volksleben in Ladakh

Leh liegt 3600 Meter hoch und ist mit 8500 Einwohnern nach allen Seiten auf Hunderte von Kilometern die einzige Stadt. Früher war sie als Schnittpunkt der Karawanenstraßen von Ost nach West und von Nord nach Süd das Zentrum des westlichen Himalaya. Als Hauptstadt von Ladakh spielt Leh auch heute noch für den nordwestindischen Himalaya-Raum eine bedeutende Rolle. Aber wirtschaftlich wurde es in den letzten Jahrzehnten ins Abseits gedrängt.

Die kommunistische Machtergreifung in China und die chinesische Besetzung Tibets mit der bald darauf folgenden gewaltsamen Abtrennung des nordöstlichen Ladakh von Indien hat die Grenzen von Norden nach Osten fast undurchlässig gemacht, so daß der uralte Karawanenverkehr zwischen Südwest-China, Tibet und Indien völlig zum Erliegen kam. Auch die Wege ins pakistanische Baltistan sind geschlossen.

Leh ist heute nur noch ein Zentrum am Rande. Wenn auch die Autostraße von Srinagar für mehr Verkehr sorgt und die Aufhebung der Einreisesperre für Fremde einen von Jahr zu Jahr wachsenden Touristenstrom gebracht hat, so kann das doch nicht darüber hinwegtäuschen, daß die natürlichen Verbindungen zwischen den Hochländern Zentralasiens unterbrochen sind. Die ohnehin nur schwer überwindbaren Eisbarrieren des Karakorum und des Himalaya sind trotz der Liberalisierung in China seit Maos Tod noch immer eine der undurchlässigsten Grenzen des kommunistischen Herrschaftsbereichs. Was das für die Bewohner dieses Gebietes bedeutet, kann nur ermessen, wer das Nomadenleben kennt und weiß, daß Bewegungsfreiheit für diese Menschen die erste Forderung ist.

In Leh treffen sich nicht nur die Karawanenwege, die Kaschgar und Yarkand in Sinkiang — dem östlichen Turkestan — mit Kaschmir und Indien verbanden. Leh liegt auch an der heiligen Pilgerstraße der Hindu und Buddhisten zum heiligen Berg Kailas und weiter nach Lhasa, zur Hauptstadt Tibets, dem einstigen Zentrum des Lamaismus. Das alles muß man berücksichtigen, wenn man erkennen will, welche Änderungen sich trotz einer scheinbar unveränderten Lebensform der Menschen in dieser Region vollzogen haben. Leh war nicht nur Umschlagplatz für zahlreiche Güter, der mit seinem Warenangebot weit ins Land ausstrahlte, sondern auch Überwinterungsort der oft jahrelang reisenden Karawanen aus Süd-China und der Mongolei.

Die Lust am winterlichen Gesellschaftsleben, die für

den Ladakhi ganz charakteristisch ist, mag aus dieser alljährlich wiederkehrenden Internationale menschlicher Begegnungen hervorgegangen sein. Noch heute sieht man in Leh neben den tibetisch geschnittenen Ladakhi-Gesichtern uigurische, ost-tibetische, mongolische, chinesische und baltistanische Typen, die an das Völker- und Sprachengewirr erinnern, das hier auf dem Basar früher geherrscht hat.

Auch in unseren Tagen kann man in Leh Salz- oder Wollkarawanen begegnen, die nach Kaschmir oder in die Täler von Spiti und Lahul ziehen. Sie sind die Reste des einst so regen Handelsverkehrs. Das Basarangebot der winzigen Hauptstadt besteht, neben billigen Importen aus Indien, fast nur aus einheimischen Waren. So haben sich die wollenen, selbstgewebten Gewänder der Ladakhi seit Jahrhunderten nicht verändert. Und auch die hohen, zylinderförmigen Hüte, die im Winter durch Pelzmützen mit Ohrenklappen ersetzt werden, gehören zum traditionellen Bestand ladakhischer Kleidung.

Das Hauptstück ladakhischer Frauenmode — der Perag — ist ohnehin auf keinem Markt zu erwerben. Er wächst mit der neugeborenen Tochter, abhängig vom Einkommen oder Vermögen der Familie, zu jenem beachtlichen, farbenprächtigen Schmuckstück, das fast jede Ladakhi-Frau voller Stolz als Ausweis ihrer gesellschaftlichen Stellung auf dem Rücken trägt. Der Perag besteht aus einem bis 20 Zentimeter breiten und oft 75 Zentimeter langen Stoff- oder Lederstreifen, der dicht mit Türkisen und goldenen oder silbernen Amulettkästchen besetzt ist. Die Größe des Perags und die Qualität der Türkise, die oft Eigröße haben können, entscheiden über das Ansehen der ladakhischen Frau und ihrer Familie in der Öffentlichkeit. Ja, sie sind mitentscheidend für ihre gesellschaftliche Zuordnung. Wenn auch in Ladakh das indische Kastensystem unbekannt ist, so konnte ich doch immer wieder feststellen, daß eine strenge, wirtschaftlich begründete Gesellschaftsordnung existiert, der sich bis heute keiner entziehen kann.

Neben der Kleidung besteht das Hauptangebot des Basars von Leh in Obst und frischem Gemüse, das die Bauersfrauen der Umgebung morgens in großen Kiepen zur Stadt schleppen. Die Frauen von Leh benutzen den täglichen Einkaufsbummel auf dem Basar gern zu ausführlichen Plaudereien, wobei ihr helles Lachen deutlich macht, wie hoch Freude und Humor bei diesen kaum mit zivilisatorischen Glücksgütern gesegneten Menschen im Kurs stehen.

In die meisten Ladakhi-Häuser hat die Technik noch keinen Eingang gefunden. Hier brennen die Öllampen wie vor tausend Jahren. Und auf den Terrassen haben die Bewohner seit Generationen Yakschädel und Yakhörner aufgetürmt, die immer wieder neu mit Blut übergossen werden: das von den bösen Geistern geforderte Opfer, damit Haus und Bewohner vor Unglück bewahrt bleiben. In die Schädelaltäre hat man Wimpel mit lamaistischen Schutzsymbolen gesteckt, um die Wirkung des uralten Zaubers mit den Kräften der neueren, nun auch schon seit 1500 Jahren im Lande verbreiteten Religion zu stärken. So wie sie ihre Häuser dem Schutz der Geister und der Bodhisattvas anvertrauen, so suchen sie auch sich selbst mit den heiligen Utensilien beider Religionen zu schützen.

Frauen und Kinder tragen die vom Zauberpriester geweihten Amulette gegen Krankheitsdämonen. Vater,

Großvater und Großmutter bewegen so oft sie nur können die Gebetsmühle mit dem endlosen Mantrastreifen des Om mani padme hum. Daß auch dabei nur in den seltensten Fällen an den hohen Anspruch der Überwindung alles Irdischen und an die Erwartung des Nirvana gedacht wird, ist mir in vielen Gesprächen klargeworden. So sagt mir ein junger Ladakhi, dessen Frau ich immerzu die Gebetsmühle drehen sehe, der Zauberpriester habe ihnen schon vor drei Jahren den ersehnten Nachwuchs in Aussicht gestellt — bisher ohne Erfolg. Nun hätten sie ein großes Opfer im Sangkhar-Kloster gebracht, dafür sei die Gebetsmühle geweiht worden. Das soll der Frau, die sie ständig bewegt, Fruchtbarkeit schenken. Daran glauben sie. Immer wieder stoße ich auf solche Beweise einer sehr diesseitigen Verwendung und Auslegung jenseitiger Bezüge. Nur darf man daraus nicht — wie es oft geschehen ist — auf eine Verflachung des Buddhismus schließen. Man muß vielmehr erkennen, daß hier in Ladakh, wie überhaupt in den Gebirgsregionen des Himalaya, Religion sehr viel stärker mit dem Alltag, mit den Schwierigkeiten des täglichen Lebens verbunden ist als mit den esoterischen Vorstellungen, denen allenfalls gelehrte Lamas folgen können.

Die Welt des Ladakhi birgt ungleich größere und vielfältigere Gefahren als die unsere. Zudem ist uns besonders im Bereich täglicher Gefährdung — etwa im Straßenverkehr — der Zusammenhang von Ursache und Wirkung so gut bekannt, daß wir uns einigermaßen schützen können. Dagegen kommen die meisten Gefahren für den Ladakhi aus — im wahrsten Sinne des Wortes — heiterem Himmel. An Berghängen, wo Steinschlag oder Schneelawinen drohen, gibt es keine Ampelregelung, die den Bergbauern, den Hirten, den Nomaden auf drohendes Unheil hinweist. Man fühlt sich hierzulande täglich, ja stündlich zahllosen Gefahren ausgesetzt. Mag einer die Natur auch noch so gut kennen, ihren bösen Zufällen entgeht er nicht. Kein Wunder, daß sich in einer solchen Welt der ständigen Unsicherheit — der Bedrohung von Leben und Habe — der Glaube an das Wirken von Geistern und der Versuch, mit diesen Geistern so gut wie möglich auszukommen, herausgebildet haben. Wahrsager, Orakel und Zauberpriester versehen die Funktion der Lebensüberwachung. Denn der Umgang mit Geistern erfordert ein ganzes Netz von Sachkundigen und Sprachgewaltigen, die mit jenen Wesen aus einer anderen Welt umzugehen wissen und die Kraft besitzen, ihren bösen Einflüssen erfolgreich zu begegnen.

Von welcher Seite auch immer man sich der Stadt Leh nähert — auf der Straße, auf einem Karawanenweg oder auf schmalem Feldpfad —, überall sieht man Chorten, heilige Steine, beflaggte Altäre. Fragt man einen Ladakhi, was das bedeutet, so wird er trotz der eindeutig buddhistischen Herkunft der meisten dieser Heiligtümer antworten, es handle sich um Schutzmaßnahmen gegen böse Geister. Selbst über die Berge und das den alten Königspalast überragende Kloster sind Schnüre mit Wimpeln gespannt, so wie wir Flitter in die Felder hängen, um die hungrigen Vögel abzuhalten.

Durch viele Gespräche, die ich in Leh und in den Klöstern seiner Umgebung mit Laien und Lamas geführt habe, wurde mir klar, daß Ladakh wie auch weite Teile Tibets von drei elementaren religiösen Bewegungen beherrscht werden, von denen jede zahlreiche

Sonderformen entwickelt hat. Obwohl es zwischen diesen drei Religionen im Laufe der Jahrhunderte immer wieder Kämpfe und Auseinandersetzungen gegeben hat, führten sie weder zur Ausrottung noch zum völligen Sieg einer dieser Religionen. Im Gegenteil! Was man heute in Ladakh an religiösem Leben und Brauchtum sehen kann, scheint eine Symbiose aus den drei Religionen — aus Volksglauben, Bon-po und Lamaismus — zu sein.

Geht man mit offenen Augen durch Leh, kann man noch immer Ausdrucksformen dieser drei eng miteinander verschmolzenen Glaubensweisen der Ladakhi erkennen. Dieser Feststellung würde allerdings wohl kaum ein Ladakhi zustimmen, weil ihm das Ineinander, die Verschmelzung von drei Religionen zu einer, nicht bewußt ist. Für ihn gehört die Region der Götter und Geister so unmittelbar zum Leben, daß er sie nicht als etwas Isoliertes, das man Buddhismus nennt, empfindet.

»Ich bin Buddhist«, sagt der Ladakhi nur dann, wenn er deutlich machen will, daß er kein Moslem ist. Obwohl es inzwischen in Ladakh viele Moslems gibt, will der traditionsbewußte Ladakhi auf keinen Fall mit ihnen verwechselt oder auf eine Stufe gestellt werden. Als ich mit Freunden aus Leh vor der Moschee stehe und der Muezzin seinen Abendruf ertönen läßt, schauen die Ladakhi zum Palast und den Klöstern hinauf, die über der Stadt liegen. »Da oben sind unsere Götter«, sagt einer, und es spielt für ihn dabei offenbar keine Rolle, daß die Klöster und Tempel um den alten Königspalast heute leer stehen und, wie der Palast selbst, allmählich verfallen.

Zuweilen habe ich bei Gesprächen aber auch das

Gefühl, als seien der alte Glaube, das alte Vertrauen in Skepsis umgeschlagen. Doch dann sehe ich die gleichen Menschen mit großer Hingabe Ziegenblut über die verwitterten Schädel und Hörner der Dachaltäre ausgießen, über denen die kleinen bunten, geisterbannenden Fähnchen wehen. Und da kann ich an ihrer Gläubigkeit, an ihrer Verwobenheit ins Reich ihrer Götter und Geister nicht mehr zweifeln.

Eine Begegnung mit dem Abt des Lamayuru-Klosters, der nach Leh gekommen ist, um andere Äbte zu treffen, bestätigt mir die tiefe Verwurzelung dieser Menschen in uralten, uns unbegreiflich erscheinenden Glaubensvorstellungen. Ich frage den Abt nach der Bedeutung der Tierschädel und Hörnerpyramiden auf den Terrassen der Häuser von Leh. Er sagt mir, daß es sich um Reste der alten Volksreligion handle, die der Lamaismus übernommen und, um das Vertrauen des Volkes zu gewinnen, akzeptiert habe.

»Doch«, und damit senkt er seine Stimme, »das ist nicht alles. Ladakh birgt, was kaum jemand weiß, ein Geheimnis, das die ursprüngliche Verbindung dieser Glaubensformen mit dem ältesten Buddhismus, ja mit der Zeit lange, lange vor dem Erdenwandel des Buddha Shakyamuni, unseres Herrn, beweist. Hier in Ladakh hat man den Schädel eines Ibex — eines jener berühmten Steinböcke unserer Region — gefunden, dessen rechtes Horn wie ein Ammonit gebogen ist. Der hochwürdige Lama bKrashis-bstan-'aphel, der 1890 gestorben ist, hat diesen Schädel eindeutig als den Kopf Buddhas aus einer seiner früheren Tierinkarnationen erkannt und bestätigt.«

Auf meine erstaunte Frage, ob man das als eine fromme Fabel oder als lamaistische Wahrheit zu verstehen habe, antwortet der Abt: »Da ist kein Zweifel. Es ist die Wahrheit.«

An diese Worte muß ich denken, als ich an einem der nächsten Tage im Kloster Alchi Frauen das traditionelle Reisopfer darbringen sehe. Auch in solchen Opferhandlungen zeigt sich deutlich die Verbindung von Buddhismus und altem Geisterglauben, die bis in die Vorstellungen von den früheren Existenzen Buddhas hineinwirkt. So macht jedes Ereignis, jedes Gespräch neugierig auf das, was sich hinter den sichtbaren Erscheinungsformen des armen, so wenig attraktiv erscheinenden Lebens dieser Menschen verbirgt.

Ich schaue mich um in dem kleinen Dorf, das Alchi heißt, und dessen Kloster — damals, 1975, noch nahezu unbekannt — seit wenigen Jahren Weltberühmtheit erlangt hat durch seine bedeutenden Wandmalereien. Im Dorf spürt man nichts von dieser alten Kultur. Es wirkt wenig einladend. Die fast fensterlosen Häuser machen einen abweisenden Eindruck. In einer Tür auf halber Höhe, zu der nur eine schmale Leiter hinaufführt, hockt eine alte Frau. Sie lacht mit zahnlosem Mund. Kinder spielen auf dem Platz vor dem Haus mit plumpen Holzfiguren. Am Wege hat eine Bäuerin ihre schwere Last abgesetzt. Sie trägt als Schutz ein Ziegenfell auf dem Rücken, wie ich es auch bei den Frauen gesehen habe, die in Leh ihr Gemüse feilbieten.

Aus der Ferne klingt frohes Gelächter. In einem der großen, festungsähnlichen Häuser von Alchi hat sich auf hohem Balkon eine große Menschenmenge versammelt, die mir zuwinkt. Ich winke lachend zurück. Mein ladakhischer Begleiter ruft zu den Feiernden hinauf. Dann sagt er, wir seien eingeladen. Ein Kind ist zur Welt gekommen. Dem Erben eines reichen Grundbesitzers wurde der erste Sohn geboren. »Ich habe kein Gastgeschenk«, gebe ich zu bedenken. Doch mein Begleiter winkt ab. »Das macht nichts«, sagt er. »Es ist für sie eine große Ehre, wenn ein Fremder in der Stunde der Geburt seine Glückwünsche bringt.«

So steigen wir die steile Treppe zum Balkon hinauf, wo wir den Vater und die vielen Verwandten begrüßen und beglückwünschen. Mutter und Kind bekommen wir freilich nicht zu sehen. Der Blick eines Fremden könnte nämlich den Lebensweg des Neugeborenen beeinträchtigen, dessen Geburt seit mehreren Tagen mit viel Mühe und dem eifrigen Einsatz von fünf Lamas vor Gefahren und Bedrohungen bewahrt worden ist. Die Lamas sitzen jetzt in der Küche und befeuchten ihre ausgetrockneten Kehlen ausgiebig mit Tchang, dem aus Gerste und Hirse gebrauten Bier, das trotz des buddhistischen Alkoholverbots in ganz Tibet — so auch in Ladakh — von Laien und Mönchen gern und viel getrunken wird. Denn die kahlköpfigen Herren in den dunkelroten Mänteln haben fünf Tage kaum etwas anderes getan, als aus den dicken, zwischen herrlich geschnitzten Holzplatten liegenden Büchern zu lesen: »Om byis gdon abum! Hum! Schri!« Was sich anhört wie ein dunkles, ständig wiederholtes: »Aum dschis don bum hum schri.« Das ist ein Bannspruch gegen die gefürchteten 100 000 Kinderdämonen, die nach tibetischem Glauben die Häuser schwangerer Frauen umschwirren, um im Augenblick der Geburt Unheil auf den neuen Erdenbürger ausgießen zu können.

Nichts, so glaubt man, ist sicher vor dämonischer Bedrohung: weder das Neugeborene noch der Sterbende, weder das heranwachsende Vieh noch das Wasser, mit dem es getränkt wird, weder das Getreide auf den schmalen Feldern noch die Vorräte im Haus. Sie alle bedürfen der vorsorglichen Schutz- und Bannsprüche der Lamas oder auch des zaubermächtigen Einsatzes von Orakelpriestern.

Der Europäer, der solches Treiben beobachtet, mag darüber lächeln. Doch stehen nicht in unseren Zeitschriften und Zeitungen die Horoskope gleichfalls in hoher Lesergunst, so aufgeklärt wir uns auch fühlen mögen? Und suchen nicht auch wir das Geschlecht eines Kindes vorauszubestimmen oder, wenn möglich, zu beeinflussen, wie es der Zauberpriester in Ladakh mit mehr oder weniger großem Selbstvertrauen aus Vorzeichen und Sternenstand tut? Wir sehen, so weit sind unsere Glaubensvorstellungen gar nicht voneinander entfernt. Nur, daß sie für den Ladakhi Teil eines geschlossenen Lebensbildes sind, während wir zu diesen Dingen Zuflucht nehmen aus einer ganz andersgearteten, sie im Grunde verneinenden, ablehnenden Umwelt. Deshalb bin ich auch weit davon entfernt, das emsige Treiben in dem Ladakhi-Haus von Alchi zu belächeln. Ist es nicht ganz verständlich, daß Eltern, Großeltern und Verwandte alles tun, was ihrer Meinung nach für das Kind und seine Zukunft gut und glückverheißend ist?

So nehmen nun auch die Lamas, nachdem sie sich mit Tchang gestärkt haben, ihre Bücher wieder zur Hand und fahren mit leicht lallender Stimme fort, ihre monotonen Gesänge zu psalmodieren. Allerdings sind es nun keine Bannsprüche mehr. Die Kindheitsdämonen haben es nach Tagen vergeblicher Einbruchsversuche längst aufgegeben, dem wohlbehüteten und umsungenen Baby Schaden zuzufügen. Nun, da das Kind geboren ist, geht es darum, Glück auf seinen Lebensweg herabzubeschwören und es mit den ersten tausend »Om mani padme hum« dem Buddha im Lotos zu weihen.

Daß es ein Junge würde, hatte der horoskopkundige Sterndeuter genauso vorausgewußt wie der Wahrsager, der die Wolkenbilder über dem Elternhaus lange und ausgiebig beobachtet hat. Nun sitzen sie alle - Zauberer, Sterndeuter und Wahrsager — mit den Mönchen und der Familie zusammen und freuen sich, daß ihr gemeinsames Tun und Deuten Erfolg gehabt hat. Wieder kreisen die Schalen mit Tchang. Auch Buttertee wird reichlich getrunken. Endlich tragen die Mägde das Essen auf: Tsampa, das geröstete Gerstenmehl, dazu Hammelfleisch, Gemüse und Früchte.

Zum erstenmal bin ich Gast in einem Ladakher-Haus und erfahre, was ladakhische Gastfreundschaft ist. Ich werde eingeladen, über Nacht zu bleiben und den Vater des Neugeborenen am nächsten Tag zur Hochzeit seines Neffen nach Khalatse, einem »Nachbardorf«, das freilich Stunden entfernt liegt, zu begleiten.

Hochzeit in Khalatse

Am nächsten Morgen brechen wir früh auf. Der Weg nach Khalatse führt am Indus entlang westwärts. Unterhalb des alten Rizong-Klosters treffen wir Musikanten mit Trommeln und Blasinstrumenten, die gleichfalls zur Hochzeit unterwegs sind. Der junge Vater erzählt mir die lange Vorgeschichte dieser Hochzeit. Auch heute ist es in Ladakh noch üblich, den uralten Bräuchen zu folgen, die einer Hochzeit vorausgehen. Da tritt zunächst der Familienrat des Heiratskandidaten zusammen, der dann — ohne Beisein des Betroffenen — beschließt, welches unverheiratete Mädchen im weiten Umkreis als Braut in Betracht kommt. Bei diesen Familienversammlungen hat meist die Großmutter väterlicherseits das entscheidende Wort zu sprechen. Selbst Vater und Mutter des zu Verheiratenden haben da wenig zu sagen. Und schon manche heimliche Liebe zwischen Nachbarskindern mußte unter dem harten Urteil der Großmutter, die nur wirtschaftlich denkt, begraben werden.

Auch der junge Dadul Dordschi, der heute Dolma, die ihm bestimmte Braut, heimführen soll, mußte auf die Jugendfreundin aus Saspola verzichten, obwohl er ein moderner junger Mann zu sein glaubt und sogar ein Motorrad besitzt. Doch der Fortschritt geht in Ladakh nur bis an die Haustür. Die Schwelle hat er noch nicht überschritten. Am Herd herrscht und bestimmt nach wie vor die ältere Generation. Und wehe, wenn jemand von den Jungen beim Kochen nicht achtgibt und mit Butter, Fett oder Mehlbrei den Herd beschmutzt, dann müssen sie wie in Urväterzeiten den Zauberpriester holen, der den Herd umständlich säubert, damit die bösen Geister nicht Macht über Herd und Haus bekommen. Selbstverständlich ist der Geisterbeschwörer anständig zu entlohnen, so gering das eigene Einkommen auch sein mag.

»Sie werden sehen«, sagt mein Begleiter, »Dadul hat trotzdem Glück gehabt. Die Familie hat ihm ein schönes Täubchen ausgesucht. Und mit ihrem prächtigen Perag kann sie sich unter den reichsten Töchtern Ladakhs sehen lassen.« Mir war schon lange klar, daß mir der Zufall Zutritt zu einer Familie der Oberschicht des Landes verschafft hatte. Mein Begleiter bestätigt das, als er mir angesichts des Hochzeitshauses zuflüstert: »Das ist die reichste Familie in ganz Khalatse.«

Vor dem Haus hat sich eine große Menschenmenge versammelt. Man erwartet den Zug mit der Familie des Bräutigams, dem wir uns anschließen wollen. Doch da ist kein Anzeichen für freundlichen Empfang. Im Gegenteil! Das Tor ist geschlossen. An den Fenstern zeigt sich kein Gesicht. Auch die große Terrasse ist menschenleer. Durch die Dorfstraße kommt der Zug mit der Familie des Bräutigams. Voran schreiten die prächtig herausgeputzten Nyaopas, die fünf Brautführer, in buntes Tuch gekleidet, einen langen Schal, weiß oder rot, malerisch um die Schultern drapiert und auf dem Kopf den spitzen, kegelförmigen Hut der Nyaopas, der mit feinen, in der Sonne glitzernden Metallfäden überzogen ist. Ihr Anzug soll die Brautführer als Göttersöhne ausweisen.

Der Bräutigam tritt auf die vor dem Haus wartenden Gäste zu, empfängt von einem Lama den Segen und eine schöne rote Schleife und bleibt dann mit seinen Eltern und Verwandten in unserer Nähe stehen. Inzwischen haben sich die fünf Nyaopas vor dem verschlossenen Tor des Brauthauses aufgestellt und rufen den Leuten drinnen zu, sie seien gekommen, für Dadul Dordschi, den Freier, im Auftrag seines Vaters die Braut zu kaufen.

»Monatelang ist bei Buttertee und Tchang um den Kaufpreis zwischen beiden Familien gefeilscht worden«, flüstert mir lachend mein Begleiter zu. »Und bis zuletzt hat der reiche Brautvater immer wieder versucht, seine Forderung höherzuschrauben. Wir alle aus Daduls Familie haben zum Brautpreis beigesteuert, denn Dolma Lhawang, die Braut, bringt eines der größten Brautseile von ganz Ladakh mit in die Ehe.« Als ich ihn fragend anschaue, erzählt er mir, auf dem Brautseil würden bei den Preisverhandlungen alle Dinge zur Schau gestellt, die von der Braut mit in die Ehe gebracht werden.

Jetzt wird meine Aufmerksamkeit wieder auf das Tor gelenkt. Nachdem die Nyaopas ihre Forderung nach Übergabe der Braut lautstark und mit Nachdruck erhoben haben, erklingt jenseits des Tores ein vielstimmiger, nicht eben kunstvoller, aber doch sehr beeindruckender Gesang, den ich mit meinem kleinen Kassettenrekorder aufnehme. Mein Begleiter versucht, mir den Text ins Englische zu übersetzen, was nicht ganz leicht ist, da es sich um sehr alte, legendendurchwobene Verse von teils vieldeutigem Inhalt handelt. Doch wer beschreibt meine Freude, als ich nach meiner Rückkehr ins herbstliche Deutschland, den Zusammenhängen und Hintergründen meiner Ladakh-Erlebnisse nachspürend, auf den 1923 von dem deutschen Missionar A. Hermann Francke herausgegebenen Band *Tibetische Hochzeitslieder* stieß, dessen Originaltexte damals von Francke aus dem Ladakhischen ins Deutsche übertragen worden sind. Nicht nur, daß ich in Franckes ausführlichem Kommentar von 1923 den Hochzeitsverlauf, wie ich ihn 1975 erlebt habe, wiedergegeben fand. Auch die Texte stimmten mit den deutschen Übersetzungen Franckes, die Anna Paalzow im ursprünglichen Versmaß nachgedichtet hat, weitgehend überein.

Ich möchte deshalb den weiteren Verlauf des Hochzeitsfestes mit den Texten der Wechselgesänge, wie sie Anna Paalzow übertragen hat, hier folgen lassen. Denn erst auf diese Weise wird einem die Verwurzelung der

Hochzeitsbräuche im alten Geister- und Dämonenglauben des Landes deutlich.

Die Nyaopas geben sich in ihrer Antwort als Göttersöhne aus, die aus dem Reich der Gletscher und der heiligen Schneeberge herabgestiegen sind. Die Leute hinter den verschlossenen Türen des Hauses der Braut bezweifeln das, da das Reich der Götter nach ladakhischem Glauben von vier mächtigen Wächtern bewacht wird, so daß niemand daraus entweichen kann. Zu den Wächtern, deren Macht noch heute in Ladakh viele Menschen fürchten, gehört die weiße Eislöwin oben am Gletscher. Sie hat eine türkisfarbene Mähne, ähnlich dem Perag der Ladakh-Mädchen. Am Gletscherbach wacht der Fisch Goldauge, auf dem Felsen rechts über dem Talweg sitzt die wilde Vogelkönigin, und im Sandelholzwald links davon lauert die riesige gestreifte Tigerin. Auf diese mächtigen Wächter, die Götter- und Menschenwelt trennen, beziehen sich die nun gesungenen Fragen aus dem Innern des Hauses:

Eisgott schloß die Täler zu,
wo die Gletscherlöwin haust.
Gäste sagt, wie kamt ihr durch?
Donnerkeilfels grenzt den Berg,
rechts wo Vogelherrin wacht.
Edle sagt, wie kamt ihr durch?
Links im Wald des Sandelholzes
liegt die wilde Tigerin.
Leute sagt, wie kamt ihr durch?
Drunten die drei Täler schließt
Flut, wo Fischlein Goldaug lauert.
Edle sagt, wie kamt ihr durch?
Helden aus dem Eisrevier,

was hat euch ins Dorf geführt,
in die Mitte dieses Dorfes?

Nach dieser Fragenfolge fordert das Volk drinnen und draußen von den Nyaopas lautstark eine Antwort. Die Brautführer zögern nicht, sie zu geben. Singend erwidern sie:

Trotz des Eisgotts Tälerwacht,
trotz der Löwin Gletscherleib
schwangen springend wir uns fort.
Stiegen über Blöcke Eis
und zerstampften Schollen Eis.
Keiner blieb, heil sind wir da.
Rechts beim Donnerkeilgebirge,
trotz der Vogelherrin Wacht,
flogen wir von Fels zu Fels,
überschritten Steingeröll
und erreichten festen Grund.
Keiner blieb, heil sind wir da.
Links durchs Land des Sandelholzes,
trotz der wilden Tigerin,
huschten wir von Baum zu Baum,
zogen dann durchs Unterholz
und zertraten viel Gesträuch.
Keiner blieb, heil sind wir da.
Drunten in der Täler drei
schwammen wir durch Ströme tief,
wo das Fischlein Goldaug lauert,
wateten durch Flußgestein
und durchquerten Bäche wild.
Keiner blieb, heil sind wir da.

Darauf singt die Menge:

Lob und Preis den tapfren Gästen.

Doch wer nun erwartet, das Tor müsse sich den Helden aus der Eisregion öffnen und die Braut ihnen gegen den ausgehandelten Preis übergeben werden, der irrt sich. Wie fast überall in Asien hat man auch hier Freude an einem langausgedehnten, im Inhalt wenig variierenden Wechselgesang mit immer wiederkehrenden Wendungen. Man spürt, die Leute haben Zeit. Sie wollen nichts übereilen und jede Minute des langen Festes mit all seinen vorgeschriebenen Riten voll auskosten. So beginnt das Fragen drinnen aufs neue:

Droben in des Eisgotts Bergen
hielt euch die Gletscherlöwin fest.
Gäste wert, wie kamt ihr durch?
Auf dem Donnerkeilfels rechts
traf euch der Vogelherrin Kralle.
Gäste wert, wie kamt ihr durch?
Links im dichten Sandelwald
packte euch die Tigertatze.
Gäste wert, wie kamt ihr durch?
In drei stromdurchflößnen Tälern
zog Fischlein Goldaug euch hinab.
Gäste wert, wie kamt ihr durch?

Darauf schallt es aus vielen Kehlen:

Nun Gäste sagt, wie das geschah.

Und die Nyaopas antworten:

> Dreifach in des Eisgotts Bergen
> hielt die Löwin uns umkrallt.
> Am Neunsonnenbrüdertag
> schmolz im Eis ein schmaler Spalt —
> helmbreit —, doch wir kamen durch.
> Rechts im Donnerkeilgebirge
> hielt die Vogelherrin uns gefangen,
> doch einmal gab sie nicht recht acht
> und ein Steinchen, fingergroß,
> löste sich — wir schlüpften durch.
> Links im Sandelholzgefälle
> griff uns das Tigerweibchen an.
> Doch ein Feuer fraß das Dickicht,
> schuf den Durchschlupf, nur türkisgroß,
> und wir kamen sicher durch.
> In den Flüssen tiefer Täler,
> sagt ihr, hielt der Fisch uns fest.
> Doch es kamen Winterwochen,
> astlochbreit versiegt ein Quell,
> und da schlüpften wir hindurch.

Nun tönt es von drinnen:

> Das Lied war gut.
> Wir glauben euch.

Aber noch immer bleibt das Tor geschlossen. Wenn man nun auch die Ankunft der fernen Gäste akzeptiert, so will man sie doch zunächst noch weiter prüfen. Und ein Rätselraten beginnt:

Wer mißt aus des Himmels Rund
und des Äthers Raum?
Sagt, wer maß von Ost nach West,
wer von Süd nach Nord
wohl die Spanne aus?
Wer ermaß die Tiefe wohl?
Und wer maß die Höhe?
Sagt, wer maß den Gletscherhang?
Wer den Schieferfels?
Wer ermaß das A und Om,
wer hat sie erdacht?
Wer maß wohl die Täler aus?
Wer nahm des Dorfes Maß?
Wer maß Haus und Wohnstatt denn
und mit welchem Maß?
In- und Außenwelt wer maß sie
und mit welchem Maß?

Die Nyaopas antworten:

Himmels Raum und Äthers Raum
messen Sonn' und Mond.
Sonne, Schirm des Götterthrons,
mißt Ost und West uns aus.
Und das Maß von Süd nach Nord
nimmt der helle Mond.
Regenfall und feuchter Tau
messen Höh' und Tief'.
Gletscherhang und Schieferfels
Gletscherlöwin maß.
Die zwei Silben Hum und Phad
maßen A und Om.
Hohes Tal und tiefes Tal

maß der kalte Wind.
Herrscher und Minister maßen
Land und Dörfer aus.
Haus und Wohnstatt maßen
unsre Ahnen.
Sieben Brüder maßen dann
In- und Außenwelt.

Darauf rufen die Verwandten der Braut aus dem Hof:

Gut geraten,
ihr mächtigen Freunde.

Dann singen sie drinnen das Lied von der Weidenrute. Es enthält die Androhung, man werde böse Gäste mit Rutenschlägen verscheuchen, wobei sich die Sänger auf ein Gebot des Götterkönigs Indra berufen, Haus und Herd vor schlimmen Gästen mit Schlägen zu bewahren. Darauf antworten die Nyaopas drohend:

Nicht mit Birk' und Berberitze
schlagt! Auch mit Wacholder nicht!
Schlagt ihr wohl mit diesen Hölzern
uns die Hüte ein,
büßt ihr's tausendfach.
Wird unser Leib verletzt,
büßt ihr's tausendfach.
Bricht das Ohrgehäng',
büßt ihr's tausendfach.
Reißt das Sattelzeug,
büßt ihr's tausendfach.

Unter solchen Drohungen und Gegendrohungen steigert sich die Stimmung drinnen und draußen immer mehr. Plötzlich geht das Hoftor einen Spalt weit auf, und Leute aus dem Hause dringen mit Weidenruten auf die Nyaopas ein. Doch noch bevor sie Schläge austeilen können, werden sie von den Nyaopas streng zurückgewiesen, weil die Ruten aus dem falschen Holz bestehen. Sie dürften, rufen die Nyaopas, wenn überhaupt, dann nur mit Zweigen vom Weltenbaum geschlagen werden, da sie doch Göttersöhne seien. Nun macht das Gefolge der Braut mit den verschiedensten Hölzern — Kochlöffeln, Suppenkellen, Besenstielen und hölzernen Schürhaken — ständig neue Ausfälle. Die Stimmung wird immer ausgelassener, und die Nyaopas rufen:

Feuerhakens schwarze Nase,
Suppen-, Bratenlöffel? Nein!
Schlagt ihr uns mit diesen Hölzern
unsre Götterhüte ein,
büßt ihr's tausendfach.
Wird unser Leib verletzt,
büßt ihr's tausendfach.
Bricht das Ohrgehäng',
büßt ihr's tausendfach.
Reißt das Sattelzeug,
büßt ihr's tausendfach.

Obwohl die Stimmen der Nyaopas im allgemeinen Tumult kaum noch zu hören sind, kosten sie doch die Wiederholungen bis zum letzten Satz aus. Auf diese Weise werden insgesamt neunzehn Wechselgesänge ausgetauscht. Dann endlich öffnet sich das Tor des Lhawang-Hauses für die Familie des Bräutigams und die zahlreichen Hochzeitsgäste. Doch das Necken ist noch nicht zu Ende. Am Eingang des Wohnhauses erwarten die Brautjungfern und Freundinnen der Braut die dem Gästezug voranschreitenden Nyaopas. Die Mädchen, die nun eine aus ihrem Kreis verlieren sollen, spielen die Wütenden und schlagen noch einmal mit Weidenruten auf die Nyaopas ein, beschimpfen sie als Brauträuber. Doch der Zorn verfliegt, als der Anführer der Nyaopas ein paar Rupien spendet. Nun endlich darf der Bräutigam mit seiner Familie das Haus der Braut betreten.

An der Tür zum großen Wohnraum im ersten Stock stellen sich ihnen noch einmal drei Personen in den Weg: der Koch, seine Gehilfin und die Bierbrauerin, die eine große, bis zum Rand gefüllte, schön verzierte Bierkanne aus Kupfer in den Händen hält. Auch hier sind noch einmal ein paar Rupien fällig. Doch das sind nur Vorspiele für das große Geschäft des Brautkaufs. Ein Onkel des Bräutigams, der mit Dadul Dordschi und seinen Eltern in das Brauthaus eingetreten ist, legt auf einen alten Kupferteller eine Handvoll Gerstenkörner und gruppiert darum den vereinbarten Brautpreis, der hier in Ladakh als Preis der Muttermilch bezeichnet wird.

Bedienstete, die im Hintergrund gewartet haben, schleppen nun eine Fülle von Geschenken herbei — mehrere Ballen feines Tuch, Säcke mit Getreide, sogar einen Waschzuber und ein Gerät zur Bereitung von Buttertee sowie einige feinziselierte silberne Schalen. Nachdem der Brautpreis und die Geschenke für alle sichtbar ausgebreitet worden sind, begrüßen der Bräutigam, seine Eltern und seine nächsten Verwandten die Eltern der Braut. Die Braut selbst bleibt noch unsichtbar. Sie ist, wie ich erst später erfahre, zu diesem Zeitpunkt nicht einmal im Hause.

Während sich alle Gäste niederlassen und die erste Schale Buttertee schlürfen, bleiben die Plätze der Nyaopas noch leer. Sie sind auf die Dachterrasse hinaufgestiegen, wo seit dem frühen Morgen fünf Lamas die bösen Dämonen zu bannen bemüht sind und Glück auf die neue Ehe herabflehen. Zahlreiche Opfer werden den Göttern und Dämonen dargebracht. Die Lamas sind so in ihre heilige Handlung vertieft, daß sie die wartenden Nyaopas gar nicht wahrzunehmen scheinen. Diese müssen, bevor sie sich selbst den Festfreuden hingeben dürfen, den Lamas die gebührenden Grußtücher — jedem dreizehn — überreichen. Hinzu kommt auch hier eine Geldspende für jeden der Segen erbittenden Lamas.

Nachdem sich endlich alle Gäste in der Wohnhalle versammelt haben, gibt es noch einmal ein lustiges Frage- und Antwortspiel zwischen den Verwandten der Braut und den Nyaopas. Erst als diese mit den Worten: »Nun setzt euch und trinkt ein Schälchen Tchang« zum Sitzen aufgefordert werden, ist ihre offizielle Mission beendet, können auch sie sich dem Essen und Trinken hingeben.

Inzwischen sind viele Stunden in heiterer Kurzweil vergangen. Draußen spielt unentwegt die Musik. Die jungen Gäste schwingen das Tanzbein, und die Alten halten sich an Tchang, Buttertee und die Genüsse der Küche. Nur die Hauptperson, die Braut, hat noch keiner gesehen. Sie ist den ganzen Tag bei alten Freunden im Dorf unterwegs, um sich zu verabschieden. Überall wird sie gefeiert und bewirtet. Erst am Nachmittag kehrt sie, von den Gästen ungesehen, in Begleitung einiger Freundinnen ins Elternhaus zurück.

Jetzt beginnt für sie und die Brautjungfern der wichtigste Teil des Festes. Die Zöpfe der Braut werden von den Mädchen geöffnet, so daß ihr Haar bis zu den Hüften hinabwallt. Das Haar wird gewaschen, mit Butter eingerieben, daß es tiefschwarz glänzt, und dann neu geflochten. Danach wird der wundervolle, mit goldenen und silbernen Amulettkästchen sowie mit mehreren Reihen großer Türkise besetzte Perag an den Zöpfen befestigt. Silberne Ohrreifen und eine dicke, mit Korallen verzierte Halskette vervollständigen den Brautschmuck. In die Zöpfe wird statt der bisher an Festtagen üblichen grauen Wolle – dem Zeichen der Jungfrau – schwarze Wolle als Symbol der verheirateten Frau eingeflochten. Nach dieser von viel Geschwätz und Gelächter begleiteten Prozedur fallen die Zöpfe dick und schwer bis zu den Waden, wo sie mit farbigen Troddeln zusammengebunden werden. Die Braut trägt ein herrliches königsblaues Gewand, dessen Stoff allerdings, wie man mir verrät, nicht auf dem heimischen Webstuhl hergestellt worden ist, sondern von einem Kaufmann aus Srinagar stammt. Es ist ein europäisches Fabrikat. An den Füßen trägt die Braut feinbestickte indische Schnabelschuhe.

Inzwischen hat sich der Gäste, insbesondere der Bräutigamsfamilie, eine gewisse Unruhe bemächtigt; denn die Sonne steht schon tief, und noch immer ist von der Braut nichts zu sehen. Aus den verschlossenen Räumen, in denen nun auch die Brautmutter verschwunden ist, hört man das Schwatzen, Lachen und Kichern der Mädchen, die dem traditionellen Ritus der Brauteinkleidung mit Eifer und Ausdauer nachgehen.

Mehrmals haben die Nyaopas schon an die verschlossene Tür geklopft. Aber immer wieder erscheint nur ein hochroter Mädchenkopf. Unter Lachen versichert die Botin, die Braut sei noch nicht fertig; es fehlten noch Schmuckstücke. Endlich heißt es gar, sie sei davongelaufen und nicht mehr aufzufinden. Da entschließen sich die Nyaopas zu einem Bestechungsversuch und stecken dem Mädchen, das sie hinzuhalten versucht, ein paar Rupien zu. Doch auch das hilft nichts. Das endlose Verzögern der Brauteinkleidung ist Tradition. Es gehört zu diesem Tag wie Buttertee und Tchang.

Schließlich bestürmen die Nyaopas unter Hinweis auf die späte Nachmittagsstunde und den weiten Heimweg den Brautvater und bitten ihn, das doch längst bezahlte Täubchen nun endlich herauszugeben. Daraufhin verschwindet der alte Lhawang schmunzelnd hinter der Tür, die sofort wieder abgeriegelt wird. Nach einer Weile kommt er zurück, aber nicht etwa mit seiner Tochter, der Braut, sondern nur mit einem Korallenreif des Mädchens, den er dem Bräutigam als Trost, mit der Bitte, sich noch ein wenig zu gedulden, in die Hand drückt.

Dann plötzlich, als sich alle in Gleichmut wieder dem Tchang ergeben haben, öffnet sich die Tür, und die Braut tritt, gefolgt von den Brautjungfern, in den Raum. Rufe der Bewunderung begleiten ihren Eintritt. Die Nyaopas walten noch einmal ihres Amtes, das jetzt erst seinen vollen Sinn erhält. Ihr Anführer tritt auf die Braut zu, der nächste reicht ihm den großen mit Wunschbändern verzierten Brauthut aus Samt, den ihr der erste Nyaopa feierlich aufsetzt. Danach führt er das Mädchen zu seinem Bräutigam, der neben einem von den Lamas aufgelegten magischen Kreis aus Gerstenkörnern steht, in dem die Braut nun Platz nehmen muß. Vor ihr stehen eine Schale Buttertee und eine Schale Reis – das Abschiedsmahl im Elternhaus. Nachdem sie davon genommen hat, wird das Brautseil im Raum ausgespannt, und noch einmal klingen, angesichts der prächtigen Brautausstattung, die vom Brautvater stolz präsentiert wird, bewundernde Ausrufe von allen Seiten. »Über diese Hochzeit wird in Ladakh noch lange gesprochen werden«, flüstert mir mein Begleiter zu.

Nun treten die Lamas, die auf der Dachterrasse immer neue Riten zelebriert haben, in den Raum, nehmen dem jungen Paar gegenüber Aufstellung und vollziehen, indem sie Safranwasser über den Kopf der Braut sprengen, die Zeremonie der Dämonenbannung, die auch heute noch als der wichtigste Teil einer ladakhischen Hochzeit angesehen und nie unterlassen wird. »Denn«, wie mein Begleiter sagt, »selbst wer nicht mehr glaubt, läßt es geschehen, ›weil man ja doch nicht wissen kann‹.«

Nach der Dämonenbannung, an die sich der große Segen für die Ehe anschließt, walten noch einmal die Brautjungfern ihres Amtes. Sie führen die Braut zum Abschiednehmen vor ihre Eltern. In diesem Augenblick fließen nicht nur Tränen. Der Raum hallt wider vom lauten Heulen der Frauen. Auch dieses »Brautgeheul« gehört zur Hochzeitszeremonie. Je lauter es ausfällt, um so glücklicher wird die Ehe.

Nachdem die Braut von den Eltern Abschied genommen hat, treten ihre Verwandten auf sie zu und behängen sie mit Grußbändern. Alles drängt sich nun um das Brautpaar, und es setzt das nicht mehr streng ins Zeremoniell gehörende lautstarke Glückwünschen und

Verabschieden ein. Erneut kreisen die Kannen mit Buttertee und Tchang, und so mancher, dessen Pferd jetzt von den Bediensteten herangeführt wird, steht nicht mehr fest auf den Beinen.

Mit dem Ruf: »Yasa ho!« — »Es lebe die Liebe« — geben die Nyaopas endlich das Zeichen zum Aufbruch. Noch einmal tönt die Musik laut durch den Hof. Dann schließt sich das Tor hinter den letzten Gästen. Vier Nyaopas eröffnen den langen festlichen Zug. Hinter ihnen reitet ihr Anführer neben dem Bräutigam, dahinter, von einer Brautjungfer begleitet, auf einer trächtigen Stute die Braut. Das soll Eheglück und Kindersegen bringen.

Der Heimweg bietet viele Hindernisse. An Bächen und Felsen, an Bäumen und Steinaltären muß gehalten werden, um den Geistern und Dämonen Opfer zu bringen. Überall werden von den Lamas, die den Zug begleiten, Figuren aus Teig oder Butter niedergelegt, die das Heer der bösen Geister beruhigen sollen. Immer wieder werden von den Mönchen Zauberdolch und Glocke erhoben, um den Weg von unfreundlichen, unsichtbaren Begleitern zu säubern. Und das tiefe Tönen der lange nachschwingenden Ghantas klingt durch die mondhelle Nacht.

Endlich — es ist schon Mitternacht — erreicht der Hochzeitszug das Dordschi-Haus. Auch hier bedarf es noch langer Gebete, Beschwörungen und Zeremonien, bis nach der Berechnung der Lamas endlich alle Götter und Geister zufriedengestellt sind und eine kurze Atempause eintritt, die allerdings längst nicht von allen Hochzeitsgästen wahrgenommen wird. Viele haben sich vorgenommen durchzufeiern. Und schon bald ertönt wieder Musik. Dem Tchang wird von neuem zugesprochen — nun auf Kosten der Familie des Bräutigams. Drinnen im Haus sitzen Braut und Bräutigam allein vor einem großen Teller, der mit Fleisch, Gemüse und Reis gefüllt ist; sie nehmen, wie es der Brauch will, ihre erste gemeinsame Mahlzeit vom gleichen Teller ein. Dann erheben sich die beiden und gehen, unbemerkt von den draußen Lärmenden und Feiernden, in ihre Räume.

Auf dem mitternächtlichen Rückweg zum Haus meines Gastgebers erzählt er mir, welch schwieriger Orakelbefragungen und astrologischer Berechnungen es bedarf, um einen Tag wie den heutigen als den günstigsten Hochzeitstag zu bestimmen. »Daß gestern mein Sohn geboren wurde, bestätigt meinem Neffen noch nachträglich, daß er am richtigen Tag geheiratet hat«, sagt er mit unverkennbarem Schmunzeln, und es wird mir klar, daß er, obgleich er ein frommer Mann zu sein scheint, nicht viel von Zauberpriestern, Orakeln und astrologischen Berechnungen hält.

Es ist spät, als ich in dieser Nacht endlich einschlafe. Am nächsten Morgen fragt mich einer der noch immer im Hause des Neugeborenen anwesenden Lamas, ob ich ihn auf einer Runde durchs Dorf begleiten wolle. Gern stimme ich zu. Vor einem baufälligen Haus begrüßt er eine alte Frau, die dabei ist, zwei jungen Mädchen Kiepen mit Gemüse auf den Rücken zu heben. Ich bewundere ihre Kraft und ihre Gelenkigkeit.

»In diesem Alter sitzt man bei uns warm und untätig im Altersheim«, sage ich. »Ja«, antwortet der Lama, »und dabei hat Mutter Rigzin vierzehn Kinder zur Welt gebracht. Als sie siebzehn war, wurde sie von ihren Eltern mit drei Männern verheiratet, von denen der jüngste damals gerade fünf Jahre alt war. Es waren drei Brüder, deren Eltern nur wenig Land besaßen. Hätten sie es unter ihren Söhnen aufgeteilt, wäre es für jeden nur ein großer Garten gewesen. So aber blieb das Erbe beisammen.«

Ich frage Mutter Rigzin nach dem Ergehen ihrer drei Männer. Sie lacht, obwohl sich das, was sie berichtet, recht traurig anhört.

»Der älteste ist schon lange tot. Ein großer Felsbrocken hat ihn erschlagen, als er einer verirrten Ziege nachstieg. Die Alten im Tal sagten damals, eine Fee habe ihn geholt, die er einmal beim Baden in einem Gletschersee beobachtet habe. Ich weiß es nicht. Er hat mir nie davon erzählt. Sein zweiter Bruder starb vor einem Jahr. Die Last des ganzen Anwesens war zuviel für ihn. Auch mit den Kindern konnte er nicht recht umgehen. Er hatte viel Unglück in seinem Leben — vielleicht durch mich. Der Wahrsager meint, böse Geister hätten ihn zu Tode gehetzt. Tatsächlich kam er eines Abends mit wirrem Blick und zerzaustem Haar nach Hause. Ohne ein Wort zu sprechen, legte er sich hin. So lag er drei Tage und drei Nächte. Er starrte in die Luft, an mir und den Kindern vorbei. Sein Atem ging schwer, und am vierten Morgen setzte er ganz aus. Ein Lama, den wir holten, um ihm aus dem *Bardo Thödol* — dem Totenbuch — zu lesen, damit sein Geist den rechten Weg fände, sagte, er könne ihn nicht erreichen. Dann ging er wieder fort.«

Die Frau berichtet das, als ob sie von einem Fremden spräche. Und der Lama, der mir ihre Worte übersetzt, sagt, so seien sie hier alle: hart im Nehmen und hart gegen sich selbst.

Ich frage nach dem dritten Mann.

»Er ist nie mein Mann gewesen«, antwortet sie lachend, »mit zwölf ist er fortgezogen und nie wiedergekommen. Viele meinen, er sei ein Opfer der Unruhen in Tibet geworden. Ich aber glaube, er hat in Nepal oder Indien seinen Weg gemacht und denkt schon lange nicht mehr an uns — weil es ihm gutgeht.«

Mutter Rigzin spricht leise, im Tonfall der Rezitation, die ich aus den Klöstern kenne. Und ich bedaure, daß ich die genaue Bedeutung ihrer Worte nicht verstehen kann. Mir ist klar, daß sie der Lama ohne all die Bilder und Floskeln wiedergibt, die hierzulande beim Erzählen üblich sind.

Ich frage, ob auch heute noch Fälle von Polyandrie vorkommen.

»Obwohl sie gesetzlich verboten ist, wird sie, wie so vieles in Ladakh, was sich praktisch durch die Jahrhunderte bewährt hat, auch heute in entlegenen Gegenden weiterpraktiziert«, antwortet der Lama. »Nach wie vor erbt der älteste Sohn einer Familie den Grundbesitz. Da nicht mehr so viele Knaben wie früher ins Kloster gehen, bleibt ihnen, wenn sie nicht außer Landes gehen wollen, nichts anderes übrig, als im Haus des ältesten Bruders zu bleiben. Wie sich das Intimleben abspielt, wird Ihnen niemand erzählen. Aber ich glaube, daß es weitgehend bei der überkommenen Form geblieben ist, zumal ja auch heute selten alle Brüder gleichzeitig im Hause sind.«

»Gibt es noch Polygamie in Ladakh?« will ich wissen.

»Ja, ich denke schon! Doch selbst die wird anders praktiziert, als sich das der Europäer gemeinhin vorstellt. Natürlich hat es bei den Adelsfamilien hier genauso wie in Tibet Männer mit mehreren Frauen gegeben. Oft waren familienpolitische Gründe dafür ausschlaggebend. Denken Sie nur daran, daß Srong

Tsan Gampo, der tibetische König, der im 7. Jahrhundert den Buddhismus einführte, zwei Prinzessinnen — die eine aus China, die andere aus Nepal — zu Frauen hatte. Selbst der große Guru Padmasambhava war mit zwei Frauen, die als seine Schülerinnen gelten, verheiratet. So ist es dann durch die Jahrhunderte geblieben — bei Laien und Lamas. Diese Form der Polygamie spielt heute jedoch keine Rolle mehr. Wohl aber gibt es eine andere, die man auch in unseren Tagen noch findet. Hat eine Familie nur Töchter, so sucht man für die Älteste einen Magpa, das ist ein Mann, der ohne eigenen Erbanspruch im Haus der Frau lebt und arbeitet. Wenn sich für die übrigen Töchter kein Mann findet, bleiben sie ebenfalls im Elternhaus und sind gleichberechtigte Ehefrauen des Magpa, der die Last aller männlichen Pflichten trägt, ohne die geringsten Rechte zu haben. Sie sehen, daß nicht alles, was nach Wohlleben und Sittenlosigkeit aussieht, diese Bezeichnung verdient. Vielweiberei kann in Ladakh eine schwere Last sein — Vielmännerei übrigens auch. Aber die Ladakhi sind im allgemeinen stark genug, beides zu ertragen, wenn sie es gewiß auch nicht als die erstrebenswerteste Lebensform bezeichnen würden.«

Hemisfest

Zu den jährlich wiederkehrenden großen Ereignissen des Volkslebens im Himalaya gehören die Klosterfeste, an denen die Bevölkerung von nah und fern regen Anteil nimmt. Bei diesen sich über mehrere Tage erstreckenden Festen treten die Glaubenshüter und die Schutzgottheiten aus ihrer bildhaften Starre als Skulpturen oder Malereien heraus und werden in Tänzen der Lamas lebendig. Tausende von Menschen wohnen diesen Feiern bei, so daß die das Leben sonst hier beherrschende Einsamkeit für Tage aufgehoben scheint.

So geschieht es jedes Jahr einmal im Juni um Vollmond und Sonnenwende in Hemis, einem der berühmtesten Klöster Ladakhs, etwa 40 Kilometer südlich von Leh. Es wurde 1602 von König Sengge-rnam-rgyal als Nachfolgekloster der alten Gompa Meru gegründet, deren Ruinen 30 Kilometer weiter indusaufwärts liegen. Noch heute bezeichnet man Meru, wo in dem verfallenen Gemäuer Reste von Wandmalereien aus der Gesar-Sage zu sehen sind, als die »Mutter von Hemis«. Allerdings geht auch Hemis selbst auf eine uralte Einsiedelei zurück, von der ein besonders für tantrische Riten benutztes Heiligtum zeugt, das mehrere 100 Meter über dem Hauptkloster liegt.

Hemis verdankt seine Entstehung und seinen unübersehbaren Reichtum der Huld seines Gründerkönigs. Dieser König Seng-gernam-rgyal hatte nach der Zerstörung vieler Ladakh-Klöster bei einem islamischen Überfall im Jahre 1588 Mönche der berühmten bhutanischen Brug-pa-Sekte nach Ladakh gerufen. Hemis wurde ihr Hauptkloster. Wahrscheinlich gehen die jährlich zelebrierten Feste mit den überall in der lamaistischen Welt bekannten Tscham, den Mysterientänzen der Todes- und Schutzgottheiten, auf diese Zeit zurück. Denn es scheint, als sei das Hemiskloster mit seinem repräsentativen Hauptgebäude und den freskenbemalten Galerien, die einen großen Hof einschließen, eigens für den Zweck dieser Maskentänze gebaut.

Schon ein paar Tage vor dem großen Fest fahre ich von Leh südwärts den Indus hinauf durch eine Landschaft, die streckenweise der tibetischen Hochfläche mit ihren fernen schneebedeckten Rahmenbergen sehr ähnlich ist. Ich will mir Hemis vor dem großen Massenandrang in Ruhe anschauen.

An einer Felswand links der Straße sind überlebensgroße Reliefs der fünf Tathagatas in den Stein gehauen, der auf geheimnisvolle Weise durch einen geraden Spalt diagonal getrennt ist. Nach Süden hin zieht sich ein flacher, wohl aus Schmelzwasser bestehender See, aus dem junges Grün aufsprießt und der von einigen knorrigen Bäumen gesäumt ist. Dann wieder dehnt sich zu beiden Seiten der Straße die eintönige graubraune Indus-Wüste, über der in der Ferne Sandhosen aufsteigen.

Zwei Schulkinder, die einen täglichen Schulweg von insgesamt fünf Stunden zurückzulegen haben, begegnen mir in dieser Einsamkeit. An der Straße liegt ein tibetisches Flüchtlingslager mit Kloster und Klosterschule, wo sich der junge Lama-Nachwuchs im Lesen der heiligen Schriften übt, die von den älteren Lamas im daneben errichteten Tempel bei einer heiligen Handlung in eigenartig monotoner Weise rezitiert werden.

Chortenwege und heilige Mauern zeigen die Nähe bedeutender Klöster an. Da ist zunächst, auf steiler Felskuppe gelegen, Triktse — auch unter dem Namen Tikse bekannt —, das als eines der berühmtesten Gelbmützenklöster des Landes gilt. Über seinen Ursprung weiß man nichts. Wahrscheinlich ist es unter König Grags-bum-Ide in der ersten Hälfte des 15. Jahrhunderts gegründet worden. Der König war ein überzeugter Anhänger des Reformators Tsongkhapa, dessen Einfluß sich auch in Ladakh ausbreitete.

Triktse wirkt auf den Beschauer wie eine gewaltige Festung über dem Indus. Mag sein, daß es als eine feste Burg des reformierten Glaubens, als ein Hort der strengen Klausur errichtet worden ist. Tatsächlich scheint es ja auch dem Vernichtungswillen der mohammedanischen Eindringlinge im 16. Jahrhundert widerstanden zu haben. Vielleicht hat der strenge Stil von Triktse, der sich besonders in der heraldischen Art seiner Wandmalereien ausdrückt, auf die Fresken von Hemis eingewirkt, so etwa auf die großartige Darstellung von Buddhas Entsagung, die den Abschied des Prinzen Gautamo aus dem Kreis der weltlichen Freuden wiedergibt. Denn das ist ein beliebtes Thema der Gelbmützen. Es ist nicht weit von Triktse nach Hemis, ein Stück noch indusaufwärts, dann über den Fluß. Ein chortengesäumter steiniger Weg führt rechts der Straße in ein kleines Dorf, über dem sich, weltabgewandt und verhältnismäßig geschützt, die Hemis-Gompa erhebt.

Das zentrale Heiligtum des Klosters wird von einer überlebensgroßen Figur des sitzenden Buddha Shakyamuni beherrscht. Zu seinen Seiten hängen mehrere Thangkas. Links schließt sich die berühmte Bibliothek an, in der sich nicht nur komplette Ausgaben der wichtigsten Schriften und Kommentare des Lamaismus – *Kanjur* und *Tanjur* in 334 Bänden –, sondern auch jenes geheimnisvolle, in jüngerer Zeit oft zitierte Manuskript über einen angeblichen Ladakh-Aufenthalt Jesu Christi befinden. In einem Nebenraum drehen sich ächzend zwei riesige Gebetsmühlen. Unter verrußten Yidam-Darstellungen hocken ein paar Mönche, die mit dem Studium heiliger Schriften beschäftigt sind. Klosterschüler sind dabei, das Dach auszubessern. Doch das ist die einzige Aktivität, die auf das in wenigen Tagen bevorstehende Fest hinweist.

Auf der Rückfahrt von Hemis nach Leh in der Abenddämmerung wird mir die Einsamkeit und Abgeschiedenheit der Gegend noch bewußter. Nur in den wenigen Dörfern begegnen mir Menschen. Über weite Strecken aber verschmilzt die Straße mit der sich weit hinziehenden Wüste zu einer graubraun in den letzten Sonnenstrahlen flimmernden Fläche, über die der Wind den Sand dahinfegt, so daß sie wie in feine Nebel getaucht wirkt. Und wieder begreift man trotz des an die Zivilisation erinnernden Motorgeräusches die ganz andere Einstellung der Ladakhi zum Dasein. Ihr Leben, das empfindet man besonders in den kleinen Dörfern, ist von Eindrücken geprägt, die man wahrscheinlich nur durch die Belebung der grandiosen Einsamkeit ihrer Umwelt mit Göttern, Geistern und Dämonen bewältigen kann.

Als ich wenige Tage später wieder nach Hemis fahre, gleicht Leh einem Wespennest und die sonst so ausgestorbene Südstraße einem Ameisenzug. Tausende von Pilgern sind unterwegs, um am Hemisfest teilzunehmen. Plötzlich teilt sich die Menge. Die Menschen springen, durch ein geheimes Signal gesteuert, zur Seite. Auch mein Fahrer lenkt den Jeep zum Straßenrand. In der Ferne, von einer Staubwolke verhüllt, erscheint eine mit Fahnen und Wimpeln geschmückte Wagenkolonne, die langsam näher kommt. Im zweiten Jeep steht mit der gelassenen Geste des Hochgeborenen unter rotgoldenem Schirm ein zwölfjähriger Rinpoche – der neue Herr von Hemis. Sein Vorgänger war ein Opfer der Chinesen geworden.

Lange blieb Hemis dann herrenlos. Doch nun, nach

zwölf Jahren, ist der neue Rinpoche — eine Inkarnation des letzten Großlamas von Hemis — so weit, daß er nach Überzeugung seiner Lehrer das hohe, verantwortungsvolle Amt antreten kann. Als zweijähriges Kind ist er auf Grund von Orakelaussagen und unmißverständlichen Anzeichen von einer Lama-Delegation in den nordostindischen Bergen um Darjeeling — viele hundert Kilometer von Ladakh entfernt — als die Inkarnation seines verstorbenen Vorgängers erkannt und in den folgenden Jahren auf sein künftiges Amt vorbereitet worden. Mit der Geste der Segnung nimmt er die Huldigung des Volkes von Ladakh entgegen. Obwohl der junge Rinpoche zu den Rotmützen zählt, ist auch der Großlama der Gelbmützen — der Bakula — an seiner Seite.

Unter den Bäumen vor dem Eingang zum Hemiskloster hat man Hunderte von Zelten aufgeschlagen für die mehr als 3000 Pilger, die zum Tsetschu-Fest, wie das Fest von Hemis offiziell heißt, erwartet werden. Viele sind schon einen Tag vorher angekommen und kochen nun über kleinen Holzfeuern ihren Tee, von dem sie am Tag bis zu 30 Tassen trinken. Am Eingang eines großen bunten Zeltes haben lerneifrige Nachahmer moderner westlicher Werbemethoden ein Schild mit der verlockenden Aufschrift »Hotel Tibet« angebracht. Wer hier jedoch Betten vermutet, wird enttäuscht. Wie in den übrigen wenigen Unterkünften Ladakhs sind dicht nebeneinander liegende Strohsäcke das äußerste Maß des Komforts. Viele Pilger übernachten trotz der nächtlichen Kälte im Freien und erwärmen sich mit dem frisch zubereiteten Buttertee. Mehrmals am Tag umwandeln sie unter ständigem Drehen ihrer Gebetsmühlen den das Kloster umgebenden

Ling-Khor, eine Art Gartenweg, so wie man den heiligen Berg Kailas oder einen bedeutenden Chorten umwandelt.

Zahlreiche Pilger sind bereits vor Sonnenaufgang zum Eremitenfelsen — dem ältesten Teil von Hemis — hinaufgestiegen, um dort Opfergaben niederzulegen. Es heißt, daß hier in uralten Zeiten ein Einsiedler in der heute noch vorhandenen Höhle gehaust habe. Als sie bei einem Erdbeben einzustürzen drohte, stützte der fromme Eremit die Höhle mit seinem Rücken und verhinderte so den Einsturz seines Domizils. Mulden in der Höhlendecke sind für die Gläubigen der sichere Beweis für die Wahrheit dieser Legende.

Als die über zwei Meter langen silbernen Rangdungs — die berühmten großen, dumpfklingenden Trompeten Tibets — und die Muschelhörner vor der Hemis-Gompa erschallen, haben sich alle Pilger wieder im Tal versammelt. Dicht gedrängt stehen sie am Wege, um den neuen Rinpoche gebührend zu empfangen. Lamas mit den großen roten trapezförmigen Hüten der Brugpa-Kargyutpa-Sekte schreiten dem einziehenden Rinpoche voran und halten ihm den Weg frei, der mit Glückssymbolen — Fisch- und Muschelfiguren sowie künstlichen Lotosblüten — übersät ist. Nach der feierlichen Einführungszeremonie, die unter Ausschluß der Öffentlichkeit in der festlich geschmückten Versammlungshalle der Mönche stattfindet, wird die erste gemeinsame heilige Handlung, wie sie zum täglichen Klosterprogramm gehört, mit dem neuen Großlama zelebriert.

»Nun steht Hemis wieder unter sicherem göttlichen Schutz«, flüstert mir ein alter Lama zu, der von seinem Kloster im Norden über 100 Kilometer gegangen ist, um heute bei der Einführung des jungen Rinpoche dabeizusein. Ich erinnere mich, daß mein Fahrer den alten Lama in Leh vor Antritt unserer ersten Hemis-Fahrt gefragt hatte, ob er mitkommen wolle. Doch der Alte hatte lächelnd abgelehnt. Er wolle erst noch einmal in Triktse übernachten und werde dann schon sicher und auch rechtzeitig nach Hemis gelangen. Solcher Haltung bin ich in Ladakh oft begegnet. Man will unabhängig sein und hat wohl — vor allem in den entlegenen Dörfern — auch noch eine gewisse Scheu vor den ratternden Ungetümen, die ohne Zugtiere über die Straßen und Pisten fahren. Die meisten der nun im weiten Klosterhof von Hemis versammelten Ladakhi sind zu Fuß gekommen und haben alles, was sie für den mehrtägigen Aufenthalt benötigen, auf ihren Rükken mitgeschleppt. Doch in ihren Gesichtern lese ich nicht das geringste Anzeichen von Anstrengung. Sie sind glücklich, bei einem großen Ereignis dabeisein zu dürfen.

Langgezogene Hörnertöne verkünden jetzt, am Nachmittag, den Beginn des Tscham, der Maskentänze. Der Rinpoche hat unter einem Baldachin auf Brokatkissen Platz genommen und gibt das Zeichen für den Anfang. Zuerst erscheinen zwei Lamas mit Weihrauchkesseln. Danach treten die Tänzer mit ihren riesigen, aus Holz oder Pappmache angefertigten Masken auf. Es scheint, als seien die Dharmapalas und die Yi dams aus den Thangkas, Mandalas und Wandmalereien herabgestiegen und führten nun zu Lust und Schrecken der Zuschauer ihre Leben und Tod beherrschenden Pantomimen vor.

In Wirklichkeit sind die Tänze der nach außen gekehrte, zur Volksbelehrung, aber auch zur Volksbelustigung gewordene Teil eines Mysteriums, dessen tiefere Bedeutung in den Klausuren und Meditationen eingeweihter Lamas seinen Ausdruck findet. Was wir sehen, ist nur die Oberfläche der geheimen Riten, die in den Räumen des Klosters ohne Zeugen vor sich gehen.

»Und treiben mit Entsetzen Scherz«, ist man versucht, den Dichter zu zitieren, wenn die als Totengerippe verkleideten, mit Totenkopfmasken ausgestatteten Dämonen der Friedhöfe und Schädelstätten ins kreischende Publikum springen, um so in drastischer Weise auf das jedem bevorstehende Ende – den eigenen Tod – hinzuweisen. Diese Tänze haben ihren Ursprung in den Texten des *Tibetischen Totenbuches*, die selbst vielen Lamas nur schwer verständlich sind. Hier in Hemis treten die Geister, Dämonen und Schutzgottheiten, die im *Totenbuch* eine wichtige Rolle spielen, sichtbar hervor und vergegenwärtigen jedem Zuschauer die schrecklichen Bedrohungen wie die ungeahnten Hoffnungen, die in den »49 Tagen des Bardo« auf den Verstorbenen zukommen.

»Die 49 Tage des Bardo« stellen, wie im *Tibetischen Totenbuch* beschrieben, ein Zwischenreich dar, in das der Verstorbene eintritt, ohne sich seines Todes schon bewußt zu sein. Mit Hilfe der an seinem Totenbett versammelten Lamas, die der Leiche gute Ratschläge für ihre Wanderung zwischen Sterben und Wiedergeburt geben, soll sich der Tote auf diesem schwierigen Weg zurechtfinden. Die hier aufgeführten Tänze sind dafür eine erste Orientierungshilfe, die den noch Lebenden geboten wird. Doch nicht nur die Geister der Toten und ihre göttlichen Bedroher werden dargestellt. Auch gute Gottheiten, die das Leben der Menschen täglich begleiten, tauchen auf und sorgen mit Späßen für Entspannung in der Menge, die von den Todesbildern gebannt ist.

Das Fest erreicht seinen Höhepunkt mit dem Auftreten des von einer blauen, mit Totenschädeln gekrönten Stiermaske beherrschten g'Shin-rje, der kein anderer als der alte indische Totengott Yama ist. Er hat hier in den Mysterienspielen der Lamas eine vielfältige Bedeutung, als Urmensch, Urkönig, erster Sterblicher, Totenherrscher und Todesüberwinder. Diese letzte Rolle Yamas hat dazu geführt, daß manche Tibet-Kenner, so auch Filchner und Harrer, den Blaumaskierten irrtümlich als Yamantaka bezeichneten, jene schreckliche Manifestation des Bodhisattva Manjushri, der in dieser stierköpfigen Form als Herr des Todes gilt und einst den hinduistischen Totengott Yama besiegt und sich selbst als Herrscher über Leben und Tod an seine Stelle gesetzt hat.

Yama hält bei seinem Tanz wie Manjushri ein Schwert in der Hand. In der Mitte des Klosterhofes hat man eine blaubemalte Steinplatte niedergelegt und mit roten Kreidestrichen umkränzt. Auf der Platte liegt das Linka — der Name weist auf das Lingamsymbol des Shiva zurück —, eine Tonfigur, die von einem roten Tuch bedeckt ist. Yama umtanzt diese Lehmfigur in magischen Kreisen, die er in rasendem Wirbel enger und enger zieht. Die Musik wird immer wilder, bis sie plötzlich abbricht.

Eine unheimliche Stille liegt über dem Klosterhof. Yama erhebt sein Schwert, eine Sekunde des Zögerns, dann schlägt er zu und zerstört die Tonfigur. Nach diesem Akt der Zerstörung, den man wie die Tötung von etwas Lebendigem empfindet, ist es, als weiche ein ungeheurer Druck von der versammelten Menge. Das Böse ist ausgelöscht. Mit der Vernichtung des tönernen Symbols sind die Menschen entsühnt, alle bösen Taten des letzten Jahres sind ihnen vergeben. Die von den Lamas benutzte Fluchformel, die sich auf die Tonfigur bezieht, macht deutlich, daß es sich hier nicht um die Tötung eines Individuums handelt, sondern vielmehr um die Zerstörung des bösen Prinzips.

Die Lamas singen während des Zerstörungsaktes in monotonem Rezitativ: »Diesen Feind, der die drei Kostbarkeiten angreift, seinen Lama beschimpft, die Lehre haßt, den Lebewesen Leid zufügt und seine Gelübde gegen die Götter bricht, töte ihn, vernichte ihn! Trenne ihn von seiner Schutzgottheit, die mit ihm zur Welt kam; vereinige ihn mit seinem Dämon, der gleichzeitig geboren wurde. Trenne ihn von seinem Vater, von seiner Mutter und von seinen Verwandten, trenne ihn von seinen Freunden und von seinem Glück. Öffne seinen Leib und lasse alles Böse auf ihn kommen: Krankheiten, Verwundungen und alle Waffen des Feindes.«

Mit diesem Fluch steigern die Lamas die Wut des entfesselten Yama, der nun nicht mehr anders kann, als jenes Symbol des Bösen unter den Menschen stellvertretend für alle bösen Menschen zu vernichten. Die hinter den Gesängen und dem Zerstörungsakt des Yama stehende Absicht mag am ehesten der Katharsis in der antiken Tragödie vergleichbar sein, wo es auch um das Bewußtmachen des Bösen und um Reinigung des Menschen geht.

Am nächsten Tag des Festes wird der Sieg der Religionsschützer über die Feinde des buddhistischen Glaubens, über Schamanismus und Geisterkulte, gefeiert. Alle bösen Geister und Dämonen, die leibhaftig als

Masken anwesend sind, werden in ihrer menschenfeindlichen Funktion vernichtet, das aber heißt zum Lamaismus bekehrt. Hier wird deutlich, wie klug der Lamaismus mit dem alten Geister- und Dämonenglauben umgeht. Er läßt ihn bestehen, vernichtet aber zugleich alljährlich seine Repräsentanten durch Bekehrung und dokumentiert damit seine eigene Überlegenheit, die als Überlegenheit der Lamas über das Volk wie auch der Orakelpriester über das mächtige Geisterreich allen Ladakhi vertraut ist.

DER TOD IM KREISLAUF DER WIEDERGEBURTEN

Die vielfältige Verwurzelung des Lebens der Himalaya-Bewohner zwischen Ladakh und Bhutan in Geisterglauben und überkommenem religiösem Brauchtum zeigt sich nicht nur im Alltag und im Trubel der Feste, wie wir ihn in Hemis erlebt haben, sondern vor allem auch am Ende des Daseins – in der Stunde des Todes und in den Tagen und Wochen danach. Es gibt kaum eine Religion, die dem Tod – seiner Vorbereitung, seinem Eintritt und seinen Folgen mehr Bedeutung beimißt und größeren Raum in ihrer Vorstellungswelt gibt als der Lamaismus. Das hat mehrere Gründe.

Vor allem ist es der Glaube an die alsbaldige Wiedergeburt des Menschen, der dem Tod und den Tagen danach einen ganz anderen Sinn verleiht als das Christentum. Nach buddhistischer Auffassung ist nämlich der Bardo-Zustand des Verstorbenen, der 49 Tage währt, neben dem zu Lebzeiten gesammelten Karma des Toten mitentscheidend für den Rang seiner Reinkarnation. Obwohl nach buddhistischer Auffassung das die

Wiedergeburt bestimmende Karma im Verlauf des ganzen Lebens gesammelt wird, sind im Lamaismus die 49 Tage des Bardo — des geheimnisvollen Zustandes zwischen Tod und Wiedergeborenwerden — die wichtigste Zeit. Denn in diesen Tagen wird der seines Abgeschiedenseins noch nicht bewußte Leichnam von all jenen Göttern, Geistern und Dämonen heimgesucht, die im nördlichen Buddhismus des Mahayana als Ausdrucksformen des menschlichen Bewußtseins, vor allem aber auch des Unbewußten, angesehen werden. In der Todesstunde und in den Tagen danach gewinnen sie für das nächste Leben des Verstorbenen entscheidende Bedeutung. Wie er die Visionen aufnimmt und mit ihnen fertig wird, bestimmt seine Zukunft.

Das Wissen darum hat sowohl die frühen Bon-Priester als auch die Lamas nach Mitteln suchen lassen, dem Toten den Umgang mit der Welt der Götter und Geister zu erleichtern und ihm einen Wegweiser ins Nirvana oder doch zur besten aller für ihn möglichen Wiedergeburten zu bieten. So entstanden schon in frühester Zeit aus animistischen, schamanistischen, miträischen und buddhistischen Einflüssen Texte, die dem Verstorbenen von Priestern zu Gehör gebracht, das heißt im Haus des Toten gelesen wurden. Im Zentrum dieser Texte steht für den Lamaismus noch heute der auch ins Deutsche übersetzte *Bardo Thödol* — ein Buch »zur Befreiung durch Hören auf der Stufe nach dem Tode«.

Da man in der lamaistischen Welt davon überzeugt ist, daß der Verstorbene sich seines Todes zunächst noch nicht bewußt ist, soll ihm die Lesung dieses Textes zur Orientierung in dem ungewohnten Zwischenreich zwischen Tod und Wiedergeburt helfen. Erst allmählich erkennt der Tote seine neue Situation, wenn er feststellt, daß er sich nicht mehr im Spiegel sieht und daß er keinen Schatten mehr wirft. Doch gerade unter dem erschütternden Eindruck dieser Feststellung, die ihm seinen Tod zu Bewußtsein bringt, sollen ihm die wegweisenden Worte des *Bardo Thödol* hilfreich sein.

Für den aufgeklärten Europäer mag dieses Totenritual nicht mehr als der Ausdruck eines naiven Aberglaubens sein. Sieht man es aber im Zusammenhang mit der Gesamtheit der religiösen Symbolik des Lamaismus, so wird einem deutlich, daß auch der Bardo genannte Zwischenzustand des Verstorbenen nichts anderes als ein organischer Bestandteil der das Lebensganze umfassenden und deutenden Vorstellungswelt von Menschen ist, die in unserer westlichen Gesellschaft der disparaten Erscheinungen und Lebensziele nicht existieren könnten.

Im Raum des heute noch lebendigen Lamaismus — in Tibet, Ladakh, Nepal, Sikkim und Bhutan — besteht nichts ohne geistigen, das aber heißt religiösen Zusammenhang. Es gibt keinen Raum für Zufälle. Alles ist miteinander verbunden, alles hat seinen geistigen Grund und sein Ziel in dem Einen, der ohne Anfang und Ende ist, in dem Adibuddha Samantabhadra, der dem Meditierenden in makelloser Reinheit, tiefblau, gewandlos und ohne alle Attribute erscheint: eine Geistgeburt der Lamas, die nur in der Vorstellung der Menschen lebt, wenngleich wir ihren Abbildern auf Thangkas und Mandalas begegnen. Zusammen mit den fünf Tathagatas und dem mystischen Buddha Vajrasattva ergibt sich für diese Geistbuddhas, diese körperlosen Symbole höchster Erkenntnis und tiefster

Einsicht in die Geheimnisse des Daseins, die Zahl Sieben.

Dieser Siebenzahl entsprechen im frühen Hinduismus sieben Welten, in der indischen Astronomie eine Planetenkette von sieben Globen. Es gibt sieben Entwicklungsstufen des Lebens und sieben Grade von Maya, jener Illusion, als die der gläubige Inder unsere sichtbare Welt in all ihren Erscheinungsformen ansieht. 49, die Symbolzahl des Bardo, ist die Quadratzahl aus sieben. Sie schließt den Kreis der Existenzen und öffnet ihn neu für den, der das Geheimnis der Sieben — das Geheimnis des Adibuddha und seiner Emanationen — noch nicht erfaßt hat.

Es ist nicht leicht, im Himalaya etwas über die heute noch geübten Toten- und Bestattungsbräuche zu erfahren. Außerdem sind sie, zumindest in den äußeren Formen, von Landschaft zu Landschaft verschieden. Dabei gilt sowohl im Buddhismus als auch im Hinduismus die Verbrennung des Leichnams als die angemessenste Form der Beseitigung des Erdenrests eines Menschen.

Dort, wo die Voraussetzungen für die Verbrennung fehlen, wie in den extremen Höhen der Himalaya-Region, in denen es kein Brennholz gibt, werden nach wie vor Himmelsbestattungen durchgeführt. Einer der bekanntesten Plätze für diese Art der Beseitigung von Leichnamen, wie sie übrigens auch in den »Türmen des Schweigens« von den persischen Parsen praktiziert wird, befindet sich auf einem Felsplateau hinter dem Sera-Kloster in der Nähe der tibetischen Hauptstadt Lhasa.

Leichenträger — ein verachteter Beruf im Himalaya wie übrigens auch in Indien — bringen den in Embryoform zusammengebundenen Leichnam auf das Felsplateau und zerhacken ihn in kleine Teile. Über dem Felsen kreisen bereits Adler und Geier, denen das Tun da unten wohl vertraut ist. Kaum haben die Bestatter den grausigen Akt der Leichenzerstückelung beendet, stürzen sich die Vögel herab und fressen die ausgesetzten Leichenteile bis auf die letzten Reste auf. Übrig bleiben nur Knochen, die in der Sonne verbleichen. Dem Vorwurf der Pietätlosigkeit, der von Europäern gegen diese »Himmelsbestattungen« immer wieder erhoben worden ist, begegneten die Lamas mit dem Hinweis auf die völlige Bedeutungslosigkeit eines leblosen menschlichen Körpers, der nach buddhistischer Auffassung ohnehin nicht mehr als eine Hülle dessen war, was nun, nach dem Tode, längst wieder unterwegs ist zu seiner nächsten Wiedergeburt. Das Karma ist entscheidend, jenes Bündel aus Taten, Wünschen, Gedanken und Träumen, als das man sich das fast »Unsterbliche« des Menschen vorstellt, das nur im Nirvana – dem Zustand ohne Wiedergeburt – Erlösung finden kann.

Der Leichnam aber, so argumentieren die Lamas, wird mit der Aussetzung als Fraß für Raubvögel in einer Region des Nahrungsmangels für Mensch und Tier einem nützlichen, dem Kreislauf aller Dinge dienenden Zweck zugeführt. Wir mögen solches Denken unbegreiflich finden. Aber es entspricht den harten Notwendigkeiten einer Welt, die von der unseren so grundverschieden ist und in der unsere Maßstäbe von Menschlichkeit und Pietät kaum anwendbar sind.

Auch die Feuerbestattung, wie sie in weiten Gebieten des Himalaya, dort, wo Brennholz in ausreichendem Maße zur Verfügung steht, geübt wird, hat für uns viel Befremdliches. Einmal habe ich eine Verbrennung in Ladakh miterlebt. Es war auf der Rückfahrt von Leh nach Srinagar. In einem kleinen Dorf in der Nähe von Mulbekh begegnet mir ein seltsamer Zug, der von Frauen wie von einem Fliegenschwarm umkreist wird. Vier Männer tragen, von einer größeren Schar von Menschen gefolgt, eine Sänfte. Ein Toter wird zum Verbrennungsplatz gebracht. Die Frauen – es sind Verwandte des Verstorbenen – umwandeln die Sänfte wie einen Tempel oder Chorten und erweisen damit dem Toten nicht nur die letzte Ehre, sondern helfen ihm zugleich, das Bedrängtwerden durch die schrecklichen Manifestationen der Götterwelt leichter und besser zu überstehen. Der Sänfte folgen Klostermusikanten, die ihre großen Hörner blasen, und Lamas im festlichen Ornat mit der fünffachen Krone, auf deren fünfeckigen Pappblättern Bilder der fünf Tathagatas aufgemalt sind. In den Händen halten sie Vajra und Phurbu, den Geisterdolch, mit dem sie die bösen Geister, die den Leichenzug nach angestammtem Glauben gierig umschwirren, von dem Toten abzuhalten versuchen.

Vor den Häusern stehen die Nachbarn des Toten mit Kannen und Schüsseln, sie bringen dem Leichnam Tchang und Mehl als Wegzehrung für seine Reise ins neue Leben. Viele schließen sich mit einem Bündel Holz, einem Ast oder etwas Gestrüpp und einem brennenden Räucherstab dem Leichenzug an. Vor dem Toten tragen zwei Männer einen langen weißen Schleier, der dem Verstorbenen den »hellen Weg« ins Paradies des Buddha Amitabha verdeutlichen soll.

Auch hier wird, wie in allen Lebensbereichen, die Vielschichtigkeit ladakhischer Glaubensvorstellungen sichtbar. So groß die Angst vor einer niedrigen Wiedergeburt, vielleicht sogar im Tierreich sein mag, so mächtig ist andererseits der Glaube, daß Zauberformeln und Mönchslitaneien den Weg ins Paradies zu ebnen vermögen, obwohl gerade diese in der Todesstunde eine so bedeutende Rolle spielende Paradiesesvorstellung in den Lehren des Buddha überhaupt nicht enthalten ist.

Auf dem Verbrennungsplatz außerhalb des Dorfes legen die Dorfleute ihren Beitrag zum Verbrennungsmaterial nieder. Jedes Stück Holz ist in dieser Bergregion eine Kostbarkeit, und nur reiche Leute leisten sich heute noch eine Einäscherung. Die meisten Leichen in Ladakh werden beerdigt, obwohl nach ladakhischem Glauben eine Verbrennung die beste Art der Beseitigung toter Körper ist. Besteht oder bestand doch zumindest hierzulande der Glaube, daß ein Toter wieder lebendig werden und sich heimlich davonschleichen könne. Mag sein, daß Fälle von Scheintod diese Vorstellungen geweckt und unter dem wundergläubigen Volk am Leben erhalten haben.

Noch heute zeugen die extrem niedrigen Türen der buddhistischen Haustempel in Ladakh von diesem Glauben. Denn der Tote wird die ersten Tage während der Lesung des *Totenbuches* im Haustempel niedergesetzt. Da man meint, ein Toter könne sich auch nach der Wiederbelebung, die übrigens nichts mit der Wiedergeburt zu tun hat, nicht bücken, sollen die niedrigen Türen ein Schutz vor dem Entweichen lebender Leichname sein. An vielen Plätzen Ladakhs werden die Leichen deshalb auch auf den Sänften, mit denen sie zur Beisetzung getragen werden, festgebunden. Und früher trug in einigen entlegenen Gegenden jeder ein Seil um den Hals, damit man ihn im Falle eines plötzlichen Todes festbinden konnte.

Am Verbrennungsplatz, zu dem ich dem Leichenzug gefolgt bin, sind die Hörner verstummt, und die Lamas haben mit der Rezitation des *p'yag-tchen gsol adebs* — der Anrufung Avalokiteshvaras, des Bodhisattvas der Hilfe und des Mitleidens — begonnen. Dieser Text hat für den westlichen Betrachter fast christliche Züge. Erscheint doch Avalokiteshvara wie ein buddhistischer Christus, der von den Lamas angefleht wird, bei Yama, dem Todesgott und Höllenfürsten, Fürsprache einzulegen, damit er dem Verstorbenen den Weg in das Paradies des Amitabha freigibt. Nach dieser Litanei umwandeln die Verwandten mit ihren brennenden Räucherstäben dreimal den Toten und werfen sich dreimal nieder, wobei sie mit der Stirn die Erde berühren. Danach verteilen die Angehörigen des Verstorbenen kleine Münzen unter den Anwesenden, die nun ins Dorf zurückgehen und die Totenspende in Tchang umsetzen, das auf dem Dorfplatz dem Toten und seiner Familie zu Ehren getrunken wird.

Draußen auf dem Verbrennungsplatz haben die Lamas inzwischen die Leiche mit Fackeln in Brand gesetzt, wobei weitere Sprüche gemurmelt werden, die das Feuer reinigen sollen, das nun den toten Körper verzehrt. Still schauen die Lamas in die Flammen, während die in Tücher gehüllte Leiche allmählich in sich zusammenfällt. Alles Dramatische, wie es etwa den großen Verbrennungen auf Bali eigen ist, fehlt hier.

Wenn das Feuer verglommen ist, sammeln die Lamas die Knochenreste, die man als me-tog — Blumen — bezeichnet, in einen bereitgehaltenen Sack, den ein Gehilfe zurück zum Haus des Toten trägt. Unter Musik schreiten ihm die Lamas in feierlichem Zug voran.

Im Haus des Verstorbenen empfangen die Lamas und

auch der Gehilfe Speisen und Krüge mit Tchang. Außerdem erhalten sie Geld und einen Teil vom Besitz des Toten. Der Umfang dieser Spende ist ausschlaggebend für die weiteren Lesungen aus dem *Totenbuch*, die bei großzügiger Behandlung der Lamas bis zu insgesamt 49 Tagen ausgedehnt werden können. Der Teil der Totenzeremonie, den ich erlebt habe, ist, wie alles, was in Ladakh an Bräuchen und Kulthandlungen zelebriert wird, nur ein kleiner, nach außen sichtbar werdender Ausschnitt dessen, was der Totenkult an Zeremonien und Ritualen vorschreibt. So wie der Reisende in arktischen Gewässern nur die Spitze eines Eisberges zu Gesicht bekommt und das Gebilde trotzdem als Eisberg bezeichnet, so neigt auch der Reisende im Himalaya dazu, Dinge, die er sieht und in ihrer Fremdartigkeit bestaunt, für das Ganze zu nehmen. Das Ganze aber ist selbst den eingeweihten Lamas nicht immer verständlich. Müssen wir doch davon ausgehen, daß die sichtbaren Handlungen der übertragene Ausdruck geistiger und psychischer Erkenntnisse sind, die heute nur noch von ganz wenigen Wissenden bewahrt werden. So ist vieles, was jetzt noch in Ladakh geschieht, die alteingeübte Wiederholung überkommener Formen und Praktiken, für deren Sinn und Zusammenhang selbst denen, die sie vollziehen, oft die Einsicht fehlt.

Zentren der Macht und ihre Geschichte

Man muß sich im Himalaya immer der Tatsache bewußt bleiben, daß die meisten Vorgänge, die man erlebt, ihre Wurzeln in einer frühen, historisch nicht faßbaren Vergangenheit haben. Belegbare Geschichte beginnt in Tibet wie in Ladakh und in den angrenzenden Gebieten — Zanskar, Lahul, Spiti, Guge — erst mit dem Vordringen des Buddhismus in diese Bergwelt und die von ihr umschlossenen Hochplateaus. Was vorher war und auch vieles, was später außerhalb der Klöster geschah, blieb Sage und wundersame Legende, wobei oft Geister und Dämonen in den Erzählungen historischen Figuren gleichen, historische Figuren aber in der legendendurchwobenen Geschichtsschreibung auch zuweilen gespenstische, grauenerregende Gestalt annehmen können.

In historischer Zeit hat es im Himalaya an den wichtigen Plätzen oft zwei Zentren der Macht gegeben — ein weltliches und ein geistliches —, wobei der Buddhismus nicht immer die Religion der Herrschenden war. Nicht selten verbündeten sich, vor allem in früher Zeit, Könige und Lokalfürsten mit der angestammten religiösen Gegenpartei der Lamas, mit den Bon-po und Zauberpriestern, als den Repräsentanten eines konservativen Geistes, der in weiten Teilen des Himalaya-Gebiets bis heute lebendig geblieben ist.

Wenn trotzdem der Geist und die Macht des Buddhismus und damit der Lamas fast im ganzen Himalaya überlebten, hing das nicht so sehr mit den dortigen Verhältnissen selbst zusammen, als vielmehr mit der politischen Großkonstellation, die in jüngster Zeit durch das Vordringen der englischen Kolonialmacht im Süden und Westen, wie vorher schon durch den militanten Islam der Kaschmiri und schließlich durch die chinesische Machtergreifung in Tibet von außen geprägt wurde. Obgleich diese Einflüsse den Buddhismus bedrängten und teilweise sogar auf Zeit verdrängten, hat er sich von solchen Schlägen doch immer wieder — zuletzt in Tibet — verhältnismäßig schnell erholen können.

Die vielfältigen in den letzten Jahrhunderten unternommenen Versuche, ihn von islamischer und christlicher Seite her als Heidentum zu diffamieren und damit zu verdrängen, hatten das Gegenteil der erhofften Wirkung zur Folge. Immer fester schloß sich die Bevölkerung, die sich von Fremdeinflüssen bedroht fühlte, an die Klöster und damit an die Lamas an, die um so mehr an Einfluß gewannen, je stärker der Druck von außen wurde. Das bekamen auch Mao und seine Statthalter in Tibet zu spüren, als sie versuchten, das Volk von seiner religiösen Tradition zu lösen. Erst seit Wiedereröffnung der Klöster und Tempel im Jahre 1979 ist in Tibet eine gewisse Entspannung des von Aggression und spürbarer Feindschaft geprägten Verhältnisses der Tibeter zu den chinesischen Besatzungstruppen zu beobachten.

So stellt der Lamaismus heute nicht nur die Religion, sondern auch eine Art weltliches Ordnungsgefüge im Himalaya dar, nachdem die politische Macht nicht mehr in den Händen der Himalaya-Völker liegt, sieht man einmal von den letzten Beispielen überlebenden, angestammten Königtums in Nepal und Bhutan ab.

Den Jahrhunderten der Hochblüte buddhistischer Himalaya-Reiche zwischen Ladakh und Tibet folgten Jahrhunderte des politischen Machtverfalls, dessen letztes Kapitel seit 1950 von den Chinesen in Tibet geschrieben wird. Dagegen hat sich die religiöse Macht des Lamaismus überall behauptet und zum Teil neu etabliert. So ist trotz aller Anstrengungen der Moslems um eine Islamisierung des westlichen Himalaya, die in den letzten Jahren verstärkt wurden, die lamaistische Oberherrschaft in Ladakh ungebrochen, wenngleich heute weniger junge Ladakhi ins Kloster gehen als noch vor 30 Jahren.

Mao Tse-tung hatte nach der chinesischen Besetzung Tibets von einer »Befreiung« der Tibeter aus den »Fesseln des Aberglaubens und der lamaistischen Ausbeutung« gesprochen, was aber nur zu einem auf Gewaltanwendung beruhenden vorübergehenden Scheinerfolg führte. Heute strömen die Tibeter wieder in ihre Tempel und Klöster. Junge Männer werden Mönche, und der Buddhismus stellt wie früher die stärkste Macht im Lande dar. Sein Einfluß auf die Masse des Volkes ist unübersehbar, und das Bild des entmachteten, im indischen Exil lebenden Dalai Lama schmückt alle heiligen Stätten des Landes. Es ist für jeden Tibeter das begehrteste Geschenk. Hier wie überall im Himalaya wird deutlich, daß sich in diesen Bergregionen weltliche und geistliche Macht nicht trennen lassen. Weltliche Machthaber, die nicht mit der Religion dieser Völker umzugehen wissen, bleiben Fremde im Himalaya und müssen mit Widerstand rechnen. Denn seit mehr als einem Jahrtausend sind hier Königtum und Lamaismus gemeinsam gewachsen, wenn es auch immer wieder Gegenbewegungen gegeben hat. Aber selbst die waren — wie Bonpo — religiös begründet. So bleibt bis heute als wichtigste Erfahrung im Himalaya die Feststellung der anhaltenden Kraft der Religion als des Lebensfundaments der meisten hier lebenden Menschen.

Unübersehbar ist in fast allen Gebieten dieser entlegenen Bergwelt, was hier im letzten Jahrtausend an buddhistisch-lamaistischer-Kulturleistung vollbracht worden ist, nachdem buddhistisches Geistesgut und buddhistische Kunstformen durch Jahrhunderte mit wechselhafter Wirkung in diese abgeschlossene Welt eingedrungen waren, in der nur geister- und dämonengläubige Nomaden und Jäger lebten.

Die ältesten nachweisbaren Bewohner des heute von Indien verwalteten west-tibetischen Gebietes, zu dem neben Ladakh die weiter südwestlich gelegenen Regionen Zanskar, Lahul und Spiti zählen, waren ein wohl im wesentlichen von der Steinbockjagd lebendes indoeuropäisches Volk: die Darden. Sie sind wahrscheinlich mit den von Herodot erwähnten, ursprünglich weiter westlich siedelnden Dadiken identisch, die von den Indern Darada genannt wurden. Schon in vorchristlicher Zeit haben sie sich mit einer nicht zu identifizierenden Urbevölkerung des westlichen Himalaya vermischt. Noch heute leben Reste dieser dardischen Volksgruppe — die Minaros — südlich von Khalatse an beiden Ufern des Indus. Auch im westlichen Zanskar gibt es fünf Dörfer mit Nachkommen jener Darden, die wahrscheinlich die vielen Felszeichnungen von Steinböcken, die man heute noch in dieser Region finden kann, hinterlassen haben.

Ob der Buddhismus schon zu Kaiser Ashokas Zeiten — im 3. vorchristlichen Jahrhundert — nach Ladakh und Zanskar gelangt ist, wissen wir nicht. Aber es gibt ein steinernes Zeugnis, das bei Khalatse gefunden wurde, dessen aus dem Jahre 103 stammende Inschrift den Kushan-Herrscher Kadphises erwähnt. Er war der Nachfolger jenes Königs Kanishka von Gandhara, unter dem im heutigen Afghanistan und Pakistan die ersten bildhaften Darstellungen Buddhas entstanden sind.

Wahrscheinlich reichen die ältesten Buddha-Reliefs des westlichen Himalaya in diese frühe Zeit — mindestens aber bis ins 5. Jahrhundert — zurück.

Im 8. Jahrhundert war der ganze westliche Himalaya unter indischer Herrschaft. König Lalatadita Muktapide sorgte damals für eine weitere Verbreitung des Buddhismus, der zu jener Zeit noch starkem Widerstand von seiten der heimischen Zauberpriester ausgesetzt war.

Mitte des 8. Jahrhunderts drangen die damals ganz Zentralasien überflutenden Tibeter zum erstenmal in Ladakh ein. Mit den tibetischen Armeen, die bis in den Raum von Samarkand und Taschkent vorstießen, kamen auch tibetische Nomaden nach Ladakh und Zanskar. Sie überlagerten mit ihren Wanderbewegungen die dardische Bevölkerung und gaben den Landschaften am oberen Indus und am Zanskar jenes tibetische Gepräge, das ihnen bis heute geblieben ist.

Neben den militärischen und nomadischen Einflüssen gab es aber auch schon früh eine nachhaltige geistig-religiöse Befruchtung. Der Lamaismus faßte Fuß in Ladakh und veränderte das ursprünglich von Indien und Kaschmir her geprägte Bild des Buddhismus auf entscheidende, das religiöse Leben bis in die Gegenwart beherrschende Weise. Zentrum der neuen Entwicklung wurde das im 11. Jahrhundert gegründete Kloster Alchi, dessen Bilderwelt eines der überwältigenden frühen Zeugnisse des Lamaismus im westlichen Himalaya ist.

Die politische Entwicklung war in den folgenden Jahrhunderten weniger glücklich als die religiöse, da sie durch Machtkämpfe und Fremdeinflüsse bestimmt wurde, die den Buddhismus zwar nicht nachhaltig gefährdeten, dem Land und seinen Menschen aber Ruhe und Sicherheit raubten.

Drei stark voneinander unterschiedene Gesellschaftsgruppen lebten damals in Ladakh wie auch im schwer zugänglichen, über 4000 Meter hoch gelegenen Tal von Zanskar. Neben den Herrschenden und den wenigen Adelsfamilien waren es die zahlreichen Mönche und die meist armen Bauern, die zum großen Teil von einem Adelshof oder einem Kloster abhängig waren. Die Herrschenden hatten es schwer, sich gegen Fremdeinflüsse durchzusetzen und dem Land eine stabile Ordnung zu geben. Überfälle aus Ost und West und damit verbundene, oft lang anhaltende kriegerische Auseinandersetzungen waren an der Tagesordnung. Nur vorübergehend konnten die ladakhischen Könige ihre Macht unbeeinflußt von draußen ausüben, so wie jener Senge Namgyal, unter dem Ladakh um 1600 zu einer großen Blüte gelangte, nachdem es schwere Zeiten mongolischer und kaschmirischer Fremdherrschaft hatte überstehen müssen.

Hauptfeind des buddhistischen Ladakh war in den folgenden Jahrhunderten der von Westen vordringende Islam. Seine Verfechter zerstörten in dem dieser Religion eigenen Glaubenseifer im Namen des Propheten buddhistische Klöster und führten die Mönche in Gefangenschaft. Zum erstenmal brachen damit Gewalt und Terror auch in die Welt der Klöster und ihrer Insassen ein. Die Mönche hatten bis dahin meist unberührt vom politischen Streit ihr meditatives Leben, nicht selten als Einsiedler in den Höhlen des Himalaya, geführt. Das hätten sie freilich in den immer zahlreicher werdenden Klöstern des Landes wie in ihren Eremitagen nicht gekonnt, ohne das dienende Dasein des einfachen Volkes, das in harter Arbeit ein bedürfnisloses Leben unter ständiger Gefährdung durch unberechenbare Naturgewalten und die ständige Bedrückung von seiten der Mächtigen zu führen gezwungen war. Daran hat sich bis heute wenig geändert, wenn auch die Bedrohung durch die Machthaber seit der Verwaltungspräsenz Indiens nur noch in bürokratischen Übergriffen der Lokalverwaltungen besteht.

Trotz aller Gefahren, denen die Regionen des westlichen Himalaya durch die Jahrhunderte ausgesetzt waren, existieren Ladakh und Zanskar in bescheidenen Verhältnissen, doch ohne wirkliche Armut bis zur Gegenwart in überkommenen Formen, die weder Technik noch Tourismus bisher entscheidend verändern konnten.

Zentren der Macht freilich gibt es hier nicht mehr. Auch das tibetische Lhasa existiert heute nicht mehr als solches, obwohl es mit Unterbrechungen für fast ein Jahrtausend Machtzentrum für weite Teile des Himalaya gewesen ist. Seine Lage im Norden des östlichen Himalaya mit Straßen nach China, Nepal, Indien und Ladakh gaben ihm eine Art Zentralstellung, wie sie in den entlegenen Hochtälern des Westens niemals hätte entstehen können. Aber auch die frühe Entfaltung einer beachtlichen, weitwirkenden politischen und militärischen Macht war für die Position Lhasas durch die Jahrhunderte von entscheidender Bedeutung.

Doch selbst hier verlieren sich die Anfänge in Sage und Legende. Wir hören von jenen ersten tibetischen Königen, die das Reich Thupo — wie Tibet damals hieß — als Männer von angeblich göttlicher Abstammung einten. Unter Srong Tsan Gampo, dem ersten sogenannten Religionskönig Tibets, der von 620 bis 649 regierte, kam der Buddhismus ins Land, und Lhasa wurde Hauptstadt. 632 schickte der König seinen Minister Thonmi Sambhota nach Indien, um die heiligen Schriften des Buddhismus nach Tibet zu holen. Damit war der Grund zur Ausbildung eines eigenen tibetischen Alphabets gelegt, das die Übersetzung und Niederschrift der Reden Buddhas und späterer Gurus in die tibetische Sprache ermöglichte. So traten die Tibeter aus dem schriftlosen Zustand, der heute noch ein Kriterium für Naturvölker ist, heraus. Die Voraussetzung für den Aufstieg eines Volkes vom Dach der Welt zur Großmacht war geschaffen. Er vollzog sich in den nächsten 130 Jahren.

Zwischen 649 und 676 eroberte der tibetische König Man-slonman brtsan — der Nachfolger Srong Tsan Gampos — weite Teile Zentralasiens. Zu Anfang des 8. Jahrhunderts reichte die tibetische Herrschaft bis nach Ladakh und Kaschmir. Große Gebiete Nordindiens und Westchinas wurden besetzt. Im Jahre 763 eroberten tibetische Truppen die chinesische Hauptstadt Changan — das heutige Sian —, die allerdings nur kurze Zeit in tibetischen Händen blieb. Das Entscheidende dieses Vorstoßes ins Herz Chinas waren auch nicht der militärische und politische Erfolg als vielmehr die Vertiefung des geistig-religiösen Kontakts, der wichtige Gurus und Gelehrte nach Tibet aufbrechen ließ, wo sie den Grundstock für die über 1000 Jahre blühende tibetische Kultur legten.

In der zweiten Hälfte des 8. Jahrhunderts umfaßte das tibetische Großreich weite Teile Chinas und Nordostindien bis zum Golf von Bengalen; im Westen reichte es bis nach Taschkent und Kabul. Seine politische

Macht gründete sich auf ein gewaltiges, durch bewegliche Kettenpanzer geschütztes, außerordentlich aktionsfähiges Reiterheer. Geistig und religiös nahmen die Eroberer alles auf, was sie in den besetzten Ländern an Anregungen finden konnten.

In jener Zeit kam der große indische Guru Padmasambhava, über dessen Bedeutung für die Ausbreitung des Buddhismus im Himalaya wir bereits gehört haben, nach Tibet. Er bannte die das Land in Schrecken versetzenden Dämonen und stärkte die geistige Macht des tibetischen Königs im Innern des Landes, indem er die Herrschaft der Zauberpriester und der mit ihnen verbündeten Lokalfürsten brach. So gesehen war die Ausbreitung des unter König Srong Tsan Gampo ins Land gekommenen Buddhismus auch eine politische Tat: Sie diente der Festigung des zentralen Königtums.

Padmasambhava war es, der im Auftrag des Königs das erste buddhistische Kloster Tibets — Samye — in einem Seitental des Tsang Po gründete und damit die Voraussetzungen für ein das Königtum stützendes Mönchswesen schuf. Auf dem berühmten Konzil von Samye, das zwei Jahre — 792 bis 794 — tagte, entstand dann in langen Diskussionen jene spezifisch tibetische Form des tantrischen Buddhismus, die durch die Jahrhunderte — trotz politischer Wandlungen und religiöser Reformen — beherrschendes geistiges Element im ganzen Himalaya geworden und geblieben ist.

Wenn auch in den kommenden Jahrhunderten die politische Macht Tibets geschwächt wurde und viele Teile des Großreichs verlorengingen, so blieb es doch mit seiner Hauptstadt Lhasa das wichtigste Land im Himalaya, wenngleich Königreiche wie Nepal, Sikkim, Bhutan, Ladakh, Sakya und Guge in den folgenden

Jahrhunderten Selbständigkeit erlangten. Die Autorität Lhasas blieb davon jedoch weitgehend unberührt und überdauerte auch politisch die meisten der damaligen Reichsgründungen.

So zerfiel das 866 entstandene west-tibetische Königreich Guge schon nach wenigen Jahrhunderten der Blüte, wobei christliche Missionare aus Portugal, die Einfluß auf den König gewonnen hatten, wohl nicht unbeteiligt waren an diesem schnellen Untergang. Auf Dauer aber konnte sich das Christentum im Himalaya nicht durchsetzen, weder in Guge noch in Lhasa, wohin ebenfalls schon früh Missionare gelangt waren.

Die politische Macht Guges war durch die Fremdeinflüsse gebrochen, und 1650 fiel das west-tibetische Land zurück an Lhasa. Seither lagen seine Paläste und Tempel verlassen. Von der einst berühmten Hauptstadt Toling blieb ein bedeutungsloses Dorf, das heute ein chinesisches Militärlager ist. Erst in unserem Jahrhundert wurden die Bauten von Guge durch Männer wie den italienischen Archäologen Tucci und den Deutschen Lama Govinda wiederentdeckt. Sie sind jetzt dank der seit 1986 auch für ausländische Besucher zugänglichen heiligen Pilgerpfade West-Tibets verstärkt in unser Bewußtsein getreten als überragende Beispiele einer frühen buddhistischen Kultur im westlichen Himalaya.

GUGE – EIN VERGESSENES KÖNIGREICH WIRD ENTDECKT

Zwischen Ladakh und dem schon vor Jahrhunderten untergegangenen Königreich Guge verläuft die bis heute noch nicht wieder geöffnete Grenze Indiens zu

Tibet, das seit 1965 eine autonome Region der Volksrepublik China ist. Das Aksai-Chin-Problem — die Besetzung eines menschenleeren Gebietes zwischen dem Norden Ladakhs und der chinesischen Provinz Sinkiang durch rotchinesische Truppen im Jahre 1962 — hat zu Spannungen geführt, die das indisch-chinesische Verhältnis noch immer belasten, zumal sie auch im weiter schwelenden Konflikt zwischen Indien und Pakistan eine Rolle spielen. Das ist der Hauptgrund dafür, daß Guge bis in die jüngste Zeit völlig vergessen war und darum unerforscht blieb. Hätten wir nicht die Aufzeichnungen und Fotos von Giuseppe Tucci sowie von Lama Govinda und seiner Frau aus den dreißiger und vierziger Jahren, könnten wir nicht einmal sagen, wer die schweren Zerstörungen in den heiligen Stätten Guges, die wir heute feststellen müssen, verursacht hat. Die Bilder und Berichte der europäischen Besucher aber bezeugen, daß wir es hier mit den am weitesten westlich feststellbaren und wohl zugleich beklagenswertesten Spuren jenes chinesischen Vandalismus der Kulturrevolution zu tun haben, dem in ganz Tibet so viele Tempel, Klöster, Paläste und Burgen zum Opfer gefallen sind.

Die Gründung des Transhimalaya-Königreiches Guge mit der Hauptstadt Toling und seinem heiligen Zentrum Tsaparang in der zweiten Hälfte des 9. Jahrhunderts war kein lokaler Zufall. Sie ergab sich aus der politischen und religiösen Situation Tibets zu jener Zeit. Nach den großen, bis zu Anfang des 9. Jahrhunderts andauernden militärischen Erfolgen der tibetischen Könige, die ihren Herrschaftsbereich 815 bis nach Samarkand ausdehnen konnten, kam es unter König Ralpatschan 822 zu einem Friedensvertrag mit China, durch den dem Land große Teile Zentralasiens überlassen wurden. Es sah so aus, als ob sich die trotz aller Siege immer gefährdete tibetische Königsmacht dadurch stabilisieren und mit dem großen Nachbarn China arrangieren würde. Doch das war eine außenpolitische Hoffnung, der die Realitäten im Lande nicht entsprachen. Noch immer rebellierten Lokalfürsten und Bon-Priester gegen das zentrale Königtum. Im ältesten Bruder Ralpatschans, dem Prinzen Darma, fanden sie einen Verbündeten, der ihnen Zugang zum Königspalast verschaffte. Der Einfluß der Bon wurde immer stärker. Jedes Mittel zur Schwächung der Hausmacht Ralpatschans war den Bon-Anhängern recht. So verdächtigten sie einen buddhistischen Mönch, der als Minister Ralpatschans Vertrauen genoß, ein Liebesverhältnis mit der Königin zu unterhalten. Das brachte die ob solcher Verdächtigung entsetzte Herrscherin dazu, sich von der Palastmauer in die Tiefe zu stürzen. Ralpatschan war verzweifelt angesichts dieses Ereignisses. In der Folge sah er sich zunehmend isoliert. Selbst in seinem eigenen Palast konnte er sich nicht mehr sicher fühlen. Und 836 wurde er von zwei Ministern, die der Bon-Clique angehörten, hinterrücks ermordet. Danach setzten seine Mörder ohne nennenswerten Widerstand den Prinzen Darma als neuen König auf den Thron.

Für Tibet folgte eine schlimme Zeit. Die buddhistischen Mönche wurden verfolgt, ihre Bücher verbrannt, die Klöster geschlossen, viele zerstört. An das Tor des Jokhang, des ältesten und heiligsten Tempels von Lhasa, ließ Langdarma — der »Böse König« —, wie ihn das Volk nannte, einen betrunkenen Mönch malen, um auf das seit Jahren zu beobachtende Nachlassen mönchischer Zucht in den Lamaklöstern hinzuweisen und so seine grausame Buddhistenverfolgung zu rechtfertigen.

Langdarmas Herrschaft, unter der die Weltmacht Tibet schnell zusammenbrach, dauerte nicht lange. Im Jahre 842 erschien während eines Festes auf schwarzem Pferd ein unbekannter Bon-Priester, den der König huldvoll heranwinkte. Aus nächster Nähe schoß der Fremde einen Pfeil auf Langdarma ab und tötete ihn. Bevor jemand den Todesschützen stellen konnte, galoppierte er davon und verschwand in der Menge. Die Suche nach ihm blieb erfolglos, da er einen Schimmel geschwärzt hatte, der beim Durchqueren des nahen Lhasa-Flusses wieder weiß wurde. Der Mörder war ein Lama — Lhalung Palgye Dorje —, der das buddhistische Verbot des Tötens bewußt übertreten hatte, um Land und Religion zu retten und, wie er selbst sagte, den König vor weiteren schlimmen Taten zu bewahren.

Palgye Dorje rettete zwar den Buddhismus. Den Verfall der angeschlagenen Großmacht konnte aber auch er nicht aufhalten. Viele Lokalfürsten machten sich selbständig. Der Buddhismus erholte sich nur langsam von den Folgen der Unterdrückung. Doch es waren die besten seiner alten Anhänger, die ihm treu geblieben waren und nun für die Wiederherstellung eines gefestigten, über alle Verdächtigungen erhabenen Mönchtums sorgten. Für die kommenden Jahrhunderte bedeutete das eine glanzvolle Renaissance geistiger und religiöser Kräfte im ganzen Himalaya.

Mit dem Verlust der politischen Macht nach außen ging eine Erstarkung und Vertiefung des Buddhismus im Lande einher, die das Leben im Himalaya-Raum auf

Jahrhunderte entscheidend prägen sollte. Es war die Zeit einer kulturellen Blüte, die wir als die bedeutendste Epoche in der Geschichte der Himalaya-Völker bezeichnen dürfen. Sie folgte auf den staatlichen Verfall des tibetischen Reiches, so wie einst die kulturelle Blüte des Hellenismus aus dem politischen Zusammenbruch Griechenlands hervorgegangen war.

Eines der mit großartigen Überresten bis in unsere Zeit erkennbaren Wunder jener Epoche war die Entstehung von Guge. Sein Territorium war von alters her durch Heiligkeit ausgezeichnet, befanden sich hier doch der Götterberg Kailas und, ihm vorgelagert, die Seen Manasarowar und Rakkastal: eine Region, die seit undenklichen Zeiten Pilger aus allen Himmelsrichtungen angezogen hatte.

Für Inder, Nepali, Ladakhi und Tibeter ist der Kailas die Weltenachse: der Mittelpunkt unserer Erde. Die religiöse Bedeutung, die Lhasa als heilige Stadt für Zentral-Tibet besaß, hatte der Kailas für den Westen des Landes.

Ein Urenkel des ermordeten Königs Langdarma war es, der sich, wie viele zum Buddhismus zurückgekehrt, dieser Rolle des heiligen Berges besann und buddhistische Lehrer aus Indien und Kaschmir einlud, um den Geist der heiligen Stätten neu zu beleben. Damit begründete er ein Königtum von hohem religiösem Anspruch, das für Jahrhunderte Maßstäbe setzte und den Ruf Guges als eines neuen buddhistischen Zentrums im Himalaya festigte. So wurde es nicht nur zum Gegenpol von Lhasa, dessen Bedeutung in den Jahrhunderten der Blüte Guges zurückging, sondern auch zu einem Rückzugsgebiet strenger Buddhisten aus Indien, wo der buddhistische Einfluß nach dem Ende der berühmten Paladynastie mehr und mehr schwand. Das hatte seinen Grund nicht nur, wie oft behauptet wird, im Vordringen des Islam, sondern auch in einer Verweltlichung des öffentlichen Lebens und der Klosterkultur. Eines der letzten Refugien buddhistischer Lehre war damals die berühmte Universität Nalanda in Bihar. Doch auch diese berühmte Bildungsstätte geriet seit der Jahrtausendwende mehr und mehr unter den Einfluß von hinduistischen Brahmanen, die als Gegner der Buddhisten genauso einflußreich waren wie die Moslems.

So wurde Guge als buddhistisches Königreich zur Zufluchtsstätte vieler bedeutender buddhistischer Gurus aus Indien und Kaschmir. Ein indischer Lehrer des Buddhismus, der in der Mitte des 11. Jahrhunderts erst nach zweimaliger, mit Goldgeschenken begleiteter Einladung Guge zu seinem Wirkungszentrum machte, hat ganz wesentlich zur Entfaltung und Verbreitung jenes neuen buddhistischen Geistes im Himalaya beigetragen. Es war der unter dem Namen Atisha bekannte Dipamkara Srijnana, einer der letzten großen buddhistischen Gelehrten Indiens, dem Tibet die Grundlegung einer neuen Form des Lamaismus verdankt, die dann Anfang des 15. Jahrhunderts durch Tsongkhapa und seine Gelbmützensekte institutionalisiert wurde.

Was sich unter Atisha in Guge mit Auswirkung auf weite Teile des Himalaya vollzog, war nicht weniger als die Begründung einer geistigen Gegenposition zur schon damals immer spürbarer werdenden Hinwendung der Menschen zu Lebensgenuß und materiellen Wünschen, die auch vor den Klostertoren nicht haltgemacht und einem Gegner des Buddhismus wie Langdarma die Argumente für seine Verfolgung der Mönche geliefert hatte. Der sogenannte linkshändige Tantrismus mit seinen Sexualpraktiken, die zu Sexorgien in den Klöstern führten, wurde von Atisha genauso verurteilt wie das weltliche, allein auf Sinnenfreude eingestellte Leben der Reichen und Mächtigen. Offenbar fand er in den Königen von Guge, die ihr Leben meist als Mönche im Kloster beschlossen, Gleichgesinnte, die es ihm leicht machten, seine anspruchsvollen, aller Oberflächlichkeit den Kampf ansagenden Lehren nicht nur zu verbreiten, sondern an den heiligen Plätzen von Guge auch zu verwirklichen.

Sowohl der goldene Tempel von Toling als auch das einer Gralsburg gleichende Berglabyrinth Tsaparang, von denen man heute noch einen überwältigenden Eindruck gewinnen kann, waren die richtige Umgebung für ein der Lehre und der Meditation hingegebenes Dasein, wie es Atisha mit seinen Schülern als Beispiel für das ganze Land praktizierte.

Atisha ging es bei seinen Bemühungen, deren Spuren man im Himalaya bis in die Gegenwart erkennt, um die rechte Sinngebung des menschlichen Daseins. Nicht das aktive Leben mit seinem Streben nach Erfolg, Reichtum und Ruhm galt ihm als Ziel, sondern die Hinwendung zur unausgesetzten Bemühung um inneren und äußeren Frieden, um Erkenntnis der Wahrheit und um geistige Erfüllung, die durch Erleuchtung zum Nirvana führt.

Als eines der Hilfsmittel auf diesem Weg erkannte und vermittelte Atisha das zu seiner Zeit — wahrscheinlich als Beschwörungstext gegen den vordringenden Islam entstandene Kalacakra-Tantra mit seiner geheimen geistigen Botschaft an die Menschheit. Dieses Tantra begreift den Menschen als Mikrokosmos im

Allzusammenhang mit dem Makrokosmos des nach alter buddhistischer Auffassung unendlichen Weltalls. Hier liegt eine der großen Botschaften Indiens, die sich im Himalaya erhalten hat und bis heute über die ganze Erde ausstrahlt. Sie trifft in ihren Aussagen überraschender-, oder sollte man besser sagen konsequenterweise mit den heutigen Erkenntnissen westlicher Naturwissenschaft zusammen. Kein Wunder, daß die in den letzten Jahren durch den 14. Dalai Lama in aller Welt vollzogenen Kalacakra-Initiationen, die dazu beitragen sollen, den Weltfrieden zu bewahren, auf ein ständig wachsendes Interesse auch westlicher Menschen stoßen. Hier wird ein vergessenes Himalaya-Königreich, dessen Blüte 1000 Jahre zurückliegt, unversehens zum Auslöser gegenwärtiger Bemühungen um eine Bewältigung der Weltprobleme, die seit Jahren die ganze Menschheit bedrängen und verunsichern.

Nähert man sich heute den Plätzen, die einst Guges Größe und Ruhm ausmachten — Toling und Tsaparang —, ahnt man in der Einsamkeit jener west-tibetischen Canyonwelt nichts von der einstigen Bedeutung dieser Orte. Auch kann man aus der Sicht heutiger Weltbefindlichkeit mit ihren durch Technik und Konsum gesetzten Prioritäten kaum verstehen, daß hier vor 1000 Jahren ein bis heute wirksames Kraftzentrum entstanden ist.

Der erste, der das in unserer Zeit erkannt und darüber geschrieben hat, war Lama Govinda, der mit seinem Buch *Der Weg der Weißen Wolken* westlichen Menschen Wege zu östlicher Weisheit, zu den mystischen Geheimnissen des Himalaya erschlossen und gewiesen hat. Lama Govinda signalisiert uns in seiner Beschreibung des Eintreffens in Tsaparang, daß es sich hier nicht um die Ankunft an irgendeinem touristisch außerordentlich interessanten, neuentdeckten Platz handelt, sondern um den Eintritt in ein Zentrum geistigmystischer Kräfte, das durch die Jahrhunderte die Intensität seiner Ausstrahlung auf sensible, empfängliche Menschen nicht verloren hat.

Hier Lama Govindas Bericht über seine »Ankunft in Tsaparang«: »Als wir am letzten Reisetag, aus einer Schlucht emporsteigend, um einen Bergvorsprung bogen, erblickten wir plötzlich die hochaufragende, wie aus dem nackten Fels gehauene, von Burgen und Tempeln gekrönte Stadt der alten Könige – das Ziel unserer Reise: Tsaparang. Die Plötzlichkeit dieses Anblicks verschlug uns fast den Atem, und wir wagten kaum, unseren Augen zu trauen, so unwahrscheinlich war, was wir sahen.

Wie aus Licht gewoben stand die Stadt vor dem Abendhimmel, von einem Regenbogen wie von einer Aura umgeben. Wir fürchteten fast, daß das Ganze wie eine Fata Morgana ebenso schnell verschwinden würde, wie es vor uns aufgetaucht war – aber es blieb unerschütterliche Wirklichkeit, wie der Felsen, auf dem sich die Stadt erhob. Selbst der Regenbogen – ein äußerst seltenes Phänomen in einem fast regenlosen Lande – blieb für eine lange Zeit unveränderlich am Himmel und umgab die hochaufragende Stadt wie eine Emanation ihrer verborgenen Schätze goldener Statuen und leuchtender Farbschöpfungen, in denen die Visionen und die Weisheit einer glorreichen Vergangenheit zu vollendeten Kunstwerken gestaltet waren.

Nach zwei langen und mühevollen Jahren der Pilgerschaft und der Ungewißheit, und nach mehr als zehn Jahren eingehender Vorbereitungen, unser Ziel zu erblicken und es überdies von einer verklärenden Aura umgeben zu sehen, erfüllte uns nicht nur mit tiefster Bewegung, sondern erschien uns als ein Wunder, ein Geschehnis jenseits aller bloßen Zufälligkeit. Es erschien uns als ein Vorzeichen für größere Dinge und Entdeckungen von weitreichender Bedeutung – als die Vorahnung einer Lebensaufgabe, die uns für den Rest unserer Tage ausfüllen würde. Es war die Verheißung, daß unseren Anstrengungen ein endgültiger Erfolg beschieden sein würde, und es war zugleich die Bestätigung unseres Glaubens und Vertrauens in die gütige Gegenwart jener Mächte, die uns hierher geführt und durch alle Gefahren geleitet hatten.

Wir erreichten die verlassene Stadt bei einbrechender Dämmerung und fanden in einer rohen Steinhütte Unterschlupf. Sie war der Vorbau zu einer Höhle, in der die einzigen Dauerbewohner dieser Hauptstadt des früheren Königreichs Guge lebten. Ein Schafhirte war es, mit Frau und Kind. Der Mann war zugleich Wächter der drei Tempel, die der Zerstörung durch Krieg und dem Zahn der Zeit entgangen waren. Der Name des Wächters war Wangdu, und da er so arm war wie die sprichwörtliche Kirchenmaus, war er froh um die Gelegenheit, etwas Geld zu verdienen, indem er uns mit Wasser, Reisig und Milch versorgte. Wir machten uns, so gut es ging, in der kleinen Steinhütte heimisch, obwohl ihr Inneres so rauh und dunkel war, daß sie mehr einer Naturhöhle als einer menschenwürdigen Wohnstätte glich.

Nur Menschen, denen das geistige Leben wichtiger war als materieller Komfort, und die die Lehren des Buddha ein größerer Besitz dünkten als weltliche Güter und politische Macht, konnten solche Werke vollbringen, durch die selbst die ungezähmte Natur einer Felswüste in eine Manifestation innerer Schauung verwandelt werden konnte und rohe Materie in Darstellungen transzendenter Wirklichkeit.

Wir waren überwältigt von der Macht dieser Wirklichkeit, als wir am folgenden Tag die Hallen der beiden großen Tempel betraten, den ›Weißen‹ und den ›Roten Tempel‹ (lha khang dKar-po und lha khang dMar-po, wie sie der Farbe ihrer Außenwände wegen genannt wurden), die inmitten aller Zerstörung unversehrt geblieben waren. Die überlebensgroßen goldenen Statuen leuchteten inmitten der warmen Farben der freskenbedeckten Wände und waren lebendiger als alles, was wir je in dieser Art gesehen hatten; ja, sie verkörperten geradezu den Geist dieser verlassenen Stadt. Sie waren das einzige, was die Zeit nicht hatte anrühren können. Selbst die Horden der Eroberer, die den Untergang Tsaparangs verursacht hatten, waren davor zurückgeschreckt, die stille Majestät dieser Statuen und Fresken zu entweihen. Dennoch war es uns klar, daß auch diese letzten Überreste früheren Glanzes der Vernichtung geweiht waren, wie wir aus den Sprüngen in den Wänden und den Dächern dieser zwei Tempel sehen konnten. Teile der Fresken waren bereits vom Regenwasser oder dem Schmelzwasser des Schnees, das hier und dort durch das schadhafte Dach gesickert war, vernichtet worden, und einige der Statuen des Weißen Tempels, die aus gehärtetem, mit Gold überzogenem Lehm gemacht waren, waren schwer beschädigt.

Die Fresken waren die vollendetsten, die wir je innerhalb oder außerhalb Tibets gesehen hatten. Sie bedeckten die Wände, von der dunkelroten Grundborte (die etwa dreiviertel Meter hoch war) bis zur Decke. Sie waren verschwenderisch mit Gold inkrustiert und bis in die kleinsten Details minuziös ausgeführt, selbst in den dunkelsten Winkeln und hoch oberhalb der Grenze des Erkennbaren, ja sogar auf der Rückseite der großen Statuen. Einige der Figuren in den Fresken waren von riesiger Größe. Der Raum zwischen ihnen war mit kleinen und mittelgroßen Figuren ausgefüllt, und an manchen Stellen war die Wand mit Miniaturfiguren bedeckt, von denen jede einzelne nicht größer war als ein Daumennagel. Jede dieser winzigen Figuren aber war in allen Einzelheiten, wie Augenbrauen, Haaren, Fingernägeln, Schmuckstücken etc. vollständig, obwohl nur durch ein Vergrößerungsglas erkennbar. Es wurde uns bald klar, daß diese Malereien in erster Linie als ein Akt religiöser Hingabe hergestellt worden waren, gleichgültig, ob sie gesehen oder bewundert werden würden oder nicht. Sie waren Gebete und Meditationen in Farbe und Form, jeder Pinselstrich ein Akt höchster Konzentration.«

An diesem Erlebnisbericht, der zugleich ein Erfahrungsbericht ist, wird deutlich, wie sehr es bei Begegnungen mit heiligen Stätten im Himalaya auf die innere Einstellung des Besuchers ankommt. Für Lama Govinda und seine Frau war die Auffindung des in einer wilden Canyonlandschaft verborgenen Tsaparang wie der Eintritt ins Allerheiligste des Buddhismus, ein Vordringen ins Zentrum des kosmischen Mandala, als das man diese Region begreift.

Die beiden Govindas haben damals offenbar gespürt, daß sie spät, aber nicht zu spät gekommen waren. Vor ihnen öffnete sich noch einmal das Geheimnis in seiner ganzen, von außen unvorstellbaren Schönheit. Sie mußten das Mißtrauen und die Härte lokaler Instanzen erfahren, die dieses Geheimnis vor Fremden zu bewahren versuchten. Wie berechtigt solches Mißtrauen, die Angst vor Entweihung war, zeigten dann die Ereignisse der Kulturrevolution. Kein Weg war den von Zerstörungswut beherrschten Roten Garden zu weit, keine Landschaft zu abgelegen und verschlossen, um sie nicht mit ihrem terroristischen Aufbegehren gegen das stille Wunder künstlerischer Vollendung, gegen die Offenbarung eines menschenwürdigen kontemplativen Seins zu überziehen.

Die ersten Nachrichten, die ich nach der Kulturrevolution über die heiligen Bezirke von Guge nach der Öffnung Tibets erhielt, waren vage. Die Tibeter in Lhasa und Shigatse sprachen von totaler Zerstörung. Selbst ein befreundeter Inder, der 1984 zum Kailas gelangte, konnte mir nichts über Tsaparang sagen. Er hatte es infolge unpassierbarer Straßen nicht erreichen können.

Erst im Herbst 1985 traf ich auf dem Weg von Lhasa nach Gyantse Freunde, die vom Kailas kamen und im Vorüberfahren auch einen Blick auf Tsaparang hatten werfen können. Sie berichteten von erhaltenen Malereien, die Lama Govindas Begeisterung bestätigten, und von zerstörten Skulpturen, die als Zeugnisse eines unbegreiflichen Zerstörungswillens selbst als Fragmente noch etwas von ihrer einstigen Schönheit und Würde ausstrahlen. Sie hatten das Wunder und seine teilweise Vernichtung in Augenschein nehmen, aber nicht fotografieren dürfen.

Ende 1986 kam mir dann ein ärztliches Reisejournal in die Hand, das Farbfotos von den Malereien in Tsaparang und von den zerstörten Skulpturen zeigte: wenige

Seiten, die jedoch überzeugend die Großartigkeit der Kunst von Guge und das Ausmaß der Barbarei von Unwissenden dokumentierten. Die Fotos machen deutlich, daß hier neben dem Ladakh-Kloster Alchi die zweite Stätte früher großer buddhistischer Kunst im Himalaya wenigstens teilweise erhalten blieb und nun für Menschen, die das Abenteuer einer Expedition nach Guge auf sich nehmen wollen, auch zugänglich ist.

Tsaparang war vom 10. bis ins 16. Jahrhundert eine Art Vatikan des Königreichs Guge. Eine ständig wachsende Zahl von Mönchen lebte hier, seit das benachbarte Toling in der Mitte des 11. Jahrhunderts das berühmte siebte buddhistische Konzil beherbergt hatte, auf dem die Erneuerung des Buddhismus nach seinem Untergang in Indien erfolgt war. Damals wuchs Tsaparang zur wichtigsten Stätte der buddhistischen Lehre heran, während sich Toling zu einer Weltstadt mit mehr als 100000 Einwohnern entwickelte. Heute kann man sich eine solche Ausdehnung und Blüte angesichts der Unfruchtbarkeit und Verlassenheit des Gebietes kaum noch vorstellen. Das einst vom Sutlej — einem der aus der Kailas-Region kommenden heiligen Flüsse — bewässerte Tal ist im Laufe der Jahrhunderte ausgetrocknet und hat die wüstenähnlichen Canyonformationen hinterlassen, die heute den großen landschaftlichen Reiz dieser Gegend bilden. Sie machen aber zugleich deutlich, daß hier an ein Überleben nicht zu denken war. So verließen die Bewohner nach und nach Toling, ihre sterbende Stadt. Zuletzt folgten im 17. Jahrhundert die Mönche von Tsaparang, denen nun jede Lebensgrundlage entzogen war. Ihre Wohnbauten verfielen. Was übrigblieb, ist jener einer Gralsburg ähnelnde Komplex, der aus der Ferne wie ein gewachsener Felsen wirkt und sich erst bei genauem Hinschauen als ein Labyrinth übereinandergetürmter Sakralbauten erweist, deren krönender Tempel – ein Mandala-Heiligtum von noch immer überwältigender Schönheit – nur unter großen Anstrengungen zu erreichen ist.

Govinda hat diesen Tempel in den langen Monaten seines Tsaparang-Aufenthalts nur einmal – und das durch Zufall – gesehen. Offenbar wollte man das Heiligtum vor allen fremden Blicken bewahren. Im Himalaya gibt es nämlich den weitverbreiteten Glauben, daß die Begegnung mit besonders heiligen Bildern und Skulpturen für den Uneingeweihten tödlich sein könne. Man kann hier also ein hohes Maß an Fürsorglichkeit gegenüber dem Besucher, aber auch die Furcht vor eigenem Unheil nicht ausschließen.

Fünf Tempelhallen sind in Tsaparang erhalten. Im Weißen und im Roten Tempel haben Lama Govinda und seine Frau Li Gotami monatelang die bereits brüchigen Malereien nachgezeichnet, um diesen großartigen Kulturschatz vor seinem schon damals drohenden Untergang zu dokumentieren. In zwei Fotobänden hat Li Gotami die Ende der sechziger Jahre zum großen Teil zerstörten oder doch angeschlagenen Skulpturen publiziert und damit eine Vorstellung von der künstlerischen Vollendung vermittelt, die hier vor Jahrhunderten von begnadeten Bildhauern erreicht worden ist. Blättert man heute in diesen Bänden, kann man sich kaum vorstellen, daß diese Werke fast unversehrt bis in die Mitte unseres Jahrhunderts erhalten geblieben waren, so frisch und faszinierend wirken die Bildwerke auf den Betrachter. Hier tut sich noch einmal die Welt des alten Tibet vor uns auf, die in den Jahren der Kulturrevolution so schrecklich Schaden erleiden mußte.

Doch wie auch sonst in Tibet war die Zerstörung in Tsaparang nicht vollkommen. In allen Tempeln haben sich die herrlichen Wandmalereien zum großen Teil erhalten. Sie bezeugen die Intensität der buddhistischen Bilderwelt, die hier wie an nur wenigen anderen Orten das lamaistische Pantheon in seiner ganzen Fülle und Großartigkeit vorführt. Die goldgefaßten Zeichnungen der Figuren — von Miniaturen bis zu lebensgroßen Darstellungen — bedecken alle Tempelwände bis in den letzten Winkel. Neben Buddha- und Bodhisattva-Bildern begegnen wir Szenen aus dem geistlichen und weltlichen Leben jener Zeit vor tausend Jahren, als ein Seitenweg der großen alten Seidenstraße auch durch Guge und Ladakh führte.

Die Krönung der Kunst von Tsaparang stellen zweifellos die Mandalas im obersten Tempel dar, die über tanzenden Dakinis — weiblichen Gottheiten des tantrischen Buddhismus — zehn lebensgroße Yab-yum-Figuren als Darstellungen des höchsten mystischen Geheimnisses der Vereinigung von Kraft und Weisheit enthalten, deren Anblick früher nur den Eingeweihten zur Meditation erlaubt war.

Eine stufenweise Enthüllung der geheimnisvollen Formensprache von Tsaparang vollzieht sich beim Aufstieg von Tempel zu Tempel bis zu dieser höchsten Halle, die wir als das Allerheiligste von Tsaparang bezeichnen dürfen. Es ist zugleich der Ort, wo der Untergang von Guge seine deutlichsten Spuren hinterlassen hat. Kettenpanzer, wie sie die Tibeter in hervorragender Qualität herzustellen verstanden, und

Brustschilde liegen in dem fensterlosen Raum verstreut als Zeugnisse vom Ende dieses Königreichs.

Auch hier war — wie seinerzeit in Lhasa — ein Bruderzwist die Ursache, und der Grund des Konflikts lag ebenfalls wie dort im Religiösen. Der letzte König von Guge hatte sein Land entsprechend der urbuddhistischen Gesinnung von Toleranz jesuitischen Missionaren geöffnet, was das Mißfallen der Lamas erregte, die den Bruder des Königs um Hilfe gegen die religiösen Fremdeinflüsse baten. Als geistliches Oberhaupt von Guge wandte sich der Prinz an den König von Ladakh um Unterstützung, die er auch erhielt. 1620 belagerten die Ladakhi Toling und nahmen in Tsaparang, der letzten Zufluchtsstätte des Hofes, den König gefangen. Er starb in einem ladakhischen Kerker. Guge aber erholte sich von diesem Schlag nicht mehr, zumal damals schon die geologischen und damit auch die klimatischen Bedingungen für ein Überleben immer schwieriger wurden. Der Exodus von Toling begann. Viele seiner Bürger zogen nach Ladakh. Für ein Jahrhundert überdauerte Tsaparang als Sitz der Mönche, dem aber schon bald der Nachwuchs fehlte, so daß die letzten Lamas nur noch als Bewohner überlebten, bis auch sie um 1700 das einst so blühende Land verlassen mußten, weil es inzwischen zur Wüste geworden war.

Der Kailas – Am heiligsten Berg der Erde

Ich habe im Himalaya viele Europäer und Amerikaner getroffen, die nur einen Wunsch hatten: Sie wollten hinauf zu den Gipfeln, wenigstens einen der so unnahbar erscheinenden Eisriesen bezwingen. Einige schaff-

Der Grundtyp eines tibetischen Mandala als Umrißzeichnung: Dieses Mandala ist um die figürliche Darstellung einer Initiationsgottheit in Yab yum gruppiert.

ten es. Für viele blieb es ein Traum, und so mancher reiste unbefriedigt zurück. Die Berge hatten ihn seine körperlichen Grenzen zu deutlich spüren lassen. Die geistigen Grenzen, die den meisten Besuchern beim Erfassen der magisch-mystischen Dimension des Himalaya und seiner Menschen gezogen sind, werden den wenigsten bewußt. Und doch sind sie die entscheidende Barriere für das rechte Verstehen dieser Bergwelt und für das Eindringen in ihre vielschichtigen Geheimnisse.

»Wer Berge nur als Berge sieht, ist blind für die Wirklichkeit«, sagte mir der Abt eines kleinen Himalaya-Klosters in Sikkim angesichts des rotglühenden Bergmassivs des Kangchendzönga.

»Ihr seid Gipfelstürmer«, fuhr er fort, »wir sind Gipfelverehrer. Wir werfen uns nieder vor den Bergen, weil sie uns heilig sind. Ihr klettert hinauf, weil Euch nichts heilig ist.«

Wir gingen in den Klostertempel, und ich versuchte, dem Lama, der lange in Indien gelebt und dort viele Europäer kennengelernt hatte, klarzumachen, daß nicht alle Westler diese Geisteshaltung teilten und daß auch nicht alle Bergsteiger nur oberflächliche Rekordjäger seien, mit dem einzigen Ziel, so viele Achttausender wie nur möglich unter ihre Stiefel zu bekommen.

»Die Berge sind heilig, sie sind die Throne der Götter«, sagte der Lama, ohne auf meine Worte einzugehen. Damit ließ er sich in der kleinen Tempelhalle, in der unser Gespräch stattgefunden hatte, vor einer Manjushri-Statue nieder und versank in Meditation. Es war die gleiche Haltung, wenn auch in ganz anderer religiöser Umgebung, die ich am Nanga Parbat erlebt hatte.

Wie oft war mir das hier im Himalaya schon widerfahren, daß ein Gespräch, von dem ich Aufschluß erhofft hatte, so endete. Als ich meinen Gedanken nachhing, fiel mein Blick unversehens auf ein altes, verräuchertes Rollbild, das Milarepa, den großen Dichter des Himalaya, darstellte. War nicht er es, der eines Tages zum heiligen Berg Kailas hinaufschwebte, nachdem er im Streit mit einem Bon-Mönch behauptet hatte, daß dieser trotz aller Anstrengung niemals den Gipfel des Kailas erreichen würde? Und tatsächlich: So sehr sich der Bon-po auch abmühte, auf den Gipfel zu gelangen, Milarepa triumphierte über ihn. Das ist nicht nur eine Geschichte vom Wettstreit der Religionen, sondern auch ein Beispiel dafür, daß allein die rechte Geisteshaltung über Erfolg und Mißerfolg der Menschen entscheidet. Mit anderen Worten: Bei richtiger Einstellung erreicht man den Gipfel allemal. Es geht also aus der Sicht des gläubigen Himalaya-Bewohners nicht um das körperliche Bezwingen der Berge, sondern um die Einsicht in ihre Bedeutung, um das Verstehen ihrer Position im kosmischen Allzusammenhang. Und da gibt es herausragende Berge, so, wie es herausragende Menschen gibt. Diese Sonderstellung hat nichts mit der Größe, sondern allein mit der Bedeutung, mit der Ausstrahlung zu tun — bei Menschen wie bei Bergen. Dabei wird es wahrscheinlich immer ein Geheimnis bleiben, wieso gerade der Kailas, jener einem Stupa ähnelnde Gipfel im alten Königreich Guge, den die Tibeter Ti-se nennen, die Krone erhielt und von allen religiösen Menschen im Himalaya als der heiligste Berg dieser Erde angesehen und verehrt wird.

Heilige Berge gibt es in vielen Teilen der Welt — nicht nur in Asien. Man begreift sie als Throne der Götter oder verehrt sie oft selbst als Gottheit. Niemand weiß jedoch zu sagen, wo und wann der Gedanke aufkam, Berge heilig zu nennen, sie zu vergöttlichen oder sie als Sitze der Götter anzusehen. Religionsgeschichte ist ein weites Feld mit vielen Widersprüchen.

»Die Wahrheit über die Religion ist tief in Höhlen verborgen«, heißt es schon in dem uralten indischen Epos *Mahabharata*, der gleichen Dichtung, in der wir auch zum erstenmal vom heiligen Berg Kailas als dem Sitz des mächtigen Hindu-Gottes Shiva lesen.

Bis zur chinesischen Invasion war der Kailas in West-Tibet eines der wichtigsten Pilgerziele der Hindus. Seit 1980 ist er es wieder. Fragt man einen Brahmanen nach dem Grund solcher Verehrung, sagt er geheimnisvoll lächelnd: »Der Kailas erhebt sich wie ein diamantener Palast über den von ständigen Stürmen aufgewühlten Wassern des Manasarovar-Sees, zu dem die Wildgänse fliegen. Die heiligen Tiere weisen uns den Weg zum heiligen Berg.«

Der Kailas ist mit seinen 6700 Metern weder ein besonders hoher noch ein überwältigend schöner Berg des westlichen Himalaya. Der nahe gelegene Gurla Mandhata, der sich in den Wassern des Manasarovar spiegelt, überragt ihn um mehr als 1000 Meter. Und doch verneigen sich die Pilger vor dem isoliert stehenden Kailas, werfen sich zu Boden und legen das letzte Stück ihres oft viele 100 Kilometer langen Weges in jenem eigenartigen Verehrungsritus zurück, der darin besteht, daß man sich zur Erde wirft, sich erhebt, um sich eine Körperlänge weiter wieder zu Boden fallen zu lassen und so fort. Auf diese Weise nähern sich die Gläubigen dem Berg und umrunden ihn wie ein von Menschen errichtetes Heiligtum, einen Tempel oder einen buddhistischen Stupa.

Denn in Tibet ist Shivas eisglitzernder Bergthron auch den Buddhisten heilig, was den Synkretismus — die Toleranz der alten Religionen Asiens — beweist, zumindest bis zu der Zeit, als die Moslems kamen. Doch bis zum Kailas sind die Mohammedaner nicht vorgedrungen.

Ein ladakhischer Lama sagte mir: »Zum Kailas führen die Wege des Südens und des Ostens. Die Herrscher des Westens fanden den Weg nicht zum heiligen Berg.«

Inzwischen haben die Herrscher des Ostens den Berg in Besitz genommen. Der Kailas liegt in besetztem Gebiet. Er ist zur Beute der Chinesen geworden. Im bewegten Blau des Manasarovar-Sees, in den 1948 ein Teil der Asche Gandhis versenkt wurde, spiegeln sich heute neben der Eiskuppel des heiligen Berges die roten Fahnen des chinesischen Kommunismus. Ab 1965 war die Region für alle Fremden gesperrt. Erst im Zuge der Liberalisierung Chinas unter seinen neuen Machthabern wurde auch der Kailas wieder zugänglich. Neben Tibetern kamen seit 1980 in wachsender Zahl Pilger aus Indien und Nepal. 1985 erfolgte die Öffnung West-Tibets für Touristen. Trotzdem hielten Kailas-Besuche sich bisher in Grenzen. Der Weg ist weit und beschwerlich — ein echter Pilgerweg. Er erfordert Zeit, Ausdauer, Kraft und geistige Energie. Am Ziel wartet nicht die Möglichkeit der Besteigung eines Achttausenders, sondern nur das stille Erlebnis einer dreitägigen Umwandlung jenes Berges, der für Hindus, Buddhisten, Jains und Bonpos der heiligste dieser Erde ist: der legendäre Berg Meru, die Weltenachse, der im kosmischen Denken des asiatischen Menschen alles zugeordnet ist.

Für die Hindus ist der Kailas, wie wir hörten, der Thron ihres höchsten Gottes Shiva. Shiva, der große Zwiespältige des Hinduismus — er gilt als Schöpfer und Zerstörer —, ist ein sehr junger Gott, der letzte, der im indischen Pantheon Macht erlangte. Zugleich reichen seine Urbilder aber weit zurück. Aus der Indus-Tal-Kultur des dritten vorchristlichen Jahrtausends stammt ein sogenanntes Siegesamulett, auf dem ein von Tieren umgebener dreigesichtiger Gott mit Hörnerkrone dargestellt ist, der an den in Yoga-Stellung verharrenden Shiva späterer Reliefs erinnert.

In vedischer Zeit, als das hinduistische Pantheon Gestalt gewann, hatte Shiva noch viele Gesichter und zahlreiche Namen: Rudra, Sarva, Ugra, Bhima. Als Bhima ist er der Fruchtbare, dessen Symbol, der in Indien als Lingam bezeichnete Phallus, ihm bis heute geblieben ist.

Zum Kailas hat Shiva eine uralte Beziehung, die schon lange bestand, bevor der Berg zum Thron des hinduistischen Götterfürsten wurde. Denn der Kailas war auch der Sitz des Asketen Shiva vor seiner Heirat mit Parvati, der schönen Tochter des Himalaya. Man fühlt sich an Gestalten erinnert, die in Varanasi auf den Stufen zum Ganges sitzen, wenn man von jenem asketischen Shiva liest, er habe unbewegt, mit Asche beschmiert, das eine Bein über das andere geschlagen, mit einem schwarzen Antilopenfell bekleidet, eine Kette von Menschenschädeln um den Hals und das Haar mit Schlangen umwunden, auf dem Kailas gethront. Noch heute kann man in einsamen Höhlen des Himalaya — in Ladakh oder in Nepal — Einsiedler treffen, die diesem Shiva gleichen, wenn ihnen auch die Kette aus Menschenschädeln und das Schlangengewinde in den Haaren fehlen. Immer wieder reichen die Bilder, denen wir begegnen — auch die Menschenbilder —, über die Jahrtausende hinweg zurück in jene Zeiten des Mythos, die wir beschreiben, aber — im Gegensatz zu diesen indischen Einsiedlern — nicht nacherleben können.

Doch Shiva ist nach indischer Lebensauffassung nur die eine Seite des Gottes. Die andere hat der große indische Dichter Kalidasa vor 1500 Jahren in seinem berühmten Epos *Kumarasambhava* beschrieben. Das Epos bezieht sich in seinem Titel auf einen Sohn Shivas, den indischen Kriegsgott Kumara — auch Skanda genannt —, dem selbst im buddhistischen Sri Lanka, dem alten Ceylon, ein wichtiges Heiligtum, das Mahadevale in Kataragama, geweiht ist. Der uns überlieferte, von Kalidasa selbst stammende Teil des *Kumarasambhava* erzählt uns jedoch nicht die Geschichte Kumaras, sondern vielmehr, wie aus Shiva, dem Asketen, der große Liebhaber geworden ist.

Wir hören, wie Parvati, die im Epos den Namen Uma trägt, von Liebe für den einsamen Asketen erfüllt, sich selbst in Askese übt, um Shivas würdig zu werden. Da die anderen Götter sich für den Kampf gegen den Dämonen Taraka einen Sohn des großen Shiva als Anführer wünschen, beschwören sie den Liebesgott Kama und seine Gattin Rati — die Liebeslust —, Parvatis Verlangen nach Shiva zu unterstützen. Das geschieht. Als Parvati vor Shiva erscheint, schießt Kama seinen Blumenpfeil auf Shiva ab. Wütend über diesen Angriff, verbrennt Shiva mit seinem Glutblick den Liebesgott, der seither zur Körperlosigkeit verdammt ist. Doch Shiva bleibt ein Opfer des indischen Amor. Er kann sich nicht mehr von Parvati lösen.

Kalidasa erzählt die ausführliche Hochzeitsgeschichte mit Brautwerbern, Festfreuden und Geschenken, wie sie sich unter Brahmanen abspielt. Im achten Gesang seines Epos beschreibt er dann die Vereinigung der Liebenden — Shivas Drängen, Parvatis schamhaftes Widerstreben, bis sie endlich seinen für einen Asketen ganz ungewöhnlichen Liebeskünsten erliegt und sich ihm hingibt. Der Kailas wird für das göttliche Paar zum Liebeslager einer äonenlangen Begattung, aus der Ardhanarisvara, eine zweigeschlechtliche Gottheit, wie sie ein Felsrelief auf der Insel Elephanta zeigt, hervorgeht. Die Haartracht der Figur ist halb männlich, halb weiblich. Nur eine Hälfte des Körpers zeigt eine weibliche Brust, und der Gesichtsausdruck vereinigt Schönheit, Anmut und Kraft.

Doch Shiva ist nicht der alleinige Herr des Kailas. Auch darin spiegeln sich Großzügigkeit und Kompromißbereitschaft indischen religiösen Denkens. Der uralte, aus dem Westen stammende vedische Gott Indra, für den Odin, Zeus und Jupiter abendländische Entsprechungen sind, hat seinen Sitz ebenso auf dem heiligen Kailas wie Kubera, der Gott des Reichtums, der ursprünglich einmal als Herr der Geister galt. Von seiner Tochter Minaksi, deren Hauptheiligtum im südindischen Madurai liegt, wissen wir, daß sie nur eine andere Erscheinungsform Parvatis ist.

Auf diese Weise schließt sich in der indischen Mythologie immer wieder der Kreis — ohne Rücksicht auf Logik und göttliche Genealogie. Kubera ist der Halbbruder des Dämonenfürsten Ravana, der sogar einmal versucht hat, Shiva, den er bewundert und verehrt, mitsamt dem Kailas in sein Dämonenreich nach Sri Lanka zu entführen. Doch Shivas Rache war furchtbar. Mit einem Zehendruck zerschmetterte er die Arme des am Kailas rüttelnden Ravana.

Es zeugt von der tief im asiatischen Wesen verwurzelten Neigung, allen Göttern wohlgefällig zu sein und sich auch dann nicht von ihnen zu trennen, wenn eine neue Religion mit neuen Gottheiten gelehrt und geglaubt wird, daß wir den alten vedischen Göttern Indra und Kubera, ja selbst dem jungen allgewaltigen Hindu-Gott Shiva im sich schnell erweiternden Pantheon des Mahayana-Buddhismus wiederbegegnen. Es ist ganz natürlich, daß sie dabei nicht nur einen Bedeutungswandel, sondern auch eine Veränderung ihrer göttlichen Machtposition hinnehmen mußten.

So wurde aus dem mächtigen Himmelsgott Indra der Bodhisattva Vajrapani, der auf vielen Gandharareliefs als Begleiter und Beschützer Buddhas — als wohl ältester Dharmapala — auftritt. Auch Shiva finden wir unter den buddhistischen Dharmapalas — den schrecklichen Gottheiten — wieder, die, als zum Buddhismus Bekehrte, die Funktion von Religionsschützern übernommen haben. Shiva trägt im buddhistischen Pantheon den Namen Mahakala, der Große Schwarze. Wie im Hinduismus hat er auch als buddhistische Schutzgottheit viele Gesichter. Man kennt und verehrt ihn als den sechsarmigen schwarzen Sadbahunatha, der neben Messer, Doppeltrommel, Schlinge und shivaitischem Dreizack einen Rosenkranz aus Totenköpfen und eine blutgefüllte Schädelschale in den Händen hält. Seiner Frau, der hängebrüstigen Göttin Lha-mo, begegnen wir, wie sie, auf einem Maultier oder einem Esel reitend, die abgezogene Haut eines besiegten Dämonen als Sattel benutzend, neben ihrem Zepter gleichfalls eine blutgefüllte Schädelschale in Händen hält. Wahrscheinlich entstammt sie der unübersehbaren Schar von Feen und Hexen, die viele Gipfel zwischen Hindukusch und Himalaya bevölkern.

Wie schon am Nanga Parbat stoßen wir auch hier in West-Tibet auf die Spuren ältesten Götter- und Dämonenglaubens, dessen Ursprung sich in der Welt phantastischer Legenden verliert. Am Anfang scheinen ein Himmelsgott und eine Erdgöttin die Vorstellungen der Menschen beherrscht zu haben. In den landwirtschaftlich genutzten Tälern des Karakorum und des West-Himalaya dürfte die Erdgöttin als Fruchtbarkeitsgöttin — als große Mutter — vorgeherrscht haben, während sich die viehzüchtenden Nomaden Tibets auf den Himmelsgott konzentrierten. Als dritte Gottheit mag schon früh ein Gott aus den Wassern — der Nagakönig — hinzugekommen sein, der seither in den Volks- und Hochreligionen aller Länder Ost- und Südostasiens eine bedeutende Rolle spielt.

Wenn noch heute die Frauen in Ladakh einen türkisbesetzten Lederschmuck — den Perag — vom Kopf über den Rücken tragen, so ist das eine Erinnerung an den Nagakönig, der das feuchte Reich der Nixen beherrscht. Schön wie eine Nixe möchte die Ladakhi-Frau sein, deshalb trägt sie den kostbaren Perag.

Entsprechend der Vorstellung von den drei Göttern besteht die Welt auch für den West-Tibeter aus drei Reichen: aus dem vom Himmelsgott beherrschten Götterreich — das offenbar schon bald auf dem Kailas angesiedelt wurde —, dem von der Erdgöttin beherrschten Menschenreich und dem Nagareich der Nixen und Wassergeister. Im Zentrum dieser Welt steht der Weltenbaum, der in vielen Religionen, so auch in der germanischen, zu den ältesten Glaubensvorstellungen gehört. Der Weltenbaum umfaßt alle drei Reiche. Seine Spitze reicht in den Himmel, seine Wurzel tief in die Erde. Über der Erde breitet er vier Äste in die vier Himmelsrichtungen aus. Vögel mit verschiedenfarbigen Eiern symbolisieren den Himmel, die Erde und die vier Himmelsrichtungen. Im Buddhismus wurden daraus der Urbuddha Vajradhara, der auch als Adibuddha bezeichnet wird, und seine fünf geistigen Emanationen, die Tathagatas oder mystischen Buddhas, Akshobhya, Vairocana, Ratnasambhava, Amitabha und Amoghasiddhi. Diese fünf Meditations-Buddhas, die nie wirklich existiert haben, sondern nur als Symbolfiguren gelten, stellen zusammen mit dem Urbuddha ein Bezugssystem dar, das unsere Erde und darüber hinaus das Weltall zeitlich und räumlich umspannt. So ist jedem der Tathagatas eine Himmelsrichtung zugeordnet, während Vairocana abwechselnd mit Vajradhara — dem Urbuddha — im Zentrum thront.

Auch die durch verschiedene Farben gekennzeichneten ursprünglichen drei Reiche sind in die Symbolik des Buddhismus übergegangen. Früher wurde, so wie an entlegenen Plätzen auch heute noch, den Göttern der drei Reiche auf einfachen Steinaltären geopfert. Die Altäre sind weiß, rot und blau bemalt. Weiß ist die Farbe des Himmels, Blau die Farbe des Wassers und Rot die Farbe der Erde. Wandert man heute durch das westliche Tibet, so stößt man nicht nur auf solche Altäre, die zum Teil mit Wildschaf- und Steinbockhörnern sowie mit Wacholderzweigen geschmückt sind, sondern auch auf Dreiergruppen von Stupas, die in den gleichen Farben bemalt wurden. Sie tragen Bildnisse der für Tibet wichtigsten Bodhisattvas: Vajrapani, Avalokiteshvara und Manjushri.

Der schon erwähnte Vajrapani ist eine Nachfolgegottheit des Götterkönigs Indra. Avalokiteshvara, der Bodhisattva unseres Zeitalters, der in seiner tausendarmigen Form bis nach Japan als Gott oder auch als Göttin des Mitleidens verehrt wird, gilt als besonderer Schutzpatron Tibets. Die Dalai Lamas sind nach lamaistischem Glauben Reinkarnationen des vierarmigen Avalokiteshvara. Manjushri ist der Bodhisattva der göttlichen Weisheit.

Während Manjushri und Avalokiteshvara Erscheinungen des buddhistischen Pantheons sind, reicht der Ursprung von Vajrapani in ältere Glaubensbereiche zurück. Er hat sich vom vedischen Indra nicht nur zum Beschützer Buddhas, sondern — in Tibet — auch zum volkstümlichen Wettergott gewandelt, den man noch heute um Regen anfleht. In Kaschmir und Ladakh begegnen wir ihm als statuarisch dargestellten, den Vajra wie ein Zepter haltenden Bodhisattva mit der dreigezackten Krone.

Im 12. und 13. Jahrhundert tauchen dann in Ladakh Bronzen des Vajrapani auf, die außer dem Vajra, der zugleich Zeichen der himmlischen Kraft und männliches Geschlechtssymbol ist, auch die Glocke, die Ghanta, zeigen, die als weibliches Symbol im Vajrayana-Buddhismus zum Ausdruck der Weisheit wird. Diese Glocke hat sich, wie eine Ladakh-Bronze des Vajrapani zeigt, aus der Lotosblüte entwickelt, die Vajrapani auf anderen Darstellungen in der linken Hand hält. So wie die Lotosblüte Padma dem weiblichen Element entspricht, so auch die hier an ihre Stelle getretene Glokke. Vielleicht ist sie in diesem Stadium noch reiner

Ausdruck weiblicher Fruchtbarkeit, da sie aus einem dem Boden entsprießenden Lotosstengel hervorgeht.

Gleichzeitig scheint Vajrapani eine Spaltung in seiner Götterrolle erlebt zu haben: Einerseits wird er als rothaariger, vajraschwingender Dharmapala zu einem der zahlreichen Glaubensschützer des Buddhismus. Als Vajra und Glocke tragender Bodhisattva dagegen erhält er die Rolle einer Initiationsgottheit, die in die tiefsten Geheimnisse und höchsten Weihen des tantrischen Buddhismus und seiner ältesten Geheimlehre, des Guhyasamaja-Tantra, einführt.

Die Legende um die Entstehung dieses tantrisch-buddhistischen Geheimkults — des Guhyasamaja — führt uns noch einmal in die Heimat Padmasambhavas, ins Land Udayana — nach Swat. Dort herrschte im 7. Jahrhundert der König Indrabhuti. Eines Tages erblickte er am Himmel eine Schar roter Vögel, wie er sie nie zuvor gesehen hatte. Auf Befragung teilten ihm seine Weisen mit, daß es sich bei diesen fliegenden Wesen um buddhistische Heilige handle, die auf Grund ihrer Vergeistigung in der Lage seien, sich mühelos in die Luft zu erheben. Diese Fähigkeit faszinierte den König. Er wollte sie auch erlangen, aber nicht — wie jene Heiligen — auf die Annehmlichkeiten des irdischen Lebens verzichten. So wurde er mit Hilfe Vajrapanis, des Herrn der Geheimnisse, in die Mysterien des Vajrayana-Buddhismus und seine tantrischen Kultformen eingeweiht.

Hier haben wir die legendäre Erklärung für die Übernahme der aus dem vorvedischen Indien stammenden Mysterien- und Sexualkulte in das Glaubenssystem des Mahayana-Buddhismus. Sie haben ihren Ausdruck in den zahlreichen Malereien und Bronzen gefunden, die Buddhas, Bodhisattvas und Dharmapalas in geschlechtlicher Vereinigung — in Yab-yum-Stellung — mit ihrer weiblichen Entsprechung, ihrer Partnerin, zeigen. Wenn diese Einführung tantrischer Praktiken in den Buddhismus auch erst spät erfolgt ist, so bedeutet sie doch zweifellos nichts anderes als eine Angleichung der neuen Religion an uralte Kulte, eine Übernahme von Fruchtbarkeits- und Sexualriten, die auch im Einflußbereich des Buddhismus seit jeher bekannt waren und praktiziert wurden. Sie sind Teil eines religiösen Systems, das auf dem Kult der Großen Mutter, auf Fruchtbarkeitsmysterien und dem Glauben an ein Reich der seligen Geister beruht.

Denn schon lange bevor der Buddhismus Elemente der alten tibetisch-dardischen Volksreligionen in seine Glaubenswelt aufnahm, galt der Kailas nicht nur als Thron der Götter, sondern auch als Paradies der seligen Geister. Zur Zeit, als in Indien der Glaube an die Seelenwanderung entstand, stellte man sich vor, daß die Seelen der Abgeschiedenen dort oben in eisiger Höhe ein paradiesisches Dasein führten. Doch kein gewöhnlicher Mensch, so erzählt man sich, kann sie sehen oder hören. Nur wenn ein Heiliger oder ein frommer Lama in diese Höhen kommt, vermag er die Stimmen der Geister in der Ferne zu vernehmen.

Wir sehen, wie weitgespannt das kosmische Bedeutungsgefüge des Kailas ist. Es gibt nichts in dieser Welt des Himalaya, das nicht letzten Endes auf ihn Bezug nimmt. Ja mehr noch: Der Kailas ist für das Weltall, für den Kosmos die Achse und zugleich das zentrale Symbol. Er gibt den Menschen eine Vorstellung von den letzten Geheimnissen des Seins. Daß es sich dabei um uralte, zeitlich für uns nicht mehr faßbare Geheimnisse

Auch dieses Mandala-Schema kehrt als Grundtyp immer wieder: Es basiert auf tantrischen Symbolen und trägt im Zentrum den Vajra.

handelt, zeigt uns die Lektüre der ältesten indischen Schriften — der Veden und Upanishaden. Auch in der ältesten indischen Kunst sind diese Geheimnisse symbolhaft als Ursprung einer Ordnung gedeutet, die uns zwar nicht begreiflich ist, die sich aber dem Gläubigen bis heute als ein die Religionen übergreifendes System darstellt, das im Kailas gipfelt.

Weite Wege führen zum heiligsten Berg — auch heute noch, wo die Welt klein geworden ist und die meisten Entfernungen auf Stunden zusammenschrumpfen. Zum Kailas gibt es keinen Flug und keine Straße für eilige Touristen. Und das ist gut so und sollte auch so bleiben, wenngleich man fürchten muß, daß die Chinesen eine Vermarktung des Kailas anstreben, so wie sie schon die heiligen Stätten Zentral-Tibets vermarktet haben. Dann bleibt nur noch der Unterschied im Geiste, der den Pilger vom Voyeur trennt. Um diesen Unterschied deutlich zu machen, möchte ich hier noch einmal Lama Govinda zu Wort kommen lassen, der als erster Pilger aus dem Westen den Kailas mit den Augen des Ostens gesehen und umwandelt hat.

Er schreibt: »In den dunsterfüllten Tälern und Niederungen unseres täglichen Lebens haben wir unseren Zusammenhang mit Sternen und Sonnen vergessen, und darum brauchen wir die Gegenwart dieser mächtigen Wegweiser und Meilensteine, um uns wachzurütteln aus dem Schlummer unserer Selbstgefälligkeit. Es sind nicht viele, die den Ruf hören oder den Drang verspüren, sich aus den schweren Hüllen ihrer kleinen Interessen, ihrer Jagd nach Geld und Vergnügungen zu befreien; aber die wenigen, die der Ruf erreicht hat und in denen die Sehnsucht nach größeren Dingen noch lebendig ist, bilden einen ständigen Pilgerstrom, der die Tradition und das Wissen um diese Quellen der Inspiration aufrechterhält.

So kommt es, daß der Ruhm des Kailas sich ausbreitete und alle anderen heiligen Berge der Welt überstrahlte. Seit undenklichen Zeiten ist er das Ziel frommer Pilger. Es gibt keinen anderen Berg, der sich mit dem Kailas vergleichen ließe, denn er bildet die Nabe der zwei größten und ältesten Kulturkreise der Welt, deren Traditionen sich durch Jahrtausende bis auf unsere Zeit fortpflanzten: Indien und China. Nach ältester Sanskrittradition wird die Achse des Universums als Meru oder Berg Sumeru bezeichnet, und dies bezieht sich nicht nur auf die physische, sondern ebenso auf die metaphysische Welt. Und da unser psycho-physischer Organismus ein mikrokosmisches Abbild des Universums darstellt, entspricht Meru der Wirbelsäule beziehungsweise dem Rückenmark in unserem Nervensystem. Und ebenso wie die verschiedenen Bewußtseinszentren (Skt.: cakra) mit dem Rückenmark der Wirbelsäule (Skt.: meru danda) verbunden sind, von dem sie sich wie vielblättrige Lotosblüten abzweigen, in ähnlicher Weise bildet der Berg Meru die Achse der verschiedenen überweltlichen Bereiche. Und so, wie der psycho-physische Mikrokosmos des Menschen vom höchsten Bewußtseinszentrum, dem ›tausendblättrigen Lotos‹ (Skt.: sahasrāra-cakra) gekrönt ist, in gleicher Weise ist der Weltberg Meru, bzw. Kailas, der sein irdisches Gegenstück ist, von dem unsichtbaren Tempel der höchsten transzendenten Mächte überwölbt, die jedem Pilger in der jeweiligen Form erscheinen, die ihm höchste Wirklichkeit symbolisiert.

Folgen wir darum dem namenlosen Pilger und stellen wir uns vor, wie er auf mühsamen Pfaden Hunderte von Meilen zurücklegt und unzählige Bergketten übersteigt, deren eiskalte Pässe von Wolken verhüllt sind, während in den Tälern eine schwüle Hitze brütet, so daß der Pilger abwechselnd von erschlaffender Hitze und schneidender Kälte geplagt wird. Wilde Sturzwässer kreuzen seinen Weg, bei deren Durchquerung ein falscher Schritt den sicheren Tod bringt, und tiefe Schluchten tosender Gebirgsflüsse müssen an schwankenden Bastseilen schwebend überquert werden, wobei der Pilger an einem hölzernen Dreieck hängend über die schäumenden Fluten gezogen wird. In engen Felsschluchten bedrohen ihn Steinschlag und Wasserfälle, die aus unsichtbaren Höhen in die Tiefe stürzen. Schmale Pfade winden sich an steilen Berghängen und Felswänden empor, und scharfkantiges Gestein schneidet den Pilger in die wunden Füße.

Endlich steht er auf der Höhe des tibetischen Grenzpasses, des Lipulekh, im eisigen Nebel der ewigen Monsunwolke, die den Paß während des Sommerhalbjahres bedeckt. Kaum aber hat er den Paß überschritten, da hebt sich der Wolkenvorhang, und vor seinen erstaunten Augen liegt ein Land der Sonne, dessen Berge nichts mehr von der düsteren Schwere und Melancholie des monsunbestürmten Himalaya haben, sondern aus den reinsten, fast transparenten Pastellfarben gewoben zu sein scheinen. Gelbe, orangefarbene, rote und violette Töne stehen gegen einen tief-blausamtenen Himmel. Der Kontrast zu allem bisher Gesehenen ist so überraschend, daß der Pilger die drohende dunkle Wolke, die noch über seinem Haupt hängt und ihn mit eisigem Atem anhaucht, kaum bemerkt.

Bald aber gelangt er in das weite, offene Tal, das sich zu seinen Füßen ausbreitet, und erst jetzt kommt ihm der Unterschied zwischen der Welt, die er hinter sich gelassen hat, und der andern, die er eben betritt, voll zum Bewußtsein: Die Täler, durch die er zuletzt kam, waren von dunklen Tannenwäldern umgeben, der Boden war mit Gras, Moosen und Farnkräutern sowie mit Blumen und Büschen aller Art bedeckt; dunkle Felsen stiegen drohend über den grünen Tälern auf und verloren sich in den schweren Monsunwolken, unter denen die Schneegipfel verborgen waren – während hier die lebhaften Farben, die ziselierten Formen der Felsen und die plastischen Konturen der Berge sich in leuchtender Klarheit und ohne eine Spur vegetativen Lebens offenbaren wie am ersten Tag der Schöpfung, als Himmel und Erde sich in noch ungetrübter, ursprünglicher Reinheit gegenüberstanden.

Weiter unten im Tal, am Ufer des sich ruhig dahinschlängelnden Flusses erscheinen grüne Flecken von Weideland und kleine gelbe Gerstenfelder, die seltsam mit der sonst so vegetationslosen Landschaft kontrastieren. Sie berühren einen fast wie ein Anachronismus, indem sie eine Entwicklungsstufe der Schöpfung vorwegnahmen, die erst Millionen von Jahren später erscheinen konnte und in der umgebenden Natur noch nicht vorhanden ist.

Endlich werden auch menschliche Wohnstätten sichtbar, und sie sind ebenso seltsam wie die Landschaft: ein Konglomerat kubischer Formen, hinter denen die riesigen Felsbastionen eines Tafelberges aufsteigen, in dessen senkrecht abstürzender Felswand Höhlenwohnungen eingebaut sind, während auf seinem Rücken Burgen und Klöster thronen.

Alles erscheint so unwirklich und traumhaft wie eine antediluviale Landschaft. Und hoch über allem erheben sich im Hintergrund die leuchtenden Schneegipfel der Gurla-Mandhata-Kette. Im Gegensatz zu den wildzerklüfteten Gipfeln des Himalaya im Süden bildet die Mandhata-Kette ein einziges plastisch modelliertes Massiv, das sich aus der Vogelperspektive in der Form einer immensen Swastika darstellt. Der breite zentrale Rücken des Bergmassivs ist mit einer soliden Eis- und Schneekappe bedeckt, die sich über etwa 30 Kilometer erstreckt, während zwischen den Armen der Swastika Gletscherzungen herabfließen.

Da diese langgestreckte Bergkette den Distrikt und das weite Tal von Purang von der Kailas-Manasarovar-Region trennen, muß der Pilger dem weitausladenden westlichen Hang des Massivs folgen, bis er in ständigem Anstieg nach einer Tagreise den Gurla-Paß erreicht.

Nun gibt es keine Schwierigkeiten mehr in Form von Naturhindernissen. Aber, wie dies so oft geschieht: Wo die Natur freundlich und sanft ist, verkehrt der Mensch sich in ihr Gegenteil. Die Macht des tibetischen Gouverneurs, des Dsongpön von Purang, reicht nicht weiter als der bewohnte Teil des Tales. Sobald der Pilger diese Zone verläßt, wird er zu einer leichten Beute der Räuber, die den einsamen Wanderer oder die unbewaffnete Karawane ungestraft ausplündern können. Die Gerüchte und die beängstigenden Erzählungen, die in Purang dem Pilger zu Ohren kommen, sind nicht gerade ermutigend, und nur diejenigen, deren Glaube größer ist als ihre Furcht, werden sich trauen, allein weiterzureisen, während die Schüchternen entweder warten müssen, bis sie andere finden, mit denen sie sich zusammenschließen können, oder sie müssen sich damit begnügen, die Pilgerstätten im unteren Purang-Tal, an der Grenze Nepals, zu besuchen.

Dies war jedoch kaum der Fall bei jenen Hindu-Sannyasins, die (als Tibet noch frei war) Jahr für Jahr diese größte und heiligste aller Pilgerschaften unternahmen und die um ihres Glaubens willen unsagbare Entbehrungen und Gefahren auf sich nahmen. Es ist schwierig genug für Leute, die sich Pferde oder Yaks mit Zelten und Proviant leisten und möglicherweise einen wesentlichen Teil der Reise im Sattel zurücklegen können. Diejenigen aber, die nichts besitzen, als was sie auf dem Rücken tragen, die ohne Schutz gegen Wind und Wetter auf die Pilgerschaft gehen und selbst die Gefahren des Verhungerns oder des Erfrierens nicht scheuen, verdienen unsere höchste Achtung. Sie fürchten weder Leben noch Tod, weder Räuber noch Hunger, denn sie wissen sich geborgen in ihrer tiefinneren Einheit mit den göttlichen Kräften des Universums. Viele dieser mutigen Pilger kehren nie in ihre Heimat zurück; diejenigen aber, die zurückkehren, haben den Beweis höchster Ausdauer und unerschütterlichsten Glaubens erbracht. Sie kehren mit strahlenden Augen in ihr Land heim, bereichert durch eine Erfahrung, die für den Rest ihres Lebens eine Quelle der Kraft und der Inspiration bleibt, denn sie haben von Angesicht zu Angesicht dem Ewigen gegenübergestanden und das Land der Götter mit eigenen Augen gesehen. Wer je den Blick vom Gurla-Paß über die Kailas-Manasarovar-Region schweifen ließ, weiß, daß dies kein übertriebener Ausdruck ist. Schon am Abend, bevor der Pilger diesen Paß erreicht, wird ihm ein Anblick zuteil, der ihn mit solcher Unmittelbarkeit überfällt, daß er verwirrt und sprachlos einer zunächst völlig unwirklichen Erscheinung gegenüberzustehen glaubt, denn plötzlich steigt vor seinen Augen die Scheibe des vollen Mondes über die vor ihm liegende, sanft geschwungene Hügelkette — bis er mit einem Schauer höchsten Erstaunens die Täuschung durchschaut und die noch wunderbarere Wirklichkeit begreift: Es ist der leuchtende Eisdom des Kailas, der vor ihm in den tiefblauen Himmel steigt.

Der Anblick ist so überwältigend, daß der Pilger all seine früheren Besorgnisse und Befürchtungen vergißt und nur von dem einzigen Wunsch erfüllt ist, den Paß zu erreichen, um sich von der Wirklichkeit dieser Wundererscheinung zu überzeugen. Beschwingten Fußes schreitet er aus, und alle Müdigkeit ist von ihm gefallen. Der Rhythmus der Mantras lebt in seinem Herzen und wird auf seinen Lippen zum Triumphgesang, während sein Geist erfüllt ist von der Vision des heiligen Berges Kailas, der nun endlich in greifbare Nähe gerückt scheint. Nun können die Kräfte des Bösen ihm nichts mehr anhaben. Keine Macht der Welt kann das Erlebnis dieser Schauung von ihm nehmen. Er ist plötzlich von unerschütterlichem Vertrauen und solcher innerer Gewißheit erfüllt, als ob er von einer magischen Rüstung umgeben wäre, die keine äußere Macht durchbrechen oder zerstören kann.

In dieser Stimmung erreicht er den letzten Lagerplatz vor dem endgültigen Aufstieg zum Paß. Er verbringt die Nacht in freudiger Erwartung am Fuße eines Gletschers, aus dem ein kristallklarer Bach hervorsprudelt und den grünen Teppich des Weidegrundes bewässert, der von kleinen Blumen bedeckt und von Brennholz liefernden, knorrigen Büschen umgeben ist. Es ist einer jener naturgeschaffenen Lagerplätze, in dem alles den müden Wanderer willkommen heißt: wo klares Wasser ihn zum Trinken und der weiche Boden inmitten schützender Felsen und Hänge zum Ruhen einlädt; wo Yaks und Pferde willkommene Nahrung finden und wo Brennstoff für ein wärmendes Lagerfeuer bereit ist.

In der Morgendämmerung bricht der Pilger nach einem schnellen Imbiß auf, um das letzte Stück des Aufstiegs zum Paß zu bewältigen. Freudig sieht er dem großen Tag entgegen, an dem er die Schwelle des heiligen Landes überschreiten und den größten Wunsch seines Lebens verwirklichen wird.

Und dennoch, wenn er endlich den Paß erreicht hat und auf der Schwelle des verheißenen Landes steht, werden all seine Erwartungen übertroffen. Wer kann die Unendlichkeit des Raumes in Worte fassen. Wer kann eine Landschaft, welche diese Unendlichkeit verkörpert und atmet, beschreiben? — Große blaue Seen, von smaragdgrünem Weideland und goldenen Hügeln umgeben, erscheinen gegen eine ferne Kette von Schneebergen, in deren Mitte der blendend-weiße Dom des Kailas, des ›Schneejuwels‹ (Kangrinpoche), wie die Tibeter den heiligen Berg nennen, aufragt.

Er beherrscht den ganzen ungeheuren Raum dieser Landschaft, die wie eine Landkarte zu Füßen des Pilgers ausgebreitet liegt. Die Luft ist so klar, daß das Auge über mehr als hundert Meilen schweifen kann und daß jede Form und jede Farbe in voller Deutlichkeit und Klarheit erscheint, als ob das Auge mit der Wahrnehmungsfähigkeit ultraroter Strahlen ausgestattet wäre.

Es ist zweifellos einer der erhebendsten Anblicke, der einem Sterblichen zuteil werden kann, und er erfüllt den Pilger mit Ehrfurcht und Staunen, so daß er sich fragt, ob das, was er sieht, noch zu dieser Welt gehöre oder der Widerschein einer höheren Sphäre sei. Ein ungeheurer Friede liegt über dieser lichten Landschaft und durchdringt den Pilger mit solcher Macht, daß er alle Gefahren vergißt und sein eigenes Ich ausgelöscht ist; denn wie in einem Traum ist er eins geworden mit seiner Vision. Er hat die Unerschütterlichkeit eines Menschen gewonnen, der weiß, daß ihm nichts geschehen kann, als was ihm seit Ewigkeiten zugehört.

Langsam steigt der Pilger hinab in das Land der Götter. Er ist nun nicht mehr das einsame, geängstigte Individuum der vergangenen Tage. Er weiß sich in der Gesellschaft einer Heerschar unsichtbarer Begleiter, der geistigen Bruderschaft unzähliger Mitpilger und umgeben von vielen subtilen Einflüssen, die über dieser Region zu schweben scheinen und die, in Übereinstimmung mit den verschiedenartigsten religiösen Traditionen, als die Gegenwart von Göttern oder von Buddhas und Bodhisattvas beschrieben wird.

Wie wenig weiß der heutige Mensch von diesen Dingen! Wie kindisch sind die Bemühungen derer, die es als unter ihrer intellektuellen Würde empfinden, die Wirklichkeit geistiger Kräfte zuzugeben, und die statt dessen diese Kräfte mit hochtönenden wissenschaftlichen Phrasen hinwegzuerklären versuchen, oder die jegliches Erlebnis solcher Wirklichkeiten als Aberglauben oder Halluzination aburteilen. Als ob das letzte Wort der Wissenschaft auch das letzte Wort der Wahrheit wäre, und als ob es keine andere Wirklichkeit gäbe als die der Wissenschaft! Wissenschaft ist bewundernswert in ihrem eigenen Bereich, aber sie kann ebensowenig auf die Phänomene geistigen Erlebens angewandt werden wie auf die schöpferischen Gestaltungsformen der Kunst.

Infolge unserer ausschließlichen Konzentration auf die Ausbildung unserer intellektuellen Fähigkeiten haben wir unsere psychischen Fähigkeiten vernachlässigt und unsere seelische Sensitivität weitgehend eingebüßt. Wer es heutzutage wagt, von Gottheiten, von Buddhas und Bodhisattvas in irgendeinem anderen als einem poetischen oder metaphorischen Sinne zu reden, setzt sich dem Vorwurf des wüstesten Aberglaubens aus. Dennoch sind diese unsichtbaren Kräfte und Wesenheiten für den Pilger wirklich genug, um ihn gegen Gefahren immun zu machen und ihn Todesfurcht und Entbehrungen überwinden zu lassen, was weder dichterische Ästhetik noch wissenschaftliche Erkenntnisse zu tun imstande sind. Wir müssen uns diese Tatsachen vor Augen halten, wenn wir die Erlebnisse des Pilgers verstehen und richtig einschätzen wollen.

Die Erregung des ersten gewaltigen Eindrucks, welche die Begegnung zwischen dem Pilger und seiner neuen Umgebung hervorgebracht hat, weicht allmählich einer stillen Heiterkeit. Während der Kailas, das ›Juwel der Schneeberge‹, hinter einer Kappe von Kumuluswolken verschwindet, die sich mit steigender Sonnenwärme um seinen Dom sammeln, werden die heiligen Seen zum Hauptobjekt der Aufmerksamkeit des Pilgers. Er kann sich nicht genugtun in der Bewunderung ihrer strahlenden Bläue und dem seltsamen Spiel der Natur, das ihn mit allen Symbolen uralter Traditionen beeindruckt: hinter ihm das Massiv des ›Swastika-Gebirges‹ (die Swastika ist das Symbol ewiger Schöpferkraft), vor ihm die zwei Seen, von denen Rakastal zur Linken in der Form einer Mondsichel erscheint, während das Rund des Manasarovar zur Rechten der Sonnenscheibe gleicht und darum als Sitz der lichten Götter gilt.

Wenige Stunden nach dem Verlassen des Gurla-Passes erreicht der Pilger das Ufer des Manasarovar-Sees und erlebt die Pracht des ersten Sonnenuntergangs über seinen Fluten. Das Blau des Sees verwandelt sich in der Nähe der Ufer in leuchtendes Veronesergrün, während die Mitte des Sees zu einem tiefen Ultramarin wird. Die leichten Abendwolken flammen in allen Farben des Feuers auf. Sie hängen tief im Himmel und gleiten schnell in dauernd wechselnden Formen über den See. Manchmal explodieren sie wie Feuerwerk und ergießen sich in goldenen Kaskaden in die nun violett erscheinenden Fluten des Sees oder schießen empor wie Raketen, um sich im nächsten Augenblick in einen Feuerregen aufzulösen.

Und während der Pilger wie gebannt diesem Schauspiel zusieht, kommen die Tiere aus ihren Behausungen und Verstecken, um den fremden Eindringling zu beobachten. Vögel nahen sich furchtlos seinen Füßen, kleine, murmeltierähnliche Geschöpfe kommen aus ihren Löchern, um den Pilger zu begrüßen, Hasen sitzen aufrecht mit erhobenen Löffeln und betrachten ihn kritisch, und selbst Herden von Kyangs grasen friedlich und ungestört in geringer Entfernung.

Es ist das ungeschriebene Gesetz, daß niemand in dieser Region Tiere töten oder verletzen darf, und als ob die Tiere sich dessen bewußt wären, verhalten sie sich so, wie man sie sich im lang vergessenen Paradies vorstellt. Der Pilger, der seit dem Beginn des Tages wie im Traum von einem Wunder zum anderen gegangen

Torchorten in Ladakh mit Blick auf das Vorgebirge des westlichen Himalaya.

Links oben: Das Lamakloster Lamayuru in Ladakh. Links unten: Eines der westlichsten Lamaklöster Ladakhs liegt auf hohem Fels an der Straße von Srinagar nach Leh.

Rechte Seite: Am Eingang in die buddhistische Welt Ladakhs — die wohl im 8. Jahrhundert entstandene, etwa acht Meter hohe Reliefstatatue des vierarmigen Bodhisattva Maitreya.

Oben: Der Königspalast von Leh, der Hauptstadt Ladakhs.
Unten: Ladakhische Händler auf dem Weg zum Markt.

Oben links: Sherpaträger. Oben rechts: Ladakhisches Mädchen.
Unten: Der alte Königspalast von Leh im oberen Indus-Tal.

Oben: Das Gelbmützenkloster Tikse am Weg von Leh nach Hemis.

Unten: Zeremonie der Regenbannung durch den Bagula, den höchsten Lama Ladakhs.

Oben: Im Tempel des Tikse-Klosters begegnen wir diesen beiden, zum Zeichen der Verehrung in Brokat und weiße Schleier gehüllten Buddhafiguren, von denen die linke den historischen Bhudda Shakyammuni und die rechte den Urbuddha Vajrasattva darstellt. Rechts: Die tantrische Initiations- und Schutzgottheit Hevajra.

Oben: Tschamtänze beim Hemisfest in Ladakh. Links: Der Gott Hevajra. Rechte Seite, oben: Steinsetzungen und Gebetswimpel auf dem Kampala-Paß. Unten: Himalaya-Kette, ganz links der Mount Everest.

Oben: Im Hof des Ghoom-Klosters bei Darjeeling. Links: Der tausendarmige und elfköpfige Bodhisattva Avalokiteshvara.

Der verstorbene 16. Gyalwa Karmapa zelebriert in seinem Stammkloster Rumtek in Sikkim die berühmte Schwarzhautzeremonie.

Traditioneller bhutanesischer Tempelbau im Regierungsdzong von Thimphu.

Linke Seite: Bhutane-
sische Tänze.

Oben: Das Tigernest
in den Bergen bei
Paro. Rechts: Der gro-
ße Dichter Milarepa.

Linke Seite, oben: Der große Dzong von Tongsa. Unten: Applikationshangka mit den acht Inkarnationen des Padmasambhava.

Rechts: Die löwenköpfige Gottheit Dakini Simhavaktra. Unten links: Skulptur einer Tara. Unten rechts: Bhutanesische Yab-yum-Gruppe.

Alter Chorten in Ost-Bhutan.

ist, beginnt zu verstehen, daß, wenn es irgendwo noch ein Paradies gibt, es hier ist.«

Dieser Beschreibung der Umwandlung des Kailas von Lama Govinda ist nichts hinzuzufügen. Sie stellt die genaue Gegenposition zur Haltung sensationsgieriger Erlebnismenschen dar, die man heute auch schon am Kailas trifft. Da sie jedoch von der Größe dieses Erlebnisses wohl kaum etwas begreifen, stellen sie auch keine Gefahr für den heiligen Ort dar. Allerdings wird die Kluft zwischen Wissenden und Unwissenden in den kommenden Jahren immer größer werden, da es auch für die Unwissenden keine Grenzen mehr gibt. Bedenkt man, daß heute alles, selbst das Geheimnisvollste, zugänglich ist, bleibt nur noch die Frage des Verstehens oder Nichtverstehens. Am Kailas stellt sie sich für jeden mit letzter Klarheit.

Milarepa — Der Dichter des Himalaya

Der Himalaya hat immer wieder heilige Männer und große Lehrer aus Indien angezogen. Von seinen Eisbergen ging die Faszination eines Mirakels aus. Für die Menschen tropischer Breiten waren die von der Sonne beglänzten Schneeberge so etwas wie Kristallpaläste, wie unerreichbare Götterwohnungen, von denen man sich angezogen fühlte. So wurden sie zu Symbolen des Heiligen, zu Orten der letzten Geheimnisse, die man mit vielen Legenden umwob. Hier trafen sich die Lehren des Buddhismus, der Bon-po und ältester Geister- und Dämonenglaube als Komponenten eines Lebensgefühls, wie es nur zwischen Tropen und Regionen ewigen Eises entstehen konnte. Vieles von solchem

Fühlen und Denken haben uns die großen Gurus in ihren Lehrtexten vermittelt. Doch keinem gelang es eindringlicher, den Himalaya in allen Facetten sprachlich darzustellen und so erlebbar zu machen als Milarepa, dem unsterblichen Dichter des Himalaya, dessen Ruhm die Jahrhunderte überstrahlt bis in unsere Zeit. Man kann ihn mit Homer und Vergil, mit Dante und Shakespeare vergleichen, und doch ist und bleibt er in seiner Art ein Einziger — sowohl in seinem Werk als auch mit seinem bewegten Leben, das sich für uns aus Wirklichkeit und Legende, aus Zeitgeschehen und unvorstellbarer Phantastik zusammensetzt.

Milarepa ist einer der Großen jener kulturellen Blütezeit im Himalaya, die von 1000 bis nach 1300 währte und in Tibet die wichtigsten Rotmützensekten mit ihren Geheimlehren entstehen ließ, die zugleich den Keim einer Entartung in sich trugen, auf die um 1400 Tsongkhapa mit seiner Reformbewegung der Gelbmützen reagierte.

Unter diesen Sekten nahmen die Kargyutpa, die aus der großen Tradition des indischen tantrischen Buddhismus hervorgegangen waren und Männer wie Milarepa zu den ihren zählten, eine Sonderstellung ein. Ihre Mysterien wurden direkt vom Lehrer auf den Schüler übertragen. Dadurch entstand eine ununterbrochene Kette von Wahrern und Vermittlern der höchsten Geheimnisse des esoterischen Buddhismus, der hier zum erstenmal mit der Lehre vom Unendlichen in Raum und Zeit ernst machte. Er stellte dem Mikrokosmos unserer menschlichen Existenz in seiner Vergänglichkeit den Makrokosmos des Universums gegenüber: das illusorische Nichts eines jeden einzelnen von uns dem anfang- und endelosen Sein, in das wir

Menschen als Momenterscheinungen eingefügt sind von Wiedergeburt zu Wiedergeburt. Diese Lehre muß für den Gläubigen der damaligen Zeit eine ungeheure Wirkung gehabt haben. Denn sie nahm nicht nur das Individuum in ein großes Bezugssystem hinein, in dem es sich nicht mehr so verloren fühlte wie in der frühbuddhistischen Lehre des Hinayana — des kleinen Fahrzeugs —, in der jeder seinen Weg zur Erlösung — zum Nirvana — selber suchen und finden mußte. Sie gab dem Menschen zugleich das Bewußtsein des die Persönlichkeit zwar reduzierenden, zugleich aber auch in einen sicheren, unausweichlichen Allzusammenhang stellenden Systems, in dem nichts verlorengeht, aber auch nichts von beängstigender, qualvoller Ewigkeit ist, wie es für den frühen Buddhisten das »leidvolle Dasein« als endlose Kette gewesen sein mag.

Die Tantriker sprachen vom Gedankenblitz der Erlösung, vom erhellenden Augenblick, der das Erlebnis der Erleuchtung nicht auf eine Stunde in fernster Zukunft projizierte, sondern es im Hier und Jetzt möglich sein ließ.

Was diese Lehre enthielt, war das große Paradoxon, aus dem sich Leben wahrscheinlich überhaupt zusammensetzt: aus der Nichtigkeit unserer zeitweisen körperlichen Existenz mit ihren Gefühlen, ihren Nöten und der Einmaligkeit unseres Bewußtseins, durch das uns die Möglichkeit eines Eindringens in die Sphären letzter Geheimnisse und ihrer wunderbaren Zusammenhänge gegeben ist.

Folgen wir den ältesten Berichten über die Entstehung und Verbreitung der Kargyutpa-Sekte, stoßen wir in Indien auf Tilopa, einen der bedeutendsten Gurus des tantrischen Buddhismus, der die Mahamudra —

das große Siegel — seiner Lehre direkt von Vajradhara — dem Adi- oder Urbuddha — empfangen haben soll. Man hat sich Vajradhara, genauso wie die auf ihn zurückgehende Mahamudra, als ein magisch-mystisches Symbol vorzustellen, dem weder ein existentes Wesen noch ein logischer Text zugrunde liegen. Vajradhara ist die Urbuddha-Idee der völligen Leere, des für alle Geheimnisse offenen Bewußtseins, und Mahamudra ist die Formel, die zur spontanen Erleuchtung führt. Nur wenn wir uns diese Zusammenhänge klarmachen, können wir Entstehung, Entfaltung und Legendenkranz der Kargyutpa verstehen und in ihrer Bedeutung für den Menschen des Himalaya erfassen.

Neben Vajradhara, dem Urbuddha, steht als Einweihungswesen der Yi dam Cakrasamvara, eine der großen Schutz- und Initiationsgottheiten, die uns Menschen als Meditationshelfer auf dem Wege zur absoluten Klarheit beistehen sollen.

Mit Cakrasamvara kehren wir wieder zurück zum Kailas: Dieser »Gott der Weisheit und Klarheit« gilt als der buddhistisch-tantrische Herr des heiligen Berges, so wie Shiva dort oben im Bewußtsein der Hindu thront. Tilopa, der die Einweihung in diese Geheimnisse direkt aus der Inspiration des Urbuddha und seines auf dem Kailas herrschenden Yi dam erhalten hat, gab sein Wissen dann an eine irdische Erscheinung — an den bengalischen Tantriker Naropa — weiter, dessen Lebensgeschichte schon früh auch europäische Gelehrte fasziniert hat, wenngleich sich, wie bei der 1933 erschienenen Übersetzung der Legenden des Naropa durch Albert Grünwedel, in das Interesse Abscheu mischte vor den »schrecklichen«, unmoralisch erscheinenden Lebensformen, die man weder verstehen konnte

Ein Schriftmandala, das die zur Meditation erforderlichen Mandalas eingezeichnet trägt. Auch von dieser Mandala-Form gibt es zahlreiche Variationen.

noch goutieren wollte. Traten doch auch hier wieder die zwei Erscheinungsweisen des Menschen als Heiliges und Menschlich-Allzumenschliches in aller Deutlichkeit und mit aller Heftigkeit in Erscheinung. Männer wie Tilopa, Naropa und Milarepa waren eine ganz andere Art von buddhistischen Gurus, als sie Heilige wie Atisha darstellten. Wir können in ihnen eher unmittelbare Nachfolger Padmasambhavas sehen. So wie bei ihm spaltet sich auch bei diesen Gurus bis hin zu Milarepa und seinen Schülern die Lebensgeschichte in Biographie und oft recht drastische Legende.

Von Naropa wissen wir, daß er 956 als Sohn eines Brahmanen oder eines Fürsten — hier gehen die Angaben auseinander — in Bengalen geboren wurde. Seine Ausbildung erhielt er in Kaschmir, wo er auch mit dem Buddhismus in Berührung kam, der ihn als Lehre und Lebensform tief beeindruckte. Trotzdem heiratete er auf Wunsch seiner Eltern als Sechzehnjähriger eine Brahmanentochter, die jedoch nach achtjähriger Ehe in seinen Wunsch, Mönch zu werden, einwilligte und einer Trennung zustimmte. Naropa kehrte nach Kaschmir zurück und erhielt dort seine buddhistische Ausbildung. Später ließ er sich als Lehrer in der berühmten Universitätsstadt Nalanda nieder. Nach acht Jahren Lehrtätigkeit kamen ihm Zweifel am Sinn der überlieferten Buddha-Lehre, und er begab sich auf die Suche nach dem berühmten Guru Tilopa, der nach vielen Widerständen sein Lehrer für tantrische Studien wurde. Hier nun trennen sich Biographie und Legende. In der Überlieferung wird aus dem in seiner Entwicklung gut belegten Guru Naropa der Mahasiddha gleichen Namens, von dem es heißt, er stamme aus einer Familie von Palmweinhändlern und habe sich in seiner Jugend vom Brennholzverkauf ernährt. Als jugendlicher Asket machte er sich, in ein schwarzes Gazellenfell gehüllt, auf den Weg zu Tilopa, dem ihm von geheimnisvollen Wesen verheißenen Lehrer. Ein Jahr mußte er suchen, bis er Tilopa traf. Und dann diente er dem Guru, der ihn zunächst mit Schlägen zu vertreiben suchte, zwölf Jahre lang, bevor er als Schüler angenommen wurde.

Aufschlußreich für den Geist des Buddhismus, der hier geübt wird, ist die Geschichte von Tilopas Sinneswandel gegenüber dem unterwürfigen, immer wieder um Schülerschaft bittenden Naropa, der dafür jahrelang nichts als Schmähungen und Schläge empfangen hatte. Eines Tages, so berichtet die Legende, bekam Naropa, der für Tilopa täglich das Essen im Dorf erbettelte, auf einer Hochzeit besonders gute und reichliche Speisen. Tilopa nahm sie gnädig an und fragte mit freundlicher Stimme: »Wer gab Dir diese köstlichen Speisen, mein Sohn?« Die Wendung »mein Sohn« sagte Naropa, daß er als Schüler angenommen sei. Doch es harrten seiner weitere Prüfungen. Tilopa schickte ihn noch dreimal zu dem Brauthaus um Essen, und das junge Paar beschenkte den Bettelmönch jedesmal fürstlich. Als ihn Tilopa ein fünftes Mal gehen hieß, traute sich Naropa nicht mehr vor das Brautpaar. Er schlich sich in die Küche und stahl den Rest der Speisen. Daraufhin gab Tilopa dem Dieb die heiligen Weihen. Naropa hatte sich als treu erwiesen bis ins Vergehen, hatte gutes Karma geopfert in der selbstlosen Hoffnung, als Schüler angenommen zu werden. Das ist eine jener Situationen, die von europäischen Interpreten meist nicht verstanden worden sind und als Auswüchse des späteren Buddhismus kritisiert wurden. Anders die tibetische Beurteilung: Naropa erlangte nach dieser Tat die Siddhaschaft, und sein Herz begann für alle sichtbar zu leuchten. Naropa gab das von Tilopa erworbene Wissen um die Geheimnisse des tantrischen Buddhismus an seinen Schüler Marpa — den großen Übersetzer — weiter, der, ebenfalls nach langer Prüfung, zum Lehrer Milarepas wurde.

Marpa war der erste Tibeter in der langen Reihe der Kargyutpa-Patriarchen, an deren Anfang Tilopa und der historische Naropa stehen. Sechzehn Jahre lang hatte Marpa in Indien die Sutren und die Tantras studiert. Dann übersetzte er die heiligen Schriften ins Tibetische und begründete damit die bis heute lebendige Kargyutpa-Tradition im Himalaya, wenngleich das älteste Kargyutpa-Kloster erst nach seinem Tode 1150 durch den Lama Gampope gegründet worden ist. Nach der um 1400 beginnenden Ausbreitung des Gelbmützenbuddhismus im Kernland Tibet hat die Kargyutpa-Sekte in Gestalt der Drugpa-Sekte ihre stärkste Position in Bhutan ausgebildet und bis in die Gegenwart bewahrt. Sie beruft sich noch heute auf die berühmte Traditionslinie Tilopa-Naropa-Marpa-Milarepa, die in der Berühmtheit ihrer Träger einmalig ist in der Geschichte des tantrischen Buddhismus.

Thospadgha, wie der Dichter der Hunderttausend Gesänge aus der südtibetischen Familie Mila in seiner Jugend hieß, wurde 1040 als Sohn eines reichen Wollhändlers geboren. Sein Vater starb, als Mila, wie man den Sohn nun nach dem Vater nannte, ein Kind von sieben Jahren war. Ein betrügerischer Bruder des Vaters brachte die Witwe und ihre Kinder um das beträchtliche Erbe und stieß sie damit in bittere Armut. Milas verzweifelte Mutter erzog ihren Sohn zur Rache und gab ihn, als er herangewachsen war, einem Meister der Schwarzen Magie in die Lehre. So wurde Mila mit allen Praktiken der Zauberei und der Entfaltung böser Kräfte vertraut. Als der Sohn seines betrügerischen Onkels heiratete, ließ Mila das Haus, in dem die Hochzeitsfeier stattfand, zusammenbrechen. Es begrub das Brautpaar und 33 Festgäste unter seinen Trümmern. Nur der Onkel und seine Frau kamen mit dem Schrecken davon. Um auch den Verursacher seines Elends zu vernichten, ließ Mila, der längst aller Künste Schwarzer Magie mächtig war, einen Hagelsturm über sein Heimatdorf niedergehen, der Häuser und Felder verwüstete und viele unschuldige Einwohner tötete. Doch auch diesmal blieben der Schuldige und seine Frau unversehrt. Das bewog den rasenden Mila zum Nachdenken. Mit Schrecken besann er sich, daß er mit seinen Taten schlimmes Karma erzeugt hatte und einer Wiedergeburt in der Hölle sicher sein konnte. Reue packte ihn, und er begab sich auf die Suche nach einem Lehrer der ihm beim Abtragen seiner großen Schuld würde helfen können. Nach langer verzweifelter Suche stieß er auf Marpa, den großen Übersetzer, der ihn als Schüler annahm.

Der ausführliche Bericht über Milas Lehrzeit bei Marpa, den Rechung, ein Schüler Milarepas aufgezeichnet hat, ist eine Anhäufung von sich ständig wiederholenden Härten und Erniedrigungen. So ließ Marpa Mila eigenhändig ein Haus bauen, das er kurz vor der Vollendung wieder einreißen mußte. Um die Qualen des Schülers zu erhöhen, mußte Mila sein Werk mehrfach wiederholen, ohne es zur Vollendung bringen zu dürfen. Auf diese Weise versuchte Marpa Milas böses Karma allmählich abzubauen. Kein Wunder, daß Mila oft verzweifelt war, an Flucht und sogar an Selbstmord dachte. Als er in Jahren qualvoller Fron an der Seite seines verehrten Lehrers, der ihn jedoch nur schlug und quälte, erleben mußte, wie ein Schüler nach dem anderen die Einweihung in die geheimen Lehren des Tantrismus empfing, vertraute er sich Marpas Frau an, die für den klugen jungen Mann eine Schwäche hatte. Sie schickte Mila zu einem befreundeten Guru – einem ehemaligen Schüler ihres Mannes –, um dort endlich die Weihen zu empfangen. Doch das blieb Marpa nicht verborgen, und er war sehr erzürnt über diesen Versuch einer Umgehung seiner gutgemeinten Reinigungspraktiken. Immerhin hatte dieser Ausbruch Milas aus dem Bannkreis Marpas zur Folge, daß dieser nun, nach verrauchtem Zorn, den langjährigen Schüler seine ständig verborgene tiefe Zuneigung spüren ließ und ihn endlich initiierte.

Nachdem Mila so in die Eigenverantwortung entlassen war, stiegen erneut quälende Gedanken an sein früheres böses Tun in ihm auf. Nackt, nur in ein Baumwolltuch gehüllt – was auch der überlieferte spätere Name Milarepa besagt –, zog Mila sich in die Einsamkeit des Himalaya zurück, wo er sich, wie viele spätere Eremiten, in einer Höhle der reinen Meditation hingab, einer Daseinsform, die bis in die Gegenwart von strengen Kargyutpa-Lamas geübt wird.

In den Jahren der Meditation durchlebte Milarepa viele Stadien der Schauung, die ihn zu immer tieferen Einsichten in die Möglichkeiten unseres Bewußtseins und in die Scheinwelt unseres Daseins führten. Milarepa erkannte, daß alles menschliche Tun eine Sklaverei im Dienst unserer Sinne ist. Er sah den Käfig, in den sich der Mensch durch seine Wünsche, sein Streben, seine Handlungen selbst einsperrt, wobei er den freien

Blick fürs Ganze, für die Herrlichkeit der kosmischen Zusammenhänge des Universums verliert. Mit seinem Unabhängigwerden von irdischen Bindungen, mit der Wunschlosigkeit und dem Loslassen von allen Bedürfnissen erreichte er allmählich einen Zustand, in dem sich die einst erworbenen schrecklichen Kräfte der Schwarzen Magie als Kräfte der Weißen Magie erneut einstellten. Er vermochte in Eishöhlen des Mount Everest die Körperwärme durch seinen Willen so zu steigern, daß sie ein umgelegtes eisiges Tuch alsbald zum Dampfen brachte und trocknete. Es bereitete ihm keine Schwierigkeiten mehr, seinen Körper vom Boden zu lösen und im Zustand der Schwerelosigkeit durch die Luft zu schweben. So hatte er seine Körperlichkeit im wahrsten Sinne des Wortes überwunden – ein Esoteriker, der durch sein Beispiel zahlreiche Schüler anzog und schon bald als eine göttergleiche Gestalt, als ein unübertrefflicher Guru des Himalaya galt. Vieles, was er sagte, ging in seine Hunderttausend Gesänge ein, die als ein Spiegel seines klaren Bewußtseins und als Beschreibung seines phantastischen Lebens ihre Wirkung bis heute nicht eingebüßt haben.

In der Spätphase seiner Lehr- und Wandertätigkeit, die sich an die Jahre der Meditation anschloß, gelangte Milarepa auch zum Kailas, der zu dieser Zeit in den Händen eines machtvollen Bon-po, des Na-ro bonchung, war. Der Bericht, den Milarepa in den Hunderttausend Gesängen von seiner Begegnung mit diesem gewaltigen Bon-Zauberer gibt, zeigt ihn im Vollbesitz jener magischen Wunderkräfte, die alle Naturgesetze aufzuheben vermögen und den Triumph der Weißen über die Schwarze Magie eindrucksvoll darstellen. Unmerklich geht hier die Realität einer tatsächlichen Begegnung zwischen zwei Gurus jener Zeit über in die Transzendenz einer Traumwelt, die zu einer weiteren, schließlich grenzenlosen Wirklichkeit wird. Da ein Dichter nicht vorstellbar ist ohne die Kraft seiner Sprache, soll hier ein Teil dieser Kailas-Geschichte in der Übersetzung des deutschen Tibetologen Helmut Hoffmann folgen.

»Als sich der verehrungswürdige Milarepa mit vielen Schülern von Pr-rangs nach dem Ti-se [Kailas] begab, da begrüßten ihn auf der Paßhöhe die Ortsgottheiten des Ti-se und des Manasarovar mit ihrem Gefolge, verneigten sich und brachten ihm wunderbare, große Opfergaben dar. Den Ti-se und den Manasarovar schenkten sie dem Verehrungswürdigen samt seinen Schülern als Meditationsstätte. Weiterhin versprachen sie, die Menschen zu schützen, die sich zur religiösen Überlieferung des Verehrungswürdigen bekannten, und begaben sich dann jeder an seine Statt. Zur Zeit nun, da der Verehrungswürdige mit seinen Schülern am Ufer des Manasarovar-Sees anlangte, kamen auch Na-ro bon-chung und seine Schwester ans Ufer des Manasarovar, da sie schon vorher von dem Ruhme des Verehrungswürdigen und seiner Schüler und von der Kunde, daß er nach dem Ti-se reise, vernommen hatten. Obwohl Na-ro bon-chung ihn von Angesicht kannte, tat er doch so, als sei er ihm fremd und sprach zu dem Verehrungswürdigen und seinen Schülern: ›Wo kommt ihr her und wohin geht ihr?‹ Der Verehrungswürdige erwiderte: ›Von einer Einsiedelei, La-phyi genannt, sind wir gekommen und zum Ti-se machten wir uns auf, um zu meditieren.‹ Da fragte jener: ›Wie lautet dein Name?‹ Der Verehrungswürdige antwortete: ›Ich bin Milarepa genannt.‹ ›Wohlan‹, fuhr jener fort, ›der Ti-se und der Manasarovar hier gleichen dir: Wenn euer Ruhm von fern auch groß ist, so findet sich doch jetzt nichts Wunderbares an euch. Doch magst du noch so erstaunlich sein, dieser Berg befindet sich im Besitze von uns Bon-po, und wenn du hier bleiben willst, mußt du nach meiner Art der Bon-Religion anhängen.‹ Der Verehrungswürdige sprach: ›Betreffs dieses Berges hat Shakyamuni im allgemeinen die Prophezeiung getan, daß er den Anhängern der Buddha-Lehre gehören werde. Und im besonderen hat Marpa verkündet, daß er mir, dem Milarepa, als Meditationsstätte dienen solle. Ihr Bon-po seid im Irrtum, wenn ihr vermeint, Sieger bleiben zu können, weil ihr zuvor euch hier aufgehalten habt. Wollt ihr noch hier verweilen, so müßtet ihr euch schon nach meiner Art der buddhistischen Religion weihen. Wollt ihr das nicht, dann begebt euch anderswohin!‹ Da antwortete jener: ›Ihr beiden seid euch gleich. Ist man euch fern, dann eignet euch hoher Ruhm, doch kommt man euch nahe, dann seid ihr nur von geringer Bedeutung. Solltest du aber über Wunder gebieten, dann wollen wir beide unsere Geschicklichkeit in der Zauberkunst messen, und wer Sieger bleibt, soll diese Stätte in Besitz nehmen.‹ Nach diesen Worten setzte der Bon-po seine Füße diesseits und jenseits des Manasarovar nieder und ließ sich folgendermaßen vernehmen:

›Eignet auch hoher Ruhm dem Ti-se mit weißen Gletschern,
Ist er ein Bergesgipfel doch nur gekleidet in Schnee.
Eignet auch hoher Ruhm dem Türkissee Manasarovar,

Ist er doch Wasser selbst nur, welches von Wasser
durchströmt.
Eignet auch hoher Ruhm dem Milarepa,
Ist er doch nur ein alter und nackter Mann.
Ein Liedchen singet sein Mund,
Und es hält einen Stab seine Hand.
Nicht ist er großer Verwund'rung wert.
Khro-rgyal, der erhabene Trinker des Bluts,
Dem neun der Häupter und achtzehn Arme zu eigen,
Die Gye-god, welche ihm magisch entsprossen,
Mit neunfachem Haupt und vielfacher Zauber Meister,
Und seine Schwester, die Srid-rgyal-mA,
Diese Götter sind mir, dem Bon-chung, geneigt.
Willst du dann Zauberkunst zeigen, dann zeige sie
diesergestalt!‹

Auf diese Worte hin ließ sich der Verehrungswürdige
auf den See nieder, ohne daß sein Körper sich vergrößert
oder der Manasarovar sich verkleinert hätte,
und sang in dieser Lage folgendes Lied:

›Hört mich, ihr Götter und Menschen!
Es sitzt auf dem Berge Gridhrakuta
Auf der acht Löwen Thron
Furchtlos der Sieger Shakyamuni.
Ihm gleich an Weisheit weilen
Im Dharma-Palast Akanishtha, die Sechszahl vollendend,
Der gewaltige Vajradhara,
Bdag-med lha-mo, die große Shakti,
Mit ihnen zugleich geboren Tilo,

Die zu Anfang entsprossene Inkarnation,
Naropa auch, der große Gelehrte und Hüter des Tores,
Der erleuchtete Marpa, der Übersetzer.
Ich, Mila, ruhe in dieser Segen,
Mein Name ist weithin berühmt.
Des Marpa von Lho-brag Gebot zu erfüllen,
Kam ich, am Gletscher des Ti-se Versenkung zu üben.
Indes ich das eigene Heil und das der andern vollende,
Erteil ich dir Antwort im Liede,
Dem Bon-po mit falschem Glauben.
Daß der Ti-se mit weißen Gletschern, der hochberühmte,
Ein Bergesgipfel mit Schnee bedeckt,
Zeigt an, wie weiß des Buddha Lehre.
Daß der Türkissee Manasarovar, der hochberühmte,
Ein Wasser ist, welches von Wasser durchströmt,
Zeigt an der Dinge Vergänglichkeit.
Daß Milarepa ich, der hochberühmte,
Nackt lebe als ein alter Mann,
Zeigt an, daß ich den Neigungen entronnen,
Daß auf den Lippen mir ein kleines Lied,
Zeigt an, daß zum Buch mir geworden die sichtbare Welt.
Daß in der Hand einen Stab ich halte,
Zeigt an, daß des Kreislaufs Meer ich überquert'.
Da ich der sichtbar'n Welt gebiete wie dem Geist,
Bin ich beim Zeigen mannigfacher Wunder
Nicht untertan den Göttern dieser Welt.
Der Ti-se hier, der König der Berge von Jambudvipa,
Ist allen Buddha-Jüngern zu eigen allgemein,

Mir aber besonders, dem Mila und seinen Schülern.
Ihr Bon-po, die falschen Glauben ihr hegt,
Wollt ihr der heiligen Lehre euch weihn, bringt allen es Segen.
Doch wollt ihr das nicht, so begebt euch in andere Lande,
Denn größer ist meine Zauberkunst.
Habt acht dieses zaubrischen Wunders hinfort!‹

Nach diesen Worten nahm er den Manasarovar auf eine Fingerspitze, und zwar dergestalt, daß die im Wasser lebenden Wesen keinen Schaden nahmen. Da sprach Na-ro bon-chung: ›Mit dem gegenwärtigen Zauberkunststück hast du wohl etwas Wunderbares vollbracht, aber da ich früher hierher gekommen bin, laß mich gleicherweise gewähren! Wir wollen jetzt erneut unsere Geschicklichkeit in der Zauberkunst messen und sehen, wer über größere Fähigkeiten gebietet.‹

Als sich der Verehrungswürdige und Na-ro bon-chung weiterhin vielfach in magischen Geschicklichkeiten gemessen hatten und die Taten des Verehrungswürdigen auch dann höchst wunderbar gewesen waren, äußerte sich Na-ro bon-chung: ›Du hast mich einen Gaukler genannt, doch wenn ich mir die Sache betrachte, dann warst du der Gaukler. Da ich zu diesen deinen Zauberkunststücken kein Vertrauen habe, soll der von uns beiden den Ti-se in Besitz nehmen, der am fünfzehnten Tage dieses Monats am schnellsten auf den Gipfel des Gletscherberges Ti-se gelangt. So werden wir auch sehen, wer die höchste magische Vollkommenheit erlangt hat!‹ Der Verehrungswürdige erteilte auf diese Worte hin seine Zustimmung, doch sagte er: ›Was für ein Jammer, daß du so geringen Glanz der

Seele für die höchste magische Vollkommenheit hältst! Um die höchste magische Vollkommenheit zu erlangen, muß man das Antlitz des eigenen Geistes schauen, und um das sehen zu können, muß man gemäß der Lehre meiner religiösen Überlieferung meditieren.‹ Jener antwortete: ›Die Tatsache, wer am schnellsten auf dem Gipfel des Ti-se sein wird, soll entscheiden über den Wert deines und meines Geistes, über den Unterschied von Bon und Buddhismus, und ob es sich trotz gleichmäßig vollzogener Bannungen bei den früheren Zauberkunststücken um Augentäuschung handelte, oder ob diese deine magischen Bekundungen höherer Natur waren.‹ Der Verehrungswürdige entschloß sich zur Zustimmung.

Zu jener Zeit, so heißt es, richtete Na-ro bon-chung unablässig Gebete zu seiner Gottheit, während der Verehrungswürdige in gewohnter Weise weiterlebte, ohne sich von seinem früheren Wandel zu entfernen. Als der Morgen des fünfzehnten Tages anbrach, sahen die Schüler des Verehrungswürdigen, daß Na-ro bon-chung, in einen blauen Pelzrock gekleidet, das Tambourin schlagend und auf einer Trommel sitzend, sich durch den Luftraum bewegte. Da aber der Verehrungswürdige weiterschlief, sprach Ras-chung-pa: ›Ach Verehrungswürdiger, Na-ro bon-chung hat in der Frühe seine Trommel bestiegen und sich fliegend von der Mitte des Ti-se aufwärts begeben.‹ Als aber der Verehrungswürdige immer noch säumte, drängte ihn Ras-chung-pa mit den Worten: ›Soll der Ort den Bon-po überantwortet werden?‹ Ebenso bedrängten ihn alle anderen Schüler. Da entsandte der Verehrungswürdige einen magischen Blick und sprach: ›Jetzt seht nur!‹ Und wie sie hinschauten, da war jener außerstande, emporzusteigen, und schickte sich an, den Berg zu umkreisen. Gerade aber als die Sonne im Aufgang begriffen war, breitete der gewaltige Verehrungswürdige mit einem Fingerschnalzen sein Baumwollgewand als Flügel aus und gelangte fliegend in einem Augenblick auf den Gipfel des Ti-se. Und das geschah gleichzeitig mit dem Aufgang der Sonne. Zu jener Zeit hatten sich die Lamas, die zur Überlieferungskette des Verehrungswürdigen gehörten sowie der Gott Cakrasamvara mit seinem Bannkreis freudig versammelt und schauten persönlich zu. Obwohl gleichmütigen Wesens wurden sie doch hocherfreut. Als damals auch Na-ro bonchung am Nacken des Berges aufwärtsstrebte, da fiel er aus dem Luftraum hinab, unfähig, die Mitleidskraft des Verehrungswürdigen zu ertragen, und die Trommel, auf welcher er saß, rollte an der Südseite des Ti-se hinunter. Als nunmehr sein Stolz und Hochmut gebrochen waren, sprach er demütigen Sinnes: ›Weil jetzt deine magische Kunst und Fähigkeit den Sieg davontrug, hast du dir den Ti-se gewonnen. Ich aber bedarf einer Wohnstatt an einer Stelle, wo ich diesen Ort sehen kann.‹ Der Verehrungswürdige entgegnete: ›Du verfügst nun wohl, von den Göttern dieser Welt begünstigt, über die gewöhnliche Magie. Doch magst du dich auch mit Wesen in der Zauberkunst messen, denen die selbstentstandene Weisheit offenbar wurde und welche die höchste magische Vollkommenheit erlangt haben, ein ebenbürtiger Gegner für sie vermagst du nicht einmal eine Zeitlang zu sein. Da die Diamant-Mauer des Ti-se-Gipfels der Wohnsitz des Weisheitsgottes Shri Cakrasamvara ist, war es ja eigentlich nicht angängig, daß du herzukamst. Doch habe ich dieses Mal diese Gelegenheit erwählt, um die Größe von uns

Buddhisten zu beweisen, nachdem ich die Erlaubnis der erhabenen Sieger erbeten hatte. Daß du aus dem Luftraum hinabfielst und daß die Trommel hinunterrollte, habe ich bewirkt, um deinen großen Hochmut zu brechen. Wenn du jetzt dich diesem Orte nahen willst, dann muß das mit Hilfe meiner Macht geschehen. Vernimm nun die Ursachen, um derentwillen ich dieses Können besitze!‹ Und er sang folgendes Lied:

›Zu des gütigen Marpa Füßen verneige ich mich.
Wie einst in Shrivasti, der großen Stadt,
Der erhabene Weise aus Shakya-Geschlecht
Der häretischen Lehrer sechs
Samt ihrem Gefolge durch Predigt besiegt
Und die Buddha-Lehre verbreitet,
So habe auch ich durch des textübersetzenden Marpa Gunst,
Durch das Mitleid der herrlichen Sieger
Auf dem König der Berge von Jambudvipa, dem Ti-se hier,
Ein tibetischer Yogi baumwollgekleidet,
Durch die Lehre besiegt einen Bon-Po,
Und erstrahlen ließ ich die Schüler der Buddha-Verkünd'gung.
Aus Kämpferkraft sind die magischen Wunder entstanden.
Viel Gründe gibt's, daß sich offenbart
An mir, dem Yogi Milarepa, diese Kraft.
Da einen segnenden Urguru ich besitze,
Hat dieses Urguru Kraft sich offenbart,
Hat offenbart sich die Kraft des Vajradhara.
Da ganz ich begabt mit wissender, liebender Vorschrift,

Ward meines eigenen Lehrers Kraft offenbar.
Hat offenbart sich die Kraft des textübersetzenden Marpa.
Da sie grenzenlos ist und über Verstand hinausgeht,
Ward der Beschauung Kraft offenbar,
Hat offenbart sich die Kraft der ursprünglichen Reinheit.
Da ohne Zerstreutheit sie ist und frei vom Wirken der bildenden Phantasie,
Ward der Meditation Kraft offenbar,
Hat offenbart sich die Kraft inneren Lichts.
Da jede Erscheinung dauernd bemeistert wird,
Ward der Verwirklichung Kraft offenbar.
Hat offenbart sich die Kraft der dauernden eigenen Stärke.
Da ich verstehe das Wesen der Dinge selbst,
Ward offenbar die Kraft solcher Frucht,
Hat offenbart sich die Kraft vielfacher Selbsterlösung.
Da ich des Lamas Befehl vollende,
Hat offenbart sich die Kraft der Freiheit von Sünde.
Da preisgegeben den Zufälligkeiten ich meditiere,
Ward solcher geist'gen Bewahrung Kraft offenbar,
Hat offenbart sich die Kraft, allem Sichtbaren Freund zu sein.
Da ich zum Ende geführt Ausdauer und auch Askese,
Ward meine eig'ne, des Yogi Kraft offenbar,
Hat offenbart sich die Kraft des Milarepa.
Da ich durch diese Kräfte den falschen Glauben besiegt,

Ist mein der Ti-se mit den weißen Gletschern,
Und daher mehrt an dieser Stätte sich die Lehre des Buddhismus.
Das ist die Gnade der erhab'nen Sieger:
Anbetung, Verehrung ihnen, o Gott der Weisheit!‹

Als er dies gesungen hatte, sprach der Bon-po: ›Ich glaube an deine Zauberkunst und Macht. Sie ist höchst wunderbar. Jetzt aber mögest du mir einen Aufenthaltsort an einer Stelle zuweisen, wo ich diesen Ort sehen kann.‹ Der Verehrungswürdige erwiderte: ›Gut, nimm dort drüben deine Wohnstatt!‹ Und er warf eine Handvoll Schnee auf den Gipfel des im Osten gelegenen Berges Stag-le, worauf auf der Spitze dieses Berges ein wenig Schnee abbröckelte. Als die beiden darauf mit Hilfe der Macht des Verehrungswürdigen zum Fuße des Ti-se gelangten, sagte jener noch: ›Mögest du mir für die Zeit einen Aufenthaltsort zuweisen, wenn ich dann und wann am Ti-se Umwandlungen vollziehen werde.‹ Der Verehrungswürdige sprach: ›Gut, vollziehe du auch Umwandlungen. Zu der Zeit halte dich hier auf!‹ Und er wies ihm einen Ort am Fuße eines dem Ti-se gegenüberliegenden Berges an. Als dort in einer verborgenen Felshöhle ein Stupa entstanden war, hielten sich die Bon-po zur Zeit, wo sie ihre Umwandlungen vollzogen, dort auf. Der Gletscher, der Berg und der See blieben aber ganz und gar und für immer im Besitz der Jüngerschaft des Verehrungswürdigen.«

Dieser Text aus den Hunderttausend Gesängen des Milarepa macht deutlich, daß hier einer der großen Gurus des Himalaya als sprachgewaltiger Darsteller der historischen und religiösen Verhältnisse seiner Epoche in ihrer eigenartigen Verknüpfung von Wirklichkeit und Magie auftritt. Seine Dichtung spiegelt den Geist der Zeit, die Wundergläubigkeit ihrer Menschen und die faszinierende Kraft der großen Lehrer und Heiligen, unter denen Milarepa eine Sonderstellung einnimmt, die ihn bis in die Gegenwart auszeichnet.

Nach Nepal, ins Land der lebenden Götter

Im Jahre 1960 begann ich, meine erste Indien-Reise vorzubereiten, die mich auch nach Nepal und in die von dort zugänglichen Gebiete des Himalaya führen sollte. Zwei Jahre später war es dann soweit. Doch als ich im Herbst 1962 meinen Flug nach Bombay buchen wollte, gab es widersprüchliche Nachrichten von einem chinesischen Angriff in Nordindien. Ein Krieg zwischen den asiatischen Großmächten China und Indien schien unvermeidlich, nachdem die Chinesen Tibet, den uralten Pufferstaat auf dem Dach der Welt, eingenommen und auch Teile des von Indien verwalteten West-Tibet besetzt hatten.

Von der Indischen Botschaft in Bonn wurde ich gewarnt, die langgeplante Reise nach Indien und Nepal zu diesem Zeitpunkt anzutreten. Doch mein Gefühl sagte mir, daß es gutgehen würde. Es ging besser, als ich dachte. Diese Erfahrung machte ich dann noch sehr oft in Asien — vor allem aber in Indien und bei seinen Himalaya-Nachbarn. Ich lernte, daß man dort seine Entscheidungen von innen heraus und nicht nach äußeren Ereignissen treffen sollte.

In Bombay holte mich ein Freund vom Flughafen ab. Gespannt fragte ich ihn nach der neuesten Entwicklung im bewaffneten Konflikt zwischen Indien und China. Erstaunt schaute er mich an. Krieg mit China? Auf dem Dorf, 60 Kilometer von Bombay entfernt, wo er seit einem Jahr lebte, hatte er noch nichts von diesem Krieg gehört. Auch Bombay zeigte nicht das Gesicht einer Stadt im Kriege. Alles ging seinen gewohnten Gang. Und langsam fing ich Neuling auf asiatischem Boden zu begreifen an, daß hier vieles, ja eigentlich alles anders war als in Europa, wenn sich auch in den Straßen Bombays die Autos genauso stauten wie in einer europäischen Großstadt, und gewiß sehr viel stärker als damals noch in deutschen Städten.

Von Bombay nach Patna, dem Zentrum des indischen Reisanbaus, fuhr ich mit dem Zug. Ich nahm mir Zeit auf diesem Weg nach Osten — sah die Höhlen von Ajanta, die Stupas in Sanji, bewunderte Agra und Jaipur —, hielt mich in Delhi und Varanasi auf. Doch im Herzen trug ich die Vorstellung jener Silhouette einer eisglitzernden Bergkette im Norden des Subkontinents, die ich bald zu sehen hoffte.

Patna war dann für mich die erste eindringliche Begegnung mit dem heutigen Indien — auch mit dem Krieg. Tausende weißgewandeter Inder aus der Umgebung der menschenüberfüllten Stadt strebten den Rekrutierungsbüros zu. Und ich erlebte, was es heißt, einer unübersehbaren Menschenmenge unterzugehen. Später habe ich das auch in Kalkutta und Madras erfahren. Aber dieses erste Umwogtsein von den Massen in Patna werde ich nie vergessen. —

Nur mühsam bewege ich mich zwischen zahllosen Menschen. Sie sind hier nicht als einzelne wahrnehmbar. Die an der Erde hockenden Bettler laufen Gefahr, zertrampelt zu werden. Sie haben sich in niedrige

Hauseingänge und hinter Mauern zurückgezogen. Doch selbst dort drängen sich Menschen entlang, quellen aus dunklen Gassen, aus Toren und engen Basaren hervor.

Unter großen Mühen finde ich das Büro der Indian Airlines, wo man mir gelangweilt mitteilt, daß der für morgen früh geplante Flug nach Kathmandu, der Hauptstadt Nepals, wahrscheinlich nicht stattfinden werde. – Kein Hinweis auf militärische Gründe, kein Wort vom Krieg. Ich frage, ob es Sinn habe, trotzdem zum Flugplatz hinauszufahren. Ein mitleidiges Lächeln der jungen Inderin im roten Sari, als ob ich eine völlig sinnlose Frage gestellt hätte. Die Antwort – betont leise gesprochen – ist typisch indisch: »Warum sollte es keinen Sinn haben, zum Flugplatz zu fahren, wo sie doch nach Kathmandu fliegen wollen?«

Ich habe von diesem Augenblick an versucht, mir Fragen abzugewöhnen, auf die man keine konkrete Antwort erwarten kann. Das hat mir das Leben in Asien sehr erleichtert, zumal ich spürte, wie ich ein Gefühl für Zusammenhänge und Entscheidungen entwickelte, das mir schon bei meinem ersten Start nach Indien geholfen hatte.

Der Tag in Patna ist heiß. Wenn ich heute daran zurückdenke, bedrängt mich noch immer der Eindruck eines weißen Gewoges, in dem ich mich wie ein fast Ertrinkender in einem grenzenlosen Ozean bewege. Nach Einbruch der Dunkelheit ist dieses Andrängen und Vorüberfluten von Menschenmassen noch schwerer zu ertragen.

Die Nacht bringt kaum Abkühlung. Das Hotelzimmer hat keinen Ventilator. Das weiße Leinentuch, mit dem ich mich zudecke, klebt morgens an meinem Körper. Moskitos schwirren durch den Raum. Das Wasser tröpfelt aus der Leitung. An Waschen ist nicht zu denken. Das Frühstück besteht aus Reis und ein paar klebrigen Früchten. Ich esse widerwillig. Fast 40 Grad zeigt das Thermometer am Morgen — drinnen wie draußen im Schatten —, eine völlig unnormale Temperatur für diese Jahreszeit.

Ich wechsle nach dem Frühstück noch einmal das Hemd. Doch als ich im Taxi sitze, ist es bereits wieder naß. Ich kurble das Fenster herunter. Da schlägt die Hitze wie eine Feuersbrunst in den Wagen, und ich drehe die Scheibe wieder hoch.

Der Gedanke, ein Land meiner Sehnsucht erreicht zu haben, wird überschattet von den belastenden Eindrücken des Augenblicks. Oft ist es nicht leicht, diese zu überwinden und ganz offen zu sein für das andere Leben — für die Wahrheit, die man sucht. Ein Glück, daß es dann immer wieder das Erlebnis des Unerwarteten gibt. So auch diesmal.

Ich komme am Flughafen an, gehe zum Schalter der Indian Airlines, will nach dem Flug fragen. Da nimmt mir der diensttuende Inder stillschweigend mein Ticket aus der Hand, reißt den Flugschein Patna-Kathmandu heraus, stellt den Koffer, den ein Gepäckträger hinter mir hergeschleppt hat, auf die Waage, befestigt umständlich einen Anhänger, dessen anderen Teil er an mein Ticket heftet. Leise, fast melodisch sagt er »The flight is in time« und wendet sich dem nächsten Passagier zu.

Auf dem Flugfeld besteige ich eine DC-3, die den Eindruck einer Militärmaschine macht. Graue, mit Leinwand bespannte Sitze, der hintere Raum des Flugzeugs überfüllt vom schlecht verstauten Gepäck der mitfliegenden Nepalesen.

Fast auf die Minute genau erhebt sich der kleine Vogel in einen wolkenlosen, von Sonne überglänzten Himmel. Am Horizont liegt die Stadt. Wir fliegen geradewegs nach Norden.

Kaum daß wir Höhe gewonnen haben, erstreckt sich unter uns wie ein gigantischer Tisch die an eine geometrische Zeichnung erinnernde Akkuratesse der Reisfelder — endlos flach, so daß einem der Gedanke an Hügelland oder gar an Gebirge gar nicht kommen will. Und doch: Es ist mein Aufbruch zum höchsten Gebirge dieser Erde, mein erster Flug aus der indischen Reisebene, die den Namen Patna weltberühmt gemacht hat, zum Dach der Welt.

Gespannt blicke ich nach Norden, in Richtung meines Ziels, in Richtung der Berge. Aber lange zeigt sich nichts als die endlose, bewässerte Ebene der Reisfelder. Dann ist es, als ob sich ein schmales weißes Wolkenband am Horizont abzeichnet. In Wirklichkeit ist es der erste Blick auf das ferne Gebirge.

Ich blättere im Tagebuch von damals und finde folgende Aufzeichnung: »Der Himalaya — erst Wolkenschleier in der Ferne über der weiten Ebene. Allmählich modellieren sich die gewaltigen Bergmassive in der Sonne. Ganz weit im Osten, wie ein durchglühter Eisblock mit silbern im Blau des Himmels verdämmernder Südwestwand, der Mount Everest. Dann der Blick ins Kathmandu-Tal mit seinen in schwungvollen Bögen ansteigenden Reisterrassen und gleich darauf, nach gewaltiger Schleife, die Landung auf dem kleinen Flughafen der Königsresidenz Kathmandu.«

1962 war der Flughafen von Kathmandu noch eine

Art Airstrip, auf dem nur zweimotorige Maschinen landen konnten. Draußen standen ein paar Uralttaxis. Fremde waren noch selten in der Stadt. Und im Snow-View-Hotel, einem alten Bau im nepalischen Stil, fand ich jene Wärmeöfchen in den Räumen, die man hier vor der Installierung von Zentralheizungen besonders an den kalten Abenden und in den Morgenstunden zu schätzen wußte.

Wenn man heute nach Kathmandu kommt, ahnt man nichts mehr von den Beschwernissen jener ersten Besuche. Man erlebt aber auch die Stadt und das zauberhafte Tal, das sie beherrscht, nicht mehr so still und weltabgewandt wie damals. Geschäftsleute, Touristen und westliche Aussteiger, die Nachfahren der Hippies von damals haben aus Kathmandu einen Markt des Exotischen gemacht, das heute in der Himalaya-Region nirgendwo so perfekt nachgeahmt wird wie hier.

Tausende von Thangkas — die Gebetsfahnen der Nepalesen und Tibeter —, Kultgegenstände, korallen- und türkisbesetzter antikisierter Schmuck und goldglänzende Bronzefiguren meditierender Buddhas und vielarmige Götter aus dem nepalischen und tibetischen Pantheon warten auf den Käufer, der etwas »Echtes« vom Dach der Welt mit nach Hause nehmen möchte.

Doch der Schein trügt. Was da seit Jahren an den Straßen, aber auch in vielen seriös aufgemachten Geschäften der Innenstadt wie der teuren Hotels angeboten wird, ist soeben erst hergestellt und zum Teil in Schnellprozessen künstlich gealtert worden. Die dazu erfundene Geschichte vom alten Onkel aus Tibet, der geheime Schleichwege über die bis 1985 streng bewachte Grenze kennt, gibt dem Stück jenen Anschein des Abenteuerlichen, der selbst bei maßlos überhöhtem Preis noch Käufer motiviert, die sich in der Hoffnung wiegen, das Besondere, das Einmalige vor sich zu haben, und sich darum schnell entscheiden.

Als ich an einem Oktoberabend im Jahre 1962 durch die Altstadt von Kathmandu streife, ahne ich noch nichts von dieser Entwicklung. Die Stadt gleicht einem verschlafenen Bergflecken mit farbigen Akzenten, die als Pagoden mit buntbemalten Schnitzpfeilern und steinernen Monstren aus der Geisterwelt des Hinduismus den Blick des Beschauers anziehen. Im goldenen Glanz der sinkenden Sonne, die das Bergpanorama des Nordens erst rot, dann violett erscheinen läßt, bis es endlich eisgrau verdämmert, erlangen auch die Götter- und Dämonenfiguren der Tempeltore einen besonderen Zauber. Und ich begreife, daß Vorstellungen, die der schnelle Wechsel der Bilder in der Natur erzeugt, ihren Niederschlag in diesen phantastischen Figurationen gefunden haben, vor denen die Menschen nun andächtig verweilen. Hier sind jene Mächte gegenwärtig, die man sich auf den Bergriesen und in den Gletscherfeldern wirksam vorstellt, Mächte, die auch in das sanfte, fruchtbare Tal der Hauptstadt herunterwirken und das Dasein beeinflussen. Denn selbst hier in der Stadt empfindet man noch die Klima, Wetter, Fruchtbarkeit und damit alles Leben bestimmende Gegenwart der Berge, deren Anblick am nächsten Morgen bei Sonnenaufgang für mich zum Gewaltigsten gehört, das ich je erlebt habe.

Als ich dann zum erstenmal aufbreche in die Bergwelt des Himalaya, bewegt mich ein eigenartiges Gefühl. — Die letzten Häuser der kleinen nepalischen Stadt, in die uns ein Jeep gebracht hat, stehen mehrstöckig aneinandergebaut, europäischen Häusern mittelalterlicher Städte nicht unähnlich — eine Straßenzeile, die bis in die beginnende Bergregion hineinreicht. Das Straßenpflaster bricht unvermittelt ab und geht in einen schmalen Trampelpfad über, der schnell an Höhe gewinnt, Stadt und Häuser schon hinter der nächsten Wegbiegung verschwinden läßt. Keine Vorstadt, keine Siedlungen, ja nicht einmal ein paar Menschen, die uns entgegenkommen.

Es ist der unmittelbare Schritt aus belebten Basarstraßen — Menschengedränge, Stimmengewirr, Tierlaute und Marktgeruch — in die große Einsamkeit. Die weite Fläche vor uns liegt steinübersät. In der Ferne erheben sich Felshalden, darüber steil ansteigend und doch fast zum Greifen nahe die Eisriesen, die sich in der ständigen Bewegung des Wolkenmeeres immer wieder mit weißen Schleiern verhüllen und so das Gefühl des Lebendigen vermitteln, das dem Einheimischen die Suggestion zu ihrer Vergöttlichung eingegeben haben mag.

Nirgendwo sonst, außer beim ersten Eintauchen in die grüne Wildnis des Amazonas-Urwalds, wurde ich so wie hier im Himalaya von jenem Gefühl des Alleinseins, des Ausgesetztseins beschlichen, das mich bei jeder Himalaya-Begegnung neu überwältigt, aber ganz anders als in der grünen Hölle Südamerikas. Sind es dort Feuchtigkeit, Hitze und vor allem die himmellose Tiefe einer zugewachsenen Welt, die kaum Raum zum Atmen läßt, so ist es hier das genaue Gegenteil: die unermeßliche Weite, die begrenzt ist durch Berge, deren Schönheit nichts von den Gefahren ahnen läßt, die sich in ihrem Bereich drohend verbergen.

Als sich dann der Pfad kaum fußbreit am Steilhang hinzieht und der Berg rechts ebenso schroff abfällt, genügt ein leichtes Straucheln, ein Stein, der vor uns in die Tiefe poltert, um uns diese Gefahren bewußtzumachen, von denen dann schon wieder nichts mehr vorhanden scheint, als wir unter dem strahlend blauen Himmel auf einem blütenübersäten Wiesenstück rasten und der immer lächelnde nepalische Junge, der uns begleitet, heißen Tee herumreicht.

Nach Stunden weiteren Steigens begegnen wir einem alten Mann, der, eine beträchtliche Last auf dem Rücken, langsam talwärts schreitet. Ich versuche, in seinem Gesicht etwas von den Empfindungen widergespiegelt zu sehen, die ihn bei dieser einsamen Wanderung bewegen könnten. Doch ich habe das Gefühl, sein Blick sei eher nach innen gewandt, so sehr der Weg auch Aufmerksamkeit erfordert. Es scheint, als sei sein Wesen nicht von den Strapazen beherrscht, denen sein Körper ausgesetzt ist. Wir spüren unser Herz, und der Atem geht längst schneller. Er dagegen, obwohl viel älter als wir, zieht mühelos des Weges, entbietet uns seinen Gruß, der kaum hörbar und doch nicht zu übersehen ist, und verschwindet, ohne mit unseren nepalischen Begleitern auch nur ein Wort gewechselt zu haben.

Mir wird bewußt, daß sein Verhalten nicht nur von der Gewohnheit geprägt ist. Und als ich Jahre später einmal einen Sherpa nach dem Erlebnis der Einsamkeit in diesen Bergen frage, geht seine Antwort in die Richtung der Gedanken, die mir bei der Begegnung mit diesem alten Nepalesen gekommen waren.

»Ich fühle mich völlig einbezogen in die Landschaft, durch die ich gehe«, sagt der Sherpa. »Da ist kein Unterschied zwischen mir und den Steinen unter meinen Füßen, den Bergen, die mich überragen, und den Wolken, die dahinziehen und zeitweilig die Sonne bedecken. Auch den Regen, der mich durchnäßt, empfinde ich nicht als etwas Fremdes. Und wenn ich heimkomme in meine Hütte, ist alles wie immer. Meine Frau lächelt, und ich lächle zurück. Die Götter waren mit mir. Unsere Opfer haben die Dämonen von meinen Wegen abgehalten.«

Das ist ein Denken, dem wir nur schwer zu folgen vermögen. Wir brechen auf ins Unbekannte, erwarten an jeder Wegkehre eine Überraschung, fragen uns neugierig, welcher Blick sich uns öffnen wird, wenn wir die Paßhöhe erreicht haben. Die Bergbewohner dagegen suchen nicht das Überraschende, das ihnen Fremde in der Natur, die sie umgibt, sondern sie empfinden sich selbst als einen Teil davon.

Ganz anders ist es, wenn man mit dem Autobus oder mit dem Jeep aufbricht in die Berge. Wie ein Film ziehen die Bilder an einem vorüber. Schnell erreicht man eine andere Welt als die der Städte und Flughäfen, der Hotels und Souvenirshops. Man sieht die Natur, und so empfindet man das Isolierende des Fahrzeugs zunächst noch nicht, ist bewegt von der ständig wechselnden Szenerie.

Erst wenn man das Fahrzeug verläßt und nach einigen Schritten spürt, wie dünn hier in der Höhe die Luft ist, wie sich unser Fühlen, unser Empfinden verändert, selbst dann, wenn uns die Höhenkrankheit nicht befällt, wird einem bewußt, daß der Zugang in die fremde Welt extremer Höhen und bewegender Andersartigkeit womöglich zu schnell erfolgt ist.

Im Augenblick, da uns das klar wird, vollzieht sich der zweite, der eigentliche Eintritt in die Welt des Himalaya. Es ist der entscheidende. Viele, die dagewesen sind, haben ihn nie erlebt. Das heißt, er ist ihnen nie bewußt geworden. Sie sind mit den Vorurteilen und Zivilisationsvorstellungen unserer Breiten hinaufgefahren über Hochstraßen und Pässe nach Ladakh, sind nach Siangpoche in der Nähe des Mount Everest geflogen oder haben den Ritt zum Tigernest in Bhutan unternommen, ohne zu begreifen, daß mit dem Blick allein hier nichts zu gewinnen ist außer pittoresken Bildern, die auch das Foto oder der Film wiedergeben können.

Wie oft habe ich die fragenden oder öfter noch die völlig verschlossenen Gesichter von Touristen in Tempeln und Lamaklöstern gesehen, in denen sich nicht nur Ahnungslosigkeit, sondern oft auch Hochmut, wenn nicht gar Abscheu ausdrückten — jener Pharisäerstolz des »Ich danke Dir, Herr, daß ich nicht so bin wie diese«.

Primitivität ist ein oft gehörtes Wort von Touristen, die Urteile abgeben über die Welt des Himalaya. Schmutz ist ein anderes. So empfinden sie auch den Wassermangel in den Hotels fast als etwas Unmoralisches. Und Mangel an Hygiene wird zum Vorwurf gegen Menschen, die oft stundenlang laufen müssen, um aus dem nächsten Bach oder Fluß Wasser heranzuholen in ihr Haus oder ihr Zelt.

Selbst kenntnisreiche Autoren, die in jenen Gebieten gelebt haben und viel darüber wissen müßten, setzen sich gern auf das hohe Roß ihrer abendländischen Überlegenheit und handeln das Thema im Ton spöttischer Arroganz ab. Ich glaube, daß diese Art des Denkens und Darstellens uns kein Stück weiterbringt in der Erfahrung und Erfassung jener fremdartigen, faszinierenden Welt, die uns mehr zu bieten hat als nur ein touristisches Erlebnis, vorausgesetzt, daß wir bereit sind, das andere anzunehmen und uns vorbehaltlos damit auseinanderzusetzen.

Der Himalaya ist bisher fast immer nur in Teilaspekten gesehen worden: von Naturliebhabern, von Bergsteigern, von Ethnologen, von Geographen, von Romantikern. Ich kenne Menschen, die sind wochenlang durch Nepal gelaufen, haben in der Nähe von Dörfern oder Klöstern ihre Zelte aufgeschlagen, aber weder einen Blick in die Häuser noch in die Tempel der Klöster geworfen. Für sie gab es eben nur die Berge. Andere hielten sich, alte Schriften studierend, in Klöstern auf, ohne ihre Aufmerksamkeit auch nur einmal der umgebenden Natur zuzuwenden. Selbst viele Bücher reden vom Lamaismus und den Naturreligionen des Himalaya, als ob diese im luftleeren Raum existierten, und Bergsteigermemoiren erwecken zuweilen den Eindruck, als habe es zur Zeit der beschriebenen Expedition in dem betreffenden Gebiet außer den Expeditionsteilnehmern nur Bergführer und Träger als eine Art stumme Statisterie gegeben. Die Reduzierung des Erlebnisses auf den engsten persönlichen Interessenkreis hat viel zu den Fehlurteilen und falschen Betrachtungsweisen beigetragen, denen die Welt des Himalaya durch die Jahrhunderte bis in die Gegenwart ausgesetzt war und ist.

Die Geschichte der Sherpas

Ich erinnere mich noch genau jenes überwältigenden Eindrucks, den die wie von innen erleuchteten Eisriesen beim ersten Anflug auf Kathmandu und dann am nächsten Morgen von meinem Hotelzimmer aus auf mich machten. Es war ein Eindruck, der sich mit jeder Annäherung an die Welt der Sieben- und Achttausender wiederholte, vor denen sich die unsere europäische Bergwelt bestimmenden Drei- und Viertausender, die hier im Himalaya als Foothills bezeichnet werden, wie Mittelgebirge ausnehmen.

Nirgendwo auf dieser Erde bestehen stärkere Kontraste als die zwischen indischer Reisebene, Dschungel, Urwald, archaischer Bergkultur, einsamen Hochflächen, Geröllhalden, Achttausendern und Gletscherwelt. Wir Besucher erleben jene Kontraste bewußt und stellen uns geistig darauf ein. Für uns ist es eine vorübergehende und weithin abgesicherte Begegnung. Wie stark aber muß diese Bergwelt erst den bewegen, dessen ganzes Leben davon geprägt und beherrscht ist? Ich meine den Menschen des Himalaya.

Sein Leben ist bestimmt von Steinwüste, Berg und Eis. Es gibt nichts Behagliches, nichts Beruhigendes in diesem Dasein. Unachtsamkeit beschwört Gefahren, Sorglosigkeit kann tödlich sein. Selbst der Aufmerksamste ist nicht sicher vor Unheil. Die Bedrohung in den Bergen durch Steinschlag, Lawinen, Sturm, Gletscher und Schnee ist unberechenbar. Es gibt keine kalkulierbare Sicherheit. Der Zufall ist stärker als die ordnende, Bedrohliches bewältigende Kraft des Menschen. Trotzdem habe ich diese Bergbewohner nie unsicher, ängstlich, traurig oder gar verzweifelt gefunden. Sie fühlen sich, so scheint es, auch in schwierigsten Situationen als Herren der Lage, obwohl ihnen das Gefährdete, das von vielen Zufällen Abhängige ihres Daseins durchaus bewußt ist.

Doch ihre Verwurzelung in religiösen Vorstellungen,

die ihr ganzes Leben prägen, ist stärker als die Angst vor Gefahren, denen sie sich trotzdem ständig ausgesetzt wissen. Sie leben in Verbundenheit mit einer traditionellen Welt von Göttern, Geistern und Dämonen, mit denen richtig umzugehen für sie die einzige Voraussetzung zur Daseinsbewältigung ist. Das jedenfalls war mein Eindruck, als ich diesen Menschen jenseits der Sicherheit bietenden Stadtformationen im engen Kathmandu-Tal — in den Bergen Nepals — zum erstenmal begegnete.

Ein größerer Gegensatz als der zwischen den Massen in Patna und den einzelnen hier in den sich steil am Hang hinziehenden kleinen Dörfern oder einsamen Gehöften ist nicht vorstellbar. Die Umwelt prägt dieses Leben stärker als irgendwo sonst. Jahreszeiten und Wetter schreiben den Rhythmus vor, in dem sich das Dasein im Himalaya vollzieht. Fast ist es ein Ritual. Und noch bevor man die Tempel gesehen hat und der Vielzahl der Götter begegnet ist, die hier verehrt werden, begreift man, daß diese Menschen einer anderen Ordnung folgen, als wir sie in der Abkehr vom Natürlichen für uns geschaffen haben. Es ist jene Ordnung, aus der diese Menschen ihre innere Sicherheit beziehen, das Herrsein in einer gefährlichen Umwelt, die ständig ihre Opfer fordert von denen, die in ihr leben.

Wenn man auf den Hochpfaden Nepals unterwegs ist und hinunterschaut in die Tiefe schmaler, nur wenige Stunden von der Sonne erreichter Täler, oder hinauf zu den Gipfeln ewigen Eises, wird einem bewußt, wie gesichert, wie beengt aber auch unser Leben gemessen am Leben dieser Bergmenschen ist. Und man begreift, daß selbst der volle Einsatz aller Mittel der technischen Zivilisation an diesem naturbedingten Anderssein kaum Entscheidendes ändern wird, es sei denn in einem Sinne, der den Bedürfnissen dieser Menschen nicht gerecht werden kann. Denn eines erkennt man deutlich: So sehr Kathmandu sich seit meinem ersten Besuch in dieser damals von unserer Zivilisation noch kaum erreichten Stadt auch verändert haben mag, die Lebenshaltung der meisten Menschen, und das heißt vor allem ihre religiöse Bindung, besteht weiter und zeigt sich von den westlichen Einflüssen nur oberflächlich berührt.

Das Selbstverständnis dieser Menschen beruht nach wie vor auf dem Gefühl ihres Eingefügtseins in eine von Göttern und Geistern beherrschten Welt. Dabei spielt es keine entscheidende Rolle, ob man sich zum Buddhismus oder zum Hinduismus bekennt, der heute in Nepal als Staatsreligion die Oberhand hat. Nur dem Christentum begegnet man nach wie vor mit Mißtrauen. Warum, das wurde in einer Frage erkennbar, die ein jüngerer Nepalese an mich stellte: »Wie kann euer Christengott verlangen, daß man alle anderen Götter verleugnen soll? Werden die Götter für solche Mißachtung nicht schrecklich Rache nehmen?«

Diese Überlegung dürfte allen Menschen der Himalaya-Region kommen, denen man ihre Götter nehmen will. Denn ohne ihre Götter, deren gewaltiges Wirken sie ja täglich vielfältig zu spüren bekommen, würde die Welt für den Nepalesen, wie für alle Bewohner dieser Hochgebirge, ihre Bedeutung und damit auch ihren Sinn verlieren. Denn der vielfältigen, wandelbaren Wirklichkeit ihrer Umwelt entspricht eben jener Glaube an das wunderbare Wirken der Götter in dieser grandiosen Natur.

Bis in die Anfänge der Geschichte zurück reicht hier

die Verbindung von Realität und Mythos. Der Ursprung des Kathmandu-Tals selbst hat seine zweifache Erklärung. Dabei hat die naturwissenschaftliche Forschung den Mythos in jüngster Zeit bestätigt. Im Mythos heißt es, daß in frühesten Zeiten der Bodhisattva der göttlichen Weisheit — Manjushri — vom Dach der Welt, von Tibet, nach Nepal herabgestiegen sei und zwischen den Bergen einen riesigen See vorgefunden habe. Mit seinem mächtigen Schwert, das neben Lotos und Buch zu den Attributen Manjushris gehört, öffnete der Bodhisattva, so berichtet die Legende, dem See einen Abfluß. Auf diese Weise entstand das fruchtbare Kathmandu-Tal und als Ausdruck seines buddhistischen Ursprunges der berühmte, mit den Augen Buddhas in alle vier Himmelsrichtungen schauende riesige Stupa von Swayambhunath, der noch heute zu den bedeutendsten buddhistischen Heiligtümern dieser Erde zählt.

Wunderbar wie die Geschichte von der Entstehung des Kathmandu-Tals sind die Legenden, die sich um die zahllosen hinduistischen Götter des Landes ranken. Zu den reizvollsten Gottheiten des »einzigen Hindu-Königreichs der Erde«, wie sich Nepal gern nennt, gehört Kumari, die lebende Göttin, die man auf dem Balkon eines traditionellen Kathmandu-Hauses sehen kann, wenn man etwas Ausdauer mitbringt und — das Wichtigste für Nepal — persönliches Glück hat.

Diese lebende Göttin, ein Mädchen, das im frühen Kindesalter aus den Töchtern der Goldschmiedekaste ausgewählt wird und Göttin bleibt, bis sie zum erstenmal blutet, ist ein Symbol für die lebendige Verbindung der Menschen Nepals mit ihren Göttern. Sie sind in dieser Bergwelt weder moralischer Maßstab noch abstrakte Ordnungsmacht. Sie verkörpern jenen Teil der Wirklichkeit, der, unsichtbar zwar, doch unmittelbar ans Menschliche anschließt und, mit Mensch und Natur zusammen, jenen Kosmos bildet, aus dem alles erklärt und verstanden wird, was geschieht oder auch nicht geschieht.

Unendlich wie die Vorstellung von der Welt und vom Leben ist der Fluß des Daseins hier und nach dem Tode —, wo man vielleicht bei den Göttern weilt, wenn das Karma der Erdentage dazu ausreicht. Es gibt jedoch keinen Bereich, der ohne göttliches oder dämonisches Wirken vorstellbar wäre. Religion ist in Nepal nicht Teil des Lebens, sie ist das Leben. Der Grund dafür mögen hier, wie auch sonst im götterreichen, geisterbeherrschten Himalaya, die extremen Lebensbedingungen sein, denen sich die Menschen ausgesetzt sehen. Ist doch Nepal im wahrsten Sinne des Wortes ein Land zwischen Urwald und Eis.

Am Tropendschungel Nordindiens hat es genauso Anteil wie am höchsten Berg dieser Erde — am Mount Everest. Und von Tal zu Tal hat man oft mehrere 1000 Höhenmeter zu überwinden, während die Tiefe von den meist reißenden Fluten eisiger Gebirgsflüsse beherrscht wird, über die schwankende Brücken aus Seilen und dünnen Brettern oder Bambusstämmen führen, deren Überquerung fast akrobatische Fähigkeiten verlangt.

Im Süden des Landes, an der Grenze nach Indien, ist jener große Lehrer geboren, dessen Weisheit nach seinem Tode Religion wurde — Buddha. Er genießt im überwiegend hinduistischen Nepal auch heute noch weithin göttliche Verehrung. Sein Geburtsort Lumbini, im Dschungel Süd-Nepals, wird mehr und mehr zur

Wallfahrtsstätte für Buddhisten, die aus aller Welt dorthin strömen.

Die Gebiete Nepals, in denen der Buddhismus seine Vorrangstellung behauptet, sind freilich das genaue Gegenteil zu seiner Tropenheimat an der Grenze Indiens. Sie liegen in jenen kargen Bergregionen, in die sich vor vielen Jahrhunderten verfolgte Buddhisten aus Indien, Tibet, aber auch aus dem Kathmandu-Tal zurückgezogen haben, um ungestört ihren traditionellen Bräuchen leben zu können. Zu diesen Gebieten gehört das am Fuße des Mount Everest gelegene Land der Sherpa, die sich als Begleiter vieler Himalaya-Expeditionen einen legendären Ruf erworben haben.

In ihrem Leben, ihrer Einsatzfreude und ihrer Kameradschaftlichkeit spiegelt sich ihr Glaube, ihr religiöses Bewußtsein, das sie in ihrer Vorstellung zu Nachbarn der Götter macht, zugleich aber auch zu Menschen, die dem einen – Buddha – ähnlich sein möchten, den sie verehren, wenn er inzwischen auch viele Namen und Formen angenommen hat.

Selbst die große Goldfigur des Erlöserbuddhas Amitabha im Dorftempel der alten Sherpasiedlung Junbesi läßt zunächst nicht an den Erleuchteten aus Lumbini denken. Sein im Flackern der Butterlampen geheimnisvoll irisierender Goldleib ist von unserer Buddha-Vorstellung genauso weit entfernt wie sein Sherpaname Hopomé, der eher an eine Naturgottheit als an eine Erscheinung aus dem buddhistischen Pantheon denken läßt.

Die Erklärung dafür ist nicht leicht. Denn trotz umfassender kultur- und religionsgeschichtlicher Forschungen im Sherpaland ist es uns bis heute nicht möglich, die Verbindungen zwischen alter einheimischer Naturreligion, vom Norden eingedrungenem Schamanismus, tibetischem Bon-Kult und Buddhismus aufzudecken und in ihren unterschiedlichen Einflüssen zu beurteilen. Wir wissen aber, daß die Sherpa zu jenen Volksstämmen gehören, die im Zuge politischer und religiöser Gewaltanrührung ihre alte Heimat verlassen haben. Ihr Dasein spiegelt insofern typisches Himalaya-Schicksal.

Im Jahre 1965 wurden von einer deutschen Sherpaexpedition 19 Dokumente entdeckt, die erstmals Licht in das legendäre Dunkel der Ursprungsgeschichte dieses Volkes brachten. Bis dahin kannte man nur die von den Sherpas mündlich überlieferten Herkunftslegenden, in denen es heißt, daß die ersten Menschen aus glühenden Kugeln entstanden seien und bis zu zehn Millionen Jahre gelebt hätten. Unwissenheit, Zorn und Leidenschaften, so heißt es weiter, zerstörten die ursprünglichen menschlichen Lebenserwartungen, verringerten das Lebensalter immer mehr und brachten all das Elend über die Menschen, unter dem sie noch heute in sich ständig verstärkendem Maße leiden. Alle diese Legenden sehen im Himalaya und dem benachbarten Tibet das Zentrum der Erde. Die dort Geborenen werden als die Menschen schlechthin bezeichnet.

In den kürzlich aufgefundenen Texten wird vom Land der Khampa — Kham ist die tibetische Bezeichnung für Mensch — als der Urheimat der Sherpa berichtet. Die Khampa waren jene östlich vom alten China, in den Zuflußgebieten von Huangho und Yangtsekiang, siedelnden kriegerischen Stämme, die als eine ständige Bedrohung Chinas galten.

Diese Khampa und unter ihnen die Sherpa waren Anhänger der alten osttibetischen Volksreligion, die im

Laufe der Jahrhunderte Einflüsse aus den nördlichen Steppengebieten wie aus dem westlichen Tibet aufgenommen hatte. So war auch der im 8. Jahrhundert durch Padmasambhava in Tibet begründete Lamaismus Bestandteil ihrer vielschichtigen Religion geworden, die sie als unverzichtbaren Bestandteil ihres äußerst dynamischen Lebens betrachteten.

Als im 15. Jahrhundert der tibetische Reformator Tsongkhapa den Lamaismus reformierte und strenge moralische Gesetze erließ, wurde das offenbar nicht nur als ein religiöser, sondern vor allem auch als ein politischer Akt empfunden. Die Stammesfürsten sollten entmachtet, die politische Gewalt den Mönchen und damit der lamaistischen Zentrale in Lhasa übertragen werden. Es war die Geburtsstunde der geistlichen Vorherrschaft in Tibet, die zur Entstehung des tibetischen Gott-Königtums der Dalai Lamas führte.

Unter dem Druck dieser Ereignisse verließen um 1450 die Vorfahren der heutigen Sherpa ihre osttibetische Heimat und zogen in den Himalaya, wo sie zu Füßen des höchsten Berges dieser Erde ansässig wurden. Sie hielten an ihrem alten, von Natur- und Geisterglauben durchsetzten, unreformierten Buddhismus samt all seinen Göttern fest. Ja, es kamen angesichts der neuen Umwelt mit den das Dasein beherrschenden Bergen noch neue Gottheiten und Vergöttlichungen hinzu. Das sind vor allem die das Sherpaland überragenden Bergriesen selbst, die als Verkörperung des mütterlichen Seins — als Muttergottheiten — verehrt werden.

Hier zeigt sich etwas für die Menschen im Himalaya und für ihren Glauben sehr Typisches. Obwohl der Mount Everest vor der Haustür der Sherpas liegt und in seiner eisesstarren Monumentalität und Gewalt wohl als absoluter Riese zu erkennen ist, der alles Umliegende überragt, verkörpert er doch nur eine von den sieben Muttergottheiten der Sherpareligion — und nicht einmal die wichtigste.

Die Hauptrolle in dieser Region des östlichen Himalaya spielt vielmehr der aus tiefroten Rhododendronwäldern mit zwei Gipfeln aufragende Gaurisankar, den die Bergvölker zu seinen Füßen in tibetischer Sprache Tseringma, die Große Göttliche Mutter des langen Lebens, nennen. Der Berg gilt gleichzeitig als die schöne Tochter des die Bergwelt beherrschenden Gottes Himachal.

In diesem Naturglauben verbinden sich Vorstellungen von der weltbeherrschenden Übermacht der Bergriesen mit dem mütterlichen Schutz, den sie gläubigen Menschen, die in ihrem Schatten siedeln, gewähren. Zugleich aber wird deutlich, daß Einflüsse der alten Mutterreligionen, denen wir überall auf der Erde in frühesten Zeiten begegnen, bis hierher, in diese Rückzugsgebiete der Menschheit, vorgedrungen sind und gerade da bis heute überlebt haben.

Ghora Jatra — Das Fest der Grossmuttergottheiten

Februar 1980: Diesmal habe ich den Weg nach Nepal genommen, den die buddhistischen Mönche seit den in vorchristlicher Zeit über Indien herrschenden Maurya-Kaisern und — eintausenddreihundert Jahre später — als Flüchtlinge vor den vorrückenden Moslems nach Norden gezogen sind.

Ich habe im wiederentstehenden Hain von Lumbini

der Geburt des Erleuchteten gedacht, in Bodhgaya unter dem mit Gebetsfahnen geschmückten Bodhibaum gesessen, wo Buddha nach langer Wanderung die Erleuchtung fand, in Sarnath die Stätte der ersten Predigt gesehen und Kaiser Ashokas Säuleninschrift studiert, die darauf hinweist.

In Rajgir blies der Wind aus Norden, vom Himalaya her, als ich mir auf dem Hügel Griddhakuta vorstellte, daß der Buddha hier oft in Meditation gesessen hat und daß nicht weit von hier das Steinhaus steht, von dem es in alten Texten heißt, der Buddha habe darin Zuflucht gesucht in den Zeiten des Monsun, der noch genauso mit Stürmen und sintflutartigen Regenfällen über das Land dahinjagt wie vor 2500 Jahren, als Buddha mit seinen Jüngern unterwegs war — ein Wanderprediger in dieser Provinz Bihar, deren Dörfer mit ihren Lehmhäusern heute nicht anders aussehen als zur Zeit der großen Lehrer Buddha und Mahavira, des Begründers der indischen Jain-Religion. Nicht weit vom Hügel Griddhakuta entfernt liegt der Platz, wo unter Leitung Kashyapas, des ältesten Jüngers Buddhas, das erste buddhistische Konzil abgehalten wurde, bei dem die Grundsätze der Lehre, wie wir sie im Pali-Kanon und in Sanskrit-Texten überliefert finden, zum erstenmal nach dem Tod des Buddha — nach seinem Eintritt ins Nirvana — verbindlich formuliert worden sind.

Über Nalanda, wo seit 1903 die berühmte buddhistische Universität des 5. bis 12. Jahrhunderts ausgegraben worden ist, bin ich wieder nach Norden gefahren, nach Patna, das als Zentrum des Reiches der Maurya-Kaiser — damals hieß es Pataliputra — genauso bedeutend war wie heute als Mittelpunkt des nordindischen Reisanbaus. In Bodhgaya und Nalanda begegne ich erstmals den Zeugen jener großartigen Pala-Kunst, die in der Endphase des indischen Buddhismus seinen auch formalen Reichtum bildhaft dokumentieren.

Waren es in Sarnath die Steinfiguren indischer Klassik, beginnend mit dem herrlichen löwengeschmückten Ashoka-Kapitell, das nach erlangter Unabhängigkeit zum indischen Staatswappen wurde, bis hin zu den Gupta-Figuren des 5. und 6. Jahrhunderts, in denen buddhistische Vergeistigung und Verklärung ihren erhabenen künstlerischen Ausdruck finden, so ist es hier in Patna die Nachfolgekunst der indischen Klassik, die mich fasziniert.

Die Pala-Kunst des indischen Nordostens wirkt weltlicher als die Kunst der Gupta-Zeit. An die Stelle meditativer Versenkung ist das Erleben eines kosmischen Bewußtseins getreten, das schon nach Norden weist, in die Himalaya-Region, wo jene hier ausgebildeten Formen des Buddhismus nach dem erbarmungslosen Einbruch des Islam ins ostindische Gebiet ihre Fortführung fanden, in Mönchszirkeln, die in der fernen, schwer zugänglichen Bergwelt Nepals und Tibets Zuflucht suchten.

Einen Teil der Schätze, die die Klöster in Bihar gefüllt hatten, fand der britische Offizier und Forscher Alexander Cunningham vergraben in der Nähe von Bodhgaya — in Kurkihar. Diese Sammlung von Bronzefiguren Buddhas und der um ihn entstandenen Welt aus Bodhisattvas und Göttern, die er dort ausgrub, ist heute im Museum von Patna zu besichtigen und gibt eine gute Einstimmung in die Götterwelt, der wir im Himalaya so gestaltenreich und vieldeutig begegnen.

Um die Stätten zu erreichen, die uns als Wirkungsplätze Buddhas überliefert sind, müssen wir von Lumbini, dem Geburtsort Buddhas, aus weite Wege gehen in Indien und Süd-Nepal. Doch wir werden trotz aller archäologischer Bemühungen, das südnepalesische Tilaurakot als Buddhas Vaterstadt Kapilavastu zu identifizieren, sonst kaum authentische Zeugnisse finden außer jenem 1898 bei Piprava ausgegrabenen und geöffneten Stupa, in dem sich eine Rundurne mit menschlichen Verbrennungsresten befand, die folgende Inschrift in Maghadi, der von Buddha gesprochenen Sprache, trägt: »Diese Urne mit Reliquien des Erhabenen Buddha aus dem Shakya-Geschlecht ist eine Gabe des Sukiti und seiner Brüder, samt ihrer Schwestern, Söhne und Frauen.«

In Kushinagara, dem heutigen Kasia in Nord-Indien, war Buddha hochbetagt gestorben und verbrannt worden. Seine Asche wurde an Vertreter mehrerer Fürstenfamilien des Landes verteilt und in den ersten Stupas, Vorbildern der Millionen ihnen nachgebildeter Gedächtnisstätten, die es in der ganzen buddhistischen Welt gibt, beigesetzt.

Die große Überraschung meiner Reise ist das Wiedersehen mit Kathmandu, der Hauptstadt Nepals. Sie hat sich in den 18 Jahren seit meinem ersten Besuch grundlegend verändert, wenn auch das architektonische Bild des Zentrums weitgehend gleichgeblieben ist. Trotzdem zeigen die Straßen ein anderes Gesicht: viel mehr Verkehr, deutlicher Verfall der alten Haussubstanz, besonders der herrlichen Schnitzereien, ein hektisches Leben, wie es die Nepalesen früher nicht kannten. Das ist der erste optische Eindruck. Geschäftsgeist ist an die Stelle des Geistes der Kontemplation getreten, der hier immer vorherrschte.

In den Außenbezirken stellt man ein Wachstum fest,

das eher ein Wuchern ist. Die drei alten Städte des Kathmandu-Tals — Kathmandu, Patan und Bakthapur — scheinen zusammenzuwachsen. Ein Oberleitungsbus mit seinem Drahtgespinst, der Kathmandu mit Baktapur verbindet, verstärkt diesen Eindruck noch, der durch Pilger am Straßenrand, die in ihrer traditionellen Kleidung nach Swayambhunath unterwegs sind, auf seltsame Weise einen tragikomischen Akzent bekommt.

Nepal, das ist nicht nur ein Land von besonderem Gepräge, es ist oder war auch ein Land mit besonderem Rhythmus. Der wirkte bis in die letzte Gasse Kathmandus und konnte zunächst auch von der anderen Lebensart der Touristen und Hippies nicht gestört werden. Es war und ist der auf dem Lande auch heute noch das Leben beherrschende Rhythmus der Gebetsmühlen und der traditionellen Musikinstrumente, die überall dort erklingen, wo Menschen zusammenkommen, ob Hindus oder Buddhisten — bei Festen, bei Hochzeiten, bei Zeremonien, im Tempel, im Kloster.

Im Grunde ist die Unterscheidung von Religionen in Nepal gar nicht gerechtfertigt. Nicht nur, weil ihre Anhänger vom gleichen Rhythmus beherrscht sind, die gleichen Instrumente blasen oder schlagen, ja selbst die Gebetsmühlen drehen, obwohl das damit in Bewegung gesetzte Om mani padme hum ja eigentlich nur die Buddhisten angeht — die Lamaisten, wenn man es genau nimmt. Aber streng wird nichts genommen in Nepal. Hier herrscht Freiheit — auch und vor allem im Umgang mit den Göttern. Je mehr Götter man zu verehren hat und mit Opfern gnädig zu stimmen weiß, um so sicherer fühlt man sich auf seinen Beinen, vor allem fern der Städte, in 4000 bis 5000 Metern Höhe, wo das, was wir Zufall nennen, eine viel größere Rolle spielt als in unserem geordneten und vielfältig gesicherten Leben.

Die Nepalesen freuen und rühmen sich der Tausende von Göttern, die ihr Leben bestimmen und beherrschen, denen sie sich verbunden fühlen und denen sie entgegenstreben mit dem Wunsch, ihnen ähnlicher zu werden und schließlich den Gott in sich selber zu verwirklichen, wie es die tantrische Lehre in Aussicht stellt. Tantrismus ist in Nepal nicht nur eine obskure Außenseiterbewegung, wie viele Touristen zu vermuten scheinen, die sich verschämt auf die erotisch verschlungenen Schnitzfiguren aufmerksam machen, denen man hier unter so manchem Tempeldach begegnet. Diese Bilder sind nur der äußere Ausdruck eines kosmischen Bewußtseins, das nepalische Gläubigkeit seit Jahrhunderten prägt, unabhängig davon, ob der Praktizierende sich als Hindu oder Buddhist bekennt.

Entscheidend für den Tantriker sind jedoch nicht die Bilder, sondern das, was sie bedeuten. Sie stehen in einem Gesamtzusammenhang, in dem sich der einzelne Mensch als Mikrokosmos eingefügt weiß in den Makrokosmos aller Seins- und Erscheinungsformen — ein Teil des Ganzen, das seine Erfüllung in der vollen Hingabe an dieses Ganze findet und darin aufgehend Erlösung erfährt.

Kein Land läßt uns deutlicher als Nepal die Zusammenhänge sehen und erkennen, die das tantrische Weltbild entstehen ließen, das nicht nur dem Lamaismus, sondern auch vielen hinduistischen Sekten und ihren Anschauungen zugrunde liegt. Denn in Nepal sind auch heute noch jene sieben sich in hohen Bergen symbolisierenden Muttergottheiten lebendig, die wir als eine der frühesten Ausdrucksformen einer Weltanschauung betrachten dürfen, die einst in weiten Gebieten dieser Erde verbreitet war. Sie ist als Teil der Megalithkultur bekannt, wenn auch noch wenig erforscht, und wurde bald durch andere Entwicklungen verdrängt.

In Nepal hat sich von diesem alten Glauben und Brauchtum viel erhalten und ist noch heute in Volksfesten lebendig, die sich in eigenartigem, astronomischen Ursprung spiegelndem Rhythmus über das ganze Jahr verteilen und selbst in ihrer säkularisierten Form, in der wir sie seit einigen Jahren erleben, noch viel von ihrer ursprünglichen Bedeutung erkennen lassen. Hier zeigen sich die äußeren, vergröberten oder auch zum gesellschaftlichen Klischee erstarrten Ausdrucksformen eines kosmischen Bezugssystems, dessen Sinn uns um so klarer wird, je tiefer wir in seine geistigen Zusammenhänge eindringen.

Der Fehler, dem die meisten Besucher Nepals und der Himalaya-Region verfallen und der sich selbst in den Büchern vieler gutinformierter Interpreten findet, ist die uns Europäern so selbstverständliche und doch hier ganz unangebrachte Art des Unterscheidens, Wertens und Differenzierens von Erscheinungen und Vorgängen. Nur wenn wir begreifen, daß hier alles mit allem zusammenhängt und alles zu allem in kosmischer Beziehung steht, wird uns der Zugang zu dieser Welt möglich sein. Allein schon die Unterscheidung zwischen kosmisch-erotischen Bezügen und ›pornographischer‹ Darstellung, wie sie ein so bedeutender Wissenschaftler wie Giuseppe Tucci trifft, muß auf Abwege führen und das Verständnis der nepalesischen

Geisteswelt erschweren. Nur wenn wir wertfrei und in der Bemühung um Einsicht in das geistig-rituelle Koordinatensystem des Tantrismus an all die Phänomene herangehen, die wir in Nepal erleben, können wir eine Annäherung an die Wirklichkeit tantristischer Bezüge erhoffen. Erschwert wird das heute durch die schnelle Veränderung nepalesischer Lebensformen — vor allem in Kathmandu.

Ich möchte das am Beispiel des berühmten Ghora-Jatra-Festes demonstrieren, das ich mit seinen Begleiterscheinungen am 15., 16. und 17. März 1980 erlebt habe. Vielschichtig wie alles in Nepal ist auch dieses Fest, das in eine Fülle von Opferhandlungen und kleinen Prozessionen eingebettet ist, die es schwermachen, die Zusammenhänge zu erkennen und zu verstehen. Doch gerade Ghora Jatra verdeutlicht den Umbruch, der sich heute in Kathmandu vollzieht und dessen vorauszusehende Folge — die immer größer werdende geistig-kultische Distanz zwischen der Hauptstadt und dem übrigen Land — für die Zukunft Nepals zum Verhängnis werden kann.

Es begann mit den Auskünften über das Fest. Im Hotel weiß man nur von dem Pferderennen in Gegenwart des Königs und des Diplomatischen Korps, das am Sonntagnachmittag auf dem Tundikhel-Platz stattfinden soll und für dessen Paraderahmen vom Militär schon seit Tagen geübt wird. Auf den Zusammenhang dieses Pferderennens mit uralten Bräuchen um Shivas mächtige, Blut fordernde Gattin Kali und die ihr verbundenen Großmuttergottheiten Nepals weist weder das offizielle gedruckte Programm ›Ghode Jatra 1980‹ hin, noch kann einer der Befragten im Hotel, die sich, so hat es den Anschein, der alten Kulte schämen und nichts mehr von ihnen wissen wollen, darüber Auskunft geben. So sind sie unversehens aus dem kosmischen Zusammenhang gefallen, was man sowohl ihrer Art des Verhaltens als auch des Argumentierens anmerkt. Uns, den Abendländern, möchten sie gleich sein, und sind es doch nicht. Sie haben ihre traditionellen Bindungen weitgehend aufgegeben, ohne neue gefunden zu haben. Das drückt sich in ihren Gesichtern und in ihren Gesten aus.

Der Zufall führte mich abends durch die engen Gassen der Altstadt von Kathmandu, vorbei an buddhistischen Klöstern, in denen vor den Votivschreinen der Meditationsbuddhas Lichter flackern, die als Opfergaben dargebrachte Blüten im Dunkel der mondlosen Nacht aufleuchten lassen. Aus der Ferne tönt Musik. Die Konturen eines Schreins heben sich gegen die helle Hauswand ab, von der Blumengirlanden herabhängen. Die Musik wird lauter. Wilde Rhythmen beherrschen die Gasse. Junge Burschen bewegen den auf Bambusstangen befestigten Schrein laufend und Haken schlagend hin und her. Unter Blüten und Früchten erkennt man das rotbemalte Bild einer der Großmuttergottheiten, die in diesen dunklen Nächten unter Anführung der gewaltigen Kali von den Menschen ihre Opfer fordern. Ziegen und Stiere werden vor dem Bild der Göttin geschächtet. In Trance verfallene Anbeter trinken das Blut der Opfertiere. Früher waren in solchen Nächten Menschenopfer fällig. Und noch heute werden trotz strengen Regierungsverbots Leichenteile Verstorbener von Priestern dargebracht, da der Hunger der Göttinnen nach Menschenfleisch befriedigt werden muß.

Die Neumondnacht vom 15. zum 16. März ist in vielen Vierteln des alten Kathmandu die Nacht der Großmuttergottheiten und damit der Rückbesinnung auf den Ursprung. Das wilde Treiben in den Gassen überdeckt ein anderes Empfinden, das sich deutlich im verinnerlichten Gesicht jener Frau ausdrückt, die aus dem ersten Stockwerk ihres Hauses Blumen- und Früchtekränze herabläßt auf die Sänfte der Göttin, die in einem kleinen Tempel dieses Viertels heimisch ist.

Überall ist bis in die Abendstunden gefegt und geputzt worden. Opfer und Reinigung, das sind die beiden Grundelemente indisch-nepalischer Frömmigkeit. Sie entsprechen einander und schaffen die Basis für alles Geschehen. Sie werden eingesetzt als Hilfsmittel im ständigen Kampf gegen das Böse, das unser Leben so vielfältig bedroht.

Beim Ghode Jatra, dem Pferderennen des nächsten Tages, spürt man nichts mehr von dieser ursprünglich auch ihm zukommenden Bedeutung. Ghode Jatra geht zurück auf den legendären Kampf gegen einen Dämon namens Tundi, der das ganze Kathmandu-Tal in Schrecken versetzte und die Menschen bedrohte. Als er endlich den Tod fand, stürmte das Volk in freudiger Ekstase auf Pferderücken über seinen gewaltigen Leichnam dahin. Das ist der mythische Hintergrund von Ghode Jatra, das seine Bedeutung als Feier der alljährlichen Überwindung des Bösen längst verloren hat, obwohl nepalischer Aberglaube auch heute noch meint, besonders schnelle Reiter beim Ghode Jatra garantieren Glück und Erfolg für das kommende Jahr.

Der Weg von der mythischen Wurzel zum entwurzelten Repräsentationsfest mit abergläubischen Reminiszenzen, die an den Mythos anschließen, ohne ihn noch zu erfassen und einzubeziehen und darum Aberglauben genannt werden müssen, macht die Selbstzerstörung der tantrischen Einheit von Mythos, Volk, Glauben, Magie und Festen sehr deutlich. Was hier vor unseren Augen zerfällt, ist eines der letzten Beispiele intakter mikro-makrokosmischer Bezüge, wie sie sich im Tantrismus besonders intensiv und reif entwickelt haben. Dabei dürfte die nepalische Form, deren Vollendung vor allem auf der Verbindung buddhistischer und hinduistischer Elemente beruht, das wohl komplexeste und eindrucksvollste Bezugssystem dieser Art sein, wenngleich es uns schwer wird, angesichts des unaufhaltsamen Traditionsverfalls in weiten Teilen Indiens sinnvolle Vergleiche anzustellen.

Je stärker sich das offizielle Nepal nach Westen orientiert und religiöse Tradition allenfalls noch als gefälligen Dekor benutzt, um so deutlicher wird sein Abstand zum Volk — besonders außerhalb des Kathmandu-Tals — zutage treten. Im Verhalten der einfachen, an familiären und religiösen Bindungen streng festhaltenden Menschen zeigt sich, daß sie den Schritt in eine verhängnisvolle Oberflächlichkeit der Lebensbezüge nicht mitmachen wollen, so verführerisch die Aussicht auf ein freieres Leben und merkantilen Erfolg auch sein mag. Bringt doch das Eingebundensein in ein kosmisches Bezugssystem nicht nur Ruhe und Einsicht in die Zusammenhänge unseres Daseins, sondern auch Pflichten, die für den Außenstehenden oft sinnlos, wenn nicht gar lächerlich erscheinen mögen. Greift solche Einstellung erst einmal auf den Gläubigen selbst über, und sei es auch nur in Form des durch die Fremden oder durch die eigenen Manager geweckten Zweifels, hat das zerstörerische Denken schon begonnen, an dessen Ende entwurzelte Menschen stehen, die verloren haben, was ihnen Halt und Sicherheit bot. In den meisten Fällen haben sie nicht dafür gewonnen, was selbst in unserer Wohlstandsgesellschaft nur sehr bedingt als Glücksfaktor bezeichnet werden kann: materieller Gewinn und Zerstreuung. Beides hat für den überwiegenden Teil der nepalischen Bevölkerung keine Relevanz, und wird sie vor allem in entlegenen Gebirgstälern, wo technische Hilfen so gut wie ausgeschlossen bleiben, auch in Zukunft nicht haben. Dort bleibt die alte Ordnung das Maßgebende, oder die Menschen müßten nach Kathmandu ziehen und würden dort jenes Slumproletariat bilden, das wir von den Randgebieten der indischen Großstädte seit langem als trauriges Nebenprodukt der Zivilisation kennen.

Wie aber sieht nun der kosmische Bezug der noch in der Tradition wurzelnden Nepalesen aus, wie stellt er sich uns dar? Die Vielgestaltigkeit tantrisch-kosmischer Bezüge im Alltag dieser Menschen läßt es nicht zu, sie umfassend zu beschreiben, zumal von Volksgruppe zu Volksgruppe wie auch von einer religiösen Sekte zur anderen viele Unterschiede im Denken wie im sakralen Handeln festzustellen sind.

Ich möchte deshalb tantrische Praxis an einem einfachen Beispiel darstellen, das ich im März 1980 im Hof der berühmten, in ihren Ursprüngen auf das 6. Jahrhundert zurückgehenden Minanatha-Pagode in Patan miterlebt habe. Es war eine Opferhandlung, die mit Hilfe von drei Priestern von einer Familie durchgeführt wurde, die vom Lande eigens zu diesem Zweck nach Patan gekommen war und alles mitgebracht hatte, was für ein sorgfältiges Zelebrieren der Opferhandlung erforderlich ist. Dabei vollzog sich das Opfer deutlich auf zwei Ebenen.

Der eigentlichen Opferzeremonie geht die sichtbare Herstellung des Bezugssystems voraus, in dem das Opfer dargebracht wird. Das heißt, die Beteiligten — Priester und Familie — formen ein Mandala. Das Mandala ist, wie wir gesehen haben, Inbegriff und Symbol aller kosmischen Zusammenhänge, ist Transposition des Mikrokosmos meines Ich in den Makrokosmos, dessen organischer Teil ich bin. Aus dem göttlichen Zentrum eines jeden Mandala fließt für den Eingeweihten der Kraftstrom, der ihn mit dem All verbindet. Ein Mandala kann gemalt oder geformt werden. Die schönsten Mandala aus dem nepalisch-tibetischen Raum sind bedeutende Kunstwerke, die auch in der westlichen Welt längst Anerkennung und Bewunderung gefunden haben. Doch künstlerische Perfektion ist nicht das Entscheidende. Wichtig ist allein der menschlich-göttliche Bezug, der durch das Mandala hergestellt wird. Ihn verspüre ich beim Entstehen des einfachen und doch so eindrucksvollen Mandala im Hof vor der Minanatha-Pagode der alten nepalischen Königsstadt Patan, die heute von der Landeshauptstadt Kathmandu nur noch durch eine Brücke über den heiligen Fluß Bagmati getrennt ist.

Die Ingredienzien des Mandala sind Tsampa — eine graubraune Masse aus Weizen- oder Roggenschrot —, Reis, Farben, Blumen und die Sakralgefäße, die von der Familie daheim am Hausaltar benutzt werden. Im Mittelpunkt steht eine kleine Bronzefigur Manjushris, des Bodhisattvas der göttlichen Weisheit, der Haus- und Schutzgott der Familie ist und in einem anderen Mandala durch jede weitere der zahlreichen Gottheiten des buddhistisch-lamaistischen Pantheons, bei Hindus auch durch eine Hindu-Gottheit ersetzt werden kann.

Das Mandala ist jeweils dieser zentralen Gottheit zugeordnet, auf die sich der Ritus bezieht, ohne daß sie alleiniger Empfänger des Opfers wäre. Das Opfer ist angelegt als Aufnahme von Beziehungen zu den Göttern im Rahmen des tantrischen Bezugssystems, in das man sich auf Grund seiner Glaubens- und Geisteshaltung einbezogen weiß. Dabei spielt es keine Rolle, wie tief die Kenntnisse und Erfahrungen gehen, die den einzelnen mit dem tantrischen Allzusammenhang verbinden. Der Tantrismus kennt weder Dogmen noch Gebote. Ihm nähert man sich schrittweise bis zu dem Punkt, den man auf Grund seiner Fähigkeiten und seiner Konzentration erkennen oder auch erreichen kann. Für manchen mag das nur eine schwache Ahnung, für andere ein ganzes Erfahren und Erkennen sein, das zur Erleuchtung führt. So elitär diese Stufenleiter tantrischen Erlebens scheint, so human ist sie doch in ihrer Wirkung für den einzelnen. Jeder findet nach seinen geistigen Kräften den Platz, den er im kosmischen Bezugssystem einnehmen und ausfüllen kann. Dabei vermag die Ahnung, das Aufleuchten der Zusammenhänge, den Einfältigen sicher genauso glücklich zu machen wie die Erleuchtung den Adepten der letzten Stufe.

Das Mandala vor der Minanatha-Pagode beweist es. Bei der Vorbereitung sind sie alle — Familie und Priester — ganz dabei. Vater und Kinder kneten eifrig aus Tsampa die kleinen Chorten, die in ihrer langgezogenen Ausformung eher dem Shiva-Lingam als der traditionellen Form des Stupa ähneln.

Ein nepalischer Freund hatte mir in einem verschlossenen Schrein hinter einer Gittertür das Vorbild dieser Kleinststupas gezeigt und dazu bemerkt, daß dies die Urform des nepalischen Stupa sei, die in vorbuddhistische Zeiten zurückweise. Wie dem auch sei, sicher drückt sich in der Form dieser kleinen Devotionalien die innige Verbindung zwischen Buddhismus und Hinduismus in Nepal aus, die sich, wie hier, bis in die ältesten Symbole beider Religionen nachweisen läßt.

Während der Vorbereitung der einzelnen Teile des Mandala wird von einem Priester ein großes Quadrat vor der zweistöckigen, dem buddhistischen Avalokiteshvara wie auch hinduistischen Göttern geweihten, besonders für den Haus- und Familiensegen zuständigen Pagode abgegrenzt und mit einer braunroten schlammigen Masse grundiert. Ein anderer Priester streut mit Reismehl abstrakte Figuren in das Feld, um es auf diese Weise magisch zu gliedern. Die Konturen werden dann durch das Streuen von Farbpulvern intensiviert, bevor man daran geht, im oberen Feld die Symbole für die kosmische Gliederung der Welt in Reihen aufzustellen: zuerst Reisschalen, die für die Erde stehen, Öllämpchen als Symbole des Feuers, Wasserbehälter für das flüssige Element, Blumen, die über das ganze Mandala verstreut werden, als Symbole für die Luft und damit für das Atmen, und schließlich die kleinen Tsampa-Stupas für das fünfte Element, den Äther, mit dem sie gleichzeitig das Nirvana als höchstes und letztes Ziel des Menschen verkörpern. Diese fünf Elemente entsprechen den fünf zentralen Punkten des menschlichen Körpers, den Cakras, und stellen damit auch auf dieser höchsten Ebene des Mandala die mikro-makrokosmische Beziehung her, die für den Tantrismus und seine Riten von entscheidender Bedeutung ist.

Überall dort, wo eines der Sakralgefäße — der Krüge und heiligen, mit Blumen und Symbolen gefüllten Vasen — seinen Platz hat, sind vorher, wahrscheinlich einem alten Fruchtbarkeitsritus folgend, vom Priester Häufchen aus Reiskörnern gestreut worden. Diese erheben sich wie Hügel in der sonst flachen Landschaft des Mandala und deuten damit vielleicht zugleich die Landschaftsstruktur der nepalischen Heimat an, die gleichfalls nach Norden hochansteigend von Bergen abgeschlossen wird, wie hier im Mandala von den Symbolen der fünf Elemente.

Vor den drei Priestern, die sich nun in Front des Mandala niederlassen, liegen die uralten Priesterhelme, die während der Zeremonie bei Höhepunkten aufgesetzt werden. Über der zentralen Manjushri-Figur im Mittelpunkt wird ein Dreifuß mit einer Vase aufgestellt, in der sich bunte Wimpel befinden, die mein nepalischer Freund als hinduistische Zutat deutet.

Mit der leisen Rezitation von Mantras — den heiligen Silben des Tantrismus — und verschiedenen Mudras, die sich im Wechsel der Handhaltung der Priester ausdrücken, beginnt die Zeremonie, zu der Vajra und Ghanta — Diamantzepter und Glocke — in Abständen, die Opferhandlung gewissermaßen gliedernd, bewegt werden. Während das Interesse der Kinder bereits nachgelassen hat und sie sich frei und ungezwungen auf dem weiten Vorplatz der Pagode vergnügen, hokken die erwachsenen Familienmitglieder — ein Mann und drei Frauen — ehrfürchtig zu seiten des Mandala und beobachten das Tun der Priester. Inwieweit sie in der Lage sind, dem Ritus der Opferhandlung verständnisvoll zu folgen, ist nicht zu entscheiden, zumal sie wahrscheinlich des Sanskrit, in dem die Mantras gemurmelt werden, nicht mächtig sind. Doch selbst der Sanskrit-Sprechende vermag mit den heiligen Silben nur dann etwas anzufangen, wenn er in ihre geheimnisvolle Welt und die komplizierten Bedeutungszusammenhänge eingeweiht ist. Das aber sind nur Priester und Gurus — Lehrer, die ihr Wissen jedoch keineswegs bereitwillig, sondern nur unter besonderen, meist nicht durchschaubaren Voraussetzungen weitergeben.

Doch im Grunde spielt tieferes Verständnis bei den Opferhandlungen auch keine bedeutende Rolle. Was man in Gestalt des mit den Priestern erstellten Mandala vor sich sieht, genügt dem einfachen Mann in seiner farbigen Anschaulichkeit durchaus als Einstimmung in die heilige Handlung. Es ist nicht anders als die Wirkung der christlichen Wandmalereien und Skulpturen auf analphabetische Gläubige im europäischen Mittelalter, die sich in dieser Bilderwelt trotz der fremden lateinischen Sprache der Priester auch geborgen fühlten.

Die Minanatha-Pagode hat für die nepalische Familie zudem eine besondere Bedeutung. Man erkennt sie an dem Hausgerät, das die Seitenwände der Pagode schmückt. Fromme Familien haben es als Opfergabe an den großen Schutzheiligen Tibets und des Himalaya — den Bodhisattva Avalokiteshvara — hierher gebracht, um mit diesem Opfer Segen und Frieden für den Hausstand zu erbitten. Wer hier — wie unsere Nepali-Familie — sein Opfer gebracht hat, zieht heim in dem Bewußtsein, alles getan zu haben, um des ständig bedrohten Gleichgewichts zwischen Gut und Böse wieder für ein Jahr sicher sein zu können.

Nicht sehr weit vom stillen Hof der Minanatha-Pagode entfernt, befindet sich jener zentrale Platz des alten

Patan mit dem Königspalast und einer langen Tempelfront, der einer der Hauptanziehungspunkte für Nepal-Touristen ist. Doch wer von diesen schnellen Besuchern ahnt schon, daß sich hier – und zwar unter den drei pagodenförmig gestaffelten Dächern des Königstempels – ein Schlüssel zu jenen tantrischen Geheimnissen findet, denen viele Wissenschaftler mit sehr unterschiedlichen Ergebnissen nachgespürt haben?

Wir kommen zurück auf die Darstellungen geschlechtlicher Vereinigung an den Stützpfeilern so mancher nepalischer Pagodendächer. Wir finden sie in besonders ausgeprägter Form auch hier am Königstempel. Vergegenwärtigt man sich den Grundriß des Tempelturms, der hinter der breit hingelagerten rechten Tempelfront des quadratischen Gesamtbaus liegt, so begegnet man wieder, wie bei so vielen Bauwerken dieser Region, dem Mandala. Es ist die Grundform allen kosmischen Denkens und Verehrens, vom Mandala, das für eine Opferhandlung errichtet wird und darum wieder verfällt, über gemalte, geschnitzte und gegossene Formen bis hin zur Mandala-Architektur, die ihren größten und erhabensten Ausdruck viele 1000 Kilometer südöstlich von hier im zentraljavanischen Borobudur des 8. Jahrhunderts gefunden hat.

Jedes dieser Mandalas ist in seiner gestalteten, sichtbaren Form der Ausdruck unsichtbarer kosmischer Zusammenhänge, die es symbolisiert. Die kosmische Zone des Mandala ist sein Zentrum, das von einem Buddha, einem Bodhisattva, einer Schutzgottheit, einem Götterpaar in Yab-yum oder auch nur von einem Zeichen oder einem Mantra besetzt sein kann. In allen Fällen ist das zentrale Symbol die Brücke zum

Kosmos, mit der Aufgabe der Einbeziehung des davor oder darin meditierenden Menschen.

Die Zentralfigur des tantrischen Königstempels von Patan bleibt dem Außenstehenden verborgen, so, wie ja jede Initiations- und Schutzgottheit des einzelnen Tantrikers von diesem geheimgehalten werden muß. Schaut man sich die Fassade des Tempels mit seinen drei Dächern und ihren geschnitzten Stützpfeilern an, entdeckt man hoch oben Paare in enger Umarmung. Sie sind stehend und ineinander verschlungen dargestellt — in einer sexuellen Vereinigung, die körperlich jedoch nicht realisierbar wäre. Über diese Tatsache, die viele der tantrischen Darstellungen Nepals von den älteren indischen Formen in Khajuraho oder Konarak abhebt, haben die meisten Interpreten hinweggesehen. Doch scheint mir gerade in diesem Phänomen, auf das mich mein nepalischer Freund Bijay Anlatya aufmerksam gemacht hat, das Geheimnis dieser Schnitzfiguren zu liegen. So wie alle Bestandteile des Mandala haben auch sie eine andere Bedeutung, als sie der oberflächliche Anblick suggerieren mag.

Die als Figurengruppen unnatürlich wirkenden Paare erhalten ihren Sinn und damit ihre für das Mandala entscheidende Bedeutung, wenn man die hinter ihrer Linienführung verborgenen Mantras, ihre Silbenformen erkennt. Sie stellen, wie mir Bijay verdeutlicht, zentrale Mantras dar, wie wir sie oft auch in gemalten Mandalas an der Stelle der Gottheiten finden.

Die vier Figurenpaare, denen wir hier am tantrischen Königstempel von Patan begegnen, symbolisieren die Mantras Am und Hrim, wobei das H in Hrim den kosmischen Klang, das R die Opfer fordernde, aus dem hinduistischen Pantheon in den Tantrismus integrierte Kali und der Buchstabe M das Uranfängliche – den Schoß aller Dinge – meint. So wie sich das männliche und das weibliche Element im Bild der sexuellen Verbindung vereinigen, so auch im übertragenen Sinne der Mantras, wo in der Silbe Hrim der Urlaut die männliche und der Urschoß die weibliche Komponente darstellen. Ein schöpferisches Element wie die Silbe Hrim enthält auch die mächtige Silbe Am. So kommt es, daß beide in der Einheit der Gegensätze männlich-weiblich, die zugleich der Ursprung alles Werdenden ist, bildlich erscheinen, als Wesen in geschlechtlicher Vereinigung, die nichtsdestoweniger keinen realen Geschlechtsakt ausführen.

Die Übertragung von Bildern, die oft ganz realistisch und teilweise sehr drastisch wirken, in die geistig-meditative Welt und ihre entsprechende Bedeutung können wir im ganzen Tantrismus als Wesenszug erkennen. Dieser besondere Wesenszug aber ist es, der uns das Eindringen in tantrisches Denken und Schauen so erschwert, zumal in jüngerer Zeit die Veräußerlichung aller Lebensformen – auch in weiten Teilen Nepals – die unmittelbare Berührung mit tantrischen Kulten fast unmöglich macht.

Der Weg zum Mount Everest

Auf dem Flughafen von Kathmandu steht eine sechssitzige Pilatus-Porter – ein echter Vogel der Technik, gemessen an den großen Maschinen, die seit Jahren Tag für Tag Hunderte von Touristen nach Nepal bringen. Es ist der 26. Februar 1980. Wir wollen ins Gebiet des Mount Everest vordringen, zu den höchstgelegenen

Klöstern dieser Erde. Nur so, glaube ich, kann man den Unterschied ermessen, der sich in wenigen Jahren zwischen den Menschen im Kathmandu-Tal und den Menschen dort in den Bergen herausgebildet hat.

Die kleine Pilatus-Porter, die wetterbedingt an kaum 100 Tagen des Jahres auf dem winzigen Airstrip von Siangpoche im östlichen Himalaya landen kann, hat an den Lebensformen der Menschen, die dort auf einer Höhe zwischen 3000 und 4000 Metern siedeln, nichts geändert. Selbst die Sherpa, die heute mit Treckern zu entlegenen Dörfern, zum Lamakloster Tiangpoche und zum Basislager der Mount-Everest-Expeditionen aufbrechen, zeigen sich unbeeinflußt von den Fremden, die sie sicher über Geröllhalden, Steilhänge und schmale Saumpfade zu ihrem Ziel führen.

Der Flug von Kathmandu nach Siangpoche in der kleinen Maschine, die einen so nahe an die Sieben- und Achttausender heranbringt, gehört zum Schönsten, zum Erregendsten, was man auf dieser Erde erleben kann. Erst sind es noch die Reisterrassen des Kathmandu-Tals und die zahlreichen, dazwischen hingestreuten, oft auch über Bergrücken ansteigenden Städte und Dörfer mit ihren weißen oder rostrot getünchten Häusern, dann die Wälder der bis zu 3500 Meter hohen ›Hügel‹-Landschaft, die nach Norden und Osten amphitheatralisch von der bizarren Kette der Eisriesen abgeschlossen wird, auf die der winzige Vogel nun zustrebt.

Berge ziehen an uns vorüber, deren Namen wir noch nie gehört haben, andere, nicht minder eindrucksvolle, von denen der Schweizer Pilot unserer Maschine sagt, sie seien namenlos, da sie ja nur 6000 oder 6500 Meter hoch sind.

Nun, für uns haben sie alle göttliches Format. Und als wir uns schließlich vom Südwesten her dem Mount Everest nähern, würden wir uns ohne besonderen Hinweis seiner überragenden Höhe gar nicht bewußt, wie er da, einem unregelmäßigen Dreieck gleichend, über die ihm vorgelagerte Bergkette hinausragt. Da macht doch der schmale, steil ansteigende, im Sonnenlicht eisglitzernde, nur 6856 Meter hohe Amai Dablam einen viel erhabeneren Eindruck.

Als wir nach ein paar kühnen Schleifen auf dem einer Bergwiese ähnelnden Airstrip von Siangpoche landen, ist es, als hätten wir innerhalb einer Stunde einen anderen Planeten erreicht. Das Hupkonzert der Autos und Fahrradrikschas von Kathmandu, die hektische Geschäftigkeit der Hauptstadt, ist einer Stille gewichen, die uns in dem Augenblick voll zu Bewußtsein kommt, als der Propeller der kleinen Maschine nach dem Abstellen des Motors seine letzten geräuschvollen Umdrehungen gemacht hat. Nun ist es so still um uns, daß man den Flügelschlag eines Greifvogels vernimmt, der eben noch über uns gestanden hat und jetzt herabstößt — wie zur Begrüßung der Fremden. Die Sherpas, die uns erwarten, kennen diesen Überraschungseffekt und tun nichts, was ihn stören könnte. Sie lassen uns Zeit und sprechen auch dann nur das Nötigste — leise und ohne jede Erregung. Es ist, als seien sie eine genaue Entsprechung der Welt, in der sie leben.

Langsam steigen wir den Berg hinan zu unserem ersten Quartier, dem Hotel Everest View, das Japaner hier — in fast 4000 Metern Höhe — errichtet haben als Ausgangspunkt für Touren im Mount-Everest-Gebiet. Der steile Weg führt vorüber an einem aus Steinen aufgetürmten Heiligtum, das, von den meisten unbeachtet, am Weg liegt. Es ähnelt megalithischen Kultstätten, wie wir sie zwischen England und der Südsee auch überall in Asien kennen. Wann dieses hier, vielleicht das höchstgelegene dieser Erde, entstanden ist, vermag niemand zu sagen. Auf alle Fälle kam der Kult der heiligen Steine, wie wir sie in den Manimauern aufgeschichtet finden, spätestens mit den Sherpas ins Land. Über seine frühere Geschichte aber werden wir, wenn es sie gibt, wahrscheinlich nie etwas erfahren.

Everest View, das wir nach dreiviertelstündigem Aufstieg erreichen, firmiert als höchstes Hotel dieser Erde und zählt zur Luxusklasse. Der Ausblick von der den Zimmern vorgelagerten Terrasse ist in der Tat einmalig. Wenn man den Mount Everest auch nicht unmittelbar vor sich hat, zeigt er doch sein allerdings oft wolkenumspieltes oder nebelverhangenes Haupt. Eine Sonnenstunde hier oben ist wie ein Blick in den Himmel, so verschieden diesen die Menschen sich auch vorstellen mögen.

Die Betreuung des Hotels gestaltet sich freilich äußerst schwierig. Da die kleine Pilatus kein rentables Transportflugzeug sein kann, muß alles von Lukla, dem nächstgrößeren Flughafen, auf Tier- oder Menschenrücken herangeschleppt werden. So sieht man stündlich die Frauen des im Tal gelegenen Sherpadorfes Khumjung mit Plastikbehältern auf dem Rücken Kerosin und Wasser den Berg hinauftragen zum Hotel. Geheizt wird nur am Abend. Den Tag muß man dicht um den einzigen Kamin des Hotels geschart verbringen, wenn man es nicht vorzieht, unterwegs zu sein.

Jetzt im Februar ist es tagsüber draußen angenehmer als in den Räumen, die freilich Höhenempfindliche kaum zu verlassen wagen, aus Angst, sie könnten das Laufen in 4000 Metern Höhe nicht vertragen. Nun, versuchen sollte man es — zunächst mit einem Abstieg ins nahe Sherpadorf, wobei man sich auf dem Rückweg Zeit lassen muß. Denn nichts ist hier weniger angebracht als Eile. Selbst die Sherpas, die das Gehen in dieser Höhe gewohnt sind, sieht man nie hetzen. Der Lebensrhythmus im Himalaya ist ein anderer. Ich habe ihn in zunehmendem Maße als sehr natürlich empfunden.

Khumjung ist ein typisches Sherpadorf. Seine grauen Steinhäuser ziehen sich am Hang hinauf. Manimauern führen zur Talsohle, wo ein schmaler Fluß, die Lebensader des Dorfes, fließt. An der Brücke steht ein rotgebänderter, mit Wimpeln beflaggter Chorten, wegweisend und vor bösen Geistern bewahrend zugleich — Zeugnis, daß wir uns hier wieder in lamaistischem Gebiet befinden.

Im kleinen Kloster des Dorfes wird uns der Skalp eines Yeti, des legendären Schneemenschen dieser Region, gezeigt, der längst als ein Stück Bergziegenbalg entlarvt worden ist. Trotzdem halten sich die Erzählungen und Gerüchte um den Yeti bis in die jüngste Zeit. Immer wieder will jemand seine Spuren im Schnee oder Eis, am steilen Felshang oder im spärlichen Gras einer sommerlichen Hochweide gesehen haben.

Wenn man durch diese Bergwelt gewandert ist und die Wechselfälle ihres Wetters erlebt hat, mit strahlendem Sonnenschein, plötzlich einbrechendem Nebel, aufkommenden Stürmen, Schnee oder Eisregen, Wolken, die wie Gespenster dahinjagen, wird einem klar, daß hier zwischen Wirklichkeit und phantastischer Erscheinung nur schwer zu unterscheiden ist. Als wir im Obergeschoß eines Hauses in Khumjung dem Thangkamaler des Dorfes begegnen, durch dessen Fenster die Bergriesen hereinschauen, will mir sein langsam entstehendes mandalaartiges Bild, das sich um die Zentralfigur eines Buddha gliedert, wie die Vision des Draußen, geschaut mit der Phantasie eines religiös Ergriffenen, erscheinen. Und plötzlich begreife ich den fundamentalen Unterschied zwischen den zahllosen für Touristen gefertigten Thangkas in Kathmandu, von denen manche gar nicht schlechter gemalt sind, und dem Bild, das hier nach allen Regeln des Kults von einem gemalt wird, der den Rhythmus des natürlichen Lebens noch in sich spürt und ihn auch auf seine Malerei überträgt. Es ist beglückend und beruhigend zugleich, wie der Sherpamaler mit ruhiger Hand, Strich für Strich, eine kleine Nebenfigur vollendet.

Am nächsten Morgen beim Aufbruch nach Tiangpoche, dem berühmten Lamakloster zu Füßen des Mount Everest, verspüre ich den gleichen natürlichen Rhythmus im ruhigen Gang der Sherpas und unserer Tragtiere, der Yaks, die Zeltausrüstung und Verpflegung tragen. Vor einem Chorten steht eine Frau, die ihre Gebetsmühle dreht. Mit leiser, fast unmerklicher Kopfbewegung begleitet sie den Schwung der Hand. So habe ich sie schon oft gesehen, diese Menschen der Bergregionen, zu denen die Gebetsmühle gehört wie zu uns das Rad. Beide drehen sich. Doch während uns das drehende Rad fortbewegt, ist die Drehung der Gebetsmühle nur ein Bewegungsvorgang für Mantras, für Gebete. Der Mensch bleibt, wo er ist. Und er bleibt, was er ist. Nicht Fortschritt auf dieser Erde, sondern Verbundensein mit den Göttern ist seine Absicht, sein

Ziel. Das mag uns weltfremd erscheinen, und doch habe ich das Gefühl, daß es nirgendwo mehr Weltverbundenheit gibt als hier in diesen Bergen.

Der Lebensrhythmus freilich ist ein anderer. Er hat Geschwindigkeit allein in bezug auf die Götter. Die Gebetsmühle dreht sich schnell und schickt in der Minute, wie ein Telegraph, Hunderte von Mantras zum Himmel. Doch der Mensch, der sie dreht, bleibt ruhig, unbewegt wie die Achse der Gebetsmühle, um die sich zwar alles dreht, damit das ständige Om mani padme hum die Götter erreicht, die aber selbst unbewegter Mittelpunkt ist, wie die Frau hier, die sie in Bewegung setzt, um die Götter zu erreichen. So erleben wir auch unten am Fluß die Wasserkraft nicht genutzt, um Arbeit zu leisten, sondern um Gebetsmühlen in Bewegung zu setzen.

Der Rhythmus der Gebetsmühlen, wie ich ihn auf diesem Weg besonders eindringlich erfahren habe, entstammt der Einsicht des Menschen in das Vergängliche, das durch das ewige Kreisen der Gebetsmühlen symbolisiert wird, wobei die Bedeutung dieses Kreisens gerade das andere verdeutlicht: das Unvergängliche in uns und um uns, das wir nur in der Stille, im Verhalten, in der Meditation erfahren können. Daß solche Meditation nicht nur Sache der Mönche in den Klöstern ist, zu deren Tagesablauf sie gehört, sondern Sache aller Menschen hier in den Bergen, habe ich an einem sehr eindrucksvollen Beispiel auf diesem Weg nach Tiangpoche erlebt.

Einer unserer Sherpaträger bleibt immer knapp hinter mir, auch wenn ich verweile, um die Großartigkeit der Landschaft besser in mich aufnehmen zu können oder sie im Foto festzuhalten. Dabei fällt mir auf, daß er ständig mit kaum vernehmbarer Stimme etwas vor sich hinmurmelt. Zunächst denke ich an eine persönliche Absonderlichkeit, wie sie bei Bergmenschen nicht selten ist. Dann entdecke ich unter dem weiten Ärmel seines Übergewandes eine Perlenkette, die er ständig zwischen den Fingern bewegt. Sie gleicht dem katholischen Rosenkranz und dient im Bereich des Lamaismus auch demselben Zweck, ist Gebetshilfe wie im Christentum.

Mein treuer Begleiter, der mir an schwierigen Stellen die Hand reicht, mir auch über eine schmale, schwankende Brücke hinüberhilft, begleitet unser Unternehmen mit einer ständigen Ansprache jenes wundertätigen, ganz der Hilfe für den Menschen zugewandten Bodhisattva Avalokiteshvara, dessen tausendarmige Form er außerdem als winziges Amulett bei sich trägt. Ließe sich mehr bewahrendes, helfendes Denken und Tun vorstellen, als es dieser einfache, des Schreibens und Lesens unkundige Sherpa während langer Tage des Bergwanderns für uns auf sich genommen hat?

Von Khumjung geht es hinab in das Tal des Imja Khola, vorbei an Felsblöcken, die ganz mit eingemeißelten heiligen Silben bedeckt sind, in 2800 Metern Höhe über eine Brücke und dann den Hang steil hinauf nach Tiangpoche, das wir am Nachmittag, nebelverhüllt, erreichen; ein Lamakloster in 4000 Metern Höhe, wo Mönche — weltfern und götternah — von Sonnenaufgang bis in die Dunkelheit des Abends Musik, Gesänge und Gebete erklingen lassen, hier auf dem Dach der Welt, für das Getriebe da unten, von dem sie so weit entfernt sind und dem doch ihre Fürbitte gilt.

Die kleine Versammlungshalle des Tiangpoche-Klosters bietet etwa 20 Mönchen Platz zu Gebet und Meditation. Links unter dem Fenster sitzen in dicke Decken gehüllte Frauen, die zum Kloster gehören. Tiangpoche ist ein Rotmützenkloster, dessen Lamas heiraten dürfen. Die Familie des Abts wohnt ganz in der Nähe. Dort nehmen wir am offenen Feuer das Abendessen und dazu Tchang, das säuerliche Gerstenbier, das überall im Himalaya sehr beliebt ist.

Am frühen Morgen, als die ersten Lichtstrahlen im Osten helle Streifen zwischen den hohen, die Sonne verdeckenden Bergen aufblitzen lassen, tönt ein tiefer, dumpfer Ton über die schmale Hochfläche, auf der das Kloster vor etwa 300 Jahren errichtet worden ist. Zwei Mönche blasen vor dem inneren Klostertor, das zum zentralen Heiligtum von Tiangpoche führt, die über zwei Meter langen, ausziehbaren Kupferhörner, die Dungchen, deren Echo aus den Bergen widerhallt. Glockenton ruft die Mönche zum ersten Gebet, an das sich ein kärgliches Frühstück mit dem berühmten, europäischem Geschmack wenig entsprechenden Buttertee anschließt. Danach folgen wieder Gebete und Meditation. Die Mahlzeiten sind knapp bemessen und bestehen im wesentlichen aus Buttertee und einer Schale Reis. Am Abend darf nur noch gegessen werden, was tagsüber übriggeblieben ist. Trotzdem wirken die Mönche kräftig und gesund, was angesichts ihres eintönigen Alltags in der Kälte dieser unbeheizten Klosterhalle erstaunlich ist. Am Vormittag besuche ich einen der Lamas in seiner Zelle. Der Raum ist verhältnismäßig geräumig und bietet eine gewisse anspruchslose Gemütlichkeit, wenngleich auch er nicht beheizt ist.

Kult und Ritus in diesem Kloster sind wie überall in

der Sherparegion von den ältesten lamaistisch-tantrischen Lehren bestimmt, denen wir sonst in dieser Form nur noch in einigen ladakhischen Klöstern begegnen. Die heiligen Schriften — Hunderte von Blockdruckbänden des Tanjur und Kanjur — sind vollzählig, sorgfältig in seidene Tücher gehüllt, an der Stirnwand des Klosters in Regalen verwahrt. Sie liefern die Grundlage des seit Jahrhunderten unveränderten Ablaufs der Kulthandlungen eines Tages wie eines Jahres, wobei die großen Klosterfeste die einzigen Zäsuren im Leben der Mönche schaffen.

In Richtung Mount Everest, also nach Nordosten, gibt es hinter Tiangpoche noch ein Dorf mit einem Kloster: Pangpoche. Von da geht es in die Einsamkeit der oft über 4500 Meter hoch gelegenen Sommerdörfer der Sherpa, die nur in den Monaten Juni, Juli, August von den Hirten bewohnt werden, die das kurze Grünen der hochgelegenen Weideflächen für ihre Tiere nutzen.

Zum zentralen Marktort der Sherpa muß man den schmalen Pfad am Steilhang wieder hinabsteigen ins Flußtal, um drüben erneut aufzusteigen und dann in zahllosen Wegkehren mit teilweise herrlichem Blick Namche Basar zu erreichen, eine Siedlung, die sich über 500 Meter Höhenunterschied im Halbrund eines Talkessels hinabzieht. Ganz oben am Hang liegt der Dorftempel, dessen Rot sich deutlich vom Steingrau der Sherpahäuser abhebt.

In Namche Basar hat sich seit dem Beginn der Mount-Everest-Expeditionen und mehr noch seit der Blüte des Himalaya-Trekking ein gewisser Wohlstand entwickelt. Das erkennt man an der Bauweise der neueren Häuser, aber auch an den Waren, die hier angeboten werden. Sonnabend ist Markttag. Dann kommen sie tageweit aus den Dörfern, verkaufen und kaufen, wie man es früher hier nicht gekannt hat. Trotzdem gibt es kaum Anzeichen von Veränderungen des Lebensstils, die eben doch nicht nur vom Wohlstand, sondern vor allem vom Einfluß der Technik und ihrer Begleiterscheinungen abhängig sind. Dieser Einfluß ist hier noch nicht sehr stark.

Wirft man einen Blick ins Innere des einfachen Dorftempels, wird einem klar, welches die Bindungen sind, die hier noch immer den Menschen das Bewußtsein kosmischer Zusammenhänge vermitteln. Die große Gebetsmühle im Vorraum ist mit den acht glückbringenden Zeichen und mit den Figuren jener Dakinis geschmückt, die ihre Verkörperung in den umliegenden heiligen Bergen finden. Im Hintergrund erkennen wir das Haupt des Mahakala, dem wir fast überall in den Bergklöstern und Dorftempeln begegnen. Der Hauptraum des Tempels ist klein und schlicht. Mir fallen die hier hängenden Masken auf, die zu großen Festen die Geister der Berge ins Dorf bringen. Eine graue, weißbärtige Maske symbolisiert das Alter und zugleich den wichtigsten Wunsch aller Sherpas: von den Göttern ein langes Leben geschenkt zu bekommen.

Mustang — Das letzte verschlossene Land

Betrachten wir die Karte von Nepal, diesem Land, das sich über fast 1000 Kilometer entlang den Himalaya-Ketten erstreckt, fällt nördlich des gewaltigen, bis über 8000 Meter ansteigenden Annapurna-Massivs eine fast quadratische Grenzausbuchtung nach Norden auf.

Hier reicht das in seinen Hochgebirgsregionen nur spärlich besiedelte und über weite Strecken unwegsame Land wie mit einem Sporn nach Tibet hinein. Es ist das alte Königreich Mustang, heute unter nepalischer Oberhoheit, aber mit einem eigenen Fürsten, der infolge der Abgeschiedenheit seines Landes noch viele herrscherliche Vollmachten ausübt, wenn er auch nominell ein Untertan des nepalischen Königs ist. Diese Tatsache wird in Mustang nicht als Last empfunden. Im Gegenteil. Die Grenze zu Nepal schützte das kleine Land vor dem Einmarsch der Chinesen, als sie ab 1950 Tibet besetzten. Trotzdem ist Mustang seit jener Zeit eines der politisch brisantesten Gebiete im Himalaya. Zogen sich doch die gegen den chinesischen Überfall aufbegehrenden Khampas, ein kriegerischer Volksstamm der Tibeter, nach Mustang zurück, von wo aus sie immer wieder Angriffe gegen die chinesische Besatzungsmacht in Tibet vortrugen. Das ist auch der Grund, weshalb das schwer zugängliche Gebiet, in dessen Hauptstadt Lo Mantang Autos unbekannt sind, bis heute für Fremde verschlossen blieb.

Der Weg von dem alten zentralnepalischen Handelsplatz Pokhara — einem Basar an der seit 1959 nicht mehr begangenen Karawanenstraße von Tibet nach Kathmandu — führt über Jomosom durch Rhododendronwälder unter dem Annapurna-Massiv zum Kali Gandaki, dem heiligen Fluß, der aus dem 4000 Meter hoch gelegenen Mustang herabkommt. Es ist einer der beschwerlichsten Wege im Lande, der von Nepal auf das tibetische Hochplateau führt, zugleich der Weg in ein unverfälschtes Stück Mittelalter inmitten unserer so schnellem Wandel unterworfenen Welt.

Die ladakhischen Chroniken, die über die Geschichte der westlichen Himalaya-Region berichten, sprechen von einem Königreich Blo, das bereits im 5. Jahrhundert als unabhängiger Staat bestanden hat. Der tibetische König Srong Tsan Gampo eroberte es in der Mitte des 7. Jahrhunderts auf seinem Feldzug nach West-Tibet, mit dem er die tibetische Königsmacht festigte und seinen Herrschaftsbereich weit nach Westen hin ausdehnte.

Nach dem Verfall des tibetischen Reiches im 10. Jahrhundert kam Mustang unter den Einfluß von Guge und erlangte wirtschaftliche Bedeutung an der Handelsstraße von Tibet nach Indien, die bald auch zu einer der Pilgerstraßen wurde, über die vor allem indische Buddhisten nach Tibet gelangten, als sich in Indien Hinduismus und Islam mehr und mehr gegen den Buddhismus durchsetzten.

Im 12. Jahrhundert erscheint Mustang unter dem Namen Lo als ein westlicher Stützpunkt der tibetischen Sakyapa-Sekte, deren Äbte — die Sakya-Panditas — seit der vorübergehenden Besetzung Tibets durch die Mongolen zu Statthaltern der Mongolenkhans in Tibet geworden waren. Damals entstanden in Mustang bedeutende Klöster, die heute noch existieren.

Im 15. Jahrhundert erlangte das kleine Königreich an der Grenze zu Tibet seine Unabhängigkeit zurück. Auf den Wiederbegründer der Autonomie Mustangs, König Ame dPal, folgten, will man den Chroniken glauben, bis heute in ungebrochener Erbfolge 25 Fürsten, die man auf tibetisch Gyalpos nennt. Daß zumindest in den Annalen eine über 500 Jahre herrschende Dynastie bestätigt ist, deutet auf die erzkonservative Haltung dieses Himalaya-Völkchens hin. Sie entspricht ganz der ursprünglich überall im Himalaya verbreiteten Lebensauffassung, die sich in leichter zugänglichen Gebieten erst unter Fremdeinfluß allmählich verändert hat.

Freilich sieht auch in Mustang die nachweisbare Geschichte der letzten Jahrhunderte anders aus, als es das in den Chroniken vermittelte harmonische Bild zeigt. Das Ansehen und der Wohlstand des Landes unter der Ame-dPal-Dynastie beruhten vor allem auf dem Salzhandel zwischen Tibet und Indien, der Mustang hohe Zolleinnahmen brachte. Doch diese wirtschaftliche Machtstellung löste bei Nachbarn und vordringenden Feinden Neid aus. So fielen 1640 die Mongolen in das Land ein, und ein westnepalischer Fürst ging gegen die Stützpunkte vor, die der König von Mustang am Kali-Gandaki-Fluß zum Schutz der Salzstraße hatte errichten lassen.

1760 eroberte der westnepalische König von Jumla das Land. Unterdrückung und Armut waren für die freiheitsliebende Bevölkerung die Folge. So begann die Abhängigkeit Mustangs von Nepal. Nur seine schwere Zugänglichkeit und die Abneigung der Nepalesen, in diesem fernen Hochland Dienst zu tun, bewahrten das kleine Fürstentum vor dem üblichen Besatzungsschicksal. Auch verstanden es die Könige von Mustang, durch die Jahrhunderte zwischen Tibet und Nepal geschickt zu taktieren. Trotzdem vermochten sie den Verfall der wirtschaftlichen Machtposition Mustangs nicht aufzuhalten. Im 19. Jahrhundert verloren sie das Zollrecht an der Salzstraße, und nach der Besetzung Tibets durch die Chinesen wurde die Grenze zu Mustang ganz geschlossen. Das einst so blühende Königreich lag nun völlig im Abseits, unzugänglich vom Norden wie vom Süden. Das Land wurde zum willkommenen Schlupfwinkel der sich vor den chinesischen Truppen zurückziehenden Khampas, die von Mustang aus ihre Überfälle auf Tibet organisierten und den Widerstand gegen die verhaßte Besatzungsmacht noch lange aufrechterhalten konnten. Seit der Verkündigung und weitgehenden Realisierung der Religionsfreiheit für die tibetische Bevölkerung im Jahre 1979 ist es auch in diesem Wetterwinkel der Himalaya-Region ruhiger geworden.

Mit der offiziellen Anerkennung der innenpolitischen Privilegien des Königs von Mustang durch das nepalische Parlament sind die Beziehungen zwischen Kathmandu und Mustang geregelt worden. Ein altes Königreich des Himalaya – das letzte ohne Straßen, Elektrizität und Autoverkehr – wurde so in seinem Bestand bestätigt und darf wohl auf Grund seiner besonderen geographischen Lage hoffen, noch lange in diesem Zustand verharren zu können. Dies entspricht offensichtlich den Wünschen des Volkes und seines Herrschers.

Die Lebensformen, denen wir in Mustang begegnen, sind ähnlich jenen, die vor der chinesischen Besetzung in weiten Teilen Tibets herrschten. Allerdings ist der Wandel, den Tibet nach 1400 durch die Reformbewegung Tsongkhapas erfahren hat und der zur Einsetzung seiner Gottkönige – der Dalai Lamas – führte, an Mustang fast spurlos vorübergegangen. Hier herrscht ein Religions- und Geistesleben, wie wir es uns zur Zeit der Sakyapa-Herrschaft im 12. Jahrhundert vorstellen müssen. Das hängt nicht zuletzt mit der weitgehenden Isolierung dieser Himalaya-Region bis in die Gegenwart zusammen, zumal die einstige Durchgangsstraße genau zu der Zeit unterbrochen wurde, als Fremdeinflüsse weite Teile des Himalaya erreichten. Hinzu kommt, daß an einen modernen Ausbau des Weges nach Mustang für den Autoverkehr kaum zu denken ist.

Die alte Salzstraße von Tibet über Mustang nach Nepal führt durch eine selbst für den Himalaya nur schwer vorstellbare Welt bizarrer Gegensätze. Landschaftlich ist es eines der extremsten Gebiete dieser Erde, geprägt durch die Schlucht des Kali-Gandaki-Flusses, die den sogenannten großen Himalaya-Durchbruch bildet. Zwischen dem 8078 Meter hohen Annapurna und dem 8222 Meter hohen Dhaulagiri, deren Eisgipfel nur wenige Kilometer auseinanderliegen, erstreckt sich diese Schlucht mit über 5000 Meter ansteigenden Steilwänden. Sie ist damit der weitaus tiefste Festlandgraben dieser Erde.

Die Handelsstraße zieht sich in gefahrvoller Enge über senkrechten Abstürzen auf halber Höhe dahin und darf wohl mit Recht als einer der am schwersten zu begehenden Himalaya-Trecks bezeichnet werden. In Jomosom unterhalten die Nepalesen einen Kontrollposten, der die Papiere der Einreisenden genau zu untersuchen hat. Das Land nördlich von Jomosom ist Sperrgebiet. Hinter dem Grenzort führt der Weg tief in die Kali-Gandaki-Schlucht hinunter und dann hinauf in die endlosen gelbbraunen, steppenartigen, von Felsmassiven überragten Hochflächen, die den Beginn jenes zentralasiatischen, nach Norden ansteigenden schrägen Plateaus anzeigen, das wir Dach der Welt nennen. Nirgendwo ist der Eintritt in dieses lange Zeit verbotene und in Mustang noch immer verschlossene Gebiet überwältigender als hier in dem nahezu unbekannten Nordanhängsel Nepals.

In Kag, jenseits des Kali Gandaki, erreicht man tibetisches Siedlungsgebiet und das erste Lamakloster. Hier befand sich eine der südlichsten Bastionen des alten Königreichs Mustang mit einer gewaltigen weißgetünchten Festung, die wie aus einem Riesensteinbaukasten zusammengesetzt wirkt. Die dreistöckigen, durch Tore und Tunnel miteinander verbundenen Häuser haben eine abweisende, nur durch einen niedrigen schmalen Eingang zugängliche Fassade, die deutlich macht, daß man sich hier ständig vor Überfällen schützen mußte, so weltfern diese Festungsstadt auch liegt.

Von Kag aus erreicht man in östlicher Richtung den berühmten Wallfahrtsort Muktinath und gelangt im Norden der Annapurna-Kette über einen 5700 Meter hohen Paß nach Manang, einem von rauhen Bergmenschen besiedelten Gebiet an der tibetischen Grenze. Nördlich des gewaltigen Dhaulagiri-Massivs führt eine Straße westwärts ins dünn besiedelte Dolpo, wo man, wie auch in Mustang, zuweilen noch dem legendenumwobenen Schneeleoparden begegnen kann. Die Nordroute führt weiter am Kali Gandaki entlang durch wüstenartige Landschaft und über den Fluß flankierende Geröllhalden, an verfallenen Festungen vorbei, nach Tayen, das bereits über 3000 Meter hoch vor einer Schlucht des tosenden Kali Gandaki liegt.

Wie in Kag hat man auch in Tayen das Gefühl, in eine vergangene Welt einzutreten, die keinerlei Verbindung zur Gegenwart mit ihrer technischen Zivilisation hat. Hier ist die Zeit stehengeblieben, hier kann man sich weder Autos noch elektrische Energie vorstellen, die inzwischen weite Teile des tibetischen Raumes, wenn auch zunächst nur oberflächlich, verändert haben.

Die Tage, die man in diesem Gebiet auf beschwerlichste Weise und unter ständig drohenden Gefahren unterwegs ist, bringen einem den totalen Unterschied zur übrigen Welt klar zu Bewußtsein. Man erkennt die eigene Bedeutungslosigkeit, das Ausgesetztsein, wie es Menschen durch Jahrtausende überall auf dieser Erde erfahren haben. Hier ist eine der wenigen Gelegenheiten in unserer Gegenwart, das noch einmal nachzuerleben, was menschliches Schicksal bis vor noch gar nicht so langer Zeit bestimmt und geprägt hat.

Verfallene Forts und verlassene Klöster säumen den Weg nach Norden. Sie sind Relikte jener Zeit, in der diese Straße regelmäßig von Salzkarawanen begangen wurde. Damals dienten die Festungsanlagen dem Schutz der Kaufleute vor Wegelagerern und Räuberbanden, wofür sie von den Händlern Wegezoll erhoben. Die Klöster wurden nicht selten zur willkommenen Unterkunft bei aufziehenden Unwettern oder den so häufigen Straßenunterbrechungen durch Lawinen und Steinschlag. Die Welt der Götter und Buddhas an den Wänden der Klöster, die durch Opfergaben der Karawanenführer und Kaufleute ständig vergrößert wurde, galt zugleich als ein Stück in Gold und vielen Farben prangender Himmel in der täglichen Hölle des Unterwegsseins.

Über einen fast 4000 Meter hohen Paß, an den alten Dörfern Samar und Geling vorbei, führt der Weg in eine Art Niemandsland zwischen Nepal und Mustang, das die Khampas zu ihrem Exil gemacht haben. Weiter geht es zur eigentlichen Mustang-Grenze, die man auf dem 4000 Meter hohen Nyila-Paß überschreitet. Der Blick vom Paß streift über ein weites, von Stürmen gepeitschtes wüstenartiges Hochplateau, von dem man sich selbst mit viel Phantasie kaum vorstellen kann, daß hier Menschen leben. Und es wird einem klar, warum die Nepalesen aus den fruchtbaren südlichen Tälern wenig Neigung verspüren, hier Dienst zu tun.

Die erste Stadt, die der von Süden Kommende in Mustang erreicht, ist Tsarang. Sein in Ocker und Rot getünchter Torchorten gibt den Blick frei auf eine den öden Bergen vorgelagerte Burg, die an das Königsschloß im ladakhischen Leh erinnert. Durch Gerstenfelder erreicht man die Stadt mit ihrer gewaltigen Klosteranlage, in der früher mehr als 1000 Mönche lebten. Vielleicht ist der allgemeine Rückgang der Mönchszahlen im Himalaya – auch hier in Mustang – ein erstes Indiz für den Umbruch, für den sich langsam vollziehenden Geisteswandel, der eine Folge materiellen Denkens ist.

Zu den größten Erlebnissen in Mustang gehört zweifellos der Blick auf die quadratisch angelegte, durch hohe Mauern geschützte, vom Schloß und drei Klöstern überragte Königsstadt Lo Mantang, die auf 4000 Meter Höhe zwischen sattgrünen Gerstenfeldern unter den ariden Bergketten der umgebenden Sechstausender liegt. Nur der Blick auf den Potala von Lhasa vermittelt einen Eindruck von ähnlicher Erhabenheit. Lo Mantang wird vom Ketscher Dzong, einer gewaltigen Festungsruine, überragt, die auf König Ame dPal zurückgeht. Vor den Toren der Hauptstadt liegt in einem kleinen Dorf – Trenkar –, dessen Bewohner noch heute Leibeigene des Königs sind, der Sommerpalast der Herrscher von Mustang.

Der französische Himalaya-Forscher Michel Peissel hat 1964 als erster Ausländer ganz Mustang bereist und konnte dabei auch einiges über die geheimnisvolle Geschichte des verbotenen Landes in Erfahrung bringen.

Vom mittelalterlichen Lebensstil der Menschen in Mustang zeugt sein Bericht über eine geheimnisvolle religiöse Zeremonie, die er am Nachmittag seines Eintreffens in Lo Mantang miterlebte.

Er schreibt darüber: »Mir wurde wenig Gelegenheit geboten, mich von der Reise auszuruhen; denn kaum hatten wir das Stadttor durchschritten, da überraschte mich ein Schauspiel, das mir wie eine Halluzination oder ein Traumgesicht erschien. Unsere kleine Kolonne von Männern und Yaks rückte gegen eine geschlossene Mauer von roten, gelben und blauen Tschubas vor. Die Trompete, deren ferner Schall von den Hügeln der Umgebung zurückgeworfen wurde, erklang jetzt in greifbarer Nähe, zerhackt vom wilden Geklirr der Bekken, deren metallischer Klang sich an der Front eines vierstöckigen weißen Palastes brach, der auf einen kleinen Platz innerhalb der Stadtmauern herabsah. Der Wind hatte nachgelassen, und wir waren unversehens mitten in ein großes Fest geraten, zu dem sich mehr als tausend Männer, Frauen und Kinder eingefunden hatten, eine buntscheckige Menge, die einem Gemälde von Bruegel glich.

Nie zuvor hatte ich eine solche Anordnung von Farben gesehen, wie diese Menge sie darbot. Jetzt folgte ihr aufmerksamer Blick den Bewegungen und Gebärden eines hohen zelebrierenden Lamas, der zwischen zwei Reihen sitzender Mönche auf dem Platz stand. Der Lama war mit einem Brokatgewand in Gold, Blau und Rot bekleidet, in das das schreckliche Bild des Todesgottes Mara eingewebt war. Er trug einen breitrandigen schwarzen Hut mit einem Aufsatz, der zwei auf Menschenschädeln stehende, aufgerichtete Drachen darstellte.

Rotgekleidete Mönche waren emsig bemüht, Dienste zu leisten; sie bereiteten merkwürdige Opfergaben vor und legten sie dem Lama zu Füßen, der Zauberformeln über sie sang. Wacholderholz schwelte in den Opferschalen, und sein Wohlgeruch vermischte sich mit den betörenden Klängen wehklagender Blasinstrumente, die aus Menschenknochen gefertigt waren.

Der Oberpriester schickte sich an, seine Opfergaben, die in fünf halbrunden Eisenpfannen lagen, sorgfältig aufzuschichten. Während er dies tat, sagten die sitzenden Mönche abwechselnd Gebete her und musizierten. Die Stadt hallte von den widrigen, schrillen Klängen der Pfeifen aus Menschenknochen wider; dazwischen erscholl das Gedröhn großer zylindrischer Trommeln. Diese waren an langen Stäben befestigt und wurden mit einem gebogenen Schlegel geschlagen. In einer Ecke des Platzes bliesen zwei Mönche riesenhafte Trompeten, die auf einem Holzständer ruhten; dieser war mit schauerlichen Zeichnungen von Schädeln, die den grimmigen Gott des Todes, Mara, umgaben, bedeckt.

Während ich mir die Zeremonie ansah, gellte plötzlich ein Schrei, und drei Dämonen in flammenden Gewändern und scheußlichen Masken tanzten, die Menge durchbrechend, bis zur Mitte des Platzes; sie schlugen mit Schwertern in die Luft und warfen Zaubersprüche unter die Volksmenge. Zwei-, drei- und viermal tanzten sie um den Platz; dann gellte ein zweiter Schrei, und im Augenblick drängte alles dem Stadttor entgegen, was zur Folge hatte, daß meine Yaks zerstreut wurden. Die Mönche und der Hohe Lama folgten der Menge in besser geordnetem Zug — voran die Musik, hinter ihnen die prahlenden Dämonen. Unmittelbar vor dem Tor tanzte der Lama, einen geweihten Dolch und ein metallenes Symbol, das einen Donnerkeil darstellte, in der Hand, im Kreise herum und murmelte Zauberformeln.

Ich wurde im Gedränge mitgerissen und befand mich außerhalb der Stadt, als sich die Prozession in die Felder bewegte. Sie wurde von drei Männern geführt, die lange, schmale, an langen Stangen flatternde Banner in Rot, Blau und Gelb trugen. Dahinter kamen die Mönche mit ihren Instrumenten; ein junger Mönch schleppte den Ständer für die langen Trompeten, die zum bequemeren Tragen wie Fernrohre zusammengeschoben waren. Auf einem Brachfeld angesichts des weißen Berges am Ende der Ebene wurden die Trompeten wieder ausgezogen und auf ihren Ständer gesetzt. Hörnerstöße hallten von den kahlen Hügeln wider, während die Menge, mit dem Rücken zur Stadt, in respektvollem Abstand stehengeblieben war. Einem alten Bettlerpaar gestattete man — zweifellos aus Nächstenliebe —, dicht bei den Mönchen zu stehen. Der Mann hüpfte umher und bewies eine für seine jämmerliche Gestalt überraschende Gelenkigkeit; das alte Weib bückte sich auf seinen Stab und unterstrich das Ritual mit schrillen, durchdringenden Freudenschreien.

Die Dämonen waren den Menschen gefolgt und tanzten erneut mit ihren Schwertern herum. Sie griffen die Menge an und zwangen sie zum Rückzug. Aller Augen waren auf sie gerichtet, während der Hohe Lama fortfuhr, zu singen und seine geheimen Riten vorzubereiten. Zuerst wurde ihm Wasser in einem silbernen Becher gereicht; davon trank er und goß den Rest auf die Erde. Er stand jetzt vor den versammelten Mönchen allein, mit dem Rücken zur Stadt, das Antlitz dem Osten und der erhabenen Berglandschaft zugewandt. Seine weiten Ärmel wehten im Wind; sein Drachenhut mit den Schädeln schwankte bedrohlich. Er bekam einen Bogen und einen geweihten Pfeil mit bunten Quasten gereicht. Damit tanzte er; dann trat er beherzt vor und schoß einen Pfeil in Richtung der fünf vor ihm stehenden Schalen mit Opfergaben ab. Der Pfeil bohrte sich daneben in die Erde. Dann ergriff der Lama eine Schleuder aus Yakwolle, versah sie mit einem Stein und ließ diesen nach Osten fliegen.

Im selben Augenblick kündigte ein lauter Hörnerstoß die Ankunft der Soldaten an. Ein Trupp von fünfzehn Mann mit Pelzmützen und vornehmen Tschubas aus blauer und goldener Seide trat vor. In ihren Händen hielten sie große Musketen mit langen Gabeln am Lauf. Dies sind die gebräuchlichen Gewehre in Tibet und Mustang; die Gabeln werden als Bajonett sowie als Auflage beim Schießen aus dem Sattel gebraucht. Die Krieger, schöne hochgewachsene Gestalten mit stolzen Mienen, kauerten sich neben dem Lama nieder, bereit zu feuern. Dem Priester wurden nacheinander die fünf Pfannen mit den Opfergaben gereicht. Er warf sie auf die Erde, wo sie in einer Staubwolke zerbrachen. Während sie niederfielen, schossen die Soldaten ihre Flinten ab.

Von dieser farbenreichen Szene, die vor einer fahlen Landschaft abrollte, ging ein Gefühl von Größe und Geheimnis aus, als das Gebell der Musketen von den öden Hügeln widerhallte. Die Opfergaben wurden nacheinander zermalmt, und als die letzten Flintenschüsse verklangen, stieg ein markerschütternder Schrei aus der Menge. Kreischend flüchteten die Dämonentänzer. Sie liefen und liefen, kleine Farbenpunkte, die sich von der ockergelben Landschaft abhoben, bis sie unter allgemeinem Jubel hinter der großen Stadtmauer verschwanden. Mustang war von seinen Dämonen befreit. Die Menge flutete, von den Mönchen und Soldaten gefolgt, in die Stadt zurück.«

Was Peissel hier farbig beschreibt, war der Ausklang des dritten Tages einer alljährlichen lamaistischen Opferhandlung zur Vertreibung der Dämonen, die im Ritus der unreformierten Rotmützensekten ablief.

Lo Mantang wirkt auch heute noch wie eine mittelalterliche Stadt. Sie ist von einer hohen Mauer umgeben, die durch trapezförmige Türme verstärkt wird, und hat die Form eines L. Im nördlichen Mauerknick dieses L liegt das einzige Tor, das aus zwei mächtigen Holzpfeilern besteht, auf denen feingeschnitzte Querbalken liegen. Dieses Tor erinnert an das Löwentor des ladakhischen Königspalastes in Leh. Ihm links vorgelagert ist das Haus des Kontrollpostens, ohne dessen Erlaubnis niemand in die Stadt gelangt. Unmittelbar hinter dem Tor liegt der mit seinen Mauern entsprechend tibetischem Baustil trapezförmig ansteigende gewaltige Königspalast. Westlich davon befinden sich die Sakralbauten von Lo Mantang, unter denen die rotgetünchte Halle einer Kolossalstatue des künftigen Buddha Maitreya alle anderen Bauwerke, selbst den Königspalast, überragt. Umgeben ist die über 15 Meter hohe Statue des Buddha, der in 2500 Jahren erwartet wird, von 24 Mandalas.

Obwohl Lo Mantang eine lebendige Stadt von pulsierender Vitalität ist, wirkt sie mit ihren weiß, rot und blau gestrichenen Häusern aus ungebrannten

Lehmziegeln doch wie ein Relikt aus längst vergangenen Zeiten. Ihre Klöster und Tempel sind genauso wie der Königspalast, die Adelshäuser und die Behausungen des Volkes seit undenklichen Zeiten nicht mehr oder doch nur aufs Notwendigste erneuert worden, und auch das natürlich in streng traditionalistischer Weise. So kommt es hier nicht zu jenem Bruch zwischen angestammten Formen und unvermitteltem Einbruch der Moderne, wie man ihn heute in Städten wie Lhasa, Shigatse und Leh empfindet, ganz zu schweigen von Kathmandu, das um einen historischen Kern das Bild einer Großstadt des 20. Jahrhunderts vermittelt.

Mittelalterlich wie die Stadt und ihr religiöses Leben sind in Lo Mantang auch die Volksbräuche, von denen ich als Beispiel den der Partnerwahl beschreiben möchte.

In Mustang sieht man wie vielerorts auf dieser Erde die jungen Mädchen meist scherzend und kichernd in Gruppen beieinander. Das ermutigt sie, kecke Bemerkungen über vorübergehende junge Männer fallen zu lassen. Doch zu Kontakten kommt es dabei nicht, obwohl sich in einer kleinen Stadt wie Lo Mantang oder auf dem Lande von klein auf jeder persönlich kennt, wenngleich es deutlich spürbare Schranken zwischen den Gesellschaftsschichten gibt. Trifft ein junger Mann, der noch keine Braut hat, ein Mädchen zufällig allein auf der Straße und es gefällt ihm, dann macht er kühne Bemerkungen, die offenbar um so besser ankommen, je verwegener sie sind. So renommiert er etwa »Schau, da kommt der begehrteste Mädchenjäger von Lo Mantang« oder »Nimm dich in acht, Kleine, wenn du mir im Dunkeln begegnest«. Die Antworten des Mädchens sind, mag es den scheinbaren Sprüchemacher, oft nicht weniger dreist. So antwortet es: »Da muß schon ein anderer kommen, wenn man mir angst machen will«, oder »Du glaubst doch nicht, daß du mir mit deiner Großsprecherei imponieren kannst«. Verlangsamt das Mädchen dabei den Schritt, verhält auch der junge Mann, und es kommt zu weiteren Wortspielen, die oft mit einer ersten Verabredung enden. Dann trifft man sich in der Dämmerung und führt heimliche Gespräche, in denen man sich das künftige Leben ausmalt, das sich allerdings von dem der Eltern und Großeltern kaum unterscheiden wird. So hat auch bei der Gattenwahl der Vater immer noch das letzte Wort, wenn auch auf inoffzielle Weise.

Haben sich zwei junge Menschen oft genug gesehen und über ihre gemeinsame Zukunft gesprochen, erscheint der Freier in einer vereinbarten Nacht vor dem Haus der Braut, klopft an ihr Fenster und bittet flüsternd darum, eingelassen zu werden. Sobald das Mädchen die Stimme des Liebsten hört, schreit es laut: »Geh fort! Ich lasse dich nicht herein.« Das wiederholt es so oft, bis es sicher sein kann, daß ihr Vater es gehört hat. Wenn der Vater auf das Geschrei seiner Tochter reagiert und den nächtlichen Besucher, den er natürlich längst kennt, verjagt, ist damit sein Nein zu der Verbindung ausgedrückt und das Liebesspiel der beiden zu Ende, bevor es recht begonnen hat. Aber auch die jungen Mädchen überlegen es sich zuweilen in solchen Nächten noch anders und lassen ihre Tür verschlossen.

Meldet der Vater sich nicht und hat auch die Umworbene nichts gegen den Freier, so läßt sie ihn ein, und er teilt zum erstenmal das Bett mit ihr bis zur

Morgendämmerung. Wieder heimgekehrt erzählt der nun Verlobte seinem Vater von der nächtlichen Begegnung und bittet um dessen Einwilligung in die getroffene Brautwahl. Er sagt: »Ich habe mit ihr geschlafen. Es hat uns beiden gut gefallen. Nun gib bitte deine Zustimmung.«

Das weitere Zeremoniell spielt sich zwischen den Familien ab und ist dem ähnlich, das wir in Ladakh beobachten konnten, bis hin zur Hochzeit, die auch in Mustang das große Familienereignis ist. Hier zeigt sich bis heute die Geschlossenheit traditioneller, auf Verwandtschafts- und Berufszusammenhängen basierender Lebensformen im Himalaya, die dort am stärksten sind, wo Fremdeinflüsse bisher aus den verschiedensten Gründen keine entscheidenden Änderungen bewirkt haben. In Mustang liegen die Gründe dafür offen zutage. Nur wenige der hier lebenden Menschen sind bisher über die Grenzen des Landes oder die umgebenden Gebiete Nepals und Tibets hinausgelangt. Diejenigen, die als Händler nach Kathmandu kommen, bewegen sich, wie ich feststellen konnte, wie staunende Kinder mit offenem Mund durch die fremde, turbulente Stadt mit ihrem starken Autoverkehr. Für sie ist es die erste Begegnung mit dem »Wagen ohne Pferde«, von dem sie zwar schon gehört haben, den sie sich aber kaum vorstellen konnten. Denn das Wort Geschwindigkeit ist in Mustang ein Fremdwort, obwohl man sich auf den Galopp zu Pferde versteht.

Das Leben in dem alten nordnepalischen Königreich vollzieht sich im Rhythmus der Tages- und Jahreszeiten. Mit Sonnenaufgang ist man auf den Beinen, bei Einbruch der Dunkelheit geht man schlafen, wenn nicht eines der beliebten Glücksspiele die Männer bei Tchang, dem schäumenden Gerstenbier, im Schein spärlich flackernden Lichts bis in die Nacht hinein beisammenhocken läßt. Den Ablauf des Jahres bestimmen anfallende Arbeit und die religiösen Feste. Nach dem langen Winter ist die gesamte Bevölkerung mit Pflügen und Aussaat beschäftigt. Sind die Felder bestellt, wandert man mit den steigenden Temperaturen gern ins Freie, lebt in Zelten bei den Tieren und genießt die schöne Jahreszeit. Nach der Ernte, die noch einmal den Großteil der Bevölkerung auf den Feldern versammelt, zieht man sich in die Steinhäuser zurück, wo allerdings zur Gemütlichkeit die Wärme fehlt. Denn Brennholz ist wie in weiten Teilen des Himalaya auch in Mustang eine Rarität.

Viele Menschen, vor allem die jüngeren, nutzen die Wintermonate zum Reisen. Früher waren es Pilgerfahrten nach Tibet — zu den heiligen Plätzen Lhasa, Ganden, Gyantse, Shigatse und Sakya sowie zum Götterberg Kailas. Heute besucht man Muktinath, Pokhara oder das ferne Kathmandu-Tal, um Handel zu treiben, vor allem um Zuchttiere zu kaufen. Hier tritt der Nomadentrieb, der vielen Himalaya-Völkern eigen ist und früher oft ihr ganzes Dasein beherrschte, als Teilaspekt des Lebens in Mustang hervor, der in das sonst recht einförmige Leben dieser Menschen Abwechslung bringt.

Auch die Lamas sind keineswegs streng an ihre Klöster gebunden, die man oft wie ausgestorben findet. Die Mönche sind unterwegs, um im Lande die vielfältigen Sakralhandlungen vorzunehmen, die bei allen Gelegenheiten von der Geburt bis zum Tode — von ihnen erwartet werden. Es gibt allerdings auch Lamas, die diese Teilnahme am Alltag des Volkes und damit auch die religiöse Hilfeleistung an Laien aufgegeben haben. Sie leben als Einsiedler ganz ihrer Selbsterfüllung hingegeben und haben oft keine menschlichen Kontakte mehr. Obwohl auch die Zahl dieser Asketen, wie die der Lamas überhaupt, seit Jahrzehnten zurückgeht, kann man von ihnen trotzdem auch heute noch zuweilen hören, wenngleich persönliche Begegnungen so gut wie ausgeschlossen sind.

Eine der seltsamsten und gleichzeitig erschütterndsten Begegnungen solcher Art berichtet Michel Peissel gegen Ende seines faszinierenden Mustang-Buches. Er verbrachte die letzten Tage vor seiner Rückkehr nach Kathmandu als Gast eines Sohnes des Königs von Mustang, der als hoher Lama im Kloster von Tsarang als eine Art Einsiedler lebte. Eines Tages entdeckte Peissel im Obergeschoß des Klosters, wo er einen feudalen, wenn auch eiskalten Raum bewohnte, eine schwere geschlossene Tür, die ihm vorher nie aufgefallen war. »Ich stieß die Tür auf und befand mich in einem weitläufigen, dunklen Raum, den ich nie zuvor gesehen hatte. Als ich aufblickte, hüpfte mir das Herz, und ich blieb sprachlos vor Überraschung stehen. Über mir baumelte die scheußliche Gestalt eines ausgestopften Schneeleoparden, dessen Gesicht in einem scheußlichen Grinsen erstarrt war. Im Halbdunkel des Saales weiterschreitend, bemerkte ich vor mir einen staubigen kleinen Altar. Er wirkte verlassen und war mit schönen kleinen Bildwerken von Lamas bedeckt. Zwischen tief herabhängenden Seidenfahnen schritt ich auf den Altar zu. Aus Neugier nahm ich ein kleines Idol in die Hand und untersuchte seinen Boden, um festzustellen, ob es ein Siegel oder Zeichen trug, daß es die Überreste eines heiligen Lamas enthielt.

Ich weiß nicht, ob es der greuliche Panther oder das leise Schuldgefühl war, was mir die Berührung eines Gegenstandes der Verehrung einflößte. Ich weiß nicht – doch als ich das Bildwerk untersuchte, hörte ich plötzlich einen furchtbaren Knall – das Aufheulen einer Trommel, die mit großer Kraft geschlagen wurde! Das Blut gefror mir in den Adern, und ich fuhr herum, um von einer noch größeren Furcht gepackt zu werden: Ein paar Meter von mir entfernt, im Halbdunkel der staubigen und scheinbar verwaisten Kapelle, saß ein lebendes Gespenst, ein Mönch mit mephistophelischem Antlitz und zerzaustem Haar, das ihm auf die Schultern fiel. Statt der gesunden, sonnenverbrannten Hautfarbe der meisten Tibeter war er von geisterhafter, bläulichgrauer Blässe und starrte mich mit einem Blick aus einer anderen Welt zornig an. Niemals im Leben hatte mich etwas derart erschreckt. Mit einer schweifenden Gebärde wies mir der Mönch die Tür. Erst als mein Herz wieder zu einer normalen Gangart zurückgefunden hatte, bemerkte ich, daß ich das abgeschlossene Heiligtum des ›lebenden Toten‹ verletzt hatte, eines heiligen Eremiten, der, wie ich später erfuhr, für zwölf Jahre in dieser staubigen Kapelle eingesperrt war. Schon seit sieben Jahren hatte er nie ein anderes menschliches Wesen, nie einen Sonnenstrahl erblickt und in dieser ganzen Zeit nie ein Wort gesprochen. Das wahre lebende Gespenst von Tsarang!«

Hier begegnen wir der leibhaftigen Erscheinung eines jener buddhistischen Eremiten, von denen wir in vielen alten Berichten über den Lamaismus lesen, deren einer Milarepa gewesen ist, und von denen es auch heute in entlegenen Gebieten des Himalaya noch so manchen geben mag. Es sind Lamas oder auch hinduistische Heilige, die sich von jedem Lebenskontakt gelöst haben. Fast ohne Nahrung und ganz in sich gewandt erwarten sie das Nirvana, den Zustand ohne Wiedergeburt.

Sikkim — Exil des Karmapa

Im Gegensatz zu Mustang ist das ehemalige Königreich Sikkim, das 1975 gegen den Willen seines Herrschers von Indien annektiert wurde, ein zumindest in seiner Südregion weithin erschlossenes Gebiet, was nicht zuletzt auf die in der Nähe seiner Südgrenze liegenden ehemaligen britischen Sommerresidenzen Darjeeling und Kalimpong zurückzuführen ist. Bis ins 19. Jahrhundert gehörte auch diese Region zu Sikkim, das allerdings im Laufe der Jahrhunderte immer wieder von allen Seiten — von den Nepalesen, den Bhutanesen, den Tibetern und der indischen Kolonialmacht Großbritannien bedrängt und reduziert wurde, bis es schließlich seine politische Unabhängigkeit ganz verlor. Der Grund dafür ist seine Lage an einem der wichtigsten Handelswege von Süden nach Tibet mit vier angrenzenden Ländern, die das friedliche Sikkim immer wieder angegriffen haben.

So wenig wir von der frühen Geschichte Sikkims wissen, die sich, wie Himalaya-Geschichte überhaupt, im Legendären verliert, so bewegt und leidvoll ist die Geschichte Sikkims in den letzten 300 Jahren. Auch

Sikkim war, glaubt man den frühen Berichten, im 9. Jahrhundert durch Padmasambhava von den das Land bedrängenden Dämonen befreit und zum tantrischen Buddhismus bekehrt worden, der bis heute trotz aller politischen Wechselfälle neben dem von Indien und Nepal eingedrungenen Hinduismus die traditionelle Religion des Landes ist. Zur Mongolenzeit reichte der machtvolle Einfluß der Äbte des tibetischen Sakya-Klosters, dem wir auch in Mustang begegneten, bis nach Sikkim.

Die Namgyal-Dynastie, die bis zur Abschaffung der Monarchie im Jahre 1975 den mit weltlicher und geistlicher Autorität regierenden König des Landes stellte, kam Mitte des 17. Jahrhunderts an die Macht. Elf Chogyals, wie man die Könige von Sikkim nannte, haben in dieser Zeit schwerer politischer Krisen und ständiger militärischer Bedrohung das Land beherrscht. Unter dem dritten Chogyal eroberten die Bhutanesen den Südosten von Sikkim mit dem wichtigen Marktflecken Kalimpong, der später britisch wurde. Einen zweiten bhutanischen Angriff konnte Sikkim 1770 zwar abschlagen, aber bereits fünf Jahre später fielen die Nepalesen unter Raja Singh Pratap Shah von Westen her in das Land ein. Die Nepalesen eroberten die Gebiete westlich und südlich des Tista-Flusses, die dann 1816 von britischen Truppen eingenommen wurden.

1835 annektierten die Engländer, die Ausweichquartiere für die Zeit der mörderischen Hitze in den indischen Monsunmonaten suchten, das herrlich zu Füßen des Ost-Himalaya 2130 Meter hoch gelegene Darjeeling, in dessen Umgebung zudem ideale Voraussetzungen für den Teeanbau bestanden. So verband sich für die Kolonialherren der kühle Sommeraufenthaltsort in idyllischer Berglandschaft mit den idealen klimatischen Voraussetzungen für erstklassige Teeplantagen, die den Namen Darjeeling in alle Länder trugen. Dem König von Sikkim zahlten die Engländer für die unfreiwillige Überlassung des Gebietes von Darjeeling eine jährliche Leibrente, für deren Einstellung man jedoch bereits fünfzehn Jahre später einen fadenscheinigen politischen Grund fand, der für die Briten Anlaß zu einer Strafexpedition in den Norden Sikkims war. Die Auseinandersetzungen zwischen dem Kolonialriesen und dem Himalaya-Zwerg wurden zwar 1861 durch einen Friedensvertrag vorläufig beendet, doch der Friede sollte nicht lange währen. Von 1886 an bedrängten die Tibeter Sikkim von Norden her. Und 1888 gab es auf dem Territorium Sikkims Kämpfe zwischen England und Tibet. So geriet das Land mehr und mehr ins Interessenspiel der Weltmächte. China mischte sich ein und vertrat tibetische Positionen. 1890 wurde dann ein britisch-chinesisches Abkommen über die Grenze zwischen Tibet und Sikkim geschlossen, in dem die Tibeter große Teile des bisher zu Sikkim gehörenden nördlichen Chumbi-Tals erhielten. Die Chinesen bestätigten den Engländern als Gegenleistung die Ausübung des bereits bestehenden Protektoratsrechts über Sikkim. Damit hatte der kleine Himalaya-Staat seine Freiheit endgültig verloren, wenngleich die Könige von Sikkim noch fast ein Jahrhundert lang ihre allerdings auch vom selbständigen Indien mit großem Mißtrauen betrachtete Herrschaft ausübten.

Für England war der Handelsweg zwischen Tibet und dem Golf von Bengalen nun offen, auch wenn der 13. Dalai Lama, der 1894 nach einem Staatsstreich in Tibet die Macht übernommen hatte, dem nicht zustimmte. So kam es zu jenem bewaffneten Überfall der Engländer auf Tibet, der als Younghusband-Expedition in die Geschichte eingegangen ist.

Nach Kampfhandlungen bei der tibetischen Stadt Gyantse, die von den Engländern mit Artillerie beschossen worden war, erreichten die britischen Truppen am 4. August 1904 ohne weiteren tibetischen Widerstand Lhasa. Von nun an gab es, nachdem die Engländer sich wieder aus Tibet zurückgezogen hatten, bis zur Besetzung Tibets durch die Chinesen einen ständigen Vertreter Englands in Lhasa. Und Sikkim war das Durchgangsland jener Handelskarawanen, die Seide und Yakwolle aus China und Tibet nach Indien brachten und auf dem Rückweg Waren aus aller Welt nach Tibet transportierten.

Trotz der starken britischen Eingriffe in das politische Gefüge des Königreichs Sikkim bestanden im Land bis zu Beginn unseres Jahrhunderts die gleichen mittelalterlichen Verhältnisse wie in den anderen, weniger von Fremdeinflüssen berührten Himalaya-Staaten. Erst der 1914 zur Macht gekommene letzte König von Sikkim, Tashi Namgyal, hat die Leibeigenschaft aufgehoben und die Macht der Großgrundbesitzer allmählich reduziert. Trotz dieser Reformbestrebungen des Königs, dem eine Regierungszeit von fast 50 Jahren geschenkt war, wollte Indien das problematischste Stück seiner Nordgrenze nicht unter schwer kontrollierbarer Herrschaft wissen. So kam es am 5. Dezember 1950 zu jenem Vertrag zwischen Indien und Sikkim, in dem der Himalaya-Staat das indische Protektoratsrecht anerkannte.

Sikkim machte noch einmal Schlagzeilen in der Weltpresse, als der letzte Thronerbe des Landes, Palden Thondup Namgyal, dessen erste Frau gestorben war, 1963 die Amerikanerin Hope Cooke heiratete. Bis zu seiner völligen Entmachtung im Jahre 1975 war er nur noch eine Repräsentationsfigur. Seine Bewegungsfreiheit war wie die des Kronprinzen, der einem Autounfall zum Opfer fiel, stark eingeschränkt. Als Bundesstaat Indiens genießt Sikkim keinerlei Sonderrechte mehr, wenngleich der Zutritt in sein Gebiet noch immer kontrolliert wird und für Ausländer nach wie vor eine Sondergenehmigung erfordert.

So wie Sikkim politisch seit Jahrhunderten Extremsituationen ausgesetzt war, ist es auch geographisch das am stärksten von Gegensätzen geprägte Himalaya-Land. Seine Landschaftsstruktur reicht vom tropischen Dschungel bis in die Höhen von weit über 8000 Meter. Sein heiliger Berg, der Kangchendzönga, ist mit 8598 Metern der dritthöchste Berg der Erde. In Sikkims Dschungel blüht eine verwirrende Fülle farbenprächtiger Orchideen, die von großen bunten Schmetterlingen und zirpenden, in vielen Farben schillernden Vögeln umschwirrt werden. In der bis zu 3000 Meter ansteigenden himalayischen Mittelgebirgslandschaft begegnen wir der betörenden Blütenfülle der Rhododendronwälder, die wir überall in den Vorbergen des Himalaya antreffen und die den besonderen Reiz dieser Gebiete ausmachen. Auch der Wildreichtum Sikkims, das auf 7300 Quadratkilometern nur etwas über 200 000 Einwohner hat, ist beträchtlich. Neben Kleintieren gibt es Rehe und Hirsche, in höheren Lagen den Yak. Aber auch Affen, verschiedene Bärenarten, ja selbst Tiger und in den entlegenen Nordregionen auch Schneeleoparden sind in Sikkim zu finden.

Im Süden des Landes liegt auf 1800 Metern Höhe die über steile Berghänge ansteigende Hauptstadt Gangtok – für mich eine der am wenigsten anziehenden Städte des Himalaya. Doch es ist der Ausgangspunkt für Fahrten zum Kloster Rumtek, in dem seit der Besetzung Tibets die Schwarzhutlamas – die Karmapas – residieren. Rumtek ist eine in den sechziger Jahren entstandene genaue Nachbildung des alten tibetischen Klosters Tsurphu, das 30 Kilometer von Lhasa entfernt lag und in der Kulturrevolution völlig zerstört wurde.

Die letzte in Tsurphu inthronisierte Inkarnation – der 1924 geborene 16. Qualwa Karmapa – starb 1981 nach einer schweren Operation in den USA. Er hatte als höchster Lama der Kargyudpa-Tradition sein Exilkloster Rumtek immer wieder verlassen, um den Geist der befreienden Meditation, der bei den Karmapa-Anhängern eine ganz bedeutende Rolle spielt, auch in der westlichen Welt zu vermitteln.

Ich begegnete dem Karmapa zum erstenmal 1977 im Hinterzimmer einer alten Kreuzberger Ladenwohnung, wo damals die Berliner Anhänger des Lamaismus regelmäßig zu Unterweisungen zusammenkamen. Die Stunde mit dem Karmapa in Berlin wurde für mich zu einem entscheidenden Erlebnis. Sie vermittelte mir die Einsicht in Zusammenhänge, die ich bei den folgenden Besuchen in Sikkim und Bhutan immer mehr vertiefen konnte. Es war das aufbrechende Verständnis für eine Welt, die ich oft bereist, aber bisher noch nicht in ihrer ganzen Bedeutung erfaßt hatte. 1979 erlebte ich dann die berühmte Schwarzhutzeremonie des Karmapa in Rumtek. Unser anschließendes Gespräch ließ mich den Unterschied zwischen westlicher und östlicher Denkart, zwischen materialistischer und spiritueller Handlung begreifen, was mir in den folgenden Jahren half, das Leben besser zu verstehen. Zugleich aber erschwerten die gewonnenen Erkenntnisse meine Situation als Glied einer westlichen Gesellschaftsordnung mit ihren Vorurteilen und ihren Pflichten ganz erheblich. Denke ich heute an den verstorbenen Karmapa zurück, der einer meiner wichtigsten buddhistischen Lehrer gewesen ist, darf ich sagen, daß mich die Begegnung mit ihm wohl von all meinen persönlichen Begegnungen mit Männern der östlichen Geisteswelt am stärksten beeindruckt hat.

Rumtek ist, wie übrigens auch die älteren Klöster Sikkims, kein künstlerisches Erlebnis. Die meisten Sakralbauwerke des Landes sind neu oder doch so erneuert — meist in Beton —, daß sie den mit Klöstern Tibets, Ladakhs und Bhutans vertrauten Bewunderer lamaistischer Kunst nur enttäuschen können. Doch ihre landschaftliche Lage, besonders die der Klöster West-Sikkims, ist so überwältigend, daß man ihre Bilderwelt als das nehmen sollte, was sie für den Gläubigen dieser Bergwelt ist: ein Spiegel des Menschen in all seinen Erscheinungsformen. Da kommt es, wie mir ein Lama versicherte, nicht auf Alter und künstlerischen Wert, sondern allein auf ikonographische Erkennbarkeit und Verständlichkeit an. Und die findet man im erneuerten, farbenprächtigen Pantheon eines Klosters wie Pemayangtse, des »Ortes des höchsten vollendeten Lotos«, das 1705 unter dem religiös wohl bedeutendsten Namgyal-Herrscher Tschador errichtet wurde. Dieser König hat auch ein eigenes Alphabet für die Sprache der das Land damals noch weithin bevölkernden Leptscha, wohl der Ureinwohner Sikkims, schaffen lassen, um damit die Übersetzung buddhistischer Texte zu fördern und die Geschichte des Landes aufzeichnen zu können.

König Tschador, der den Thron bereits mit vierzehn Jahren bestiegen hatte, fand in seiner Stiefschwester Pedi Wangmo eine erbitterte Feindin, die ihm schon als Kind nach dem Leben trachtete. Nur durch die Flucht nach Lhasa hatte er sich ihren Nachstellungen entziehen und schließlich mit tibetischer Unterstützung die Herrschaft antreten können. Doch Pedi Wangmo ruhte nicht. Sie gewann den tibetischen Arzt des Königs für ihren Mordplan. Der Arzt schlug bei einem Unwohlsein Tschadors einen Aderlaß vor, bei dem er die Hauptschlagader des Herrschers durchbohrte. Die Größe König Tschadors kommt in seiner Reaktion auf diesen Mord zum Ausdruck. Als er merkte, daß er verbluten würde, riet er dem Arzt, den er sehr schätzte, zur Flucht. Er kannte die Dämonie seiner Stiefschwester und ahnte wohl, wie sie seinen Leibarzt umgarnt hatte. Doch beide – Prinzessin und Arzt – entgingen ihrem Schicksal nicht. Der Arzt wurde von königstreuen Truppen gefaßt und hingerichtet, Pedi Wangmo mit einem Schal erdrosselt. Sie geistert noch heute im Glauben des Volkes als Schwarze Mutter durchs Land und gilt als Verursacherin tödlicher Krankheiten.

Tschador Namgyal regierte nur 17 Jahre. Sein gewaltsamer Tod führte ihn, so will es die Überlieferung wissen, direkt ins Nirvana. An ihn und sein Wirken erinnern noch heute die alljährlich in den großen Klöstern Sikkims von Lamas aufgeführten Schwarzhuttänze, die sich von hier bis nach Bhutan, Tibet und Ladakh ausbreiteten. Sie gehören seither als wichtiger Teil zur Feier des buddhistischen Neujahrsfestes.

In der zweiten Hälfte des 19. Jahrhunderts gab es noch einmal einen großen Religionskönig in Sikkim: Sidkeong Namgyal. Auch er regierte nur kurze Zeit, kaum elf Jahre. Er gilt als Inkarnation eines berühmten Kargyudpa-Lamas. Vom 14. Karmapa erhielt er einen heiligen Namen; gleichzeitig wurde ihm die Leitung der fünf Hauptklöster Sikkims übertragen. Damit wird die Bedeutung, die der Karmapa-Hierarch Sikkim als lamaistischer Kargyudpa-Bastion beimaß, verdeutlicht. Und es ist sicher kein Zufall, daß der vertriebene 16. Nachfolger des Dusum Khyenpa, der die Karmapa-Schule der Kargyudpa-Sekte im 12. Jahrhundert in Tibet gegründet hat, Sikkim als Exil wählte, wo wahrscheinlich auch die 17. Inkarnation des Karmapa eines Tages residieren wird.

BHUTAN — DIE LÜGE VOM ÄRMSTEN LAND DER ERDE

Dort, wo im Nordosten des indischen Subkontinents aus der weiten tropischen Ebene mit ihren Gummiplantagen plötzlich Berge nach Norden steil ansteigen, liegt hinter einem mächtigen Tor, das in Beton alte Holzformen nachahmt, eines der geheimnisvollsten Länder unserer Erde: Bhutan.

Druk-Yul, Reich des Drachens, ist der bhutanische Name des 47 000 Quadratkilometer umfassenden Hochgebirgslandes, das anderthalbmal so groß ist wie Belgien, aber nur 1.39 Millionen Einwohner zählt. Weite Regionen des in seiner Gebirgswelt bis über 7000 Meter ansteigenden Bhutan sind unbewohnbar oder nur in den kurzen Sommern als Weideflächen zu nutzen.

Später noch als Nepal und das kleine benachbarte Königreich Sikkim hat sich Bhutan den Fremden geöffnet. Und bis heute dürfen nur kleine Gruppen von Ausländern das Land besuchen.

Im UNO-Bulletin von 1983 wurde Bhutan als das ärmste Land der Erde bezeichnet. Sein Bruttosozialprodukt ist, wie die letzte UNO-Statistik ausweist, das niedrigste der ganzen Welt. Ob man aus dieser ökonomischen Feststellung den negativen Superlativ »ärmstes Land« ableiten darf, ist eine andere Frage. Vielleicht geben meine Bhutan-Erlebnisse darauf eine Antwort.

Bhutan ist ganz anders als Indien, aber auch anders als alle übrigen Himalaya-Staaten einschließlich Tibets, mit dem Bhutan oft verglichen wird. Nicht nur die Landschaft, sondern auch die Architektur und vor allem die Menschen verändern sich auf dem Wege von Indien nach Bhutan. Die Häuser könnten — oberflächlich betrachtet — in den Hochtälern unserer Alpen stehen.

Auf der Fahrt von der noch im tropischen Bereich liegenden indischen Grenzstation Phuntsholing ins Landesinnere begrüßen uns die Kinder nepalischer Gastarbeiter, die für das dünnbesiedelte Gebiet, in dem seit der Mitte unseres Jahrhunderts die ersten Straßen gebaut werden, unentbehrlich sind.

Stupas, an Buddha erinnernde hochaufragende Bauwerke in blendendem Weiß, zeigen, daß wir mit

Überschreiten der Grenze ein buddhistisches Land betreten haben, das von freundlichen, liebenswerten Menschen bewohnt wird, die der hektische Geist des 20. Jahrhunderts in weiten Teilen des Landes noch nicht erreicht hat. Sie tragen ihre traditionelle Tracht – die Männer den mantelartigen Kho mit Karo- oder Streifenmuster, die Frauen ein ärmelloses langes Kleid – die Kira. Die Bhutanesin liebt Silberschmuck mit Türkisen und Korallen. Amulettkästchen zeigen die tiefe religiöse Bindung der Menschen. Sie tragen den segenspendenden Buddha an der Brust.

Der Buddhismus Bhutans ist dem tibetischen Lamaismus verwandt. Beide Formen haben die Lehre Buddhas mit Elementen ihrer Volksreligionen vermischt. Götter, Dämonen, gute und böse Geister sind auch in Bhutan an die Seite des großen Lehrers getreten, der den Menschen ursprünglich nichts anderes als das Bewußtsein ihres leidvollen Daseins und die geistigen Möglichkeiten zu seiner Überwindung vermitteln wollte. In Bhutan ist wie fast überall im Himalaya aus dieser Weisheitslehre des Buddha eine komplizierte Religion geworden. Das Wissen um ihre Zusammenhänge ist wichtig zum Verständnis bhutanischen Lebens. Denn in Bhutan kreist genauso wie in Tibet das Denken der Menschen auch heute noch ständig um religiöse Vorstellungen. Sie bestimmen das Handeln eines jeden einzelnen von Tag zu Tag, von Stunde zu Stunde.

Als ich Bhutan im Sommer 1977 zum erstenmal besuchte, ahnte ich nicht, wie stark mich dieses Land und seine Religion in ihren Bann ziehen würden, zumal es auf den ersten Blick viel weniger asiatisch wirkt als seine Nachbarn.

Zunächst fallen Ordnung und Sauberkeit auf. Die 1960 fertiggestellte Straße nach Thimphu, der Hauptstadt des Landes, die Gästehäuser und die kleinen weißen Busse, mit denen die Touristen durchs Land gefahren werden, alles wirkt gepflegt und adrett. Die Menschen in ihrer traditionellen Tracht begegnen uns freundlich, wenn auch nicht mit der gleichen Verbindlichkeit wie die Ladakhi oder die Nepalesen.

Doch dann kommt die Überraschung. Als wir den ersten längeren Halt machen und hinaufsteigen zum nahe Thimphu gelegenen Simthoka-Dzong, der ältesten, 1619 gegründeten Klosterburg Bhutans, erkennen wir, wie dicht hier Gegenwart und Vergangenheit, Fortschritt und Tradition beieinander liegen. Der Schritt von der Straße ist in Bhutan noch oft der Schritt ins Mittelalter. Simthoka-Dzong macht das besonders deutlich.

Der alte massige Bau mit seinen wuchtigen Außenmauern liegt auf einem Bergrücken hoch über Thimphu. Das gewaltige Zentralgebäude ist von einer Galerie mit bronzenen Gebetsmühlen umgeben, hinter denen sich Schieferplatten befinden, die im Flachrelief das ganze buddhistisch-lamaistische Pantheon zeigen. Die Innenräume des Dzongs sind dunkel. Links vom Eingang des Lankhang — der Haupthalle — begegnen wir überlebensgroßen Skulpturen der wichtigsten Bodhisattvas, die, von barock wirkenden Aureolen gefaßt, in dem nur durch Butterlampen spärlich erleuchteten Raum den Eindruck mythischer Wächterfiguren machen, die in erhabener Weltentrücktheit auf den sich langsam an das Halbdunkel gewöhnenden Betrachter herabschauen.

Die Mönche, die reglos an der Wand sitzen, wirken wie die in Halbschatten getauchten Figuren eines Rembrandt-Gemäldes. Ihre dunkelroten Gewänder werden fast eins mit den stark nachgedunkelten Wandmalereien, in denen nur der reichlich verwendete Goldton zuweilen aufblitzt.

Simthoka-Dzong ist für ganz Bhutan historischer Boden, Symbol einer bis heute bewahrten Unabhängigkeit des Landes, die hier begründet worden ist. Denn die Dzongs sind nicht nur architektonisch das Besondere im Landschaftsbild Bhutans, sondern auch ein Ausdruck der speziellen Regierungs- und Verwaltungsform des Landes, die 1619 von Zhabdung I., dem Begründer der bhutanischen Theokratie, eingeführt und mit starker Hand gefestigt wurde. Das System von Klosterburgen, mit dem die Herrscher Bhutans das tief zerklüftete, schwer überschaubare Gebirgsland überzogen haben, wirkt wie eine Art Koordinatensystem der Macht.

Geld spielt in weiten Teilen des Landes, vor allem in den Dörfern, keine Rolle. Die Basis der Wirtschaft ist weithin der Tauschverkehr. Die Verwaltung, sowohl die geistliche als auch die weltliche, sitzt in den Dzongs, von wo aus das Land kontrolliert wird. So kam es, daß jahrhundertelang kein Fremder unbemerkt die Landesgrenze überschreiten konnte. Denn die Dzongs waren für Fremde die einzigen Übernachtungsplätze. Nur wer ein königliches Schreiben vorweisen konnte, wurde aufgenommen. Der Bevölkerung ist es strikt untersagt, Unbekannte zu beherbergen. Auf diese Weise gelang es, Neugierige und politisch Interessierte bis in die siebziger Jahre von Bhutan fernzuhalten.

Seit 1626 die christlichen Missionare Cacella und Cabral in Thimphu und Paro gewesen und erste Berichte über Bhutan nach Europa gebracht hatten, konnten nur wenige Ausländer, vor allem britische Diplomaten, in das Land einreisen. Allerdings bekamen auch von ihnen die meisten nur einen kleinen Teil des Westens zu sehen.

Den Geist, der hinter solch kluger Abkapselung steht, spürt man noch immer im Umgang mit den Bhutanesen. So bereitwillig sie über das äußere Erscheinungsbild ihres Landes, seine Natur und seine alte Kultur Auskunft geben, so wenig scheinen sie bereit, über die Geheimnisse ihrer Religion und des damit verbundenen Kults zu sprechen. Und wenn sie von der legendendurchwobenen ältesten Geschichte ihres Landes erzählen, weiß man nie, ob sie das, wovon sie fabulieren, selbst ernst nehmen.

Vielfältig ist die Geschichte Bhutans mit der Geschichte Tibets verbunden. Wir hören von Mönchen, aber auch von Handwerkern, die aus Tibet nach Bhutan gekommen sind und hier nicht nur die ersten Lamaklöster gegründet haben, sondern auch tibetische Kunst und tibetisches Handwerk im Land heimisch gemacht haben.

Eine der ältesten bhutanischen Legenden ist mit dem in Bhutan wie in Tibet hochverehrten Guru Rinpoche — dem lotosgeborenen Padmasambhava — verbunden. Zu seinen Lebzeiten — im 8. Jahrhundert herrschte in Bhutan ein König, der aus Indien gekommen war: Sindhu Raja. Er wurde von einem Herrscher aus dem Süden, König Naoche, militärisch bedrängt. Bevor Sindhu Raja gegen den Eindringling zu Felde zog, rief er die Schutzgottheiten des Landes um Hilfe an. Vergebens. Der göttliche Schutz, an den der König fest geglaubt hatte, blieb ihm versagt. Sein Lieblingssohn fiel in der ersten Schlacht. Der Feind drang tief ins Land ein und verwüstete weite Gebiete. Sindhu Rajas Enttäuschung über den ausbleibenden Segen der ihm vertrauten Götter war so groß, daß er im Zorn ihre Tempel und Bilder zerstören ließ. Kaum war das geschehen, wurde der König schwer krank. Es mag das Entsetzen über seine eigene unbedachte Tat gewesen sein, das ihn aufs Krankenlager warf; seine Astrologen und Orakelpriester jedenfalls deuteten die Krankheit als einen Ausdruck des Zorns der Götter. Lange Beratungen führten zu keinem Ergebnis, bis man sich endlich in Bumthang, dem heiligen Zentrum des bedrohten Landes, jenes Mannes besann, von dem damals in der ganzen buddhistischen Welt wunderbare Dinge berichtet wurden: Padmasambhava. Man wußte den Meister im nahen Tibet mit der Bekämpfung der schrecklichsten Dämonen beschäftigt, sandte ihm aber trotzdem oder gerade deshalb eine Botschaft, er möge unverzüglich nach Bhutan kommen, um das Land vor dem drohenden Untergang zu bewahren.

Das nicht zu Erwartende geschah: Guru Rinpoche kam nach Bhutan und machte sich sogleich an die schwierige, ihm aber ganz vertraute Arbeit der Versöhnung der Schutzgottheiten und — was ihm noch mehr lag — an die Überwindung der nach dem Volksglauben für Sindhu Rajas Niederlage verantwortlichen Dämonen. Um das zu erreichen und den vorrückenden Feind zu vernichten, erschien er in acht Manifestationen, die seither in der lamaistischen Bilderwelt zum festen Bestandteil des Pantheons gehören. Er zelebrierte das achtfache Ritual seiner geistlichen Macht, um die Kraft des Bhutan bedrohenden Bösen zu zerstören.

Seither gehört Padmasambhava zu den am meisten verehrten Erscheinungen im Lande. Die sakralen Tänze, die noch heute alljährlich in den großen Klöstern des Landes getanzt werden, gehen auf Padmasambhava und sein machtvolles Auftreten gegen die bösen Geister und Dämonen zurück. Viele alte Tempel werden mit ihm und seinem Aufenthalt in Bhutan in Verbindung gebracht, so auch der Taktshang, das berühmte Tigernest-Kloster hoch über dem Paro-Tal.

Dieses Kloster, das an der rückwärtigen Felswand Malereien aufweist, die sein hohes Alter bezeugen, soll zu Padmasambhavas Zeiten von der frommen Begleiterin des Guru Rinpoche — Yeshe Khandohma — geweiht worden sein. Das gleiche weiß die Legende vom Felsenkloster Künzangda zu berichten, in dessen Nähe 700 Jahre später der berühmteste Heilige Bhutans — Pämalingpa, der »Sohn aus dem Lotosgarten« — geboren wurde, der in Bhutan als Inkarnation des Padmasambhava gilt.

Hier haben wir ein weiteres wichtiges Beispiel für die uns immer wieder begegnende Verknüpfung aller Dinge, für die mythische Verbindung von Legende und Geschichte, die in der lamaistisch-tantrischen Welt Voraussetzung des Seinsverständnisses sind. Durch Pämalingpa, an dessen historischer Existenz nicht zu zweifeln ist, wird nicht nur die Verbindung der rückwärtigen Fäden des ›tantrischen Gewebes‹ gestärkt. Die Vergangenheit selber wird deutlicher ins Licht gerückt, Vergänglichkeit im mythischen Sinne aufgehoben und eine Art Gleichzeitigkeit aller Erscheinungen demonstriert. Sie findet in den sakralen Maskentänzen ihre jährliche Realisierung, die der Teilnehmende — dazu gehört auch der Zuschauer — nicht als Erinnerung oder als symbolische Handlung begreift, sondern als die Wirklichkeit dessen, was sie darstellen — jenseits von Raum und Zeit. In diesem Sinne bleiben auch Männer wie Padmasambhava und Pämalingpa für den Bhutanesen ständig gegenwärtige Erscheinungen. Sie sind Vorbilder für das ganze Volk — vor allem auch in ihrer sprichwörtlichen Bescheidenheit.

Eine bis in die Gegenwart fortwirkende Geschichte aus dem Leben Padmasambhavas macht das besonders deutlich. Als der große Heilige die mächtigsten Dämonen besiegt und dazu noch die beiden verfeindeten Könige versöhnt hatte, wollte ihn König Sindhu Raja reich belohnen. Doch Padmasambhava verzichtete auf die ihm dargebotenen Schätze und vergrub sie, um sie dem Land für die Zukunft als Hilfsmittel in gefährlichen Situationen zu erhalten.

Über das, was die Schätze enthielten, schweigt die Legende. Doch knüpft sie an das Geheimnis der vergrabenen Schätze wieder an, wo es darum geht, Padmasambhavas Vermächtnis für Bhutan wirksam werden zu lassen. Von ihm wird berichtet, er habe seine zahlreichen Schriften ›in der Menschenwelt, den Himmelwelten und im Bereich der Heiligen Schlangen‹ verborgen. War es da ein Wunder, daß man auch in Bhutan an diesen geheimen Büchern teilhaben wollte? Was aber hätte näher gelegen, als die königlichen Schätze im Sinne jener für die Menschen des Landes viel wichtiger erscheinenden geistlichen Schätze umzudeuten und damit eben jenen Zusammenhang zwischen historischer Erzählung und frommer Legende herzustellen, den wir hier überall aufspüren können, wo wir der Verknüpfung von Geschichte und Mythos nachgehen?

Tatsächlich hat die Literatur der ›verborgenen Schätze‹, die wir als Terma-Literatur noch heute in den Klosterburgen verbreitet finden, für Bhutan eine ganz besondere Bedeutung. Sie verbindet historische Daten mit mythischen Texten, was einerseits eine bhutanische Geschichtsforschung und Geschichtsschreibung erschwert, uns aber andererseits einen tiefen Einblick in die geheimnisvolle magisch-mystische Vorstellungswelt des Landes gewährt. Sie macht jene eigenartige Verknüpfung von weltlicher und geistlicher Vergangenheit deutlich, die für buddhistisches Denken charakteristisch ist und in der Verwaltungsstruktur der Klosterburgen bis in unsere Tage fortwirkt.

Man spürt, daß hier, im nach Indien offenen und auch von China und Assam her verhältnismäßig leicht zugänglichen, aber in sich stark zerklüfteten Bhutan, mehr als im benachbarten Tibet Gefahren von außen wie auch von separatistischen Bewegungen im Innern drohten, denen man nur durch eine starke, straff organisierte Theokratie begegnen konnte.

In diesem Zusammenhang kommt Pämalingpa eine besondere Bedeutung zu. Er ist das Bindeglied zwischen Padmasambhava – und damit zwischen Buddha selbst – und der eigenständigen geistlichen Macht in Bhutan. Pämalingpa gilt im Lande nicht nur als Heiliger, sondern auch als ein großer Waffenschmied. Er hat als erster den Zugang zu den ›Schätzen‹ Padmasambhavas gefunden, und von ihm leitet sich die Entdeckung des Terma-Schrifttums her. Aber er hat auch die politischen Gefahren abgewandt, die Bhutan von einem König aus dem Osten drohten. Der hatte nämlich von den in Bhutan angeblich verborgenen Schätzen gehört und Pämalingpa gedrängt, sie ihm auszuliefern. Als der König trotz unmißverständlicher Warnungen Pämalingpas in das Land einfiel, wurde ihm plötzlich deutlich, um welche Art von wahrhaft unvergänglichen Schätzen es sich handelte. Doch die Erkenntnis kam zu spät. Der habgierige König und sein Heer wurden vernichtet.

Damit war die Identität der Schätze des Padmasambhava enthüllt. Es war auch klar geworden, daß fremde Herrscher in Bhutan nichts finden würden, was ihrer Vorstellung von weltlichen Schätzen entsprach. Auf diese Weise wurde eine Legende begründet, die Feinde abhalten sollte, die aber wohl auch zu jener selbstgewählten Isolierung beitrug, an der Bhutan bis in die siebziger Jahre festgehalten hat. Wie sehr es im Grunde genommen noch heute daran festhält, zeigt nicht nur die Tatsache, daß weite Teile des Landes nach wie vor für Fremde nur schwer zugänglich sind. Auch in den touristisch erschlossenen Gebieten, ja selbst in den Klosterburgen von Paro und Punakha, gibt es Plätze, die man nicht zeigt. Sie gelten als so heilig, daß sie ein fremdes Auge entweihen würde. Man glaubt aber auch, daß ihr Anblick den Uneingeweihten Schaden zufügen, sie sogar töten könnte. So gibt es Räume für tantrische Kulte, die nur von denen betreten werden dürfen, die in diese Kulte eingeführt sind und ihre geheime Bedeutung kennen. Ängstlich meiden niedere Mönche und Klosterschüler den Bereich, in dem sich solche Räume befinden.

Besonders deutlich wird der Unterschied in der Haltung gegenüber Fremden, wenn man die spürbare Distanz bhutanischer Äbte und Lamas mit der großen Aufgeschlossenheit vergleicht, der man in dieser Hinsicht im benachbarten Sikkim begegnet. Während es fast unmöglich war, an bestimmten wichtigen Zeremonien in Paro oder Punakha auch nur zeitweise teilzunehmen, lud mich der höchste Würdenträger des traditionellen Lamaismus der Kargyudpa-Sekte — der Karmapa — persönlich zu der alljährlich in seinem Stammkloster Rumtek stattfindenden Schwarzhutzeremonie ein und erläuterte mir ihren Hergang und seine Bedeutung.

Viele lamaistische Sekten öffnen sich heute wie Kargyudpa nach Amerika und Europa, errichten Informations- und Meditationszentren. Sie betreiben damit das genaue Gegenteil ihrer jahrhundertelang geübten Abgeschlossenheit und der strengen Geheimhaltung großer Teile ihrer Lehren.

Ich bin solchen Tendenzen seit einigen Jahren nicht nur in Ladakh und Sikkim, sondern auch in Deutschland und in der Schweiz in wachsendem Maße begegnet. Von Bhutan gehen sie nicht aus. Dort ist man, wie ich aus vielen Gesprächen herausspürte, nach wie vor der Meinung, daß der Lamaismus an eine bestimmte Tradition, an eine bestimmte Weltreligion und ihre unverkennbaren Besonderheiten gebunden sei und in der übrigen Welt nur zu einer gefährlichen Verflachung führen könne. Diese Verkehrung der positiven Wirkungen ins Gegenteil, in Gefahr und Bedrohung für den einzelnen, sei letztlich von keinem zu verantworten, weder von den Lamas noch von ihren ausländischen Adepten.

Auch ich glaube, daß die Beschäftigung mit lamaistischen Riten und Kulten Gefahren für uns birgt. Wir sollten uns dem Lamaismus deshalb zunächst nicht als Schüler des Rituals, sondern als Studierende der Lehre — ihrer Geschichte, ihrer kosmischen Bezüge, ihrer Ikonographie und ihrer Bedeutung für den einzelnen Menschen — nähern. Erst wenn wir ein hinreichendes Wissen über Form und Umkreis des Lamaismus — gewissermaßen von außen — gewonnen haben, können wir entscheiden, ob der sehr viel schwierigere Weg nach innen für uns vertretbar und auch betretbar ist. Ich weiß, daß ich damit vielen widerspreche, die sich bei uns dem Buddhismus in seiner lamaistischen Form zugewandt haben.
Sie möchte ich vor jenem, das Weltall symbolisierenden kosmischen Mandala, das sich im Hof der alten Klosterburg Paro befindet, fragen, was sie da sehen. Es gibt Interpretationen westlicher Besucher, die hier den großen Bogen erkennen, der die kosmische Weisheit des Lamaismus mit Ergebnissen der modernen Naturwissenschaften verbindet. Wenn das so ist, und ein langes Gespräch über die Lehre Buddhas und die naturwissenschaftlichen Erkenntnisse unseres Jahrhunderts, das ich 1970 mit Sogen Asahina, dem Abt des berühmten japanischen Zen-Klosters von Kamakura, führte, macht es mir wahrscheinlich, dann ist der Weg über den Ritus als formaler Weg sicher nicht der uns gemäße. Wir wissen mehr von der Welt als die meisten lamaistischen Mönche. Für uns kann der Lamaismus und sein tantrisches System kosmischer Allverbundenheit eine Bereicherung sein und, daraus folgend, vielleicht einen ersten Schritt ermöglichen auf dem Weg nach Innen,

der uns Europäern als Menschen der Vita activa so schwerfällt. Die Teilnahme an einem der sich über mehrere Tage erstreckenden großen Feste Bhutans oder der anderen Regionen des Himalaya macht diese Schwierigkeit, sich als westlicher Besucher dem buddhistisch-tantrischen Rhythmus einzufügen, besonders deutlich.

DAS PARO FEST

Jedes Jahr im April feiert man in den Klöstern des bhutanischen Lamaismus — jener Form des Buddhismus, die auf Padmasambhavas Lehren und Wirken zurückgeht — mit großem Festgepränge den Geburtstag des Dämonenbezwingers, der in Bhutan als zweiter Buddha verehrt wird. Das berühmteste und aufwendigste dieser Geburtstagsfeste wird im Paro-Dzong, der Regierungs- und Klosterburg der früheren Hauptstadt Bhutans, dem im Nordwesten des Landes gelegenen Paro begangen.

Dreitägige Tempeltänze machen das Fest zu einer Attraktion für das ganze Land, die viele Pilger anlockt. Im Mittelpunkt der Ereignisse steht die Enthüllung eines zehn mal zwanzig Meter messenden Rollbildes — eines Applikations-Thangka —, das Padmasambhava in seinen acht Erscheinungsformen zeigt, die für Bhutans Reinigung von den bösen Geistern so wichtig waren.

Die Straße nach Paro ist von Stupas und alten Klöstern gesäumt. Bevor man die Bergstadt erreicht, sehen wir unten im Tal des Paro-Flusses eine schmale Piste: den ersten, 1982 in Betrieb genommenen Flughafen des Landes, der allerdings nur von kleinen Maschinen angeflogen werden kann.

Schon aus weiter Ferne erkennt man den rotgedeckten Dzong von Paro, unser Ziel. Es ist ein gewaltiger Zentralbau, der mit seinen hohen Mauern die Verwaltung, die Schule, ein Kloster und mehrere Tempelhallen umschließt. Am Berghang über dem Dzong hat sich ein mächtiger Wehrturm erhalten, der das Staatsmuseum Bhutans beherbergt, in dem vor allem Zeugnisse der Volkskunst und des religiösen Brauchtums zu sehen sind.

Ein Palast aus dem 17. Jahrhundert, Domizil der Familie des früheren Ministerpräsidenten, bietet uns für zwei Nächte Quartier. Es ist ein weitläufiges Haus, dessen Zentrum eine reich bemalte und mit prachtvollen Schnitzereien ausgestattete Privatkapelle ist. Die übrigen Räume und die sanitären Einrichtungen sind von großer Einfachheit, nicht anders als in den Bauernhäusern, die wir später im Osten des Landes kennenlernen sollten. Von der Terrasse aus blicken wir auf den Dzong, die zahlreichen Tempel und Klöster der Stadt und ihrer Umgebung, bis weithin in die Berge, die hier die Grenze zu Tibet bilden.

Am nächsten Tag beginnt das Fest. Schon am frühen Morgen steigen wir zusammen mit den ersten Pilgern hinauf zum alten Kultplatz, der dem Dzong gegenüberliegt und von hohen Tempelbauten umsäumt ist. Wir wollen den Einzug des Adels und der Ehrengäste sowie den ersten Auftritt der geweihte Masken tragenden Mönchstänzer erleben.

Schon ist das weite Geviert an den Rändern von vielen Besuchern besetzt, die an der Erde hocken und geduldig der Ereignisse harren, die da kommen sollen. Es ist ein buntes, von den Festgewändern der Bhutanesen geprägtes Bild, das uns wieder an jenen ersten Eindruck im Simthoka-Dzong denken läßt. Mittelalter breitet sich vor uns aus. Schwer zu begreifen, daß sich all das, was nun kommt und uns drei Tage lang in seinem Bann hält, in unserer Welt der Flugzeuge, der Atomtechnik und der Computer abspielt und von den teilhabenden Menschen offenbar als ›das Leben‹ angesehen und genossen wird.

Musik ertönt. Es sind Handtrommeln aus Schädelschalen, die mit den Fingern geschlagen werden, und Blasinstrumente, deren Ton dem unserer Klarinetten und Oboen ähnlich ist. In rhythmischem Wiegen schneller und schneller werdend, wirbeln die ersten, in kostbare Gewänder gekleideten Masken herein und drehen sich wild über den weiten Tanzplatz. Es sind Abbilder jener schrecklichen Dämonen, die Padmasambhava vor über 1000 Jahren besiegt und in den Dienst des Buddhismus gezwungen hat. Denn das ist das Besondere an seiner Aktion gewesen: Er hat die Dämonen und bösen Geister nicht getötet, sondern nur niedergestreckt und schwören lassen, daß sie in Zukunft für den Buddhismus und seine Gläubigen eintreten werden. Was hätte Vernichtung nach ostasiatischem Glauben auch für einen Sinn gehabt, wo doch jeder von der Wiedergeburt des Guten wie des Bösen überzeugt ist? Es ging Padmasambhava bei der Überwindung des Bösen also nicht um Vernichtung, sondern um Wandlung zum Guten. Und das ist auch die Bedeutung der Tänze, die nun in endloser Folge bis zum Nachmittag abrollen.

Zu den wichtigsten Szenen dieser Tänze, in deren Verlauf auch Dämonen erscheinen, die Padmasam-

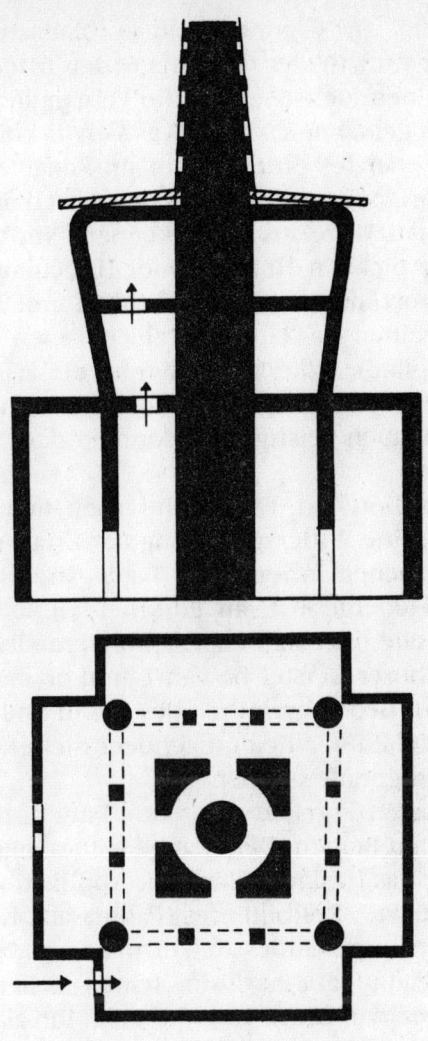

Querschnitt und Grundriß des bhutanischen Tempelchorten Zlumtse Lakhang.

bhava nicht zu Glaubenshelfern machen konnte, gehört der Auftritt der Citipatis — der Totenkopftänzer —, die den Menschen an die Vergänglichkeit seines Lebens gemahnen sollen. Was sich da vollzieht, ist eine Art getanztes Sterben, ein großangelegtes Memento mori, wie wir es von den Totentänzen des europäischen Mittelalters her kennen. Nur endet das Leben hier nicht in Himmel oder Hölle, sondern als Wiedergeburt, deren Art vom Denken und Tun eines jeden einzelnen in seinem jetzigen Leben abhängig ist. Dabei glauben die Menschen an die Frist von 49 Tagen zwischen dem Eintritt des Todes und dem wirklichen, auch geistigen Verlöschen des jeweiligen Lebens.

Die dargebotenen Tänze sind nach lamaistischer Auffassung eine Widerspiegelung der Erfahrungen eines Verstorbenen in jenen 49 Tagen, die über seine künftige Wiedergeburt mit entscheiden. Es geht um die Frage, wie man sich angesichts herandrängender guter und böser Geister bewährt, und ob man geistig den Weg aus den Labyrinthen des Bösen findet. Nachdenklich ziehen wir heim, nachdem die letzten Tänzer das Feld geräumt haben.

Am nächsten Tag sind wir schon kurz nach Mitternacht auf den Beinen. Denn lange vor Sonnenaufgang wird heute das riesige, in farbiger Applikationsstickerei ausgeführte Rollbild des Padmasambhava vom Dach des Hauptgebäudes am Festplatz herabgelassen. Es stellt Padmasambhava in seinen acht Erscheinungsformen dar. Die Mittelfigur zeigt ihn als königlichen Lehrer, wie er uns in Bhutan immer wieder begegnen wird.

Hunderte von Mönchen und Novizen haben vor

den acht Inkarnationen Padmasambhavas Platz genommen. Sie meditieren über die Geisteskraft des großen Dämonenbeschwörers. Auch die Edlen des Landes, die in großer Zahl nach Paro gekommen sind, versammeln sich vor dem riesigen Rollbild. Die Zeit, die man vor dem heiligen Abbild, das nur einmal im Jahr gezeigt wird, verbringen kann, ist begrenzt. Denn kein Sonnenstrahl darf Padmasambhavas nach Westen gerichtetes Antlitz treffen. So drängen sich erst die Vornehmen in ihren reichen Gewändern, dann die Masse des Volkes zur Tempelwand, um den Stoff des Bildes zu küssen. Die Berührung mit den Händen und den Lippen bedeutet Segen und Wunscherfüllung.

Während die letzten Gläubigen am Bild entlangziehen, werden oben schon die Seile gelockert, und die schwere Applikationsstickerei sinkt langsam nach unten. Dort nehmen die Mönche das Rollbild in Empfang und breiten es sorgfältig über den Boden, wo es zunächst geglättet und straffgezogen wird. Die Teilnahme an dieser Arbeit gewährt den jungen Mönchen einen besonderen Segen.

Behutsam — Meter für Meter — wird der riesige Thangka nun eingerollt. Ausgewählte Mönche dürfen das kostbare Stück dann zurück in den Dzong tragen, wo es aufbewahrt wird. Der Transport der leinenen Unterlage, denn das Bild darf nicht die Erde berühren, bleibt Laien überlassen.

Zwischen den Mönchen und hohen Gästen hat inzwischen der Abt von Paro Platz genommen. Mönche blasen die langen, kaleidoskopartig auszuziehenden Hörner, die in keinem Lamakloster fehlen dürfen, und schlagen die großen Schamanentrommeln, während sie sich im Tanz drehen wie am Tage zuvor.

Der zweite Höhepunkt dieses Tages ist der persönliche Auftritt des Padmasambhava in acht Gestalten. Der Abt geht ihm, seinem Vorbild, wie einem großen Bruder entgegen. Hinter der Zentralfigur erscheint Padmasambhava als Buddha. Hier schließt sich der Kreis des berühmten Festes von Paro.

Die Mönche ziehen wieder hinüber ins Kloster und drehen, bevor sie ihre Quartiere aufsuchen, noch einmal die Gebetsmühlen: Om mani padme hum. Die heiligen Silben, die auf Zetteln in den Gebetsmühlen enthalten sind, sollen zum Himmel aufsteigen und Segen bringen.

In den Tempeln des Paro-Dzong finden wir großartige Malereien, von denen die in den schwarz ausgemalten Räumen die heiligsten und zugleich die geheimsten sind. Diese Schwarzgrundmalereien stellen die wichtigsten Lehrer des tantrischen bhutanischen Buddhismus und seine mächtigsten Schutzgottheiten dar, die in goldenen Konturen gefaßt sind. Hier treten wir aus der Turbulenz des Festes für alle in die stille Atmosphäre der wenigen — der hohen Lamas — ein, die mit den Geheimnissen der tantrischen Lehre und ihrer Darstellungen vertraut sind.

Ganz Paro und seine Umgebung mit den waldbedeckten Bergen ist heiliger Boden. Für den Bhutanesen ist Padmasambhava überall gegenwärtig. Wir gehen die Wege, die er, will man der Legende glauben, gegangen ist. Sie führen in Richtung tibetische Grenze, wo der Blick auf den heiligsten Berg Bhutans — den 7300 Meter hohen Chomolhari — die Gedanken zu jenen Ursprüngen der Himalaya-Religion zurückführt, die in Bergen, Flüssen, Seen und Naturgewalten Götter sah. Padmasambhavas tatsächliches Verdienst für die Menschen hier wie in Tibet mag die überzeugende Verbindung zwischen diesen Göttern und der ganz anders gearteten Lehre Buddhas gewesen sein, die er wohl aufgrund einer besonderen phantasiebetonten Sprachgewalt herzustellen vermochte.

Dort, wo eine schmale Brücke den Paro-Fluß überspannt, erwarten uns die kleinen landesüblichen Pferde, mit denen wir hinauf zu dem in steiler Felswand hängenden Tigernest reiten, dem berühmten Bergkloster Taktshang, von dem die Legende zu berichten weiß, daß es Padmasambhava auf einem Tiger reitend erreicht haben soll. Oben begegnen wir der majestätischen Erscheinung eines buddhistischen Abtes, der zum Tigernest gekommen ist, um mit jungen Mönchen eine heilige Opferhandlung zu vollziehen. In den engen Räumen erwarten ihn die rotgewandeten Lamas, die zur Feier des Tages aus Mehl und Butter Opfergaben vorbereitet haben. Auch im zentralen Heiligtum des Tigernestes finden wir das Bild Padmasambhavas. Und in den angrenzenden Kapellen sind die wichtigsten jener Dämonen dargestellt, die er einst besiegt und zu Schutzgottheiten des Buddhismus bekehrt hat.

Auf dem Rückweg vom Tigernest besuchen wir eines der ältesten Heiligtümer des Paro-Tals, den Kiuchu Lakhang. Dieser Doppeltempel, von dem der eine Bau in die Anfänge des bhutanischen Buddhismus zurückweist, ist der bevorzugte Meditationsplatz der Mutter des Königs. Als wir den Hügel hinansteigen, erklingen Lamagesänge. Eine Totenmesse ist im Gange. Sie wird für einen jüngst Verstorbenen abgehalten, dem auf diese Weise der geistige Weg durch die 49 Tage bis zur nächsten Wiedergeburt erleichtert werden soll.

BEGEGNUNG MIT DEN GÖTTERN BHUTANS

Nördlich von Paro steht an einer Brücke, die über den Paro-Fluß in eines seiner Nebentäler führt, ein eigenartiges Bauwerk. Seine Form ist einem Stupa ähnlich. Doch es ist zugänglich und als Tempel ausgebaut. Dieser Tempel – Zlumtse Lakhang – wurde von dem tibetischen Baumeister und Eisenschmied Thangstong Gyalpo, der 1383 bis 1464 gelebt hat, errichtet. An ihn erinnern besonders die vom Ehrenschirm herabhängenden Eisenketten, die am Dach des oberen Rundbaus befestigt sind und einen einwandfreien Beweis für das hohe Alter des Bauwerks darstellen. Von diesen Ketten weiß die Legende zu berichten, daß sie Gyalpo anfertigte, um das Bauwerk fest in der Erde verankern zu können. Denn die Schönheit des Schreins hatte, so erzählt man, die Götter eifersüchtig gemacht, und sie versuchten, das Kleinod mit allen Kräften in den Himmel zu heben. Als die Schutzgottheit dieses Tempels das bemerkte, ließ sie schnell die Ketten anfertigen, durch die der Bau unlöslich mit der Erde verbunden wurde.

Zlumtse Lakhang ist auch für den heutigen Besucher noch ein Wunderwerk. Er gilt als Naskhang, das heißt als ein Ort heiliger Herkunft. Sein Grundriß hat die Form eines heiligen Kreises, eines Mandala. Sein Aufriß symbolisiert die fünf Elemente. Die innen durch eine Wendeltreppe verbundenen drei Stockwerke gliedern sich um eine zentrale Säule, die als Weltenachse gilt. Die Wände des Zlumtse Lakhang sind mit Stoffbahnen beklebt, die bis unter das Dach bemalt wurden. Diese Malereien geben Einblick in die Vielfalt und Besonderheit des bhutanischen Pantheons der hier herrschenden Brugpa-Tradition des Rotmützenlamaismus.

So wird der Bau zu einem räumlichen, begehbaren Mandala, in dem jedem Buddha, jedem Bodhisattva und jeder Schutzgottheit der ihm in der kosmischen Ordnung zukommende Platz angewiesen ist. Die Achse des Gesamtbauwerks ist Weltenbaum, heiliger Berg und Ort des zentralen Buddha, des Tathagata Vairocana, zugleich. Die vier Tore des unteren quadratischen Kerns des Bauwerks sind die Eingänge ins Mandala und die von den Buddhas der vier Himmelsrichtungen besetzten Plätze.

Nachdem der Gläubige zunächst das ganze Bauwerk umwandelt und dabei die in seiner Außenmauer eingelassenen Gebetsmühlen in Bewegung gesetzt hat, betritt er den Bau und folgt seinen alle Wände bedeckenden Wandmalereien, die hier wie ein Bilderbuch des lamaistischen Pantheons vor dem Betrachter erscheinen. Keine Beschreibung, auch keine Abbildung vermögen Atmosphäre und bildhafte Fülle dieses insgesamt gar nicht großen Bauwerks zu vermitteln.

Seine Bedeutung liegt in der Komposition und überwältigenden Dichte der Wiedergabe eines Götterhimmels, der in den Vorstellungen der Gläubigen den Kosmos beherrscht und hier in komprimierter Form doch das Ganze überzeugend, ja überwältigend zum Ausdruck bringt. Das Brugpa-Pantheon ist entsprechend den drei Stockwerken des Zlumtse Lakhang in drei Gruppen gegliedert. Im Erdgeschoß begegnen wir dem Buddha und seiner Lebensgeschichte, dem Urbuddha und den Buddhas der vier Himmelsrichtungen, den sogenannten Tathagatas, den Bodhisattvas und den von ihrem Geist beherrschten und ihre Lehre weiterführenden Gurus der Rotmützen-Tradition. Im ersten Stockwerk finden wir die mächtigen Dharmapalas Schutzgottheiten des Lamaismus — und die Gottheiten des *Tibetischen Totenbuches.*

Das enge Rund des obersten Stockwerks, das kaum Zwischenraum zwischen den Bildern und dem Beschauer läßt, suggeriert eine eigenartige Diskrepanz: Die geheimsten Initiationsgottheiten, die Yidams, viele in der rituellen Umarmung mit ihrer Prajna — in der Yab-yum-Stellung —, erdrücken fast den Betrachter mit ihrer bildhaft realistischen Nähe. Wie Schatten ihrer leibhaftigen Existenz überragen sie den sich an die gegenüberliegende, kaum einen Meter entfernte Wand drängenden Besucher. So rückt das Fremdeste, das Unerklärbare in bedrohliche Nähe. Und tatsächlich habe ich Besucher erlebt, die dieses enge zweite Stockwerk des Zlumtse Lakhang schnell wieder verließen, ohne sich genau umgeschaut zu haben. Vielleicht wirkt hier die Unmittelbarkeit des Geheimnisvollen, das zugleich ein Gewaltiges, ein für uns Unfaßbares ist, stärker, als man es dem Einfluß auch noch so suggestiver Bilder zutrauen möchte.

Es ist unmöglich, die bedrängende, farbintensive Erscheinungsfülle der Figuren auch nur annähernd zu beschreiben. Ein ganzes Buch wäre dafür erforderlich und tatsächlich wert, geschrieben sowie mit allen Bildern gedruckt zu werden. Denn nirgendwo sonst weiß ich das lamaistische Pantheon Bhutans so klar und übersichtlich dargestellt wie hier an den Wänden des Zlumtse Lakhang.

Die Ausrichtung des Tempels entspricht der kosmischen Ordnung des Mandala. Der Zugang ist von Nordosten. So erreicht man im Innern zunächst den Bereich des Tathagata Amoghasiddhi, der den Norden beherrscht. In dieser Region begegnen wir auch einer Darstellung des Erbauers dieses Heiligtums: Thangstong Gyalpo.

Im Osten ist die Lebensgeschichte des Buddha ausführlich illustriert. Daneben finden wir schreckenverbreitende Gottheiten wie den blauen Mahakala, die auf einer Menschenhaut sitzende und mit Totenschädeln behängte Göttin Lhamo, und endlich den roten Gangbtsan, den Schutzgott des Tempels.

Im Süden erkennen wir den Urbuddha Ratnasambhava sowie Amitayus und wiederum Padmasambhava, der in vielfacher Gestalt im Zlumtse Lakhang gegenwärtig ist. In seiner typisch bhutanischen Form als Guru Dragmar ist Padmasambhava von einer Flammenaureole umgeben. Sein Körper endet in einem dreischneidigen Zauberdolch, dem Phurbu, mit dem Padmasambhava dereinst die Dämonen bekämpft und nach ihrer Niederlage an den Boden geheftet haben soll. Im Westen herrscht Amithaba, der Herr des Paradieses Sukhavati, inmitten ihn verehrender und seine Lehre vermittelnder Gurus. Der hilfreiche Bodhisattva Avalokiteshvara ist in seinen Erscheinungsformen, wie sie nur die Brugpa-Tradition kennt, im runden Innern des Mandala dargestellt. Wir erleben ihn hier auch in einer zornvollen Emanation, fünfköpfig und mit zwölf Armen, in denen er die wichtigsten tantrischen Symbole hält.

In diesem innersten Raum des Mandala erscheinen ferner die 35 Buddhas des Schuldbekenntnisses und der Sündenvergebung, die zu den 1000 Buddhas gehören, deren magisch-mystisches Wirkungszentrum der Himalaya mit seinen lamaistisch-tantrischen Klöstern und ihren Kulten ist. Diese Buddhas sind hier noch einmal als dem Menschen in besonderem Maße verbundene Erscheinungen aus dem umlaufenden Fries der Außenwand herausgenommen, der die 1000 Buddhas des Vajrayana-Pantheons darstellt und damit das Mandala mit der ganzen Fülle der hilfreichen, den Kosmos erfüllenden und beherrschenden Erscheinungen symbolisch nach außen abschließt.

Im ersten Stock entfaltet sich an den Außenwänden die Welt der Dharmapalas und anderer zornvoller Gottheiten, die als Beschützer der Lehre gelten – ein Amt, zu dem sie Padmasambhava in seinem Kampf gegen die Dämonen und Religionsfeinde gezwungen hat. Die innere Rundung dieses Stockwerks gleicht einem surrealistischen Pandämonium von starker Ausdruckskraft und künstlerischer Dynamik. Hier sind die Gottheiten des *Bardo Thödol* – des *Tibetischen Totenbuches* – zu Hause. Es sind jene friedvollen und zornigen, teilweise tierköpfigen Erscheinungen, von denen man hierzulande glaubt, daß sie dem Verstorbenen, der zunächst noch nichts von seinem Tod weiß, in den ersten 49 Tagen nach dem Sterben begegnen, um seine Wege in der neuen, ungewohnten Umgebung des Zwischenreiches – der Region zwischen Leben und Tod – zu beeinflussen. So wird die

Konfrontation des Gläubigen mit diesen ausdrucksstarken Bildern zu einem ersten vorausgenommenen Schritt in eine Welt, die er eines Tages tatsächlich kennenlernen wird und durchschreiten muß. Das mag der Grund für die scheue Eile sein, mit der die meisten einheimischen Besucher dieses erste Stockwerk des Zlumtse Lakhang wieder verlassen. Furchtsam, fast ungläubig gleiten ihre Blicke über die kontrastreichen Malereien, als wollten sie fragen: Das also soll es sein, das Dasein nach dem Tode?

Der Geistertanz, den die Herren des Zwischenreichs, die blutdürstigen Dakinis und die Totengötter auf diesen Wänden ausführen, wird zur Decke hin von ehrwürdigen Herren begrenzt, die diese schreckenerregende Begegnung längst hinter sich haben und nun in buddhistischer Gelassenheit da oben thronen. Es sind die Lehrer, die Gurus der Brugpa-Sekte.

Die schmale Treppe, die ins runde Obergeschoß von Zlumtse Lakhang führt, öffnet den Blick in eine Welt, die selten so kompakt und unmittelbar auf den Beschauer einwirkt wie hier. Denn kaum einmal sonst fand ich in Tempeln und Klöstern die Fülle der großen Yidams so dicht beisammen und bedrängend gegenwärtig wie hier, wo sie den Besucher überragen und gleichzeitig zu überwältigen scheinen in ihrer vielköpfigen und vielarmigen Monumentalität, die sie weder in den Thangkas und Mandalas noch in den Skulpturen, die man von ihnen kennt, zeigen. Nur einmal erschienen sie mir genauso gewaltig, ja gewaltiger und bedrängender noch. Das war in der farbigen Skulpturenfülle, die in dem Gedächtnisstupa für den letzten König von Bhutan in Thimphu wie ein Gebirge aus Göttern und Dämonen in Yab-yum aufgetürmt ist.

In Nischen, die in das obere Zentrum des Zlumtse Lakhang nach den vier Himmelsrichtungen eingelassen sind, begegnen wir Statuen seines Erbauers sowie des großen, im ganzen Himalaya-Gebiet hochverehrten Dichters Milarepa. Auch der Urbuddha Vajradhara und der Buddha der Zukunft – Maitreya –, der von den Buddhisten in 2500 Jahren erwartet wird, sind hier, an der Weltenachse, gegenwärtig.

Die Lehrtradition des Lamaismus verkörpert sich in der Darstellung der 84 Mahasiddhas, der großen Lehrer und der Gurus der Kargyudpa-Sekte. Das Bedeutendste dieses obersten Stockwerkes aber bleiben die Bilder der Initiationsgottheiten in Yab-yum, der Vater-Mutter-Stellung, der geschlechtlichen Umarmung, die vom Guhyasamaja, der ältesten buddhistischen Tantra-Gottheit, bis zum Kalacakra – dem ›Rad der Zeit‹ – reichen, das die vielgliedrige Kette buddhistischer Tantra-Verkörperungen vor 1000 Jahren abgeschlossen hat.

In diese Welt einzudringen gehört für uns wohl zum schwersten, was der vielschichtige, geheimnisvolle Tantrismus von dem verlangt, der sich ihm, um Verständnis und Vertiefung bemüht, nähert. Auch hier im Zlumtse Lakhang bleibt die Bilderwelt, so klar und farbenfroh sie sich dem Besucher darbietet, ein Buch mit sieben Siegeln. Denn Erklärungen bekommt man nicht von den Beschließern des Tempels. Viele Fragen bleiben offen: nach der Bedeutung der Reihenfolge, der Anordnung und Gruppierung der Buddhas wie der Gottheiten, die vom Künstler ebensowenig willkürlich gewählt sind wie die Farben der

Götter, die alle ihren sakralen Sinn haben, der Attribute, die sie in den Händen halten und die ihre ikonographische Bedeutung entschlüsseln. Alles hat seine kultische Bedeutung: Körper- und Kopfhaltung, ob gekrönt oder ungekrönt, als Buddha mit dem Haarknoten des Ushnisha oder geschoren als Guru. Es ist eine Fülle von Problemen, die den Betrachter bedrängt, wenn er durch den Zlumtse Lakhang geht.

Doch selbst wenn er nichts von der Innenwelt der Buddhas und Götter weiß, wenn er den Zlumtse Lakhang nur wie ein Kind als Bilderbuch erlebt, wird der Betrachter sich kaum der Wirkung des Großartigen und gleichzeitig Geheimnisvollen, das da vor ihm ausgebreitet ist, entziehen können. Und man begreift, daß hier die andere Seite der Welt zutage tritt, in der die Menschen des Himalaya, soweit sie Anhänger des Lamaismus sind, leben. Aber selbst die Andersgläubigen, das ist wichtig zu wissen, gehen nicht unberührt und teilnahmslos an dieser Götterwelt vorbei. Auch sie zeigen sich — soweit es sich nicht um die wenigen Moslems handelt, die zugewandert sind — davon betroffen.

Es ist die andere Seite des hier gelebten Daseins, die innere Welt dieser Menschen, die, in Bildern nach außen gekehrt, erkennen läßt, wie lebendig in ihnen noch das kosmische Bewußtsein ist, das Bewußtsein der Verbundenheit des einzelnen mit dem Ganzen, ob es nun als Furcht zum Ausdruck kommt oder als überlegenes Wissen um Zusammenhänge, von denen der westliche Mensch bisher kaum etwas ahnt.

TSCHAM — DAS GETANZTE STERBEN

Neben der Bilderwelt des Lamaismus, der wir im Zlumtse Lakhang begegnen, gibt es noch jene andere, jedes Jahr erneut in Szene gesetzte Darstellung der kosmischen Zusammenhänge unseres Daseins in den sakralen Tänzen, die man überall zu den großen Festen in den Klöstern der Himalaya-Länder erleben kann. Da schlüpft der Mensch selbst ins Gewand der Gottheit und wird durch die Maske zu ihrem lebendigen Abbild.

Ich habe diese Tänze, die von Mönchen aufgeführt werden, oft gesehen, nicht nur im Hemis-Kloster von Ladakh, sondern auch im Ghoom-Kloster nahe Darjeeling wie in den Lamaklöstern Sikkims und Bhutans. Immer war es der gleiche, tief bewegende Eindruck. Die grellfarbenen, zum Teil Schrecken erregenden, dämonengesichtigen Masken wirkten auf mich wie Manifestationen des zerrissenen Innern der meisten Menschen. Und genau so sind sie auch gemeint. Sie schauen uns an als Verkörperungen, als Spiegelungen unseres von Schmerzen, Leiden, Ängsten, Sehnsüchten, Freuden und Hoffnungen bedrängten Bewußtseins, das in Wirklichkeit nichts anderes ist als ein Reflex auf die bunte, zufällige Erscheinungswelt des Samsara, von der uns die Lamas mit lächelnder Überlegenheit sagen, daß sie nicht existiere.

In den Tänzen begegnen wir unseren Träumen, unseren Ängsten. Ihre wichtigste Gruppe, die Tscham-Tänze, führt dem Menschen die innere Situation in der Stunde des Sterbens und in den Tagen danach vor Augen. Doch diese Erscheinungen sind ganz stilisiert.

Der Tanz, wie er hier als Selbstvergegenwärtigung

des inneren Menschen zelebriert wird, ist ein Gesamtkunstwerk. Zu seiner Realisierung wirken alle Künste zusammen: Musik, Rezitation, Malerei in Gestalt der im Hintergrund aufgehängten, meist riesigen Thangkas und die Skulptur in Form der das Geschehen beherrschenden Maske.

Doch es gibt auch bei den Tscham-Tänzen so wie bei allen lamaistischen Zeremonien außer dem eindrucksvollen Reigen der Tänzer einen zusammenfassenden geistigen Hintergrund, vor dem die im Gesamtkunstwerk zusammengeführten Formen nur den äußeren Rahmen darstellen — ›etwas fürs Volk‹, wie mir ein hoher Lama sagte. Das zentrale Geschehen vollzieht sich im Tempel als Zeremonie der Mönche, präsentiert vom Rinpoche, dem inkarnierten Lama des Klosters, der nach der inneren Zeremonie draußen im Klosterhof zum höchsten Zuschauer des äußeren Geschehens — der Tänze — wird, die er mit rituellen Handlungen — Vajra und Ghanta bewegend begleitet.

Doch selbst dann, wenn der Rinpoche draußen dem Tanzgeschehen beiwohnt, zelebrieren ein paar Mönche im Innern des Tempels das zugehörige Ritual mit heiligen Mantras, ohne das die Tänze wirkungslos, ja sinnlos blieben als Beschwörung der Götter und Aufrüttelung der als Zuschauer erschienenen Menschen, die oft nach Tausenden zählen. Beobachtet man sie, wie sie mit weit geöffneten Augen, viele auch mit offenem Mund, staunend dasitzen, das Tanzgeschehen an sich vorübergleiten lassen und dabei so oft wie nur möglich in ein befreiendes Lachen ausbrechen, weiß man nicht, wie tief sie das bewegt, was ihnen die Tänze vermitteln sollen, ja, ob sie es überhaupt begreifen.

Für die meisten, die aus einsamen Dörfern oft tageweit herbeigekommen sind, ist das Wichtigste die Begegnung mit den anderen — das Treffen mit Freunden, für junge Leute die neuen Bekanntschaften, das gesellige Leben, das sich rund ums Kloster in Gästehäusern und schnell aufgeschlagenen Zelten, zwischen Verkaufsbuden und Rastplätzen abspielt.

Wenn aber dann am Morgen oder Mittag des ersten Tages der Tanzvorführungen die langen dumpfen Hörner erklingen und die ersten Masken hinter Mönchen, die die oboenähnlichen Instrumente blasen, die steile Treppe aus dem Tempelinnern herabschreiten in den Klosterhof, sind sie alle versammelt, hokken Kopf an Kopf in den Umgängen und auf den schmalen Galerien, viel mehr Menschen als man sich an einem solchen Ort im besten Fall versammelt vorstellen kann. Doch Asiaten sind bei Festen nicht anspruchsvoll. Ihnen geht es ums Dabeisein, nicht, wie es der Anspruch der meisten westlichen Menschen ist, um den besten Platz. So drängten sich in und um den Klosterhof von Hemis Tausende von Menschen, die aus ganz Ladakh zusammengeströmt waren, um die Tscham-Tänze zu sehen und den Segen des Rinpoche zu empfangen.

Den Musikanten und Masken schreiten zwei Mönche voraus, die an langen Ketten Weihrauchkessel schwingen, wie wir sie von katholischen Messen und Prozessionen her kennen. Tatsächlich ist oft über Parallelen zwischen katholischen und lamaistischen Ritualen gesprochen und geschrieben worden. Dabei hat man den Rosenkranz, wie er auch im Himalaya durch die Hände der Gläubigen gleitet, als Hauptindiz genommen. Es ist in der Tat nicht leicht zu entscheiden, ob und in welchem Maße die christlichen Missionare, die bereits vor Jahrhunderten das lamaistische Gebiet bereist haben, Einfluß auf das Ritual der Lamas ausübten oder ob sie selbst nur mit Erstaunen gewisse äußere Übereinstimmungen wahrnahmen.

Allerdings sollte man diese Tatsache der nur äußeren, das aber heißt oberflächlichen Übereinstimmungen besonders beachten. Gibt es doch zwischen zwei Religionen kaum tiefere Unterschiede als zwischen Christentum und Buddhismus. Daß sich die beiden am stärksten im Kultischen wurzelnden Ausdrucksformen dieser Religionen — Katholizismus und Lamaismus — im Erscheinungsbild ihrer Zeremonien teilweise ähneln, ist ein Phänomen von ganz untergeordneter Bedeutung.

Wichtig ist das Verhältnis zum Religionsstifter, zum Glauben selbst und zum Tode. Und darin erkennen wir die fundamentalen Unterschiede. Christus bezeichnete sich als Sohn Gottes und opferte sein Leben, um die Menschheit zu erlösen. Buddha hat sich nie als Gott ausgegeben. Er lehrte als höchstes Ziel des Menschen die Selbsterlösung durch Erleuchtung und den Eintritt ins Nirvana. Für Christus und seine Anhänger ist das ewige Leben höchstes Ziel. Für Buddha und seine Jünger geht es um Überwindung der Wiedergeburten, um einen Zustand jenseits von Leben und Tod.

Im Lamaismus ist das Ziel der Erleuchteten nicht mehr das Nirvana, sondern die Bodhisattva-Schaft, eine Lebensform der helfenden Bereitschaft, alle Menschen zur Erleuchtung zu bringen. Damit gelangte der Erlösungsgedanke auch in den Buddhismus. Nur heißt im Lamaismus Erlösung Überwindung des Lebens und all seiner auf Täuschung, auf Wahn beruhenden Erscheinungen, während es im Christentum ewiges Leben, das aber heißt im buddhistischen Sinne auch Verewigung des Wahns bedeutet.

Gerade in den Tscham-Tänzen, die die Zerrissenheit und Vergänglichkeit der Scheinwelt spiegeln, wird der Unterschied zum Christentum, wie es sich etwa in den Passionsspielen oder Passionsgesängen darstellt, deutlich. Dort wird der Tod Christi in der Gewißheit der Auferstehung und der Erlösung der Menschheit erlitten. In den Tscham-Tänzen wird dem Menschen das Bedrohliche des Weges zwischen Sterben und Wiedergeborenwerden vor Augen geführt. Nicht Illusion, sondern Realitätsbewußtsein soll erzeugt werden Es geht nicht um das Credo einer am Jenseits orientierten Religion, sondern um die klare Erkenntnis der Wirklichkeit, die im Gewand der Götter und Dämonen eindrucksvoll vermittelt wird als Abbild eines illusionären Zustandes — eben unseres Daseins —, den es durch Erleuchtung zu beenden gilt.

Die schreckenverbreitenden Gottheiten, die in den Tscham-Tänzen mit Dämonenmasken erscheinen, sind im übertragenen Sinne des menschlichen Mikrokosmos nichts anderes als die zahllosen Erscheinungsformen dieses Daseins im Spiegel unseres sich wahrnehmenden und sich mit ihnen auseinandersetzenden Intellekts. Je stärker sich der Mensch in seinem Leben an dessen schillernde Vielgestaltigkeit verloren hat, um so stärker werden ihn die schreckenverbreitenden Gottheiten im Zwischenreich von Tod und Wiedergeburt bedrängen und auf falsche, abwärtsweisende Wege führen. Das zu zeigen und davor zu warnen ist eine der wesentlichen Aufgaben dieser Tänze.

Doch wie alles im lamaistischen Kult sind auch Sinn, Bedeutung und Aufgabe des Tscham vielschichtig. Seine auf die Bardo-Situation hinweisende Funktion richtet sich in erster Linie ans Volk, an die Zuschauer und erfüllt damit vielleicht einen ähnlichen Zweck wie die Darstellung des Knochenmannes im europäischen Mittelalter.

Die unmittelbare Wirkung des Tscham dagegen stellt man sich anders vor. Sie soll in jährlichem Rhythmus — meist am Geburtstagsfest des Klosters — zur Reinigung, zur Befreiung von allen Nöten, Lastern und Sorgen beitragen. Tscham ist in diesem Sinne auch eine Entsühnungszeremonie. Denn an die Tänze schließt sich, wie wir beim Hemis-Fest gesehen haben, das vom Totengott Yama vorgenommene Opfer an. Es ist ein symbolisches Opfer, durch das alles Lebendige für ein Jahr gereinigt wird. Damit schließt sich der Kreis: Die Funktion des Tscham als Vorbereitung auf die Todesstunde ist nicht nur ein in die Zukunft eines jeden Menschen hineinwirkendes, aufrüttelndes Geschehen, sondern zugleich auch ein Akt der Verbesserung aller Voraussetzungen für diese Stunde, die andererseits symbolisch mit der Stunde der jeweiligen Tänze zusammenfällt. So wird im lamaistischen Ritus Zeit und Raum für den Gläubigen immer wieder aufgehoben, das heißt als Sinnestäuschung entlarvt.

Hier wird die dritte Bedeutung der Tänze für uns sichtbar. Sie besteht in der Widerspiegelung des Lebens als eines ständigen Werdens und Vergehens. Unter dem Vorantritt der Mönche mit den Weihrauchkesseln und den Blasinstrumenten quellen die Masken aus dem dunklen Innern des Klosters hervor. Sie bewegen sich im Rhythmus der Musik — nach vorgegebenen Tönen — im Klosterhof. Die Einförmigkeit ihrer Bewegungen, die nur selten durch Sprünge und andere Sonderheiten unterbrochen werden, symbolisiert den scheinbar so dynamischen, in Wirklichkeit aber doch recht begrenzten Lauf unseres Lebens. Die Tänze erscheinen deshalb lang ausgedehnt. Schaut man jedoch auf die Uhr, wenn die Masken wieder im Dunkel des Klosters verschwinden, sind nur Minuten vergangen. Und so ist es auch mit unserem Leben. Es scheint lang und eindrucksvoll, ist aber doch nur ein Intervall.

Neben den schrecklichen Masken treten immer wieder Buddhas, Bodhisattvas, Mönche und Laien auf. Der ganze Erdkreis öffnet sich vor uns. Die Szene kennt nicht nur Ernst und Schrecken, sondern auch Späße, an denen sich das Publikum natürlich besonders erfreut. Doch immer wieder treten die schreckenerregenden Gottheiten dazwischen, um daran zu erinnern, daß auch jede Freude nur eine Illusion ist und daß sich der Weg des Menschen auf dieser Erde im Grunde immer als leidvoll erweist, wie es Buddha Shakyamuni vor 2500 Jahren gelehrt hat.

Am Ende des zweiten Tages der Tänze, wenn die Fülle der Erscheinungen ihren Höhepunkt erreicht hat und in allen Zuschauern, aber auch bei den Tänzern selbst das Gefühl des ständigen Kommens und Gehens zum nachhaltigen Eindruck des unablässigen Werdens und Vergehens geworden ist, treten Mönche ohne Masken auf, die im Zentrum des Klosterhofes jene besondere Zeremonie vorbereiten, die in allen Lamaklöstern den Höhepunkt der Tscham-Tänze darstellt: das Linkaopfer, das Yama, der alte indische Totengott, ausführt, dessen Herrschaftsbereich sich über den ganzen Himalaya bis in die Mongolei erstreckt.

Nach dem Akt der Vernichtung, der von allen Anwesenden wie die wirkliche Tötung von etwas Lebendigem empfunden wird, ist es, als weiche ein ungeheurer Druck von der versammelten Menge der Festbesucher. Mit der Zerstörung der Tonfigur, die den dunklen Aspekt des Lebens und damit auch das Böse, Leid und Übel symbolisiert, sind die versammelten Menschen entsühnt. Alle schlechten Taten, alle Sünden des letzten Jahres sind ihnen vergeben. Das Böse ist in Gestalt des vernichteten Linka von ihnen genommen. Nun treten die Herren der Friedhöfe auf in ihren weißen, mit Rippen bemalten Anzügen, den Totenkopf als Maske vor dem Gesicht. Sie umtanzen das Opfer, freuen sich der vernichteten Figur, obwohl aus dem Dunkel des Tempels in Gestalt komischer Figuren schon wieder neues Leben hervorquillt und damit auch neues Übel, neues Böses, das nach abermals einem Jahr der Entsühnung bedarf.

Am dritten Tag des Tscham wird der Sieg des Lamaismus über die Feinde des buddhistischen Glaubens — über Schamanismus und Geistermacht — gefeiert. Alle Dämonen und gefährlichen Geistererscheinungen, die leibhaftig als Masken anwesend sind, werden in ihrer bedrohlichen, buddhafeindlichen Funktion vernichtet, das aber heißt zum Lamaismus bekehrt.

Hier sieht man, wie klug der Lamaismus dem alten Geister- und Dämonenglauben begegnet. Er läßt ihn bestehen, wie ein Blick ins heutige Leben der Himalaya-Region lehrt, vernichtet aber alljährlich seine Repräsentanten durch Bekehrung und zeigt damit seine eigene Überlegenheit, die als Überlegenheit der Lamas über das Volk, wie der lamaistischen Orakelpriester über das Geisterreich allen Menschen im Himalaya selbstverständlich erscheint.

Thimphu und der Weg nach Osten

Die Straße von Paro, wo wir das Geburtstagsfest des Padmasambhava erlebt haben, zur neuen Hauptstadt Thimphu ist weit. Sie muß ein mächtiges Gebirgsmassiv umgehen. Der Fußweg, bis vor 30 Jahren die einzige Verbindung zwischen den beiden wichtigen Städten West-Bhutans, führt über die Berge, an herrlichen alten Häusern und verborgenen Klöstern vorbei, die zum Teil verlassen sind. Auch von den aus ungebrannten Lehmziegeln errichteten Bauernhäusern mit ihren aus einem Baumstamm gehauenen Treppen sind viele verfallen.

Die Bauern aber bestellen ihre Felder noch immer mit dem einfachen Holzpflug. Die Technik hat in diesen Tälern bisher keinen Einzug gehalten. Und es wird gewiß lange dauern, bis sich hier die Lebensformen ändern. In den einfachen Hauskapellen der Bauern brennen Butterlampen vor Buddha-Figuren und kleinen Thangkas. An den Hausdächern finden wir hölzerne Geisterfallen, die das Anwesen vor der Bedrohung durch böse Einflüsse schützen sollen.

Das Tal von Thimphu ist weiter als das Paro-Tal. Flach ansteigende Reisterrassen machen es zum landwirtschaftlichen Hauptanbaugebiet des Landes. Die umgebenden Berge, von denen wir nach Thimphu hinabsteigen, sind dicht mit Nadelwäldern bewachsen. Auf einem Bergrücken über Thimphu liegt eines der ältesten Klöster Bhutans: Cang sgang ka. Vor dem Eingang steht über ein Holzgestell gespannt ein über zwei Meter hohes Gespinst, das einer Radaranlage gleicht. Es ist die Geisterfalle des Klosters, die auch heute noch in mehrjährigem Abstand erneuert wird, da man glaubt, daß nur intakte Geisterfallen Unheil abzuhalten vermögen.

Das kleine Kloster, vor allem seine ursprüngliche Meditationshalle, vermittelt einen guten Eindruck frühbhutanischer Architektur. Die aus rohem Stein gefügten Wände steigen schräg an und zeigen, daß bei der Errichtung auch an Verteidigung der in der Frühzeit sicher von Räubern bedrohten Anlage gedacht worden ist. Cang sgang ka war immer ein heiliger Ort der Meditation. Doch die neuen Häuser der schnell wachsenden bhutanischen Hauptstadt haben das Kloster fast erreicht.

Unten im Tal liegt der riesige, im alten Festungsstil errichtete Dzong von Thimphu, der wohl einzige Regierungssitz dieser Erde, der alle Ministerien unter einem Dach beherbergt. In seinem Zentrum hat sich ein schöner alter Klosterbau mit Loggia erhalten. Jenseits des Dzongs erstreckt sich der weite Marktplatz, auf dem zweimal in der Woche reges Treiben herrscht. Von weither kommen die Bauern, um ihre Erzeugnisse zu verkaufen und das Nötigste für ihren Haushalt zu erwerben.

Thimphu ist mit seinen 9000 Einwohnern die größte Stadt Bhutans — eine Neugründung im traditionellen Baustil. Es ist die einzige Stadt des Landes mit wachsendem Autoverkehr. Doch selbst die Tankstelle gleicht eher einem Tempelchen als einer technischen Einrichtung. Die Kinder aber müssen sich in den neuen Straßen an das ungewohnte Spielen auf Betonböden einstellen, die schlecht zum herkömmlichen Stil der neuerbauten Häuser passen.

In der Ferne steht der weiße Gedächtnisstupa für den verstorbenen Vater des regierenden Königs. Sein begehbares Innere zeigt das gesamte Pantheon des buddhistischen Totenbuches mit seinen guten und den zahllosen schrecklichen Gottheiten. In ihren vervielfachten Händen halten die Dämonen menschliche Figuren als Zeichen ihrer Macht über alles Lebendige.

Von Thimphu aus geht unsere Fahrt nach Osten in die Berge. Sie führt hinauf zur Grenzscheide zwischen dem für Fremde seit 1972 zugänglichen Westteil des Landes und seinem noch kaum erschlossenen Inneren. Auf 3100 Meter Höhe erreichen wir den Dochula-Paß mit Manimauer und quadratischem Stupa, den man hier wie in Tibet Chorten nennt und der für den Pilger Ort der Verehrung, aber auch der Orientierung ist. Yaks, die in dieser Höhe als Haus- und Lasttiere gehalten werden, kreuzen futtersuchend unseren durch urwaldähnliche Landschaft führenden Weg. Hohe Nadelhölzer ragen aus dem dichten Unterholz auf. Jenseits des Passes breiten sich in der Tiefe wieder Reisfelder aus.

Wir gelangen nach Punakha, der einstigen Winterresidenz der bhutanischen Könige, die am Zusammenfluß von Po Chu und Mo Chu — Vaterfluß und

Mutterfluß — in einer herrlichen Landschaft gelegen ist. Die Wahl des Platzes am Zusammenfluß zweier Gebirgsströme von ganz verschiedener Färbung macht deutlich, wie alles in diesem Land auf ein kosmisches System bezogen ist, das seinen Ausdruck in den Lehren des Tantrismus findet. Die Begegnung von Po Chu und Mo Chu entspricht der Yab-yum-Stellung der tantrischen Gottheiten und stellt die Vereinigung der Gegensätze und ihre dadurch erfolgende Aufhebung dar. Damit wurde Punakha als Winterresidenz des Königs zugleich zum Ort der tantrischen Weihen, die den Herrscher in das kosmische Bezugssystem des Landes einschließen.

Hängebrücken aus starken Eisenketten überspannten früher die beiden Flüsse. Der uns schon bekannte tibetische Baumeister und Eisenschmied Thangstong Gyalpo ist der verbürgte Erbauer dieser Brücken. Doch Gyalpo war nicht nur ein Mann der Technik, sondern auch ein Liebling der Götter. Das Volk glaubte nämlich, daß ein Mensch Wunderwerke wie Tempel, Buddha-Statuen, Stupas und Brücken niemals aus eigener Kraft schaffen könne. So war Gyalpo in den Augen seiner Mitbürger ein Wundertäter und damit ein Heiliger, als der er noch heute im Lande verehrt wird.

Die gewaltige Burg von Punakha, einer der wenigen bhutanischen Dzongs, der nicht auf einem Bergrücken steht, wird derzeit im Winter von Jhe Khenpo, dem höchsten geistlichen Würdenträger Bhutans, bewohnt. Außerdem ist in den Mauern des riesigen Bauwerks wie in den meisten Dzongs des Landes eine Ausbildungsstätte für Novizen — die angehenden Mönche — und eine Knabenschule untergebracht. Eine öffentliche Schule wurde vor wenigen Jahren dem Dzong gegenüber eröffnet. In ihr werden die Bauernkinder der Umgebung — auch die Mädchen — unterrichtet, die bis vor wenigen Jahren nur zur Schule gingen, wenn sie aus adligen oder wohlhabenden Familien stammten.

Ähnlich wie der Paro-Dzong und der Simthoka-Dzong ist auch Punakha reich an Kunstschätzen. An der Außenwand der Haupttempelhalle befindet sich eine Reihe von Mandalas, jenen sakralen Malereien in Kreisform, die zu den heiligsten Symbolen des Lamaismus gehören und einen Eindruck vom kosmischen Denken der Lamas vermitteln. Neben dem berühmten Rad des Lebens, das in jedem Tempeleingang zu finden ist, zeigen die in Gruppen angeordneten Mandalas Darstellungen des nach buddhistischer Lehre unendlichen Universums, das man sich in der Form kreisender Urwirbel vorstellt. Auch die buddhistischen Himmel finden in Gestalt von Berge bildenden Klosteranhäufungen ihre Abbildung in den fein ausgeführten Mandalas. Die Innenwände der Tempelhallen sind mit tausendfachen Buddha- und Bodhisattva-Figuren bemalt, die gleichfalls die kosmische Vielfalt dieser Erscheinungen symbolisieren sollen. In dunklen Räumen, die besonderen Zeremonien vorbehalten sind, begegnen wir dämonischen Erscheinungen von eindringlicher Schrecklichkeit mit gespenstischen, zum Teil tierhaften Gesichtern.

Vor dem Dzong, der 1637 von den bhutanischen Herrschern als Grenzburg zwischen West- und Ost-Bhutan errichtet worden ist, findet noch heute der Warenumschlag zwischen beiden Landesteilen statt.

Der weitaus größere Teil Bhutans, der sich von hier aus nach Osten erstreckt, war bis 1982 für Fremde völlig geschlossenes Land. Auf der Höhe jenseits des Flusses, an dem die erste Straße nach Osten entlangführt, liegt der sich über mehrere 100 Meter erstreckende Dzong von Wangchiphodrang. Es ist der Ort, von dem aus noch heute der bhutanische Ost-West-Verkehr überwacht wird.

Ein enges Tor führt in die auf einem schmalen Bergrücken errichtete Festung. Innerhalb ihrer Mauern herrscht Mittelalter wie in Simthoka. Die Architektur gehört mit ihren holzgeschnitzten Arkaden, Balkonen und mit ihrem feinen Fachwerk zum Besten, was man in Bhutan sehen kann. Wandmalereien im Innern zeigen reitende Dämonenfiguren von lebhafter Bewegtheit in einer stilisierten Berglandschaft, die ihr unverkennbares Vorbild in der großartigen Umgebung des Dzongs hat.

Östlich von Wangchiphodrang gibt es nur eine einzige Straße, die sich 1982 über weite Strecken noch im Bau befand. An vielen Stellen blockieren Lastwagen die schmale Piste, die Stück für Stück in den Fels gesprengt werden mußte und nun allmählich zu einer zweispurigen Fahrbahn erweitert wird. Oft verlassen wir unseren geländegängigen Kleinbus, wenn die Weiterfahrt vorübergehend unmöglich ist, und wandern durch die bizarre Felslandschaft, bis uns das Fahrzeug wieder einholt. Gästehäuser, wie sie im Westen des Landes, meist behaglich eingerichtet, zur Verfügung stehen, gibt es hier nicht mehr. In einem teilweise abgeholzten Waldstück nahe einem kleinen Fluß schlagen wir am Abend zum erstenmal unsere Zelte auf.

Am nächsten Morgen sind wir schon früh auf den Beinen, denn bis Tongsa, dem heutigen Tagesziel in Zentral-Bhutan, haben wir noch einen weiten Weg vor uns. Auf dieser Strecke begegnet uns kaum ein Fahrzeug. Das Land unter den steil ansteigenden waldbestandenen Hängen scheint in der Übergangszone zwischen den beiden, durch die Gebirgsbarriere der legendenumwobenen Blauen Berge getrennten Teile Bhutans fast menschenleer. Oft versperrt uns das Geröll heruntergebrochener Felswände den Weg, und wir müssen Gesteinsbrocken zur Seite räumen.

Erdbedeckte Bohlenbrücken führen über reißende Gebirgsbäche. Zuweilen sind die Wasserläufe auch fast ausgetrocknet und die Brücken kaum als solche zu erkennen. Man muß schon genau hinschauen, um die Bodenverhältnisse richtig einzuschätzen. Da scheinen mir Risse im Erdreich wieder eine gefährliche Stelle anzudeuten. Wir steigen aus und sehen, daß sich die dicken Bohlen, die hier gelegt sind, leicht gesenkt haben. Sie führen über eine vom Wagen aus kaum erkennbare, von Gestrüpp überwucherte Tiefe. Langsam, im Schritttempo, versucht unser Fahrer die Brücke, die höchstens fünf Meter breit ist, zu überqueren. Doch da knarren die Balken, Erde rieselt, das Krachen und Splittern berstenden Holzes, und allmählich sinkt unser Fahrzeug in das Bachbett. Uns alle durchzuckt in diesem Augenblick der gleiche Gedanke: Dies ist das Ende unserer Expedition nach Ost-Bhutan. Denn von hier aus sind es noch weit mehr als 100 Kilometer bis zu dem Platz, wo uns die Pferde für die straßenlose Strecke unseres geplanten Unternehmens erwarten.

Doch der hilfreiche Zufall will es, daß sich in der

Nähe der Unfallstelle ein kleines Dorf befindet, das nur aus wenigen Häusern besteht. Die Männer sind, wie alle Bhutanesen, äußerst hilfsbereit und mühen sich mit uns in stundenlanger harter Arbeit, das Auto aus der Senke herauszuziehen. Als es dann im Schein des Mondes unter einem unvorstellbar klaren Sternenhimmel wieder auf der Straße steht, stellen wir mit Freude fest, daß es außer einigen Schrammen keinen Schaden erlitten hat. Doch die einzige Straße nach Osten bleibt an dieser Stelle für Tage unpassierbar.

Auf einem von Manimauern gesäumten heiligen Platz schlagen wir für die Nacht unsere Zelte auf. Ein alter tibetischer Chorten beherrscht die wilde Gebirgslandschaft. Wir fühlen uns in seiner Nähe geborgen. Bei der genauen Erkundung des Ortes finden wir einen vorbuddhistischen Opferstein, der die ununterbrochene Tradition solcher heiliger Plätze über Jahrtausende erkennen läßt.

Unser nächstes Ziel ist Tongsa, die Verwaltungshauptstadt Zentral-Bhutans. Sein Dzong erhebt sich aus einem Kessel, den wir weiträumig umfahren müssen. Dann liegt die Regierungs- und Klosterburg Tongsas tief unter uns. Von der anderen Seite können wir zu ihr aufsteigen. Hier werden uns zum ersten Male die Schwierigkeiten beim Begehen dieses wilden, zerklüfteten Landes bewußt.

Aus Tongsa stammt das seit dem vergangenen Jahrhundert über das ganze Land herrschende Königsgeschlecht. Dieser Dzong hatte schon immer eine bedeutende Position in Bhutan. Heute beherbergt er neben der Verwaltung des weiten, schwer überschaubaren Gebietes zwischen den zu Indien gehörenden

Dschungeln Assams und dem Himalaya ein Kloster mit der dazugehörigen Klosterschule. Von seinen Terrassen geht der Blick weit ins Land.

Der aus Hallen und Kapellen mosaikartig zusammengesetzte Tongsa-Dzong birgt viele Geheimnisse. Wir sehen abgehäutete Tierfelle über einem Rahmen aus Dämonenmasken. Die Wände sind mit den schrecklichen Gottheiten des tantrischen Buddhismus bemalt. Mittelalterlich gekleidete Wächterfiguren stehen vor dem schwarzen Tor zum heiligsten Raum des Dzongs. Große, mit herrlichen Reliefs gezierte Chorten bergen die Reliquien der Herrscher von Tongsa. Wie in Paro überragt auch hier ein mächtiger, weit über die Berge schauender Wachtturm die Klosterburg.

Früh am nächsten Morgen brechen wir von Tongsa auf nach Osten, in die unbekannte Welt der heiligen Täler Bhutans, die man sich nur zu Fuß oder auf Pferderücken erschließen kann. Dabei bereiten uns die ungewohnten Holzsättel beim Reiten anfangs große Schwierigkeiten.

Immer tiefer tauchen wir ein in das Bhutan der einsamen Saumpfade. Wir finden kaum noch Siedlungen und schlagen abends, in der Nähe eines Baches oder Flusses, unser Zeltlager auf. Nach einem zeitigen Frühstück im Freien geht es weiter durch die dann meist in Frühdunst gehüllte, unberührte Berglandschaft. Durch Bergwiesen gelangen wir zu einem kleinen Kloster auf der Höhe, in dessen Nähe wir einfache Landarbeiterhütten finden. Ihre Bewohner bewirtschaften die umliegenden Felder. Eine alte Bhutanesin ist unterwegs zum Kloster mit einem Tragkorb gelber Blumen, die zum Schmücken der reichgeschnitzten, von Buddhas und Heiligenfiguren beherrschten Altäre dienen. Auch hier begegnen wir in Wandmalereien Padmasambhava, dem großen Lehrer des nördlichen Buddhismus, in seinen verschiedenen Erscheinungsformen.

Manche Klöster in diesen Bergen wirken aus der Ferne wie Bauernhöfe. Dann ist man erstaunt über ihre kostbare Innenausstattung und die Esoterik der Symbole, die das kosmische System des tantrischen Buddhismus in komplizierten Diagrammen widerspiegeln. Immer höher führt der Weg in die Berge. In der Ferne ahnt man die Gipfel des Himalaya. Unter uns liegen die in der Nachmittagssonne glänzenden Dächer einer kleinen Siedlung; dann erreichen wir den Kiki-la-Paß, das Tor zum heiligen Tal von Bumthang.

In den heiligen Tälern Bhutans

Durch die hohen Nadelhölzer zu unserer Linken blitzen von Zeit zu Zeit Kristallfelder der fernen Bergketten des Himalaya. Die Sonne steht schon tief, als wir die Paßhöhe des Kiki-la mit ihren bunten, über den Weg gespannten Gebetsfahnen überschreiten. Der schmale Pfad führt von hier aus talwärts. An einer Gabelung sind unsere bhutanischen Begleiter unsicher. Auch für sie ist diese Gegend Neuland. Wenn wir der nicht sehr genauen, handgezeichneten Karte glauben wollen, führt der richtige Weg links steil durch die Wälder hinab zum Bumthang-Fluß.

Es wird schon dunkel, als wir tief unten erkennen müssen, daß wir falsch gegangen sind. Der Weg verliert sich in Unterholz und mannshohem Geröll. So schnell es geht, klimmen wir wieder nach oben. Jetzt haben wir den richtigen Weg. Doch er ist von den mächtigen Zweigen der Bäume so verdunkelt, daß man die eigene Hand nicht erkennt. Immer wieder bricht unter unseren Füßen das weiche Gestein los und poltert zu Tal. Die Gruppe zieht sich auseinander. Plötzlich ein Schrei. Der Weg ist zu Ende. Im schwachen Schein einer Taschenlampe haben die Vorangehenden erkannt, daß sie unvermittelt vor einem Abgrund stehen. Schließlich können wir den Abbruch des Pfades als einen breiten Einstich in den Berg ausmachen, den wir heruntergekommen sind. Wir schlagen uns vorsichtig nach rechts und hangeln uns schließlich an freiliegenden Baumwurzeln in die Tiefe, bis wir auf roter Erde stehen. Nun erkennen wir, daß die Schweizer Forsthelfer, die hier im Bumthang-Tal tätig sind, eine Stichstraße zu ihrer Arbeitsstelle angelegt haben, die uns fast zum Verhängnis geworden wäre.

Inzwischen ist es Nacht geworden. Der Weg zur einzigen Brücke über den Bumthang-Fluß, wo unser Zeltlager vorbereitet ist, mag noch zwei Stunden oder mehr sein. Wir entschließen uns zum Bleiben und zünden ein Feuer an, das auf uns aufmerksam machen soll.

Wir haben Glück. Nach einer Stunde sehen wir die ab und zu aufblitzenden Lichter eines Autos näher kommen. Es sind die Schweizer, die von unserer bhutanischen Vorausmannschaft über unser Kommen unterrichtet worden sind und uns nun mit ihren Landrovern abholen. Schnell bringen sie uns zu unserem Zeltplatz, wo schon eine Suppe im

Kessel brodelt, die unsere Lebensgeister wieder weckt.

Mit dem Bumthang-Tal haben wir eine andere Welt betreten. Hier lebt noch das uralte Bhutan, auch in den Straßen der kleinen, sich am Flußufer erstreckenden Siedlung Jakar. Sie ist ein Umschlagplatz für Waren aus den fernen Bergdörfern, und das Leben der wenigen Einwohner dort spielt sich heute nicht anders ab als vor 1000 Jahren.

Unser Weg führt am frühen Morgen des nächsten Tages zu den berühmten Klöstern des heiligen Tals. Als erstes erreichen wir am rechten Ufer des Bumthang-Flusses Jampe Gompa, einen besonders schönen alten Bau mit reichgeschnitzten Holzfassaden. Im Innern finden wir Skulpturen der Schwarzhutäbte des berühmten Klosters. Als Zentralfigur des Hauptraums begegnet uns hier Yamantaka — der Überwinder des Todes.

Nach einer weiteren Stunde gelangen wir ins Kurje-Kloster, das einer der bedeutendsten Aufenthaltsorte Padmasambhavas in Bhutan gewesen ist. In der Felswand hinter dem Hauptgebäude, so will es die Legende wissen, hat der dort meditierende Heilige seinen Rückenabdruck hinterlassen. Chorten erinnern an diese Zeit seines Aufenthaltes in Kurje. In der Nähe des Klosters verbindet eine der für den Himalaya typischen Hängebrücken die beiden Ufer des Bumthang-Flusses. Wir überqueren sie und gelangen auf der anderen Talseite durch eine reizvolle, liebliche Landschaft in das heiligste Gebiet von Bumthang. Chorten und Manimauern geleiten uns zum Kloster Tamschin.

Von außen betrachtet ist das berühmte Kloster

kein aufsehenerregender Bau. Doch kaum hat man es betreten, nehmen die alten Malereien in ihren Blau- und Brauntönen den Beschauer gefangen. Hier spürt man, wie nur an wenigen Plätzen Bhutans, die reiche religiöse und kulturelle Eigentradition des Landes, die so oft bestritten worden ist. Ein Bilderbuch des buddhistischen Pantheons der Bhutanesen wird an den Wänden dieses Klosters vor uns aufgeschlagen. Über die alten steilen Holztreppen steigen wir hinauf zu den tantrischen Einweihungsräumen, deren schmaler Eingang von Dämonenmasken bewacht wird. Wir sind die ersten Fremden, die eingelassen werden in das Reich der Schwarzgrundmalereien von Tamschin. Große Meister müssen hier am Werk gewesen sein und genaue Kenner der geheimnisvollen Zusammenhänge zwischen der Lehre Buddhas und den Mysterien Padmasambhavas und seiner Jünger.

Es ist ein großer Vertrauensbeweis, daß man uns im Tamschin-Kloster die geheimsten Räume öffnet. Allerdings erleben wir auch hier, daß unsere bhutanischen Begleiter zu Erklärungen nicht bereit, vielleicht auch nicht in der Lage sind, so wie sie es auch — aus Angst wohl — vermeiden, mit uns in die Räume der tantrischen Schwarzgrundmalereien einzutreten.

Noch lange bewegen uns an diesem Abend die Erlebnisse in den Klöstern des Bumthang-Tals. Und wir fangen an zu begreifen, daß unsere Expedition nicht nur ein Vorstoß in bisher unbekannte Naturregionen ist, sondern daß wir auch einen Schritt in fremde Geistesgebiete, in eine Welt von Mysterien getan haben, die schwer zu erfassen sind.

Als wir am nächsten Morgen nach Nordosten aufbrechen, grüßen uns noch einmal die weißen Fahnen am Fluß, die an die Heiligkeit des Gebietes gemahnen sollen. Unser Weg führt wieder in die Berge. Die kleinen, aus zwei bis drei Häusern bestehenden Wohnflecken werden immer seltener, und bald sind wir allein in wilder Berglandschaft, wo uns kein Mensch mehr begegnet. Auf 2850 Meter Höhe überqueren wir den Phephe-La-Paß und steigen ab ins enge Tang-Tal, dessen Zentrum der den Fluß überragende Nygen-Cholding-Dzong ist. Zu seinen Füßen gibt es ein paar einfache Bauernhäuser. Ihre Bewohner empfangen uns herzlich wie alte Freunde und laden uns für den Abend zu einem Fest ein.

Am Nachmittag finden wir in den stockfinsteren Räumen eines verlassenen kleinen Klosters alte Schwarzgrund-Thangkas, die davon zeugen, daß die tantrischen Mysterien bis in diese fernen Täler vorgedrungen sind.

Abends geleiten uns die Bhutanesen von unserem Zeltplatz aus mit Lachen und Scherzen in eins der alten, nur über einen eingekerbten Baumstamm betretbaren Häuser, in denen man für uns das Abendessen bereitet hat. Fackeln und Talglichter malen wandernde Schatten in die Gesichter der am Boden hockenden Gastgeber, neben denen wir in der ungewohnten Sitzstellung Platz nehmen.

Nach dem Essen ertönt Musik in harten Rhythmen. In den beiden Räumen des oberen Stockwerks formieren sich Männer und Frauen getrennt zum lustigen Rundtanz, in den wir Gäste bald einbezogen werden. Der selbstgebraute Alkohol sorgt für Stimmung. Und als wir spät nachts zu unseren Zelten gehen, wird die Baumtreppe zu einem kaum zu bewältigenden Hindernis.

Das Tang-Tal gehört zu den landschaftlich reizvollsten Gebieten Ost-Bhutans. Auch hier säumen Chorten den Pfad zu unserem nächsten Ziel: Dechenpelrithang. Er führt in beschwerlichem Marsch steil bergauf und bergab, so daß die Pferde kaum noch zum Reiten zu benutzen sind. Es ist der anstrengendste Teil unseres Weges. Er führt in die weltabgeschiedene Heimat Pämalingpas. Unter uralten Bäumen halten wir Mittagsrast mit unserer kleinen Karawane.

In der Nachmittagssonne steigen wir, die Pferde am Zügel, ab nach Dechenpelrithang, stoßen auf die ersten Häuser und schließlich auf die noch in Bau befindliche Straße, wo wir unseren Bus wiedertreffen. Nach kurzer Fahrt geleitet uns am nächsten Tag eine jener uns nun schon vertrauten Manimauern zu einem schönen kleinen Kloster, wo wir Abschied nehmen von der Einsamkeit Ost-Bhutans. Noch einmal errichten wir unser Zeltlager und haben wie sooft die bhutanische Jugend als staunende Zaungäste. Am Nachmittag beginnt es zum erstenmal, seit wir unterwegs sind, zu regnen. Und schon bald steht der Zeltplatz unter Wasser. Das Abendessen wird zu einer schwierigen Prozedur im Regencape, denn unsere kleinen Zelte sind wirklich nicht mehr als bescheidene Schlafplätze.

Als wir am Morgen hinausschauen, hat sich die Welt völlig verwandelt. Sie liegt unter einer dicken Schneedecke. So schnell ändert sich hier im Vor-Himalaya das Wetter. Wir schreiben Ende Oktober. Und nach herrlichen Herbsttagen ist über Nacht der Winter hereingebrochen. Wir sind froh, daß uns der Schnee nicht in den Bergen überrascht hat. Doch auch mit dem Auto haben wir noch eine schwere

Fahrt vor uns – hinauf zum 3536 Meter hohen Jodola-Paß –, und das ohne Winterreifen, ohne Schneeketten. Den Bus immer wieder anschiebend, meistern wir auch dieses Hindernis. Jenseits des Passes steigen Nebel auf. Aber es liegt kein Schnee. Trotzdem gibt es an der Straße noch manchen unfreiwilligen Aufenthalt, bevor wir an einem schönen alten Chorten Abschied nehmen von der geheimnisvollen Welt Zentral- und Ost-Bhutans, um wieder einzutauchen in die gewohnten Formen und Rhythmen unserer Zivilisation.

Edmund Hillary und der Sturm auf die Achttausender

Schon immer hat es unterschiedliche Beweggründe gegeben, die Menschen in fremde Welten aufbrechen ließen. Neben dem uralten Eroberungsdrang waren es Missionseifer, Entdeckerfreude, Wissensdurst, die Sehnsucht nach etwas ganz anderem. Betrachtet man die Besucher des Himalaya und ihre Motive, so lassen sich zwei Grundtendenzen erkennen und unterscheiden, die Menschen zum Aufbruch in diese ferne Bergwelt veranlassen.

Die einen kamen und kommen mit ihren eigenen Vorstellungen und Erwartungen, die sie realisieren möchten: als Politiker, Militärs, christliche Missionare, Jäger, Bergsteiger. Heute zählt zu ihnen die Mehrzahl jener Touristen, für die Weltreisen eine Art Hobby geworden sind und die es vor allem reizt, im Himalaya ein Gebirge zu erleben, das fast bis auf die doppelte Höhe der europäischen Alpen ansteigt.

Den anderen, es ist eine vergleichsweise kleine Zahl, geht es um das Eindringen, um das Vertrautwerden mit der fremden Welt und den Lebensformen ihrer Menschen. Manche von ihnen haben sich ganz an den Himalaya verloren, finden nicht zurück, gelangen aber auch nur selten zu voller Übereinstimmung mit jenem Dasein in den Bergen, das viele kopieren, ohne es auch in sich verwirklichen zu können. Es gibt Ausnahmen, wie etwa Lama Govinda, doch sie sind selten.

Bleibt das andere Extrem: Der Mensch, der in der Bergwelt des Himalaya eine Herausforderung sieht und sich einem Leistungszwang unterwirft. Das ist der Bergsteiger.

Vierzehn von den Eisriesen des Himalaya sind über 8000 Meter hoch. Nach dem Ende des Ersten Weltkrieges begann der große Gipfelsturm. Und bereits 1924 erreichten zwei Bergsteiger einer britischen Expedition am Mount Everest die Höhe von 8573 Metern. Zwei weitere Teilnehmer dieser Expedition — G. H. Leigh-Mallory und A. Irvine — versuchten den Gipfel zu bezwingen, kehrten aber nicht zurück. Sie sind verschollen. Seither ist die Frage offen, ob bereits vor Hillary und Sherpa Tensing, denen die Besteigung 1953 gelang, zwei Bergsteiger auf dem Mount Everest gestanden haben oder nicht. Man wird sie nie beantworten können.

Fast 30 Jahre dauerte es jedenfalls nach Leigh-Mallory und Irvine noch, bis die Londoner *Times* am 2. Juni 1953 die Schlagzeile von der Erstbesteigung des höchsten Berges dieser Erde am 29. Mai durch Hillary und Tensing bringen konnte. Doch auch an diese Nachricht knüpften sich Fragen: Wer von den beiden stand als erster auf dem Gipfel?

Für Inder und Nepalesen wurde Tensings Rolle am Mount Everest zu einer Prestigefrage. Man zwang ihn nach seiner Rückkehr vom Gipfel, sich als der erste feiern zu lassen. Hillary gebrauchte bei all seinen Beschreibungen des letzten Schritts zum Dach der Welt immer wieder das Wort ›wir‹.

Ganz schlimm waren dann die Angriffe aus Indien. Ein indischer Journalist — M. Goswami — bezweifelt in seinem Buch *Everest. Is it Conqueed?* die Erstbesteigung überhaupt und bezeichnet die Nachricht vom 2. Juni 1953 als eine gut plazierte Zweckmeldung am Vorabend der Krönung Königin Elisabeths. Den Beweis will Goswami durch ein Telegramm erbringen, das am 29. Mai — dem Tag des Gipfelsturms — bei der britischen Botschaft in Kathmandu eingegangen sein soll: »Schlechte Wetterbedingungen. Expedition aufgegeben. Basislager Neunundzwanzigster. Warten gutes Wetter ab. Alles wohl.«

Heute spricht niemand mehr über diese ›Weltsensationen‹ von gestern. Und die hochgespielten Zweifel sind der nüchternen Betrachtung einer Leistung gewichen, die seit 1953 auf zwölf verschiedenen Routen mit unterschiedlichem Schwierigkeitsgrad von anderen Bergsteigern wiederholt worden ist.

Am 8. Mai 1978 erreichten Reinhold Messner und Paul Habeler den Gipfel zum erstenmal ohne Sauerstoff. Und 1987 lesen wir in Messners Buch *Überlebt. Alle 14 Achttausender* über den Mount Everest: »Der Berg ist überlaufen und soll in den neunziger Jahren gesperrt werden.«

So schnell ändern sich die Perspektiven in der Welt

des Himalaya aus der Sicht der Fremden. Was gestern noch erstrebtes Rekordziel war, ist heute schon überlaufen. Hier wird deutlich, daß der Himalaya aus der Sicht des Menschen zwei grundverschiedene Dimensionen hat: die seiner lockenden Höhen, die einen Reinhold Messner zum Gipfelsammler werden ließen, und die seiner mythisch-magischen Wirklichkeit, die dieser Welt seit Jahrtausenden ein Gepräge einmaliger Art gegeben hat, an dem auch der Gipfelsturm nichts ändern konnte. Diese Dimensionen entsprechen westlicher und asiatischer Betrachtungsweise und haben sich niedergeschlagen in dem Verhalten von Hillary und Tensing nach dem Erreichen des Mount-Everest-Gipfels. Der Realist Hillary berichtet, er habe oben zuerst nachgeschaut, ob der Sauerstoff für den Abstieg reiche. Tensing dagegen betete zu Buddha und legte auf dem Gipfel ein paar Süßigkeiten als Opfergabe nieder, um den Berg, der von den Einheimischen als Muttergottheit dieser Erde verehrt wird, nach seiner Bezwingung zu versöhnen.

Den Weg zum Gipfel beschreibt Hillary in seinem Buch *Ich stand auf dem Everest* in eindrucksvoller Weise. Hier sein Bericht über die letzten gefahrvollen Meter: »Die felsige Seite des Kamins zeigte einige brauchbare Griffe. Das Eis der Wächte bildete die andere Seite. Ich klammerte mich an den Fels vor mir und drückte eines der Steigeisen fest ins Eis hinter mir. Mit der Sauerstoffkraxe ans Eis gelehnt, stemmte ich mich hoch. Fiebernd nach einem Anhalt für den anderen Fuß tastend, fand ich eine winzige Leiste und konnte das andere Bein entlasten. Ich rang nach Atem. Im Hintergrund meines Denkens lauerte natürlich das Gespenst einer zum Tiefensprung entschlossenen Wächte. Die Nerven spannten sich. Langsam drückte ich mich aufwärts, mich windend, verspreizend und den geringsten Anhalt nutzend. An einer Stelle gelang es, den Pickel in eine Spalte des Eises zu klemmen, was mir über ein griffloses Stück hinweg half. Dann beglückte mich eine Höhlung im Eis mit gutem Halt für den Fuß. Im nächsten Augenblick schwang ich mich auf die Oberkante. Ich war gerettet. Das Seil spannte sich. Die zwölf Meter hatten knapp gereicht.

Schwer keuchend lag ich da. Allmählich dämmerte mir auf, daß die Felsenstufe überwunden war. Ein stolzes Gefühl ließ mich Müdigkeit und Schwäche vergessen. Zum erstenmal im Verlauf des Unternehmens war ich des Sieges gewiß. Ich sagte mir: ›Es muß schon etwas recht Schlimmes sein, das uns noch aufhalten kann.‹ War es nur ein Traum, daß achttausend Meter unter mir lagen?

Als ich wieder regelmäßig atmete, stand ich auf und winkte Tensing zu mir. Er zwängte sich in den Kamin, während ich etwas Seilhilfe gab. Auch er stemmte sich hoch und landete nach Luft schnappend neben mir. Wir ruhten uns etwas aus. Rechts hingen ungeheuerliche Wächten über den Grat. Links stützten sich Firnhänge auf den Felsensockel des Berges. Die Neigung ließ aber nach. Ich schlug eine Stufenreihe. Um keine Zeit zu verlieren, gingen wir gleichzeitig. Der Grat wand sich schlangengleich empor, mit jeder Biegung die nächste verdeckend. Ich wußte nicht recht, wo sich der Gipfel eigentlich befand. Nach jeder Wellenwindung begann eine neue. Wir wurden sehr müde, und Tensing ging langsam. Nach zweistündigem Stufenhacken erlahmten Rücken und Beine. Beim Versuch, ohne Stufen zu gehen, rutschte ich trotz der Steigeisen mehrmals aus. Also wieder hacken, hacken. Es war, als söge diese Endlosigkeit meine Zuversicht in sich ein. Buckel folgte auf Buckel mit rasend machender Einförmigkeit. Über einem Geröllfleck kratzte ich die nächste Schwellung hinauf. Plötzlich sah ich, daß es der letzte Buckel war: Vor mir senkte sich der Grat mit geschwungener Wächte wieder abwärts, und in der Ferne sah ich den pastellfarbenen Hauch und die Lämmerwölkchen über dem tibetischen Hochland.

Rechts von mir hob sich die schmale Schneide zu einer Schneekuppe zehn Meter über uns. Unterwegs schon beschlich mich die Ahnung, der Gipfel könnte vielleicht die Oberkante einer Wächte sein. Da nun jedes Wagnis vermieden werden mußte, bat ich Tensing, sich gut zu verankern. Dann kerbte ich vorsichtig Stufen. Beide Seiten mit den Augen und dem Pikkel prüfend, überzeugte ich mich davon, daß ich auf keiner Wächte stand. Alles war fest. Ich winkte Tensing heran. Noch ein paar Pickelschläge, noch ein paar müde Schritte, und wir standen auf dem Gipfel des Everest.«

Inzwischen sind viele Bergsteiger am Mount Everest gewesen, manche sogar zweimal. Messner hat ihn am 20. August 1980 im Alleingang bezwungen. Er stand inzwischen auf allen Achttausendern dieser Erde — dicht gefolgt von dem Polen Jerzy Kukuczka mit elf Gipfeln und dem Schweizer Marcel Ruedi mit zehn Achttausendern.

Im Anhang zu seinem Buch *Überlebt* nennt Messner 34 Bergsteiger, die mehr als vier Achttausender bestiegen haben. Namen wie Hillary und Tensing fehlen in dieser Liste. Keiner der Pioniere des Himalaya-Sturms früherer Jahre erscheint hier. Auch ein Himalaya-Kenner und Bergsteiger wie Herbert Tichy, der mit einer kleinen selbstorganisierten Expedition 1954 trotz Erfrierungen als erster den schwierigen Cho Oyu bestieg, an dem zwei Jahre vorher sogar Hillary gescheitert war, ist in dieser Aufstellung nicht verzeichnet.

Betrachtet man das Anwachsen der Expeditionszahlen seit Hillarys Erfolg am Mount Everest, muß man sich um die Zukunft der Himalaya-Welt ernste Sorgen machen. Während bis 1953 jährlich nur zwei oder drei Bergsteigergruppen zu den Achttausendern aufbrachen, waren es 1954 erstmals zehn. Der große Schub kam dann in den siebziger und achtziger Jahren. Nach 1975 stieg die Zahl der jährlichen Expeditionen von 10 auf 100, wobei 1984 die Hälfte der durchgeführten Besteigungen erfolgreich war. Obwohl die Gipfelländer, vor allem Nepal und China, sich die Genehmigung jeder Expedition vorbehalten und die Anträge streng prüfen, ist kein Ende der Gipfelstürmerei abzusehen. Sie könnte wie so vieles zu einer Art Massensport werden, zumal auch das Himalaya-Trekking inzwischen beängstigende Ausmaße angenommen hat, wobei es für viele Teilnehmer nicht um ein Kennenlernen dieser großartigen Gebirgsregion, sondern um eine neue Art von Rekordstreben geht.

Wenn auch Reinhold Messner in seinen Büchern immer wieder beteuert, daß er kein ›Gipfelsammler‹ sei und sich von den Menschen des Himalaya tief beeindruckt fühle, so kann doch kein Zweifel darüber bestehen, daß sich zwischen seiner Geisteshaltung und der Mentalität der Himalaya-Bewohner eine tiefe Kluft auftut, die jedem deutlich werden dürfte, der dieses Kapitel meines Buches mit den vergangenen vergleicht. Die Frage ist: Werden sich mehr und mehr Menschen zum Himalaya aufmachen, um ihn zu bezwingen, oder wird die Zahl derer wachsen, die innerlich bereit sind, sich von ihm bezwingen zu lassen? Beide Möglichkeiten bietet der Himalaya seinen Besuchern — wobei jede von ihnen auch das Scheitern nicht ausschließt.

Veränderungen am Dach der Welt

Im März 1987 ging eine Meldung aus den USA durch die Weltpresse, die den Mount Everest als höchsten Berg der Erde in Frage stellt. Ausgangspunkt dieses Zweifels war eine im Sommer 1986 von den Amerikanern durchgeführte Expedition zum K-2 an der chinesisch-pakistanischen Grenze, der bisher als zweithöchster Berg der Erde galt. Auf dieser Expedition hatte George Wallerstein, ein Astronomieprofessor der Universität Seattle, Messungen über Satellit vorgenommen, die ihn, nach anfänglichen Zweifeln an der Zuverlässigkeit des Meßergebnisses, schließlich zu der Äußerung veranlaßten: »Nach unseren Messungen ist K-2 um zehn Meter höher als der Mount Everest.«

Zur Beurteilung dieser Feststellung muß man wissen, daß der Himalaya insgesamt noch immer im Wachsen ist; die letzte offizielle Messung am Mount Everest wurde jedoch schon 1954 vorgenommen. Sie ergab 8848 Meter plus/minus drei Meter Differenz wegen unterschiedlicher Schneehöhen. Die Höhe des K-2 wird von Wallerstein 1987 mit 8858 Metern angegeben. Das sind 247 Meter mehr, als man dort bisher gemessen hat. Es gibt allerdings auch für den Mount Everest eine Höhenangabe von 8888 Metern, die auf der Meinung beruht, der Berg sei nach den zentralasiatischen Erdbeben im Sommer 1950 um 65 Meter ›gewachsen‹ – eine Theorie, die durch die letzte Messung nicht bestätigt worden ist.

Als ich den Abt des Klosters Tiangpoche am Fuße des Mount Everest auf diese Frage ansprach, lächelte er. »Kann man einen Gott messen?« fragte er mich. »Was sind die Meter, verglichen mit seiner wirklichen Größe, seiner Gewalt, die sich doch nicht bezwingen läßt? Hat nicht jeder, der je auf einem solchen Gipfel gestanden hat, bekennen müssen, wie klein er sich fühlte und wie unsicher, angesichts solcher Macht?«

Da war er wieder, dieser fundamentale Unterschied zwischen unserem Geist der Ratio und der Wissenschaft und jener anderen Haltung, für die es im Himalaya Wichtigeres gibt, als Berge nach Metern zu vermessen.

Trotzdem ist der Einbruch der Moderne mit ihrer Denkweise und ihren veränderten Lebensformen auch im Himalaya nicht aufzuhalten. Wenn wir für die Bewahrung seiner Natur und seiner uralten Kulturen eintreten, werden wir dennoch die allmähliche Veränderung der Menschen in dieser Region unserer Erde nicht verhindern können.

Mit den Straßen und Fluglinien verlieren diese Länder mehr und mehr ihre Unzugänglichkeit. Wo die Menschen gestern noch das Feuer mit Funken aus dem Stein schlugen, gibt es heute automatische Feuerzeuge, und wo man bis in die jüngste Zeit den Motor nicht kannte, landen Hubschrauber und versorgen die Menschen mit Hilfsgütern, Nahrungsmitteln und Medizin, die sie dringend nötig haben. Niemand wird diese Entwicklung, die den Bewohnern einsamer Himalaya-Täler zugute kommt, bedauern. Doch sie bringt gewiß nicht nur Vorteile für den Himalaya. Denn Helfen bedeutet im Selbstverständnis von Managern, Unternehmern und Kaufleuten vor allem auch Markterschließung, Bedarfsweckung, Verführung zum Konsum. In einer Region der Selbstversorger kann das große Gefahren bringen. Doch wie wollte man die Weltwirtschaft mit ihrem Expansionsdrang, ihren Produktionszwängen auf Vernunft einschwören, so klein die hier zu erreichende und zum Konsum zu bekehrende Menschenzahl auch sein mag? Und kann man bei dem jungen Mann aus Ladakh, der stolz ist auf sein Motorrad, mehr Einsicht in die Folgen zunehmender Konsumhaltung erwarten als von den Menschen bei uns?

Hier wurde ein Welttrend ausgelöst, der kein Land dieser Erde ausläßt und der wohl zunächst auch nicht aufzuhalten ist. Seine Verteufelung ist sicher genauso falsch wie die hemmungslose Hingabe an seine faszinierende Dynamik. Deshalb sollte man nicht versuchen, den Einbruch der technischen Zivilisation in die Welt des Himalaya mit unzulänglichen Mitteln aufzuhalten. Das ist ohnehin nicht möglich und führt nur zu unfruchtbaren ideologischen Auseinandersetzungen, über die es bei den Betroffenen meist nur ein verständnisloses Lächeln gibt — etwa wenn man ihnen die Verwendung moderner Baumaterialien oder den Wunsch nach einem Kraftfahrzeug ausreden möchte.

Viel wichtiger ist es, ihnen den Wert und die Bedeutung ihrer traditionellen Kultur und ihrer religiösen Bindungen auch für die Zukunft vor Augen zu führen. Denn das stärkt ihr Selbstbewußtsein und ihre kritische Haltung gegenüber dem Neuen, dessen ungeprüfte Übernahme für den Himalaya-Bewohner ebenso wie für alle anderen Menschen der Dritten Welt die größten Gefahren in sich birgt.

Himalaya-Tourismus

Im Zusammenhang mit den Veränderungen am Dach der Welt, die sich unaufhaltsam vollziehen, haben wir Besucher von anderen Kontinenten im Himalaya eine Aufgabe, die wir erkennen und auch erfüllen sollten. Ich meine die Bemühung um Verständnis für die Lebensart der Himalaya-Bewohner: für ihr Denken, ihre Religion, auch für ihren ›Aberglauben‹, der von dem bei uns noch sehr verbreiteten gar nicht so weit entfernt ist und außerdem, wie wir gesehen haben, tiefe Wurzeln in den harten, unberechenbaren Lebensbedingungen der Bevölkerung hat. Wichtig scheint mir außerdem die persönliche Kontaktaufnahme mit den Menschen, die meist auch dort möglich ist, wo sprachliche Verständigungsschwierigkeiten bestehen. Als schlimm empfinden die Himalaya-Bewohner den kontaktlosen Einbruch in ihre Intimsphäre, besonders das hemmungslose Fotografieren bei Festen und in der privaten Umgebung sowie Personenaufnahmen ohne vorangegangene Bitte um Erlaubnis. All das sind

Fehler, die man vermeiden sollte. Denn die Bereitschaft, sich fotografieren zu lassen, sein Haus zu zeigen, zu Festen einzuladen, ist fast überall im Himalaya zu finden. Und wo man abgewiesen wird, hat das meist auch einen Grund, den man zwar oft nicht durchschaut, den der Besucher aber trotzdem respektieren sollte.

Mit der richtigen Einstellung und der Bereitschaft, auf die Menschen, ihre Lebensart und ihre Probleme einzugehen, wird man im Himalaya unvergeßliche, nachhaltige Eindrücke empfangen können. Doch sollte man nicht unvorbereitet aufbrechen, sowohl was die körperlichen als auch was die geistigen Anforderungen betrifft. Die Himalaya-Länder sind kein Territorium für Fahrtouristen, und auch die Hoffnung, den Himalaya vom Flugzeug aus ›hautnah‹ erleben zu können, wie das in vielen Reiseprospekten versprochen wird, kann leicht zur Enttäuschung werden. Denn die Wolken- und Nebelvorhänge heben sich nicht nach Wunsch und Flugplan.

Man sollte wissen, daß im Himalaya viele lohnende Ziele nur zu Fuß erreicht werden können, daß die meisten Klöster einen steilen, oft beschwerlichen Aufstieg erfordern und auch die Naturschönheiten im allgemeinen nicht vom Fahrzeug aus zu genießen sind.

Über Geschichte, Kultur und Religion des Himalaya können die meisten einheimischen Reisebegleiter nur wenig aussagen, und es ist schwer, kundige Führer zu finden. Deshalb ist auf alle Fälle eine gute, intensive Vorbereitung der Reise zu empfehlen. Ausreichende Anregungen dafür bietet das umfangreiche Literaturverzeichnis am Schluß dieses Buches.

An dieser Stelle möchte ich aber noch einige Anregungen für Reisen im Himalaya folgen lassen, deren genaue Routenführung den zahlreichen Reiseführern zu entnehmen ist, die über alle Himalaya-Gebiete auch in deutscher Sprache vorliegen.

Als Anreiseländer kommen das nordöstliche Pakistan mit Zugangsmöglichkeiten in den Karakorum und ins Nanga-Parbat-Gebiet, das indische Kaschmir für Reisen nach Zanskar und Ladakh in Frage. Die besten Voraussetzungen für Bergwanderungen im Himalaya bietet Nepal, von dessen Hauptstadt Kathmandu aus man alle heute zugänglichen Landesteile erreichen kann. Allerdings muß man sich außerhalb des Kathmandu-Tals und abseits der wenigen, das Land in Nord-Süd- und Ost-West-Richtung durchquerenden Straßen ganz auf Fußmärsche einstellen, die besonders im Nordwesten und im Nordosten eine gute Kondition und Bergerfahrung erfordern, auch wenn man nicht auf Gipfelsturm aus ist. Eine intensive Vorbereitung solcher Touren und das Anheuern ortskundiger Begleiter sind außerordentlich wichtig. Zu langen Fußwanderungen sollte man nicht allein aufbrechen.

Sikkim, Nepals östlicher Nachbar, ist auch heute, wo es unter indischer Verwaltung steht, nur mit Sondergenehmigung und auf vorgeschriebenen Routen bereisbar. Weite Teile des Landes sind Sperrgebiet, so wie es auch im äußersten Norden Indiens, von Assam aus, noch nicht möglich ist, den östlichsten Himalaya — Indiens Grenzregion zu China — zu erreichen. Deshalb bietet Bhutan, seit auch der Osten des Landes zugänglich ist, für den Ost-Himalaya die besten Reisevoraussetzungen. Bhutan ist noch nicht überlaufen und vermittelt besonders in den heiligen Tälern Zentral-Bhutans einen unverfälschten Eindruck vom traditionellen Leben im Himalaya. Allerdings ist hier ein Vorstoß in die Hochgebirgsregion sehr viel schwieriger als in Nepal. Deshalb empfehle ich Reisenden, die besonders die Landschaft und die Bergwelt erleben wollen, vor allem Nepal, in dessen Hauptstadt Kathmandu es gute Reiseveranstalter gibt, die organisierte Gebirgstouren anbieten und auch genau über die Anforderungen an die Teilnehmer unterrichten. Wer dagegen mehr am Volksleben, an alter Kultur und buddhistischen Klöstern interessiert ist, sollte Ladakh oder Bhutan als Ziel wählen, zwei Gebiete, die man gut auf einer Reise verbinden kann, wenn man die Monate zwischen Juni und Oktober als Reisezeit vorsieht. Für Nepal dagegen sind die Sommermonate ungeeignet, da der Monsun nicht nur klimatisch unzuträgliche Verhältnisse schafft, sondern auch durch Dunst und Nebel den Blick auf die Berge meist verschleiert.

Reizvoll ist die Annäherung an die Berge des Himalaya von Norden her, wie man sie auf einer Fahrt von Lhasa, der Hauptstadt Tibets, nach Kathmandu erleben kann. Mit etwas Glück hat man dabei den berühmten Nordblick auf den die ganze übrige, viel näher gelegene Himalaya-Kette weit überragenden Mount Everest.

Zu den großen, allerdings sehr anstrengenden Erlebnissen, die einem seit 1986 eine Reise nach West-Tibet erschließen kann, gehört der Vorstoß zum heiligen Berg Kailas und ins alte Königreich Guge mit seiner einstigen Hauptstadt Toling und der Tempelburg Tsaparang.

Wer spezielle Ziele anstrebt und auch für längere Zeit im Himalaya bleiben möchte, sollte sich vor der Abreise genau über die Bedingungen vor Ort erkundigen und festzustellen versuchen, ob der Platz, den er abseits der üblichen Touristenrouten besuchen möchte, auch zugänglich ist. Oft ist es schwer, darüber verbindliche Auskunft zu erhalten. Dabei sind Widersprüche bei unterschiedlichen Informationsquellen keine Seltenheit.

Es wird heute allgemein beklagt, daß der Massentourismus im Himalaya großen Schaden verursacht, vor allem dann, wenn die Besucher die seit alters her begangenen Pfade verlassen und ins Gelände ausschwärmen. Das zerstört die Bodenstruktur und macht das im Himalaya ohnehin sehr brüchige Erdreich locker. Steinschlag und Lawinengefahr sind die Folgen.

Vorsichtig sollte man bei der Benutzung von Wasser sein. Nur Quellwasser kann bedenkenlos getrunken werden. Selbst die klarsten Bäche können Krankheitskeime enthalten, da sie der Bevölkerung im Himalaya vielerorts, vor allem auch in den Hochtälern, nicht nur als Wasserlieferant für Essen und Trinken dienen, sondern auch als Waschanlage und Toilette.

Daß man an Lager- und Übernachtungsplätzen keinen Müll zurückläßt, sollte inzwischen allen Himalaya-Besuchern zur Selbstverständlichkeit geworden sein. Leider gibt es noch immer Beispiele vor Ort, die das Gegenteil beweisen. Rücksichtslosigkeit, die leider immer mehr zu einem Charakteristikum der westlichen Wohlstandsgesellschaft wird, tritt immer häufiger auch bei Touristen auf, die ein egozentrisches, dem Lebensgefühl der Himalaya-Bewohner völlig entgegengesetztes, oft provozierendes Verhalten zeigen und dadurch zur Verstörung, zum Teil auch zu verständlicher Feindschaft der einheimischen Bevölkerung beitragen.

Einstimmung auf die Welt des Himalaya und ihre mehr vom Drehen der Gebetsmühlen als vom Tempo der Technik beherrschten Bewohner sollte die Voraussetzung für eine Reise in die Heimat des Schnees sein. Was man vor allem braucht ist ein anderes Zeitgefühl für Wege, Begegnungen und Feste. Eile ist ein Wort, das man am Dach der Welt nicht kennt. Dem sollte man durch sein eigenes Verhalten Rechnung tragen. Wer bereit ist, sich auf die Lebensformen der Himalaya-Menschen einzustellen, wird gut mit ihnen auskommen und eine Reise in ihre Lebensräume als Gewinn verbuchen. Für Touristen, die es gewohnt sind, Ziele abzuhaken, ist der Himalaya kein Reiseland. Es sei denn, der eilige Tourist wollte es angesichts der höchsten Gipfel dieser Erde einmal anders versuchen.

Nachwort und Dank des Autors

Als ich im Herbst 1962 zum erstenmal Nepal und die Bergwelt des Himalaya besuchte, ahnte ich nicht, daß ich im Laufe der Jahre zwanzigmal zum Dach der Welt zurückkehren würde. Asien und besonders die Region zwischen Indien und China wurden mir mehr und mehr zur zweiten Heimat. Doch trotz der zahlreichen Reisen hätte ich dieses Buch über die Heimat des Schnees nicht schreiben können ohne den Rat und die Hilfe vieler Menschen — im Himalaya wie hier —, denen ich herzlichen Dank schulde.

Dieser Dank gilt vor allem den liebenswürdigen, hilfsbereiten Himalaya-Bewohnern zwischen Kaschmir und Bhutan, deren Gast ich sein durfte und die mich in die vielfältigen Geheimnisse ihres Lebens und ihres Glaubens eingeführt haben. Persönlich danken möchte ich S.H. dem XIV. Dalai Lama, S.H. Rangjung Rigpe Dorje, dem verstorbenen XVI. Gyalwa Karmapa, dem Bakula Rinpoche, dem tantrischen Guru Chhimet Ricdzen Lama, Professor Lokesh Chandra, Delhi, Herrn Bijay Amatya, Kathmandu, Herrn Dr. Volker Moeller, Frau Heidi und Herrn Ulrich von Schroeder, Zürich, und Herrn Michael Henss, Zürich.

Die acht Zeichnungen des Padmasambhava und der drei Mandalas verdanke ich der International Academy of Indian Culture in New Delhi. Die Fotovorlagen für die Abbildung des Gottes Hevajra hat Ulrich von Schroeder, die für die Abbildungen des Kampala-Passes sowie des Tigernests in den Bergen bei Paro mein Sohn Christian Alexander beigesteuert. Ihm habe ich auch für das Literaturverzeichnis, meiner Tochter Kirstin Sylva Stolle für das ausführliche Register zu danken.

Die Fotos des Bandes wurden mit der Yashica-Kamera Contax RTS und den Zeiss-Objektiven Distagon 35 mm, Planar 50 mm, Sonnar 85 mm, Sonnar 135 mm und dem Yashica Zoom-Objektiv 80:200 auf Kodak-Kodachrome-Film 25 und 64 aufgenommen und im Kodak Farblabor Stuttgart entwickelt.

Helmut Uhlig

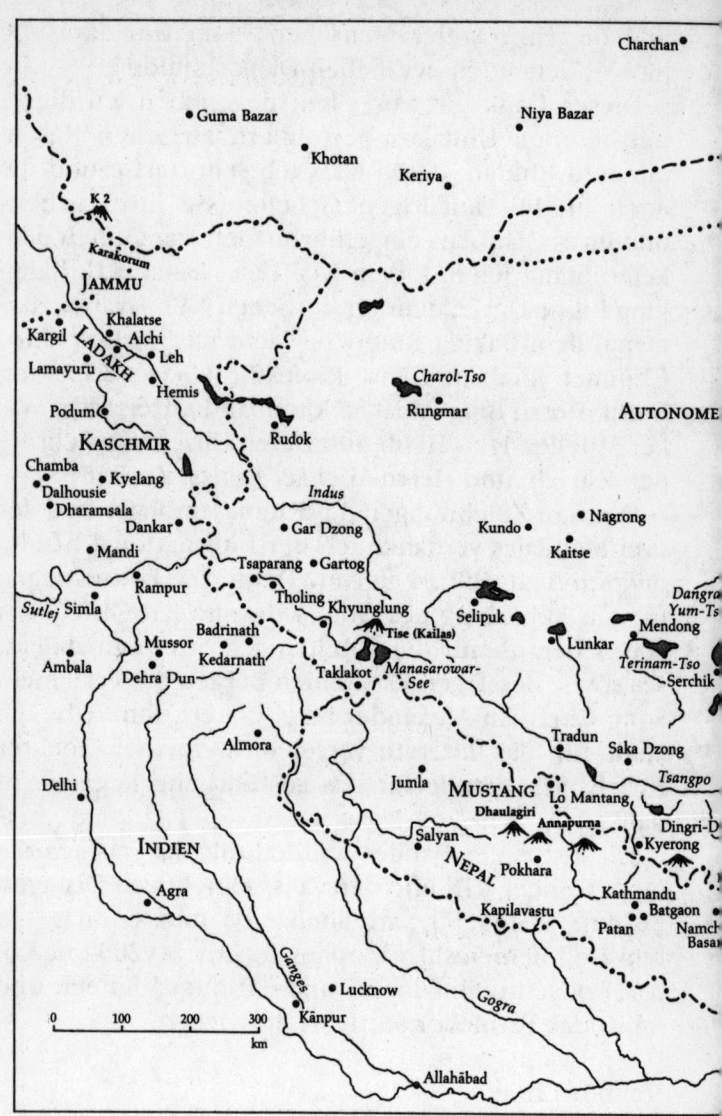

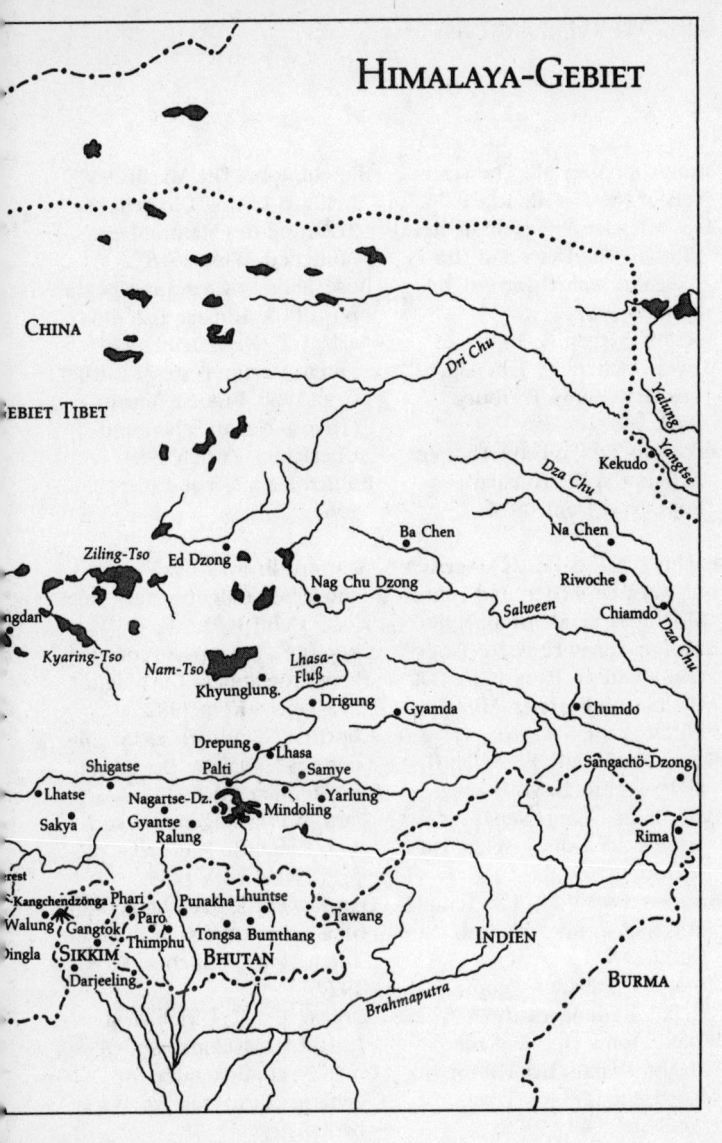

LITERATURVERZEICHNIS

Anderson, Mary M.: The Festivals of Nepal. Calcutta 1975.
Aris, Michael: Views of Medieval Bhutan. The Diary and Drawings of Samuel Davis 1783. London 1982.
Aschoff, Jürgen C./Helfried Weyer: Tsaparang. Tibets großes Geheimnis. Freiburg i. Brsg. 1987.
Atkinson, Edwin Felix Thomas: Religion in the Himalayas. Repr. New Delhi 1976.

Bachhofer, Joss (Hrsg.): Verrückte Weisheit. Leben und Lehre Milarepas. Haldenwang 1986.
Bacot, Jacques: Le Poète Tibétain Milarépa. Paris 1925. (Dt. Übers. von B. Heisz, Milaräpa. Pfullingen 1956.)
Bauer, Paul: Kampf um den Himalaya. München 1952.
Behr, Hans-Georg: Nepal – Geschenk der Götter. Wien, Düsseldorf 1976.
Bernier, Ronald M.: The Temples of Nepal. 2. überarb. Aufl. New Delhi 1978.
Bista, Dor Bahadur: People of Nepal. Kathmandu 1973.
Blofeld, John: Der Weg zur Macht. Praktischer Führer zur tantrischen Mystik Tibets. Weilheim/Obb. 1970.

Blofeld, John: Die Macht des heiligen Lautes. Die geheime Tradition des Mantra. Bern, München, Wien 1978.
Bose, Subodh Chandra: Geography of the Himalaya. 2. überarb. Aufl. New Delhi 1976.
Brauen, Martin: Feste in Ladakh. Graz 1980. Brauen, Martin (Hrsg.): Nepal. Leben und Überleben. Zürich 1984.
Bühler, Jean: Népal. Lausanne 1964.

Chattopadhyaya, Alaka: Atisa and Tibet. Calcutta 1967. Repr. New Delhi 1981.
Chögyam (Trungpa): Feuer trinken, Erde atmen. Die Magie des Tantra. Köln 1982.
Chorlton, Windsor: Felsbewohner des Himalaya: Die Bhotia. Amsterdam 1982.
Clark, Walter Eugene (Hrsg.): Two Lamaistic Pantheons. Reprint. New York 1965.
Dargyay, Eva K./Gesche Lobsang (Hrsg.): Das tibetische Buch der Toten. Bern, München, Wien 1977.
Dargyay, Eva K./Ulrich Gruber: Ladakh. Düsseldorf, Köln 1980.
David-Neel, Alexandra: Im Schatten des Himalaya. Wiesbaden 1953.

Donner, Wolf: Nepal. Raum, Mensch und Wirtschaft. Wiesbaden 1972.

Dowman, Keith: The Legend of the Great Stupa of Boudhanath. Kathmandu 1978.

Dyhrenfurth, Günter Oskar (Hrsg.): Himalaya. Unsere Expedition 1930. Berlin 1931.

Dyhrenfurth, Günter Oskar: Zum dritten Pol. Die Achttausender der Erde. Graz, Wien 1952.

Dyhrenfurth, Günter Oskar: Der dritte Pol. Die Achttausender und ihre Trabanten. München 1960.

Eden, Ashley: Political Missions to Bootan. 1865. Neudruck: New Delhi 1972.

Eggler, Albert: Gipfel über den Wolken. Lhotse und Everest. Bern 1956.

Evans-Wentz, Walter Y.: Milarepa. Tibets großer Yogi. Weilheim/Obb. 1971.

Evans-Wentz, Walter Y.: Der geheime Pfad der großen Befreiung. Weilheim/Obb. 1972.

Evans-Wentz, Walter Y. (Hrsg.): Das tibetanische Totenbuch oder die Nachtod-Erfahrungen auf der Bardo-Stufe. 13. Aufl. Olten 1978.

Fantin, Mario: Mani Rimdu Nepal. The Buddhist Dance Drama of Tengpoche. Bologna 1976.

Forstmann, Karl: Himatschal. Die Throne der Götter. Berlin 1926.

Francke, August Hermann: Antiquities of Indian Tibet. 1914. Repr.: New Delhi 1972.

Francke, August Hermann: A History of Ladakh. New Delhi 1977.

Frank, Dietmar: Traumland Nepal. München 1974.

Frank, Walter A.: Ethnische Grundlagen der Siedlungsstruktur in Mittelnepal unter besonderer Berücksichtigung der Tamang. Innsbruck, München 1974.

Fürer-Haimendorf, Christoph von: The Sherpas of Nepal. London 1964.

Funke, Friedrich Wilhelm (Hrsg.): Beiträge zur Sherpa-Forschung.

Teil 1: Michael Opitz, Geschichte und Sozialordnung der Sherpa. Innsbruck, München 1968.

Teil 2: Friedrich Wilhelm Funke, Religiöses Leben der Sherpa. Innsbruck, München 1969.

Teil 3: Marlis Schmidt-Thomé und Tsering T. Thingo, Materielle Kultur und Kunst der Sherpa. Innsbruck, München 1975.

Teil 4: Gerd Chr. Teschke, Anthropologie der Sherpa. Innsbruck 1977.

Funke, Friedrich Wilhelm: Die Sherpa und ihre Nachbarvölker im Himalaya. Frankfurt/Main 1978.

Galwan, Rassul: Als Karawanenführer bei den Sahibs. Berlin 1924.

Gansser, August: Geology of the Himalayas. London 1964.

Gansser, Ursula/August Gansser/Blanche Christine Olschak: Bhutan. Land der verborgenen Schätze. Bern 1969.

Genoud, Charles/Takao Inoue: Buddhist Wall-Painting of Ladakh. Genf 1982.

Gerner, Manfred und Wendelgard: Hemisfest. Tibetische Tschammysterien. Stuttgart 1978.

Gerner, Manfred: Himalaya. Nepal, Kaschmir, Sikkim, Ladakh, Bhutan, Nordindische Täler. Pforzheim 1981.

Gerner, Manfred: Bhutan. Kultur und Religion im Land der Drachenkönige. Stuttgart 1981.

Gerner, Manfred: Architekturen im Himalaya. Stuttgart 1987.

Goepper, Roger/Barbara Lutterbeck/Jaroslav Poncar: Alchi. Buddhas, Göttinnen, Mandalas. Köln 1982.

Gordon, Eugene: Nepal, Sikkim and Bhutan in Pictures. New York 1972.

Goswami, S. M.: Everest. Is it conquered? Kalkutta 1954.

Govinda, Lama Anagarika: Grundlagen tibetischer Mystik. Zürich 1957.

Govinda, Lama Anagarika: Die psychologische Haltung der frühbuddhistischen Philosophie... Zürich 1962.

Govinda, Lama Anagarika: Der Weg der Weißen Wolken. Zürich 1969.

Govinda, Lama Anagarika: Mandala. Der heilige Kreis. Zürich 1973.

Govinda, Lama Anagarika: Schöpferische Meditation und multidimensionales Bewußtsein. Freiburg i. Breisgau 1977.

Govinda, Lama Anagarika: Der Stupa. Psychokosmisches Lebens- und Todessymbol. Freiburg i. Breisgau 1978.

Govinda, Lama Anagarika: Tibet in Pictures. A Journey into the Past. 2 Bde. Berkeley 1979.

Govinda, Lama Anagarika: Buddhistische Reflexionen. Bern, München, Wien 1983.

Gruber Ulrich: Pagoden, Yaks und Lamaklöster. Berlin 1970.

Grünwedel, Albert (Hrsg. u. Übers.): Die Legenden des Nā-Ro-Pa. Leipzig 1933.

Guenther, Herbert von: The Life and Teaching of Naropa. Oxford 1963.

Haab, Armin/Ninon Vellis: Bhutan. Fürstenstaat am Götterthron. Gütersloh 1961.

Haas, Ernst: Im Himalaya. Pilgerfahrt zum Dach der Welt. Düsseldorf, Wien 1978.

Hagen, Toni/Friedrich Traugott

Wahlen/Walter Robert Corti: Nepal. Königreich am Himalaya. Bern 1960.

Harrer, Heinrich: Ladakh. Götter und Menschen hinterm Himalaya. Innsbruck 1978.

Hasrat, Bikrama Jit: History of Nepal. Hoshiarpur (India) 1970.

Hauser, Günter: Eisgipfel und Goldpagoden. Expedition ins Königreich Nepal. München 1966.

Henss, M.: Kailash – Götterthron und Weltenmitte. München 1987

Heim, Arnold: Thron der Götter. Erlebnisse der ersten Schweizerischen Himalaya-Expedition. Zürich 1938.

Heim, Arnold/August Gansser: Central Himalaya. Geological Observations of the Swiss Expedition 1936. Zürich 1939.

Herrligkoffer, Karl Maria: Nanga Parbat 1953. München 1954.

Hertel, Johannes: Somadewa aus Kaschmir, bunte Geschichten vom Himalaya. München 1903.

Hillary, Edmund: Ich stand auf dem Everest. Wiesbaden 1956.

Hirschberg, Helga: Ladakh – das andere Tibet. (Mit Zanskar.) München 1978.

Hoffmann, Helmut: Mi-ha Raspa. Sieben Legenden. München-Planegg 1950

Hoffmann, Helmut: Die Religionen Tibets. Freiburg, München 1956.

Holmes, Peter; Mountains and a Monastery. London 1958.

Hunt, Sir John: The Ascent of Everest. London 1953.

Karan, Pradyumna Prasad/William M. Jenkins, Jr.: The Himalayan Kingdoms. Bhutan, Sikkim and Nepal. Princeton, New York, Toronto, London 1963.

Kazami, Takehide: The Himalayas. A Journey to Nepal. Bombay 1973.

Keilhauer, Anneliese u. Peter: Ladakh und Zanskar. Köln 1980.

Korn, Wolfgang: The Traditional Architecture of the Kathmandu Valley. 2. Aufl. Kathmandu 1979.

Koul, Samsa Chand: Beautiful Valleys of Kashmir and Ladakh. Srinagar 1971.

Lauf, Detlef-Ingo: Geheimlehren tibetischer Totenbücher. Freiburg i. Breisgau 1975.

Laufer, Berthold (Übers.): Milaraspa. Hagen, München 1922.

Leifer, Walter: Weltprobleme am Himalaya. Würzburg 1959.

Majupuria, T.C. und I.: Holy Places of Buddhism in Nepal and India. Bangkok 1987.

Mallmann, Marie-Thérése de: Introduction à l'iconographie du Tantrisme Bouddhique. Paris 1975.

Matthiessen, Peter: Auf der Spur des Schneeleoparden. Bern, München, Wien 1980.

Messner, Reinhold: Mein Weg. Bilanz eines Bergsteigers ohnegleichen. München 1982.

Messner, Reinhold: Überlebt. Alle 14 Achttausender. München, Wien, Zürich 1987.

Meyer-Illmersdorf, H./A. Berger: In den Tälern und Höhen des Himalaja. Berlin 1926.

Mierow, Dorothy/Tirtha BahadurShrestha: Himalayan Flowers and Trees. Kathmandu 1978.

Nebesky-Wolkowitz, René von: Wo Berge Götter sind. Drei Jahre bei unerforschten Völkern des Himalaya. Stuttgart 1955.

Nebesky-Wojkowitz, René von: Oracles and Demons of Tibet. 's-Gravenhage 1956. Repr.: Graz 1975.

Noel, John Baptist Lucius: Through Tibet to Everest. London 1927.

Noel, John Baptist Lucius: The Story of Everest. New York 1931.

Olschak, Blanche Christine: Sikkim. Himalajastaat zwischen Gletschern und Dschungeln. Zürich 1965.

Olschak, Blanche Christine: Ancient Bhutan. A Study on Early Buddhism in the Himalayas. Zürich 1979.

Pal, Pratapaditya: Nepal. Where the Gods are young. New York 1975.

Pal, Pratapaditya: The Arts of Nepal. Part one: Sculpture. Leiden, Köln 1974. Part two: Painting. Leiden, Köln 1978.

Pal, Pratapaditya/Lionel Fournier: A Buddhist Paradise — The Murals of Alchi, Western Himalayas. Vaduz 1982.

Parmar, Y.S.: Polyandry in the Himalayas. New Delhi 1975.

Pathak, Rajendra (Übers.): Die Logik der Narren und andere Volksgeschichten aus dem Kumaon — Himalaya. Wiesbaden 1978.

Peissel, Michel: Das verbotene Königreich im Himalaja. Berlin 1968.

Peissel, Michel: Zu Fuß durchs Mittelalter. Wunderland Bhutan. Wien, Hamburg 1970.

Peissel, Michel: Zanskar. Ein Königreich auf dem Dach der Welt. Düsseldorf, Wien 1981.

Peissel, Michel: Königreiche im Himalaya. Die Welt der tibetischen Kultur. Wörgl 1985.

Petech, Luciano: The Kingdom of Ladakh. C 950 — 1842 A.D. Rom 1977.

Poncar, Jaroslav/Jörg Schmeisser: Ladakh. Land der Pässe. Köln 1986.

Pradhan, Bhuwan Lal: Lumbini, Kapilwastu, Dewadahu. Kathmandu o.J.

Ribbach, Samuel Heinrich: Dropga Namgyal. Ein Tibeterleben. München, Planegg 1940.

Rijal, Babu Krishna: Archaeological Remains of Kapilavastu, Lumbini, Devadaha. Kathmandu 1979.

Roulin, Michel: Lahaul Spiti. Genf 1977.

Schäfer, Ernst: Über den Himalaya ins Land der Götter. München 1954.

Schätz, Josef Julius: Heiliger Himalaya. München 1952.

Schettler, Margret und Rolf: Kaschmir und Ladakh. Essen 1977

Schroeder, Ulrich von/Helmut Uhlig: Buddhistische Kunst aus dem Himalaya. Berlin 1976.

Schroeder, Ulrich von: Indo-Tibetan Bronzes. Hongkong 1981.

Schumann, Hans W.: Buddhistische Bilderwelt. Ein ikonographisches Handbuch des Mahayana- und Tantrayana-Buddhismus. Köln 1986.

Seemann, Heinrich: Nepal 2029. Gestern noch ein verbotenes Land. Stuttgart 1973.

Senft, Willi/Bert Katschner: Bergwandern in Nepal. Graz, Stuttgart 1976.

Senft, Willi/Bert Katschner: Bhutan, Ladakh, Sikkim. Bergwandern im tibetischen Kulturkreis. Graz 1979.

Sherring, Charles Atmore: Western Tibet and the British Borderland. London 1906. Repr.: New Delhi 1974.

Shirakawa, Yoshikazu: Himalaya. München 1977.

Singh, Nagendra: Buthan. A Kingdom in the Himalayas. New Delhi 1972.

Skuhra, Rudolf: Sturm auf die Throne der Götter. Berlin 1938.

Smith, W. W. (Hrsg.): Mythological History of The Nepal Valley from Svayambhu Purana. Kathmandu 1978.

Snellgrove, David L.: Buddhist Himalaya. Travels and Studies in Quest of the Origins and Nature of Tibetan Religion. Oxford 1957.

Snellgrove, David L.: Himalayan Pilgrimage. A Study of Tibetan Religion. Boulder (Colorado) 1981.

Snellgrove, David L.: Indo-Tibetan Buddhism. London 1987.

Snellgrove, David L./Hugh Richardson: A cultural History of Tibet. Boulder (Colorado) 1980.

Snellgrove, David L./Tadeusz Skorupski: The Cultural Heritage of Ladakh. Bd. 1: Central Ladakh. Warminster 1977 Bd. 2: Zangskar and the Cave Temples of Ladakh. Warminster 1980.

Snelling, John: The Sacred Mountain. London 1983.

Steinmetz, Heinz/Jürgen Wellenkamp: Nepal. Stuttgart 1956.
Stocks, C. de Beauvoir: Sikkim. Customs and Folklore. Repr. New Delhi 1975.

Thomsen, Margrit: Geheimnisvolles Nepal. Tempelschätze aus zwei Jahrtausenden. München 1977. Katalog der Nepalausstellung des Kestner-Museums, Hannover.
Tichy, Herbert: Land der namenlosen Berge. Erste Durchquerung Westnepals. Wien 1954.
Tichy, Herbert: Himalaya. Wien 1968.
Tsering, Nawang: Buddhism in Ladakh. New Delhi 1979.
Tucci, Giuseppe: Indo-Tibetica I-IV. Rom 1932-1941.
Tucci, Giuseppe/Walther Heissig: Die Religionen Tibets und der Mongolei. Stuttgart 1970.

Uhlig, Helmut: Das Bild des Buddha. Berlin 1979.
Uhlig, Helmut: Himalaya. Reich der tausend Buddhas. Berlin, Frankfurt/Main, Wien 1980.
Uhlig, Helmut: Tantrische Kunst des Buddhismus. Berlin, Frankfurt/Main, Wien 1981.
Uhlig, Helmut: Tibet. Ein verbotenes Land öffnet seine Tore. Bergisch Gladbach 1986.
Unbescheid, Günter: Kānphaṭā. Untersuchungen zu Kult, Mythologie und Geschichte Sivaitischer Tantriker in Nepal. Wiesbaden 1980.
Unbescheid, Günter (Hrsg.): Märchen aus Nepal. Köln 1987.

Waddell, Laurence Austine: Among the Himalayas. Westminster 1899.
Waldschmidt, Ernst u. Rose Lore: Nepal. Kunst aus dem Königreich im Himalaya. Recklinghausen 1967.
Wiesner, Urich: Nepal. Königreich im Himalaya. Köln 1976.
Windisch-Graetz, Stephanie u. Ghislaine zu: Juwelen des Himalaja. Götter, Völker, Kleinodien. Luzern 1981.
Winkler, Jürgen: Nepal. Stuttgart, Berlin, Köln, Mainz 1976.
Wright, Daniel: History of Nepal. 1877 Unveränderter Nachdruck. Kathmandu 1972.

Yasin, Mohamed: Rauzabal and other Mysteries of Kashmir. Srinagar 1972.

REGISTER

Adibuddha, s. a. Urbuddha, Vajrahara 150, 193, 212

Akashagarbha, → Bodhisattva 55

Aksai Chin, nordöstl. Teil → Ladakhs, seit 1962 von den Chinesen besetzt 9, 167

Akshobhya, einer der fünf Tathagatas 193

Alchi, Kloster in Ladakh 70ff., 75, 100, 114ff., 162, 179

Amai Dablam, Berg der Himalaya-Kette 271

Ame dPal, König von Mustang 281f., 287

Amitabha, einer der fünf Tathagatas 36, 153, 155, 193, 247, 331

Amitayus 331

Amoghasiddhi, einer der fünf Tathagatas 193, 331

Annapurna (Massiv) 279, 284

Apsaras, himmlische Nymphen in der indischen Mythologie SO 72

Ardhanarisvara, halb männliche, halb weibliche Götterfigur 190

Aryas, indogermanische Stämme, die im 12. Jahrhundert v. Chr. nach Indien eindrangen 9

Asahina, Sogen, Abt des Zenklosters von Kamakura in Japan 319

Ashoka, indischer Kaiser (272-232 v. Chr.) 38, 100, 160, 251f.

Assam, Nordostprovinz Indiens 8, 26, 50, 316, 352

Astor, Ort am Fuße des Nanga Parbat 21

Atisha, Dipamkara Srijnana, buddhistischer Gelehrter Indiens 171f., 214

Avalokiteshvara, Bodhisattva unseres Zeitalters 71, 83, 93, 155, 194, 264, 266, 276, 331

Bagmati, heiliger Fluß in Nepal 262

Bagrot-Tal, Kalashtal in Chitral 17

Bakthapur, Stadt im Kathmandu-Tal in Nepal 254

Bakula, höchster Lama Ladakhs 98, 103, 142

Bali 155

Baltistan 11, 90, 120

Bangladesh 8

Bardo, Tage dauernder Zustand, in denen sich der Verstorbene nach lamaistischer Lehre seines Todes noch nicht bewußt ist 145, 148ff., 341

Bardo Thödol, tibetisches Totenbuch 135, 149ff., 154, 332

Basgo, Hauptstadt Ladakhs im 17. Jahrhundert 102f.

bDe-legs-mam-rgyal, König von Ladakh im 17. Jahrhundert 70

Bhima, Name für Shiva in → vedischer Zeit 188

Bhutan 8f., 11, 26, 32, 71, 84, 150, 158, 165, 216, 240, 304f., 307ff., 312ff., 318ff., 324, 326, 328f., 331, 333, 336, 344ff., 351f., 353, 356ff., 371f., 375
Bihar, nordostind. Provinz 11, 171, 251
bKrashis-bstan-'aphel, Lama Ladakhs im 19. Jahrhundert 113
Blaue Berge 350
Blo, Name für Mustang in früheren Jahrhunderten 281
Bodhgaya, indische Stadt, in der Buddha die Erleuchtung erlangte 52, 251
Bodhibaum, unter dem → Buddha Shakyamuni die Erleuchtung fand 251
Bodhisattva, erleuchtetes Wesen, das auf die Buddhaschaft verzichtet 52, 67, 72, 79, 83, 93, 95, 109, 155, 181, 191, 194ff., 206, 245, 252, 262, 266, 310, 329ff., 339, 342, 348
Bodnath 11
Bombay 230f.
Bon-chung, Bon-Priester 52f.
Bon-po, s. Bon-Religion 112, 157, 159, 185, 187, 209, 219, 221, 225, 248
Bon-Priester 149, 168, 185
Bon-Religion, Religion des alten Tibet 27, 42, 221, 225, 248
Borobudur, Stupa von, buddhistisches Heiligtum in Mitteljava 267
Brahma 9
Brahmanen 171, 186, 190, 214
Brahmaputra 8, 12
Brautgeheul 132

Brautgesang 120, 127
Brautpreis 119, 128
Brautseil 120
Brug-pa, lamaistische Rotmützensekte 138, 329ff., 333
Brugpa-Kargyutpa-Sekte, Rotmützensekte 143
Buddha, Gautamo, der historische Buddha 33ff., 38f., 40, 42, 58, 62ff., 66f., 73, 75f., 83, 98, 113f., 117, 140, 153f., 164, 175, 181, 191, 193ff., 206f., 221, 235, 245, 247, 251ff., 267, 274, 308f., 316, 319f., 326f., 329ff., 332, 334f., 339, 342, 344, 347f., 353, 356, 362
Buddha Maitreya, der in den nächsten Jahrtausenden erwartete Buddha 71, 93, 95, 292
Buddha Shakyamuni, der historische 36, 64, 71, 113, 140, 342
Buddha, auch Gautamo Buddha
Buddhismus 11f., 15, 21, 27, 30, 35, 42, 44, 46, 52, 54, 76, 85f., 90, 93, 110, 112ff., 137, 149, 151, 157f., 160ff., 164f., 169ff., 179, 191, 193, 195f., 209f., 214ff., 225, 244f., 247ff., 252, 264, 281, 309, 319f., 322, 326f., 339f., 353
Buddhistisches Neujahrsfest 307
Buhl, Hermann, Erstbesteiger des Nanga Parbat 22
Bumthang, heiliges Tal in Bhutan 313, 353ff.
Buttertee, tibetisches Nationalgetränk 128f., 133, 142, 277

Cabral 312
Cacella 312

Cakra, Sanskrit: Kreis, Rad 199, 264

Cakrasamvara, Schutz- und Initiationsgottheit 85, 212, 226

Cang sgang ka, Kloster in Bhutan 345

Changan, ehemalige chinesische Hauptstadt, heute Sian 164

Changspa, Siedlung in Ladakh 103

Chefren-Pyramide 24

China 9f., 12, 48, 52, 89, 102, 106ff., 137, 163f., 167f., 187, 199, 230f., 248, 301f., 316, 365, 371, 374

Cho Oyu, Himalaya-Berg 365

Chogyal, Name für die Könige von Sikkim 300

Chomolhari 326

Chorten, tibetische Form des buddhistischen Reliquienschreins s. a. Stupa 64, 66f., 70, 95, 98, 100, 103f., 111, 139, 143, 153, 263, 273f., 287, 346, 355, 358f.

Christentum 10, 58, 76, 80, 148, 166, 244, 276, 339

Chumbi-Tal 301

Citipatis, Totenkopftänzer 324

Cooke, Hope 303

Cunningham, Alexander 252

Dadiken 160

Dämonen 25f., 29, 31ff., 50, 53f., 79, 115f., 129, 132f., 141, 145, 149, 157, 191f., 239, 243, 259, 289ff., 300, 309, 313ff., 322, 327, 331, 340, 346, 349

Dämonenglauben 121, 145, 209

Dakini, weibliche Gottheit 33, 36, 48, 53, 55, 79, 86, 181, 279, 333

Dalai Lama, Gottkönig 57, 68, 101, 173, 194, 249, 283, 302, 375

Dal-See, See in Kaschmir 61

Dante Alighieri 210

Darden, indoeuropäisches Volk 160

Dardistan 105

Darjeeling, Stadt in Nordostindien 9, 142, 299f., 336

Darma, tibetischer Prinz und späterer König Tibets 168

Daso, Fluß im östlichen Hindukusch 17f.

David-Neel, Alexandra 54

Dechenpelrithang, Kloster in Ost-Bhutan 358

Dharmapale, Glaubenswächter 32, 144, 191, 195f., 332

Dhaulagiri, Berg der Himalaya-Kette 284

Dihang 8

Dipamkara Srijnana s. Atisha 171

Dochala-Paß, Paß in Bhutan 346

Dogras, indischer Volksstamm 68, 102

Dolpo 285

Dras, Dorf in Ladakh 93

Dras-Fluß 93f.

Drugpa-Sekte, lamaistische Rotmützensekte 216

Druk-Yul, bhutanischer Name für Bhutan 307

Dsongpön 202

Dukhang 72f.

Dungchen, ausziehbare Kupferhörner 277

Dusum Khyenpa, Gründer der Karmapaschule der Kargyudpa-Sekte 307

Dzongs, Klosterburgen in Bhutan 310f., 320f., 325f., 345, 347ff.

Elephanta 190
Eremitenfels, ältester Teil von → Hemis 143

Fatu-La, Paß in Ladakh 98
Feuerbestattung 152f.
Filchner, Wilhelm 146
Foothills 89, 242
Francke, A. Hermann, deutscher Missionar 100, 104, 120
Fruchtbarkeitskult und -religion 85, 196
Gampope, Lama, Gründer des ältesten → Kargyutpaklosters 216
Ganden, Gründungskloster d. Gelbmützensekte 296
Gandhara 160, 191
Gandhi, Mahatma 187
Gangbtsan, Schutzgott des → Zlumtse Lakhang 331
Ganges 8, 188
Gangtok, Hauptstadt Sikkims 10, 304
Gaurisankar, tib. Tseringma 250
Gebetsmühle 96, 110, 140, 254, 274, 279, 326, 329, 374
Geister 25ff., 31, 52f., 99, 104, 109, 111ff., 118, 133, 135, 141, 145, 148f., 157, 190, 243f., 309, 314, 322
Geisterbeschwörer 118
Geisterfalle 31, 344
Geisterglauben und -kult 104, 114, 121, 145, 148, 209
Gelbmützen 33, 59, 68, 103, 139f., 142, 171, 210, 216

Geling 286
Gelugpasekte, die im 14. Jahrhundert von Tsongkhapa gegründete Gelbmützensekte 103
Gesar, tibetischer Nationalheld 94
Gesar-Sage, Nationalepos der Tibeter 104, 138
Ghanta, Glocke, weibliches Symbol im Vajrayana-Buddhismus 87, 133, 194, 265, 337
Ghode Jatra, kultisches Pferderennen in → Kathmandu 257, 259
Ghoom-Kloster, Kloster nahe Darjeeling 336
Ghora Jatra, Fest der Großmuttergottheiten in → Kathmandu 250, 257
Gilgit, Hauptstadt d. gleichnamigen Provinz in Nordostpakistan 17
Golf von Bengalen 8, 164, 301
Gompa, tibetisch für Kloster 59, 64, 66, 103, 138
Gondwanascholle 13
Goswamy, M. 361
Govinda, Lama 166, 173f., 180, 198, 209, 360
Grags-bum-lde, König Ladakhs in der ersten Hälfte des 15. Jahrhunderts 139
Griddhakuta 251
Große Mutter 196, 250
Großmuttergottheit 250, 257f.
Gründwedel, Albert 212
g'Shin-rje, Herr der Toten 146
Guge, westtibetisches Königreich 157, 165ff., 170ff., 178f., 181f., 185, 281, 372

Guhyasamaja, älteste Geheimlehre des tantrischen Buddhismus 85, 195, 334
Gupta (-Zeit) 100, 252
Guré, Sommerdorf in den Bergen des östlichen Hindukusch 18
Gurla Mandhata, Berg in West-Tibet 186, 202
Gurla-Paß 202f., 208
Guru, religiöser Lehrer 33f., 50, 58, 62, 69f., 78, 81, 137, 164, 171, 210f., 214, 218f., 266, 331, 333, 335
Guru Dragmar, → Padmasambhava in bhutanischer Form 331
Guru Rinpoche, → Padmasambhava 33, 35, 42, 56, 312
Gyalpo, tibetisch für Fürst 281
Gyalpo, Thangstrong, tibetischer Baumeister und Eisenschmied 328, 331, 347
Gyantse, Stadt in Süd-Tibet 178, 296, 302

Habeler, Paul 361
Haramosh, Meter hoher Berg im Nordosten Pakistans 17ff.
Haramosh-Täler 17
Harrer, Heinrich 146
Hedin, Sven 70, 92
Hemis, eines der berühmtesten Klöster Ladakhs 62, 68, 138ff., 148, 336, 338
Hemis-Fest 138, 141, 341
Herligkoffer, Karl Maria 22
Herodot 160
Herron, Rand, amerikanischer Bergsteiger 24
Hevajra, buddh. Schutz- und Initiationsgottheit 85ff.

Hillary, Edmund, britischer Bergsteiger 360ff., 364f.
Himachal 250
Himachal Pradesh 9
Himalaya-Meer 13
Himmelsbestattung 151
Hinayana, das → »Kleine Fahrzeug« des Buddhismus 211

Hindu 87, 107, 186f., 191, 203, 245, 254f., 262
Hinduismus 11f., 21, 42, 151, 188, 191, 236, 244, 264, 281, 300
Hindukusch 15f., 20f., 192
Hoffmann, Helmut, deutscher Tibetologe 220
Homer 210
Hopomé, Sherpaname für den Erlöserbuddha Amitabha 247
Huangho, gelber Fluß 248
Hunza 17

Ibex, Steinbock der Himalaya-Region 113
Imja Khola 276
Indien 9, 42, 48, 52, 85, 93, 106f., 136, 151, 160f., 163, 166, 170f., 173, 184, 187, 196, 199, 209, 211, 216, 230ff., 246, 251f., 281, 299, 302, 308, 312, 316, 351, 361, 371, 374
Indra, indische Gottheit 9, 126, 190f., 194
Indrabhuti, König → Udyanas im 7. Jahrhundert 195
Indrabodhi, legendärer König von → Udayana 34
Indus 8, 12, 17, 21, 91, 98ff., 103, 105, 117, 138, 160f., 188

Initiation 78ff., 86, 173, 195, 268, 334
Inkarnationen 101, 142, 304, 307, 314, 325
Irvine, A., britischer Bergsteiger 360
Islam 11, 15, 58, 157, 162, 171f., 281
Issuk-See 7

Jain, Anhänger des Jainismus 187
Jain-Religion, indische Religion 251
Jakar, Ort im Bumthang-Tal, Bhutan 355
Jampe Gompa, Kloster im Bumthang-Tal, Bhutan 355
Japan 194
Jesus Christus 140, 155, 339f.
Jhe Khenpo, höchster geistlicher Würdenträger Bhutans 347
Jodola-Paß, Paß in Ost-Bhutan 359
Jokhang, ältester und heiligster Tempel von Lhasa 168
Jomosom, Ort im nördl. → Nepal 280, 284
Jumla, Ort in West-Nepal 280
Junbesi, Sherpasiedlung 247

K-2 366f.
Kabul 164
Kadphises, Kushan-Herrscher 160
Kag 284
Kailas, siehe Kangrinpoche, heiliger Berg in West-Tibet 102, 107, 143, 170, 178f., 182, 185ff., 190ff., 196, 198, 202ff., 207, 209, 212, 219f., 296, 372

Kalacakra, »Rad der Zeit« 334
Kalacakra-Tantra 85, 172
Kali, Hindu-Göttin 17, 257f., 269
Kalidasa, indischer Dichter 189f.
Kali Gandaki, heiliger Fluß 280, 282, 284
Kalimpong, Marktflecken im Südosten von Sikkim 299f.
Kaltaro, Fluß in Baltistan 17
Kama, indischer Liebesgott 189
Kamakura, Stadt in Japan 319
Kangchendzönga, dritthöchster Berg der Erde im Ost-Himalaya 21, 184, 303
Kangrinpoche, Schneejuwel, tibetischer Name für den Kailas 8, 205
Kanishka, Kushan-Herrscher 160
Kanjur, die in 108 Bänden gesammelte tibetische Fassung der Worte Buddhas 140, 278
Kapilavasta 252
Karakorum 7, 90, 102, 107, 192, 371
Karawanen 70, 92, 96f., 106f., 111, 202, 280, 286, 358
Kargil, Ort in Baltistan 94f.
Kargyutpa, lamaistische Rotmützensekte 210f., 216, 218, 304, 307, 318, 334
Karma, die künftiges Leben bestimmende Substanz menschlicher Existenz 38, 73, 149, 152, 215, 217, 246
Karmapa, Schwarzhutlamas 299, 304, 307, 318
Kaschgar, Stadt in Sinkiang 107
Kaschmir 8f., 11, 60, 89ff., 102, 105, 107, 157, 162, 164, 170f., 194, 214, 371, 375

Kashyapa, ältester Jünger Buddhas 251
Kasia, Stadt in Nordindien, früher → Kushinagara 253
Katargama, heilige Stätte in Südceylon 189
Kathmandu, Hauptstadt Nepals 61, 232ff., 236, 244f., 247, 253f., 257ff., 262, 269ff., 280, 283, 293, 295, 297, 361, 371f.
Kathmandu-Tal 11, 234, 243, 245, 254, 259f., 270, 296, 371
Katholizismus 339
Ketscher Dzong, Festungsruine oberhalb von Lo Mantang (Mustang) 287
Khajuraho, alte Stadt in Indien 268
Khalatse, Dorf in Ladakh 117, 119, 160
Khalsi 99f.
Khampas, Volksstamm der Tibeter 248, 280, 283, 286
Kho, traditionelle Tracht der Männer Bhutans 309
Khri-gtsug-Ide, König Ladakhs 105
Khumjung, Sherpadorf 272f., 276
Kiki-la-Paß 353
Kira, traditionelles Gewand der Frauen Bhutans 309
Kiuchu Lakhang, Doppeltempel im Paro-Tal, Bhutan 327
Konarak, alte Stadt in Indien 268
Kubera, indischer Gott des Reichtums 190f.
Kubi-Gangri-Gebirge 8
Künzangda, Felsenkloster in Bhutan 314

Kukuczka, Jerzy, polnischer Bergsteiger 364
Kumara, indischer Kriegsgott, Sohn Shivas, auch Skanda genannt 189
Kumarasambhava, indisches Epos 189
Kumari, nepalische Göttin 245
Kunlun-Gebirge 7
Kurje-Kloster Kloster, im Bumthang-Tal, Bhutan 355
Kurkihar 252
Kushan, zentralasiatischer Volksstamm, der um die Zeitenwende die Herrschaft über das Land zwischen Afghanistan und Nordwest-Indien erlangte 160
Kushinagara 253
Kutuwal-See, See in Baltistan 18
Kyang 208

Ladakh 8ff., 26, 28, 32, 59, 61ff., 68, 70f., 89ff., 93, 96ff., 101ff., 106, 109ff., 113ff., 117f., 120f., 132, 136ff., 140, 142, 144, 148, 150, 153f., 156ff., 159ff., 165f., 179, 181f., 188, 192, 194, 240, 295, 305, 307, 318, 336, 338, 368, 371f.
Lahul, Landschaft in der westlichen Himalaya-Region Indiens 108, 157, 160
Lama 11, 32ff., 54, 57ff., 62ff., 68, 71, 74, 76ff., 80ff., 84, 86, 97, 101, 110f., 113, 115ff., 119, 129, 131f., 134ff., 139, 142ff., 150, 152f., 155ff., 169, 182, 184, 187, 196, 218, 277, 288ff., 296ff., 304f., 318, 336f., 339, 344, 348
Lamaismus 11f., 15, 33, 36, 44,

50, 54, 56ff., 66, 68ff., 74, 76, 86, 95, 101, 103, 105, 107, 112f., 140, 148ff., 158ff., 171, 241, 249, 255, 276, 299, 304, 309, 318ff., 330, 334ff., 339, 343, 348
Lamayuru, Rotmützenkloster in Ladakh 59, 62, 64, 66ff., 98, 103, 113
Langdarma, tibetischer König 168ff.
Lankhang, Haupthalle der → Dzongs 310
La-phyi, Einsiedelei 220
Leh, Hauptstadt Ladakhs 9ff., 26, 68, 89ff., 94, 97, 103ff., 107ff., 138, 141, 144, 153, 287, 292
Leigh-Mallory, G. H britischer Bergsteiger 306
Lhalung Palgye Dorje, tiberischer Lama 169
Lhamo, Göttin des lamaistischen Pantheons 191, 331
Lhasa, Hauptstadt Tibets 11, 53, 68, 102, 105, 107, 151, 163f., 166, 168ff., 178, 182, 249, 287, 293, 296, 302, 306, 372
Lhatos, Heiligtümer 30
Li Gotami, Frau des Lama Govinda 180
Lingam, überdimensionales Zeugungslied, Gott Shiva verkörpernd 146, 188, 263
Ling-Khor, Gartenweg um ein Lamakloster 143
Linka, Tonfigur, die als Symbol bei den Tscham-Tänzen verwendet wird 146, 343
Lipulekh, tibetischer Grenzpaß 200
Lo Mantang, Hauptstadt Mustangs 280f., 287, 292f.
Lotos(blume) 34, 38, 40, 72f., 93, 96, 117, 143, 194, 199, 245
Lukla 272
Lumbini, Geburtsort → Buddhas in Süd-Nepal 246f., 250, 252f.

Madhyantaka 69
Madurai, Tempelstadt in Süd-Indien 190
Magie, Schwarze 29, 217, 219
Magie, Weiße 219
Magpa, Mann, der ohne Erbanspruch im Haus der Frau lebt und arbeitet 137
Mahabharata, altindisches Epos 186
Mahadevale, Heiligtum auf Ceylon, Gott Kumara geweiht 189
Mahakala, Name Shivas im buddhistischen Pantheon 191, 279, 331
Mahamudra, Sanskrit: Großes Siegel, Lehrtext des → Vajrayana-Buddhismus 211
Mahasiddha, großer Lehrer 42, 59, 63, 214, 334
Mahavira, Begründer der indischen Jain-Religion 251
Mahayana, buddhist. Lehre des Großen Fahrzeugs 82, 90, 149, 191, 195
Maitreya, s. Buddha Maitreya 71, 93, 105, 334
Makrokosmos 44, 60, 173, 210, 255, 262
Manang 285
Manasarovar, See in West-Tibet 170, 186, 202f., 208, 220ff.
Mandala 72ff., 76f., 79, 82, 84,

144, 177, 180f., 262ff., 267f., 292, 319, 328f., 331ff., 348, 375
Mandarava 48
Mandorla 76
Mani-Gletscher, Gletscher in Baltistan 18
Manimauer, Aufschichtung von Steinen, die heilige Inschriften tragen 30, 66, 70, 95, 272, 346, 351, 355, 358
Manjushri, der Bodhisattva der göttlichen Weisheit 71f., 146, 184, 194, 245, 262, 265
Man-slon-man brtsan, tibetischer König 164
Mantra, indischer Zauber- und Orakelspruch 66, 78, 80, 82, 95, 110, 204, 265, 268, 274, 337
Mao Tse-tung 107, 158
Mara, Todesgott 288f.
Marpa, Übersetzer heiliger indischer Schriften ins Tibetische 216f., 221
Matayan, Dorf in West-Ladakh 93
Maurya 250
Maya, nach indischem Glauben die Illusion von den Erscheinungsformen der sichtbaren Welt 151
Meditation 33, 38, 71, 75f., 78ff., 95, 145, 181, 184, 218f., 251, 258, 275, 277, 318, 327, 345
Meenamarg, Dorf in West-Ladakh 93
Megalithkultur 26, 256
Merkl, Willy, deutscher Bergsteiger 23f.
Meru, heiliger Berg in der indischen Mythologie 138, 187, 199

Meru Gompa, altes Kloster in der Nähe von Leh 138
Messner, Reinhold, Südtiroler Bergsteiger 361, 364f.
Mikrokosmos 44, 60, 173, 199, 210, 255, 262
Mila, Dichter der »Hunderttausend Gesänge«, auch → Thospadgha, später → Milarepa 216ff.
Milarepa, bedeutender Lehrer des Lamaismus, s. a. Mila und Thospadgha 185, 209f., 214, 216ff., 229, 299
Minaksi, indische Göttin, Tochter Gott → Kuberas, Gattin Shivas 190
Minanatha-Pagode 261ff.
Minaros 160
Mo Chu, Mutterfluß, Fluß in Bhutan 347
Mongolei 107, 343
Mongolen 281, 300
Moslems 10, 19, 61, 90, 95, 102, 112, 158, 171, 187, 250, 335
Mount Everest 12, 22, 219, 234, 240, 246f., 249, 269ff., 274, 360ff., 364ff., 373
Mudra, magisch-symbolische Handhaltung im Hinduismus und Buddhismus 265
Muktinath, Pilgerort in Nord-Nepal 285, 296
Mulbekh, Dorf und Kloster in West-Ladakh 11, 95f., 98, 153
Mummery, A. englischer Bergsteiger 23
Murkhum, Göttin der alten nordpakistanischen Volksreligion, eine Feenkönigin 18ff.

Mustang 12, 279ff., 285ff., 291ff., 295ff.
Muttergottheit 250, 256, 362
Mutterreligion und -kult 85, 250

Naga 32, 48
Nagakönig, Schlangenkönig 192
Nagawelt, Reich der Schlangen, Nixen und Wassergeister 192
Nalanda, Universitätsstadt des frühen Buddhismus in Indien 52, 171, 214, 251
Namche Basar, Marktort der Sherpa 278
Namgyal(-Dynastie) 300, 305
Nanga Parbat 13, 16, 19, 21ff., 184, 192
Nannihal Shah, Prinz aus dem Fürstenhaus von Gilgit 17ff.
Naoche, legendärer König in Nordost-Indien 312
Na-ro bon-chung, → Bon-Zauberer 219f., 224f.
Naropo, tantrischer Guru 59, 69, 212, 214ff.
Naturreligionen 241
Nepal 9, 11f., 16, 26, 53, 61, 84, 86ff., 136, 150, 158, 163, 165, 187f., 230, 232, 243ff., 250, 252ff., 255ff., 260f., 268f., 279f., 282, 284, 286, 295, 300, 308, 365, 371f., 374
Nimu, Dorf in Ladakh 103
Nirvana 34f., 64, 76, 79, 96, 98, 110, 149, 152, 172, 211, 251, 299, 306, 339
Nomaden 27, 91, 99, 104, 107, 110, 160f.
Nyaopa, Brautführer bei den Ladakhis 119ff., 124ff., 127ff., 131, 133

Nygen-Cholding-Dzong, Klosterburg in Ost-Bhutan 357
Nyila-Paß 286

Odin 190
Om mani padme hum, Hauptmantra des Lamaismus 66, 95, 110, 117, 254, 275, 326
Orakel
Orakelpriester

Paalzow, Anna 120
Padma, Lotosblüte 194
Padmasambhava, tantrischer Guru, Begründer der Rotmützensekte 33ff., 38, 40, 42, 44, 46, 48, 50, 52ff., 57, 59, 63, 70, 82, 137, 165, 195, 214, 300, 312ff., 317, 320, 322, 324ff., 331, 344, 353, 355ff., 375
Pämalingpa, Heiliger Bhutans 314ff., 358
Pagode 236, 263
Pakistan 8, 16f., 93, 167, 371
Pala-Dynastie 171
Pala-Kunst 252
Palden Thondup Namgyal, letzter Thronerbe Sikkims 303
Pali-Kanon 251
Pamir 7
Pandit Bodhisattva 52
Pangpoche 278
Paradies 153ff., 196, 208, 331
Paro 312, 314, 317ff., 325ff., 344f., 348, 352
Parsen 151
Parvati, himalayische Gattin Shivas 188ff.
Pataliputra, Name für Patna z. Zt. der Maurya-Kaiser 251

Patan, Stadt im Kathmandu-Tal in Nepal 254, 261, 268
Patna 231ff., 243, 251f.
Pedi Wangmo, Stiefschwester König → Tschadors, auch »Schwarze Mutter« 306
Peissel, Michel, französischer Himalaya-Forscher 287, 292, 297
Pemayangtse, Kloster in Sikkim 305
Perag, Kopfschmuck der Frauen in → Ladakh 108, 118, 121, 130, 192
Peri, Feengestalt der nordpakistanischen Volksreligion 19
Persien 50, 94
Phepe-La-Paß 357
Phuntsholing, Grenzstation zwischen Indien und Bhutan 308
Phurbu, magischer Zauberdolch der Lamas 153, 331
Piprava, → Stupa von 75, 253
Po Chu, Vaterfluß, Fluß in Bhutan 347
Pokhara, Handelsplatz in Zentral-Nepal 280, 296
Polyandrie, Ehe einer Frau mit mehreren Männern 16, 63, 136
Polygamie, Ehe eines Mannes mit mehreren Frauen 136f.
Potala 68, 287
Prajna, Sanskrit: Weisheit 44, 83f., 330
Punakha, → Dzong in → Bhutan 317, 346f.
Purang 202f.
p'yag-tchen gsol adebs, Anrufung Avalokiteshvaras 155

Rajgir 251
Rakaposhi 16, 19
Rakkastal, See in West-Tibet 170, 207f.
Ralpatschian, tibetischer König 167
Rang-dung, Blasinstrument der Lamas 143
Rati, Göttin der Liebeslust 189
Ratna, göttliches Juwel 73
Ratnasambhava, einer der fünf Tathagatas 193, 331
Ravana, Dämonenkönig aus dem Ramayana-Epos 190
Reinkarnation 32, 149, 194
Rinpoche 32f., 57f., 67, 101, 141f., 142, 314
Rizong-Kloster, Kloster in Ladakh 101, 117
Rotes Kloster, Kloster oberhalb von Leh 105
Rotmützen 33, 35, 59, 68, 79, 210, 277, 292, 329f.
Rudra, Name für Shiva in → vedischer Zeit 188
Ruedi, Marcel, Schweizer Bergsteiger 364
Rumtek, Kloster der Schwarzhutlamas in Sikkim 304, 318

Sadbahunatha, sechsarmige Form des → Mahakala 191
Sahor, Stadt in Nordwestindien 48
Sakya, Kloster in Tibet 165, 296
Sakya-Panditas, Äbte von → Sakya 281
Sakyapa-Sekte, in → Sakya gegründete Rotmützensekte 281, 283

Samantabhadra, Urbuddha, auch Adibuddha genannt, bei den Gelbmützen Vajradhara 150
Samar 286
Samarkand 161, 167
Samsara, der ewige Kreislauf 66, 80, 83, 336
Samye, ältestes Kloster Tibets 52, 165
Samye, Konzil von 165
Sangkhar-Kloster, Lamakloster in Ladakh 103, 110
Sang-phor, Ort bei → Samye 52
Sanskrit 199, 251, 265
Sarnath, heilige Stätte des Buddhismus in der Nähe von Varanasi 251f.
Sarva, Name für Shiva in → vedischer Zeit 188
Saspola, Dorf in Ladakh 101, 118
Sassi, Dorf in Baltistan 17
Schamanen 29
Schamanismus 10, 248, 343
Schutzgottheit 145, 147, 326ff.
Schwarze Mutter 306
Schwarzgrundmalerei 326, 356
Schwarzhutlamas, s. a. Karmapa 355
Seelenwanderung 196
Seljang-Palast, Palast in Ladakh 102
Seng-ge-rnam-rgyal, König Ladakhs 105, 138
Senge Namgyal, König Ladakhs 162
Sera-Kloster, vor den Toren von → Lhasa 151
Shakespeare, William 210
Shakyamuni, s. Buddha Shakyamuni 83, 221

Shargol 95
Sheh, frühere Hauptstadt Ladakhs 105
Sherpa 12, 238, 241, 247ff., 270ff., 276, 278f.
Shigatse, Stadt in → Tibet 178, 293, 296
Shiva, oberster Gott des Hinduismus 146, 187ff., 191, 212, 257, 263
Siangpoche, kleiner Flughafen auf dem Wege zum → Mount Everest 240, 270f.
Siddha, heiliger Mann 216
Sidkeong Namgyal, König von Sikkim 307
Siebenzahl 150
Sikkim 10f., 32, 150, 165, 184, 299ff., 308, 318, 336, 371
Simthoka-Dzong, Klosterburg in Bhutan 310f., 322, 348
Sinai 54
Sind-Fluß, Fluß in West-Ladakh 91
Sindhu Raja, König von Bhutan 312f.
Sinkiang, chinesische Südwestprovinz 107, 167
Skanda, s. Kumara 189
Skuhra, Rudolf, Bergschriftsteller 21
sLes, ursprünglicher Name Lehs 104
Sonamarg, Kurort in Kaschmir 91f.
Spithug, Hauptkloster der Gelbmützen in Ladakh 103
Spiti, Landschaft in der westlichen Himalaya-Region Indiens 108, 157, 160

Sri Lanka, früher Ceylon 189, 191
Srinagar, Hauptstadt Kaschmirs 60f., 68, 89ff., 130, 153
Srong Tsan Gampo, tibetischer König 52, 136f., 163f., 281
Stupa, buddhistischer Reliquienschrein 11, 40, 64, 75, 95, 185, 187, 193, 229, 231, 245, 253, 263, 308, 320, 328, 333, 346f.
Sukhavati, westliches Paradies 87, 331
Sum-tsak-Tempel 72
Sutlej, heiliger Fluß in Tibet 179
Sutra, Lehrtext 216
Swastika, Hakenkreuz, buddhistisches und Bon-Symbol 69, 202, 207
Swat, Landschaft in Nord-Pakistan 195
Swat-Tal 34
Swayambunath, → Stupa im → Kathmandu-Tal 12, 245, 254
Synkretismus 187

Taktshang, → Tigernest-Kloster in Bhutan 314, 327
Tamschin, Kloster im Bumthang-Tal Bhutan 356
Tang-Tal, Tal in Ost-Bhutan 357f.
Tanjur, tibetische Übersetzung der indischbuddhistischen Kommentare zu den Worten Buddhas, 226 Bände 140, 278
Tantra 216
Tantrismus, linkshändiger 42, 44, 171
Tantrismus, tibetische Form des Buddhismus 42, 74, 83ff., 87, 165, 181, 195, 210f., 218, 255, 257, 260, 263f., 268f., 300, 347, 352

Taraka, Dämon der altindischen Mythologie 189
Taras 79
Tarim-Becken 7
Taschkent 161, 164
Tashi Namgyal, vorletzter König von Sikkim 302
Tathagatas, die fünf Meditationsbuddhas 71, 82, 139, 150, 153, 193, 329ff.
Tayen 285
Tchang, Bier aus Gerste und Hirse gebraut 116, 129, 131, 133, 153, 155, 277, 296
Tensing, Sherpa, nepalischer Bergsteiger 360ff.
Terma, geheime Schätze: Schriften des → Lamaismus 316
Thangka, tibetisches Rollbild 33, 61, 77, 79, 84, 140, 144, 150, 235, 273f., 321, 324f., 333, 337, 344, 357
Thi Srong-Detsan, tibet. König des 8. Jahrhunderts 52, 55
Thimphu, Königsstadt Bhutans 26, 310, 312, 333, 344ff.
Thonmi Sambhota, Minister unter König → Srong Tsan Gampo 164
Thospadgha, Dichter der »Hunderttausend Gesänge« aus der südtibetischen Familie Mila 216
Thupo, alter Name für Tibet 163
Tiangpoche, Lamakloster zu Füßen des Mount Everest 270, 274ff., 367
Tibet 7ff., 11, 13, 16, 26, 28, 32f., 42, 44, 52ff., 56f., 84, 86, 89f., 93, 101f., 104ff., 111, 136, 142f., 146, 150, 157ff., 163ff., 170f.,

178, 181, 192ff., 210, 216, 230, 235, 245, 248f., 252, 266, 280ff., 283f., 291, 295f., 299ff., 304f., 307ff., 312, 316, 321, 327, 372
Tibetische Hochzeitslieder, Sammlung v. A. H. Francke 120
Tibetisches Totenbuch, s. Bardo Thödol 145, 330, 332
Tichy, Herbert, österreich. Bergsteiger und Schriftsteller 365
Tien-shan, Himmelsgebirge in Nordwest-China 7
Tigernest, Kloster in Bhutan, s. a. Taktshang 240, 314, 327
Tikse, auch Triktse, Gelbmützenkloster südlich von Leh 62
Tilaurakot, Ausgrabungsstätte in Süd-Nepal 253
Tilopa, tantrischer Guru 211f., 214ff.
Ti-se, tibetischer Name für den → Kailas 185, 220, 223ff., 229
Tista-Fluß 300
Tod-lung, Ort bei → Lhasa 53
Toling, Hauptstadt des Königreichs → Guge 166, 172f., 179, 182, 372
Tongsa-Dzong, Regierungs- und Klosterburg 350f.
Totenbuch, s. Bardo Thödol 346
Trance 258
Transhimalaya, Gebirge im Norden des Himalaya 8, 12, 90, 167
Trenkar, Dorf in Mustang 287
Triktse, s. Tikse 139f., 144
Tsampa, geröstetes Gerstenmehl 117, 262f.
Tsangpo, Fluß in Süd-Tibet 8, 165
Tsaparang, Tempelbezirk im Königreich → Guge 167, 172ff., 177ff., 182, 272
Tsarang 287, 297
Tschador, König von Sikkim aus der Namgyal-Dynastie 305f.
Tscham, Mysterientänze der Todes- und Schutzgottheiten 138, 144, 336ff., 341ff.
Tschuba 288, 291
Tseringma, s. a. Gaurisankar 250
Tsetschu-Fest, das große Fest von Hemis (Ladakh), das alljährlich im Juni stattfindet 142
Tsinling-shan, chin. Gebirge 7
Tsongkhapa 33, 68, 103, 139, 171, 210, 249, 283
Tsurphu, tibetisches Kloster bei Lhasa 304
Tucci, Giuseppe, italienischer Archäologe und Tibetologe 166, 256
Tumuli 75
Tundi, Dämon 259
Turkestan 107

Udayana, legendäres Königreich → Swat 34, 36, 195
Ugra, Name für Shiva in → vedischer Zeit 188
Uletokpo 70
Uma, Name für Parvati im Epos Kumarasambhava 189
Upanishaden, frühindische Weisheitslehren 198
Upaya, männliches Element der Aktivität 44
Urbuddha, s. a. Adibuddha 212
Urgyan, Königsgarten 34
Ushnisha, Weisheitsknoten des Buddha 335

Vairocana, einer der fünf Tathagatas 71, 73, 75, 193, 329
Vajra, Donnerkeil Indras, wird als Zeichen himmlischer Kraft und männlichen Geschlechtssymbols zum Diamantzepter des Vajrayana-Buddhismus 46, 67, 73, 87, 153, 194, 265, 337
Vajradhara, Urbuddha, auch Adibuddha genannt 67, 75, 82, 193, 212, 334
Vajrapani, Bodhisattva 191, 194f.
Vajrasattva, Urbuddha 150
Vajrayana, Weiterentwicklung des Mahayana-Buddhismus 42, 194, 332
Vajrayana-Buddhismus 35, 70, 82
Valahaka, Wunderpferd → Radmasambhavas 46
Varanasi, Stadt in Indien, früher Benares 188, 231
Vashudhari, legendärer König in Nepal 53
Veden, altindische religiöse Texte 198
Vedische Zeit, Frühzeit → Indiens 188, 190f., 194
Vergil 210
Volksreligion und -glaube 112f., 196, 309

Wahrsager 111, 117, 135
Wallerstein, George 366
Wangchiphodrang, → Dzong in West→ Bhutan 349
Weltenachse 187, 329, 334
Weltenbaum 192f.
West-Tibet 8, 11, 59, 66, 90, 95, 102, 105, 166, 186, 192, 230, 281, 372

Wiedergeburt 148ff., 153f., 211, 217, 299, 328, 339ff.
Wien, Karl, Expeditionsleiter am Nanga Parbat 23

Yab-yum, tib. Vater-Mutter 83f., 181, 196, 267, 330, 334, 347
Yaks, Karawanentiere hoher Gebirgsregionen Asiens 27, 56, 96, 99, 109, 203, 205, 274, 288, 303, 346
Yama, alter indischer Totengott 146f., 155, 341, 343
Yamantaka, Überwinder des Yama eine Inkarnation Manjushris 146, 355
Yangtse Kiang 248
Yarkand, Stadt in Sinkiang 107
Yeshe Khandohma, Begleiterin des → Guru Rinpoche 314
Yeti, Schneemensch der Himalaya-Region 273
Yi dam, lamaistische Schutz- und Initiationsgottheit 74, 78ff., 83, 86, 140, 144, 212, 330, 333
Younghusband-Expedition 302
Yungdrung 69

Zanskar 103, 157, 160ff., 371
Zauberpriester 26, 28ff., 97, 109ff., 116, 118, 134, 157, 161, 165
Zhabán, Zauberpriester der alten Volksreligion von Baltistan 18
Zhabdung I., Begründer derbhutanischen Theokratie 311
Zlumtse Lakhang, Tempel im Paro-Tal, Bhutan 328ff., 333ff.
Zoji-La, Paß der Götter in → Ladakh 91f.

Sachbuch

Als Band mit der Bestellnummer 60 311 erschien:

Glühende Wüsten, geheimnisvolle Urwälder – Dieter Kronzucker liefert packende Berichte und eindrucksvolle Bilder von seinen zahlreichen Expeditionen in aller Welt.